本书是2018年度国家社科基金一般项目"楚系形近字与同形字考辨"（18BYY137）中期研究成果

山西省高等学校哲学社会科学研究项目"出土楚文献误释现象研究"（20162220）最终成果

[尧都学堂]
青年学者论丛

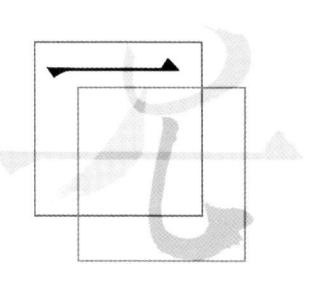

楚文字形近、同形现象源流考

Chuwenzi Xingjin Tongxing Xianxiang Yuanliu Kao

谭生力 著

中国社会科学出版社

图书在版编目(CIP)数据

楚文字形近、同形现象源流考/谭生力著 . —北京:中国社会科学出版社,2018.12

ISBN 978 - 7 - 5203 - 3003 - 9

Ⅰ.①楚… Ⅱ.①谭… Ⅲ.①古文字—字形—研究—中国—楚国(?—前223) Ⅳ.①H121

中国版本图书馆 CIP 数据核字(2018)第 185066 号

出 版 人	赵剑英
责任编辑	刘 艳
责任校对	陈 晨
责任印制	戴 宽

出　　版	中国社会科学出版社
社　　址	北京鼓楼西大街甲 158 号
邮　　编	100720
网　　址	http://www.csspw.cn
发 行 部	010 - 84083685
门 市 部	010 - 84029450
经　　销	新华书店及其他书店

印　　刷	北京明恒达印务有限公司
装　　订	廊坊市广阳区广增装订厂
版　　次	2018 年 12 月第 1 版
印　　次	2018 年 12 月第 1 次印刷

开　　本	710×1000 1/16
印　　张	24.5
插　　页	2
字　　数	358 千字
定　　价	99.00 元

凡购买中国社会科学出版社图书,如有质量问题请与本社营销中心联系调换
电话:010 - 84083683
版权所有　侵权必究

目 录

上 编

第一章　绪论 ……………………………………………… （3）
　第一节　出土文献研究的重要性及古文字考释方法 ……… （3）
　第二节　楚文字误释现象产生的原因 ……………………… （8）
　第三节　形近现象的界定及研究意义、方法 ……………… （31）
　第四节　使用材料说明 ……………………………………… （37）

第二章　楚文字形近现象产生的原因 ……………………… （44）
　第一节　由于讹变造成的形近现象 ………………………… （45）
　第二节　由于简化造成的形近现象 ………………………… （62）
　第三节　由于繁化造成的形近现象 ………………………… （65）
　第四节　由于书手书写风格造成的形近现象 ……………… （75）
　第五节　综合因素造成的形近现象 ………………………… （94）
　第六节　原因不明类 ………………………………………… （103）

第三章　楚文字中的同形现象 ……………………………… （118）

下 编

第四章　陈、击所从部件同形现象分析 …………………… （127）
　第一节　陈字构形及相关问题分析 ………………………… （127）
　第二节　击字构形及相关问题分析 ………………………… （134）

第五章　楚文字中相关尔、㐭辨析 ………………………… （151）

第一节　楚文字材料中的相关尔和冋 …………………… (151)
　第二节　汉字中尔、冋二字发展演变梳理 ………………… (157)
　第三节　我们对楚文字中相关尔、冋的看法 ……………… (159)

第六章　楚文字中睿、冒形近现象分析 ……………………… (172)
　第一节　《说文》中的睿及相关字 …………………………… (173)
　第二节　楚文字中与睿有关的字 ……………………………… (174)
　第三节　金文中与睿有关的字 ………………………………… (178)
　第四节　楚文字中的睿为讹体 ………………………………… (181)

第七章　戋字变体及相关诸字辨析 …………………………… (190)
　第一节　以 C 为声符的字 ……………………………………… (192)
　第二节　以 Y 为声符的字 ……………………………………… (203)

第八章　卿字省变体及相关字辨析 …………………………… (208)
　第一节　楚文字中的⑭字 ……………………………………… (208)
　第二节　以往有关⑭字的解释及所存在的问题 …………… (210)
　第三节　我们有关⑭字构形的新解释 ……………………… (214)
　第四节　⑮及相关诸字辨析 ………………………………… (218)

第九章　楚文字中的勿形部件及相关字 …………………… (228)
　第一节　《说文》及古文字中的勿 …………………………… (229)
　第二节　楚文字中的勿形部件 ………………………………… (232)
　第三节　说尿 …………………………………………………… (239)

第十章　楚文字中的目形部件及相关字 …………………… (247)
　第一节　楚文字中标准的目字及目旁 ………………………… (247)
　第二节　楚文字中的目形部件 ………………………………… (249)

第十一章　楚文字中的⊇形部件及相关字 ………………… (297)
　第一节　楚文字中的妻字 ……………………………………… (297)
　第二节　楚文字中的贵字 ……………………………………… (300)
　第三节　楚文字中的弁字 ……………………………………… (304)
　第四节　楚文字中的史字 ……………………………………… (309)
　第五节　楚文字中的粤字 ……………………………………… (312)
　第六节　楚文字中的巢字 ……………………………………… (314)

第七节　楚文字中的克字 …………………………………（315）
　　第八节　其他与弓形部件有关的字 …………………………（317）
　　第九节　也谈楚"敖" …………………………………………（321）
第十二章　楚文字中的火形部件及相关字 ……………………（333）
　　第一节　楚文字中的火及火形部件 …………………………（333）
　　第二节　楚文字中的罙 ………………………………………（334）
　　第三节　楚文字中的炅 ………………………………………（337）
参考文献 …………………………………………………………（345）
出处简称表 ………………………………………………………（379）

上 编

第一章 绪论

第一节 出土文献研究的重要性及古文字考释方法

1925年王国维在清华大学做了一个著名的演讲,题目是《最近二三十年中中国新发见之学问》[①]。在这次演讲中,王国维认为:"古来新学问起,大都由于新发见。有孔子壁中书出,而后有汉以来古文家之学;有赵宋古器出,而后有宋以来古器物、古文字之学。惟晋时汲冢竹简出土后即继以永嘉之乱,故其结果不甚著,然同时杜元凯注《左传》,稍后郭璞注《山海经》,已用其说;而《纪年》所记禹、益、伊尹事,至今成为历史上之问题。然则中国纸上之学问赖于地下之学问者,固不自今日始矣。自汉以来,中国学问上之最大发现有三:一为孔子壁中书,二为汲冢书,三则今之殷墟甲骨文字、敦煌塞上及西域各处之汉晋木简、敦煌千佛洞之六朝及唐人写本书卷、内阁大库之元明以来书籍档册,此四者之一已足当孔壁、汲冢所出,而各地零星发见之金石书籍于学术有重大关系者尚不与焉。"陈寅恪在《陈垣敦煌劫余录序》中说:"一时代之学术,必有其新材料与新问题。取用此材料,以研求问题,则为此时代学术之新潮流。治学之士,得预此潮流者,谓之预流(借用佛教初果之名)。其未得预者,谓之未入流。此古今学术史之通义,非彼闭门造车之徒,所能同喻嗜

[①] 王国维:《最近二三十年中中国新发见之学问》,载《王国维遗书》(第三册),上海书店出版社1996年版,第699—708页。

者也。"① 曾宪通认为："随着新中国大规模经济建设的开展，地下文物成批涌现，不但考古年代学上的缺环和地域的空白得到了填补，而且许多新发现完全改变了人们原来的看法，促使人们去重新考虑问题，形成新的认识，带来新的学问。"② 裘锡圭认为："在今天，从事先秦秦汉古籍的整理研究，已经离不开简帛古籍了。"③

通过王国维、陈寅恪、曾宪通等学者的相关论述，我们不难发现出土材料对于学术的发展具有重大的推动作用。自20世纪以来，随着考古工作的不断开展，一些文字材料得以重见天日，这些材料在研究古代政治、经济、文化、历史等各个方面，都具有较高的参考价值。例如在西周青铜铭文中有大量的官职名称，我们可以由此管窥西周时期的政府组织结构。④ 西周青铜铭文中有一些关于土地的记载，例如《散氏盘》中有土地转让的内容，我们可以由此管窥当时的土地流转情况。⑤ 西周青铜铭文中有一些关于历史的记载，我们也可以由此来解决一些历史疑难问题。例如《利簋》中记载武王伐商之事，可以和传世文献"甲子朝"相互印证。⑥ 西周青铜铭文中有一部分关于礼制的记载，我们可以由此管窥西周礼制。⑦ 秦简中有一部分与法律有关的记载，例如《睡虎地秦简》、《里耶秦简》、《龙岗秦简》等，我们可以通过这些资料管窥当时的法律制度。同时，《睡虎地秦简》、《王家台秦简》、《放马滩秦简》等秦简中有一部分日书内容，我们可以由此管窥当时的民俗、天文历法、思想等情况。此外，秦简也有志

---

① 陈寅恪，《陈垣敦煌劫余录序》，《中国文化》2001年。
② 曾宪通：《四十年来古文字学的新发现与新学问》，《学术研究》1990年第2期。
③ 裘锡圭：《四十年来发现的简帛古籍对传世古籍整理工作的重要性（提要）》，载《裘锡圭学术文集·语言文字与古文献卷》，复旦大学出版社2012年版，第447—450页。
④ 详细情况可以参阅李峰《西周的政体——中国早期的官僚制度和国家》，生活·读书·新知三联书店2010年版，第75页。
⑤ 详细情况可参阅刘传宾《西周青铜器铭文土地转让研究》，硕士学位论文，吉林大学，2007年，第40—50页。
⑥ 黄怀信：《利簋铭文再认识》，《历史研究》1998年第6期。
⑦ 详细情况可参阅张秀华《西周金文六种礼制研究》，博士学位论文，吉林大学，2010年。

怪故事，为研究中国古典小说的源头提供了较为宝贵的资料。[①] 汉代文字资料中以简帛为一大宗，内容较为丰富，除了古籍、法律、天文历法等方面的内容之外，也有一部分医学资料，例如《五十二病方》、《足臂十一脉灸经》、《脉法》等[②]，通过这些资料我们得以管窥当时的医学状况。总之，这些文字资料的出现，为研究当时的政治、经济、文化等各个方面提供了较为宝贵的第一手资料。

在诸多资料当中，战国时期楚地出土的资料可以说是一大宗。这些楚地出土的文字资料极为丰富，从材质来看包括简帛、兵器、印章、封泥等，从内容来看包括文书、诸子文献、天文、历法等。例如包山简中有大量的文书资料，这些文书包括《疋狱》、《受呄》、《贷金》、《所諲》、《集着》、《集着言》等不同类别。通过这些文书，我们可以对当时楚国的官制、行政区域、赋税等多个方面进行考察。包山、望山、新蔡简中有大量的卜筮祭祷简，我们可以由此管窥当时楚人的祭祀制度。九店简中有大量的日书，我们可以由此管窥当时楚人婚丧嫁娶的禁忌。上博简中有大量的先秦诸子文献，我们可以由此管窥当时诸子文献在楚国的流传情况。清华简不仅数量大、内容丰富，而且价值巨大。清华简的出现使一些佚书得以重见天日，例如《说命》三篇的出现。《说命》是《尚书》中的一篇重要文献，但并不存在于今文尚书之中，早已亡佚。我们只能从先秦文献相关引文中看到零星语句，梅赜所献《古文尚书》中有《说命》三篇。关于梅本《尚书》的真伪问题，学界对其中的《说命》等二十五篇早已定性为伪书，但也有学者持不同的意见。因此，人们一直期盼着能有新的材料重新面世。令人欣喜的是，清华简中出现了战国时期《说命》篇的抄本。此外，清华简中有一些珍贵的历史资料，例如《楚居》、《系年》为研究相关历史问题提供了较为可靠的先秦资料，且使一些疑难问题得以解决。例如史书中有关若敖、蚡冒、宵敖的记载，《史

[①] 李学勤：《放马滩简中的志怪故事》，《文物》1990年第4期。
[②] 有关汉代出土简帛方面的资料，可以参阅骈宇骞、段书安《二十世纪出土简帛综述》，文物出版社2006年版。

记·楚世家》记为若敖（熊仪）——宵敖（熊坎）——蚡冒（熊眴），长期以来学界对此一直存有争议。清华简《楚居》则记载为若嚣（酓仪）——焚冒（酓帅）——宵嚣（酓鹿）。据《楚居》记载："若嚣酓仪徙居都，至焚冒酓帅自都徙居焚，至宵嚣酓鹿自焚徙居宵。"清华简整理者已经根据《楚居》对传世文献中这三位楚君的顺序作出了调整，并认为"若、焚、宵皆先公所徙居之地"①。由《楚居》来看，若、焚、宵皆为地名当无疑问。由此看来，过去那种认为若、焚、宵为谥号的观点是立不住的。此外，清华简中有《赤鹄之集汤之屋》一篇。该篇主要内容是汤射获了一只赤鹄，令小臣伊尹将之烹煮作羹。伊尹受汤后之妻纴巟胁迫，以羹尝之，伊尹亦尝纴巟之余羹。事发之后，伊尹逃往夏，遂遭汤之诅咒。伊尹病于路，巫乌救之。伊尹缘此机遇得知夏后生病原因在于二黄蛇、二白兔及二陵屯，于是据此前往为夏后治病。从简文来看，该篇具有浓厚的巫术色彩，性质很可能就是战国时期楚地小说家之言。该简文的出现，为我们呈现了一篇战国时期有关伊尹传说的宝贵文献，有些内容可以和传世文献相互印证，为我们研究伊尹传说及相关历史现象提供了宝贵的资料。该篇简文又反映出了我国古代浓郁的文学色彩，为我们研究中国古代小说的源头提供了新的线索。②

由此来看，这些出土资料对研究相关问题具有较大的资料价值。当然要想充分利用这些材料，就必须对这些文字资料进行解读。如果文字不能得到正确的考释，那么这些资料的利用价值就会大打折扣。例如楚王熊腏鼎中的腏字，在以往的研究过程当中往往被误释为肯、酱、肯、盲、前等，诸说当中释前之说影响最大。后来随着新材料的不断公布，相关研究力度的不断加深，大家逐渐认识到所谓的前字，应该释为腏，熊腏即传世文献中的熊元。以往腏字未能确释，遂导致在研究相关历史、考古、文化等方面问题的时候发生了一些不必要的

---

① 李学勤主编：《清华大学藏战国竹书（壹）》，中西书局 2010 年版，第 186 页。
② 我们曾写过一篇文章进行过一定的探讨。谭生力：《由清华简〈赤鹄之集汤之屋〉看伊尹传说——兼论该篇传说的文化内涵》，《文艺评论》2013 年第 10 期。

争议，楚王熊朏鼎的价值未能得到充分的利用。

在出土的文字资料中，有相当一部分资料是用古文字来记载的，要想解读这些文献，就必须对古文字进行考释。要想对古文字进行考释，就必须遵循一定的考释方法。以往有关古文字的考释工作，已经积累了很多的经验。① 这些经验无论是积极的，还是消极的，都为后来的古文字考释方法提供了极有价值的借鉴意义。在以往的研究过程当中，有部分学者提出了一些与古文字考释方法相关的零星建议，例如罗振玉在《殷墟书契考释》中提出了"由许书以溯金文，由金文以窥书契"的方法。关于古文字考释方法的系统研究，还是近代以来的事情。唐兰较早对古文字考释方法进行了系统的思考②，唐兰认为可以运用对照法或比较法、推勘法、偏旁分析法、历史考证法等进行古文字考释。林澐也曾对古文字的考释方法进行过一定的探讨，例如认为应该先从字形历史比较法识出，再用词例加以验证③。高明将古文字考释方法归纳为因袭比较法、词例推勘法、偏旁分析法、据礼俗制度释字等。④ 徐中舒认为"古人造字，决不是孤立的一个一个的造，也不是一个或少数人闭门创造。字与字之间有相互的联系，每个字的形音义都有它自己的发展历史。因此考释古文字，一个字讲清楚了，还要联系一系列相关的字，考察其相互关系。同时还要深入了解古人的生产、生活情况，根据考古资料、民俗学、社会学及历史记载的原始民族的情况，和现在一些文化落后的民族的生活情况，来探索古代文字发生时期的社会生产力和生产关系。根据这些东西，探索每个字的字源和语源。这样考释古文字，才有根据，也才比较正确，而不是凭空悬想、望文生义"⑤。陈炜湛、唐钰明认为可以运用形体分析法、假借破读法、词例推勘法、历史比较法、文献比较法等去研究

---

① 详细情况可以参阅陈炜湛、唐钰明《古文字学纲要》，中山大学出版社2009年版，第22—23页。
② 唐兰：《古文字学导论》，齐鲁书社1981年版，第155—193页。
③ 林澐：《古文字研究简论》，吉林大学出版社1986年版，第36—69页。
④ 高明：《中国古文字学通论》，北京大学出版社1996年版，第167—172页。
⑤ 徐中舒：《怎样考释古文字》，载《徐中舒历史论文选辑》，中华书局1998年版，第1433—1442页。

古文字。① 刘钊曾在《古文字构形学》中专门讨论过古文字的考释方法。② 刘钊认为考释古文字必须有一个科学的符号观,要有一个正确对待《说文解字》和"六书"的态度,考释古文字要依形为主,要有古文字发展演变的动态眼光。关于古文字考释方法的问题,单育辰也曾有所讨论,认为主要有以下几种途径:一、依据小篆考释文字;二、依据通假释读文字;三、依据甲骨文、金文考释文字;四、依据秦汉篆隶考释文字;五、依据传抄古文考释文字;六、依据韵文考释文字;七、依据传世文献对读辨识文字;八、几种方法及其他证据结合使用。③

吴振武认为,一般来说古文字的考释方法主要有以下四种:一、据后世字形反推;二、对比传世文献;三、找出古文字自身的构成和演变规律;四、破假借。同时,吴振武指出"以上所说的四种方法,实际操作起来,往往是综合在一起的。通常一个疑难字的破解会用到好几种方法。个别特殊场合的疑难字句考释,甚至还会用到实物调查或实验的方法"④。

第二节　楚文字误释现象产生的原因

在上一节当中,我们对出土文献的重要性,以及古文字考释方法进行了简单的介绍。一般来说,在古文字的考释过程当中,如果能够依据这些考释方法进行综合考释,那么产生的结论一般可信。但是,在古文字的考释过程当中,由于各种原因的存在经常会导致误释现象的发生。⑤ 造成古文字误释现象的原因是多方面的,除了与相关材料的多寡和内容的贫富有关之外,还与考释者的知识结构、运用的考释

---

① 陈炜湛、唐钰明:《古文字学纲要》,中山大学出版社2009年版,第24—26页。
② 刘钊:《古文字构形学》,福建人民出版社2011年版,第222—238页。
③ 单育辰:《楚地战国简帛与传世文献对读之研究》,博士学位论文,吉林大学,2010年,第27—33页。
④ 吴振武:《谈出土文献与古文字研究》,《光明日报》2013年11月14日第11版。
⑤ 关于楚文字中误释现象的原因,学界中有一部分学者曾有所探讨,如张新俊:《上博楚简文字研究》,博士学位论文,吉林大学,2005年,第56—72页。

方法有较大的关系。在考释古文字的过程当中，相关材料的多寡和内容的贫富对古文字考释有着直接的影响。比如，楚文字中的睿字得以确释就是依靠大量的相关材料。包山简中有这样一些字形，写作👾（包82）、👾（包165）、👾（包167）、👾（包173）、👾（包177）等形。以往大家对这些字所从的部件往往有不同的看法，其中从冒之说影响最大。但是随着相关材料的陆续公布，大家逐渐认为这些所谓的冒字其实是睿。再比如说古文字中有一部分用为就、害的字，写作👾（包169）、👾（上博一·孔10）。这种写法的就、害得以确释，还是依赖于大量的相关材料。当然，在古文字的考释过程当中除了材料较为重要之外，考释方法使用的是否得当也较为关键。下面，我们准备谈谈在以往的研究过程当中，由于考释方法使用不当所导致的楚文字误释现象。

一　在楚文字的考释过程当中，单纯依据后世字形反推这一方法考释楚文字，容易导致误释现象的发生

汉字和其他文字相比具有一个优越性，那就是汉字从古到今虽然经历了一系列的变化，却是一脉相承的。一般来说，从古文字到现代汉字可以建立起一定的谱系。因此，在文字的考释过程当中如果能够合理利用汉字的古今联系，那么一些古文字的考释问题就会较容易得到解决。但是，汉字虽然从古到今一脉相承，毕竟也发生了一定的变化，尤其是古人在使用文字的过程当中会存在一定的简省、繁化、讹变等情况。因此，在楚文字的考释过程当中，如果不能根据相关材料进行多方面的考虑，那么往往就会导致文字误释现象的发生。

例1·1　铚/钣

在包山简中有一👾（包147）字，该字两次出现，相关简文为"金👾二👾"。从该字形体来看，字形结构甚为明了，但关于该字的释读问题却历来意见并不统一。包山简整理者将其隶定为铚，于字形无说。[①]从隶楷对应关系来看，这种隶定方式无可厚非。但是从简文的

[①] 湖北省荆沙铁路考古队：《包山楚简》，文物出版社1991年版，第28页。

理解角度来看，则让人不甚理解。从简文来看，❉既是一种金的名称，又是数量单位。何琳仪将其隶定为鉎，认为从金左声，怀疑是鎈的省写。① 楚文字中左字极为常见，一般写作𠂇（包12）、𠂇（郭·老丙8）、𠂇（上博二·容20）等形；差一般写作𢦚（上博一·孔23）、𢦚（上博三·中19）、𢦚（上博二·容37）等形。由楚文字中的左、差相关形体来看，它们和❉所从明显不同。同时，楚文字有些左字从"工"写作𠂇（曾127），但是没有见到从土的左字。因此，将❉看作从金左声，是鎈的省写这种观点存在一定的问题。不过，何琳仪将❉释读为鎈，在理解简文方面则具有积极意义。刘信芳认为该字从金，声符同"怪"字之声符，读为"凷"，俗作"块"，"金鋝"即"金块"②。刘信芳的这种观点较具有启发意义。但是从简文来看，❉既做金的名称，又做数量单位。如果按照刘信芳的观点来进行解释，于简文有不甚明了之处。凡国栋结合楚文字中相关从"圣"的字，认为❉右部所从是𡉉字的省写，❉可隶定为鍟，读为"釜"或"䤔"。③ 但是，从相关简文来看将❉读为"釜"或"䤔"似有不妥之处。从上述各家观点来看，学界一般认为❉右部所从为声符，但是这个声符究竟是什么字则意见并不统一。随着楚文字相关研究力度的不断加深，李守奎结合古文字中的相关𠬝字，怀疑❉是钣字。李守奎在文中以《尔雅·释器》"鉼金谓之钣"作为旁证，将简文读为"金版二版"。④ 从相关字形和简文来看，李守奎这种释读意见较为稳妥，我们认为可信。

通过❉字的考释过程，我们不难发现在古文字考释过程当中存在"以今隶定古文"的现象。这种处理方式有时候会对我们研究相关文字材料产生一定的积极意义，但是存在的问题也较为明显。在楚文字

---

① 何琳仪：《战国古文字典》，中华书局2007年版，第879页。
② 刘信芳：《包山楚简解诂》，艺文印书馆2003年版，第150页。
③ 凡国栋：《上博七〈凡物流行〉甲7号简从"付"之字小识》，2009年4月，简帛网（http://www.bsm.org.cn/show_article.php?id=1032）。
④ 李守奎：《据清华简〈系年〉"克反邑商"释读小臣单觯中的"反"与包山简中的"钣"》，《简帛》2014年总第9辑。

的考释过程当中,这种以今楷定古文的方法造成的误释现象并不少见。例如鄂君启节中的🗆字,以往大家往往将其释为棓。随着相关研究力度的不断加深,大家逐渐意识到了将🗆释为棓并不可行。于省吾认为"释棓之误,在于以今楷隶定古文"①。再比如楚文字中的🗆(包95)字,有学者指出应该是杏字②。将🗆(包95)释为杏这种观点,当时学者们多采纳。③但是随着相关研究力度的不断加深,大家逐渐意识到应该释为本。楚文字中添加口形作为装饰性部件较为常见,🗆字就是在本的基础上添加口作为饰符。《说文》中收有本字古文写作🗆,或即来源于🗆。楚简中本字还有另外一种写法,例如🗆(上博一·孔5)。再比如说上博简中有一🗆(上博一·孔10)字,相关简文为"《关雎》之改,《樛木》之时,《汉广》之智,《鹊🗆》之归,《甘棠》之报,《绿衣》之思,《燕燕》之情,盖曰动,而皆贤于其初者也"。上博简整理者将🗆隶定为桌,并指出传世文献与之相对应的篇名为《鹊巢》。整理者认为桌可能是卓的繁笔,为声符,并利用古文字中的相关卓字加以比对,认为上部所从与之形体相似。④整理者的这种说法,黄德宽、徐在国早已指出不确之处。⑤黄德宽、徐在国认为并不从桌声,而是从巢声。根据相关的古文字材料来看,黄德宽、徐在国的观点可信。从隶楷对应关系看,将🗆隶定为桌无可厚非,但认为🗆右部所从可能是卓的繁笔则不可信。从相关古文字材料中的卓字来看,它和🗆右部所从在形体方面存在的差异较为明显。

---

① 关于该🗆字的考释过程,请参阅李天虹《楚国铜器与竹简文字研究》,湖北教育出版社2012年版,第60—64页。
② 高智:《〈包山楚简〉文字校释十四则》,载《于省吾教授百年诞辰纪念文集》,吉林大学出版社1996年版,第183—185页。
③ 释为杏这种观点,刘信芳、李守奎均采纳过。刘信芳:《包山楚简解诂》,艺文印书馆2003年版,第91页。李守奎:《楚文字编》,华东师范大学出版社2003年版,第340页。李守奎后来又认为是本字。李守奎、贾连翔、马楠:《包山楚墓文字全编》,上海古籍出版社2012年版,第211页。
④ 马承源主编:《上海博物馆藏战国楚竹书(一)》,上海古籍出版社2001年版,第140页。
⑤ 黄德宽、徐在国:《〈上海博物馆藏战国楚竹书(一)〉释文补正》,载《新出楚简文字考》,安徽大学出版社2007年版,第100—117页。

楚文字中悼字写作❄（清华二·系133），所从之卓和❄（上博一·孔10）字所从明显不同。关于❄（上博一·孔10）字右部所从由巢字演变而来的问题，胡平生曾有所论证。①

例1·2　朊/朌

楚文字中有一个可以读为半的字，字形写作❄（包116），相关简文为"金三益❄（半）益"。此字还有一个异体，写作❄（包146），相关简文为"金一益❄（半）益"。关于❄字的考释，历来众说纷纭，莫衷一是。在早期的研究阶段，学者们认为该字从月从刀，隶定为朊。②将❄释为朊，从形体来看貌似较为合理。但是却忽视了楚文字中月、肉之间的差别。因此，释❄为朊这种意见并不可信，在以后的研究过程当中逐渐被抛弃。

何琳仪认为应当分析为从肉从刀，读为剐。③黄锡全联系信阳简以及楚地出土的铜砝码，主张把此字释为"间"④。白于蓝把铜砝码中的"朊"释为"胖"⑤。李学勤释为"辨"，读为"半"⑥。后来经过对铜砝码的实际称量，大家发现"朊两"砝码正好为半两⑦。目前大家一致认为此字就是楚系文字中的"半"，那么这就与《说文》中的"朊"构成了同形关系。

朊字见于《说文·刀部》："绝也，从刀月声。"朊字不仅见于《说文》，在秦系出土文字资料中也曾出现过。例如❄（睡·为9）、❄（睡·为29）。两处相关用法分别为"断割不朊，怒能喜，乐能哀，智能愚，壮能衰"、"廉而毋朊"，和《说文》对朊字的解释一致。秦文字中，月、肉两字的区分并不严格，在早期文字阶段从肉的

---

① 胡平生：《读上博藏战国楚竹书〈诗论〉札记》，载《上博馆藏战国楚竹书研究》，上海书店出版社2002年版，第277—288页。
② 湖北省荆沙铁路考古队：《包山楚简》，文物出版社1991年版，第47页。
③ 何琳仪：《包山竹简选释》，《江汉考古》1993年第4期。
④ 黄锡全：《楚国黄金货币称量单位"半镒"》，《古文字研究》2000年第22辑。
⑤ 白于蓝：《包山楚简补释》，《中国文字》2002年新27期。
⑥ 李学勤：《释楚度量衡中的"半"》，《中国钱币论文集》2002年第4辑。
⑦ 详见高至喜：《湖南楚墓中出土的天平与砝码》，载《中国古代度量衡论文集》，中州古籍出版社1990年版，第248—253页。

字，逐渐演变为从月。可能也正是这个原因，包山简整理者将🔹（包116）释为刖。但是从秦、楚两系文字中的具体用法来看，两者并非一字，为同形关系。

以往之所以将🔹释为刖，很大原因在于将其与《说文》中的刖字建立起直接的联系，从而导致误释现象的发生。

例1·3 濆/潢

清华简中有一🔹（清华一·保1）字，在具体简文中为"🔹水"二字的合文。关于该字的考释，整理者最初释为"濆"，读为"靧"，字或作"颒"、"沬"，洗面。《书·顾命》："甲子，王乃洮颒水。"①该文发表之后，学者们对🔹进行了更加深入的研究，有学者认为应该隶定为潢②。楚文字中寅字较为常见，一般写作🔹（包180）、🔹（新蔡·甲三178）、🔹（清华二·系1）等形。由楚文字中的寅相关形体来看，将🔹（清华一·保1）释为潢，在字形方面没有什么问题。但是由于有相关文献对照，将🔹（清华一·保1）释为潢在文意方面则不好理解。单育辰认为🔹（清华一·保1）只能从贵得声，并且在字形方面做出了如下解释：

《说文》小篆"贵"作"🔹"（卷六下），从"臾"从"贝"；在传抄古文中，更有单从"臾"的"贵"字，如《古文四声韵》4.8"贵"作"🔹"（引《古孝经》）、"🔹"（引《古孝经》）"🔹"（引《裴光远集缀》）、"🔹"（引《古老子》）诸形。A字与之相比，只多了一个"水"旁和"宀"旁，所以《保训》整理者把A释为"濆"是没有问题的。③

单育辰为了将其与潢字加以区别，所以隶定为濆。此说提出之后，得到了学界的广泛认同。古文字中有相当一部分从"臾"形部

---

① 清华大学出土文献研究与保护中心：《清华大学藏战国竹简〈保训〉释文》，《文物》2009年第6期。

② 李锐：《读〈保训〉札记》，2009年6月，Confucius2000网（http://www.confucius2000.com）。关于释濆之说，苏建洲也曾展开详细的讨论。苏建洲：《楚文字论集》，万卷楼图书股份有限公司2011年版，第383—396页。

③ 单育辰：《占毕随录之十一》，2009年8月，复旦大学出土文献与古文字研究中心网站（http://www.gwz.fudan.edu.cn/SrcShow.asp?Src_ID=862）。

件得声的字皆可读作贵。关于这一点，单文在复旦网发布之后有一些学者跟帖讨论，在其博士学位论文中也有一些说明①，请参看。

以往有部分学者之所以将🈳（清华一·保1）误释为演，很大程度上在于受到演字形体的影响。但是，从🈳、演二字的源流来看，它们渊源有自。

在考释古文字的过程当中，大家往往会利用一些古文材料来进行研究。从某种角度来看，利用古文研究古文字具有相当的价值，但是也存在一定的问题，例如🈳字的考释。以往大家往往将🈳释为步。将🈳释为步的主要依据是《汗简》等古书中收有步字的古文🈳。从形体来看，两者的确极为相似。但是在以后的研究过程当中，大家逐渐发现将🈳释为步存在一定的问题，并且对步字的古文也产生了怀疑。②

二 在楚文字的考释过程当中，单纯从文献角度出发考释楚文字，有时候会导致误释现象的发生

从相关出土文献来看，它们和传世文献存在一定的对应关系。虽然完全对应的可能性并不大，但是个别段落、语句、字词之间相互对应的情况并不少见。因此，在文字的考释过程当中，如果能够合理地利用这些对应关系，那么往往会达到意想不到的效果。例如包山简中有一🈳（包158）字，以往被释为当。但是随着郭店简的公布，大家逐渐认为🈳应该释为甚。楚文字中这种类型的甚字得以释出，很大原因在于郭店简中有些与之相似的字形可以和传世文献对应。如果没有相关出土文献和传世文献相互对照，那么这种类型写法的甚字则会较难以释出。再比如说🈳（清华二·系134）字，从形体来看右部所从和清华简《系年》中的陈字所从一致，如果没有相关传世文献中的"魏击"对照，那么也很难将其释为击字。但是，有时候出土文献和传世文献的对应关系并不密合，存在虽然两者有时候相关意思差不

---

① 单育辰：《楚地战国简帛与传世文献对读之研究》，博士学位论文，吉林大学，2009年，第108页。

② 详细情况可参阅李春桃《传抄古文综合研究》，博士学位论文，吉林大学，2012年，第232—234页。

多，却使用不同词记录的情况。在这种情况下，如果单纯地从文献角度考释古文字，就会发生误释现象。与出土文献和传世文献用词不一致的情况相似，战国时期各个系之间的文字在用字方面也存在一定的差异，例如楚文字中习惯用箸记录｛书｝这个词，但是在秦文字中则用书记录｛书｝。再比如说，在楚文字中习惯用黾记录｛龟｝这个词，但是在秦文字中则用龟记录｛龟｝。因此，传世文献和出土文献存在用词不一致的情况并不难理解。

例2·1 尔/冏

郭店简中的❀（郭·老甲30）字，郭店简整理者将❀释为尔，读为弥。① 由于有相关传世文献作为对照，所以整理者的这种释读意见，学者们多从之。② 在以后的研究过程当中，也有学者提出了不同的释读意见。例如何琳仪将❀和❀（包150）放在一起考虑，认为❀字从冏，冏畔可以读为离畔。③ 从简文的释读来看，两种说法皆有一定的道理。因此，很难判断❀（郭·老甲30）字究竟是尔还是冏。我们在本书《楚文字中相关尔、冏辨析》一部分中结合相关字形，认为❀当释为冏。过去之所以将其误释为尔，读为弥，很大原因在于过分强调传世文献对读的作用。结合楚文字中相关字形和简文来看，❀（郭·老甲30）为冏字当无疑问。

在考释古文字的过程当中，有时候会存在利用阅读习惯来考释文字的现象。根据阅读习惯考释古文字，有时候会对古文字的考释产生较为有利的影响。例如❀（上博二·容22），相关简文为"❀鼓，禹必速出，冬不敢以寒辞，夏不敢以暑辞"。关于此字的考释，上博简整理者将其隶定为敼，读为撞。④ 裘锡圭认为："从文意来看，使钟出声可以说撞钟，使鼓出声似没有说撞鼓的，而击鼓之语则常见。"

---

① 荆门市博物馆：《郭店楚墓竹简》，文物出版社1998年版，第113页。
② 李零：《郭店楚简校读记》（增订本），中国人民大学出版社2009年版，第7页。刘钊：《郭店楚简校释》，福建人民出版社2003年版，第23页。
③ 何琳仪：《郭店竹简选释》，载《新出楚简文字考》，安徽大学出版社2007年版，第47页。
④ 马承源主编：《上海博物馆藏战国楚竹书（二）》，上海古籍出版社2002年版，第267页。

从楚文字中相关资料来看，将🔲（上博二·容22）释为击，可信。

但是，在考释古文字的过程当中，有时候靠阅读习惯去考释古文字，则可能会发生误释现象。

例2·2 为/象

上博简中有一🔲（上博六·天甲2）字，相关简文为"士🔲大夫之位，身不免"。在同篇简文中，该字多次出现，均作此形。上博简整理者将其释为"为"①。从简义来看，读为"士为大夫之位"似乎文通字顺，没有什么问题。但是，🔲字和楚文字中的为字相比，字形具有一定的差距。楚文字中为字较为常见，一般写作🔲（包128）、🔲（郭·成31）、🔲（上博二·鲁1）、🔲（清华二·系101）等形。古文字中为的构字本义，学界一般认为是人手牵大象，会劳作之意。由楚文字中的为字来看，所从的象已经简省，看不到象字完整的象形了。此外，无论为字怎么简省，所从的爪形则较为完整地被保存下来。🔲和楚文字中的为字相比，具有明显的差异。首先，不从爪形；其次，🔲为象字的象形，和楚文字中的为字所从的象简省并不相同。整理者之所以将🔲释为"为"，恐怕主要原因在于按照文献的用字习惯来考虑。陈伟认为🔲应该释为象，仿效义。② 刘信芳也认为该字应该释为象，用为动词。③ 在以后的研究过程当中，大家虽然对该字的释读提出不同的意见，但是将🔲释为象则成为共识。

例2·3 得/取

上博简中有一🔲（上博五·姑3）字，相关简文为"幸则晋邦之社稷可得而事也，不幸则🔲免而出"。关于该字的考释问题，整理者将其释为得。④ 从字形来看，🔲字似乎是由目形部件和又组成。从简

---

① 马承源主编：《上海博物馆藏战国楚竹书（六）》，上海古籍出版社2007年版，第312页。

② 陈伟：《〈天子建州〉校读》，2007年7月，简帛网（http：//www.bsm.org.cn/show_article.php?id=616）。

③ 刘信芳：《〈上博藏六〉试解之三》，2007年8月，简帛研究网（http：//www.jianbo.org/admin3/2007/liuxinfang0001.htm）。

④ 马承源主编：《上海博物馆藏战国楚竹书（五）》，上海古籍出版社2005年版，第242页。

文来看，将☐释为得似乎也是文通字顺。在以后的研究过程当中，大家逐渐认为该字应该为取字。在以往的研究过程当中，整理者之所以将其释为得，很大原因在于受到阅读习惯的影响。

例 2·4　退/违

上博简中有一☐（上博六·景 12）字，相关简文为："公强起，☐席曰：善哉……"关于该字的考释，整理者将其释为退①。从相关简文来看，整理者将☐释为退具有一定的道理。但是从字形来看，☐字右部所从的部件是由一个圆圈和倒止组成。因此，☐和楚文字中的退具有一定的差异。楚文字中退字一般写作☐（郭·老乙 11）、☐（郭·唐 27）、☐（上博五·君 2）、☐（清华三·芮 23）等形。由楚文字中的退字相关形体来看，其和☐（上博六·景 12）字右部所从明显不同。☐字右上所从为一圆圈，而退字所从则为☐。两者差异明显，主要不同有两点。一是退字右上所从明显存在一横笔，而☐字右上所从的部件则没有；二是☐外部圆圈明显存在一个尖角，而☐字右上所从则明显没有尖角。由此来看，将☐（上博六·景 12）字释为退，在字形方面难以讲通。李天虹认为☐和楚文字中的退字差异明显，并且将其改释为违。② 李天虹认为：

> 楚简"韦"一般写作☐（望 2∶9）、☐（老子甲 30），《天子建州》甲本 13 号简"韦"将所从圆圈形移到两"止"形的上方，作☐。上博三《彭祖》2 号简"经纬"之纬作☐，右旁"韦"字写法与《天子建州》同。此字右旁☐应该是在☐这种"韦"字基础上省略了上面的"止"形，或是在☐这种"韦"字基础上省略了下面的"止"形而来。"违"可训"去"、"离"，亦可训"避"，"违席"用意相当于"避席"。

---

① 马承源主编：《上海博物馆藏战国楚竹书（六）》，上海古籍出版社 2007 年版，第 187 页。
② 李天虹：《上博六〈景公疟〉字词校释》，载《古文字学论稿》，安徽大学出版社 2008 年版，第 335—343 页。相关论述又可参阅李天虹《楚国铜器与竹简文字研究》，湖北教育出版社 2012 年版，第 233—234 页。

由此来看，李天虹认为❏字右部所从的部件就是韦，是韦的省变体。从楚文字中的相关韦字写法来看，李天虹有关❏字形体的分析具有一定道理，可信。此外，从❏字在具体简文的相关用法来看，也符合古书的用字习惯。因此，将❏释为违，可信。

由上述情况来看，如果单纯地利用文献阅读习惯来考释古文字，那么就有可能导致文字误释现象的发生。因此，在楚文字的考释过程当中，我们应该根据具体的实际情况作多方面的考虑，尽量避免出现"楚书秦读"的情况①。

三 在楚文字的考释过程当中，对形近现象关注不够，容易导致误释现象的发生

在楚文字的考释过程当中，有时候合理利用形近现象会使一些字得以确释。例如包山简中有一❏（包147）字，在以往的研究过程当中大家往往对其有不同的意见。白于蓝结合《说文》认为"从盐省古声"的鹽字作❏，认为"❏"即盐字②。再比如说，在考释❏（上博五·三19）过程当中大家往往将其和❏（上博三·周15）相联系，从而将其释为冥。由此来看，在考释楚文字的过程当中，如果能够合理利用形近现象，一些字的考释问题就会较容易得到解决。此外，在考释一部分残字的时候，如果能够合理利用形近现象，也会使一些残字得以释出，从而使相关简文的释读问题得以解决，例如❏（上博二·容35）字。在具体简文中该字残损严重，整理者将其释为小③。在后来的研究过程当中，郭永秉结合同篇简文中的❏（上博二·容5）将其改释为吴④。从具体字形和简文来看，郭永秉

---

① 有关阅读习惯的问题，可以参阅李零《郭店楚简研究中的两个问题》，载《郭店楚简校读书记》，中国人民大学出版社2009年版，第239—251页。
② 白于蓝：《〈包山楚简文字编〉校订》，《中国文字》1999年新廿五期。
③ 马承源主编：《上海博物馆藏战国楚竹书（二）》，上海古籍出版社2002年版，第277页。
④ 郭永秉：《帝系新研》，北京大学出版社2008年版，第48页。

的观点可从。

但是楚文字中有些字本来渊源有自,在文字的演变过程当中则趋于形体相近。同时,虽然在古文字阶段曾发生过一定的"书同文"①,但是由于相关文字材料为手写体,在所难免地存在一定的繁化、简化、讹变等现象,这也会导致形近现象的发生。一般来说,这些字虽然形体相近,却仍然存在一定的区别特征。如果对这些区别特征关注不够,那么往往就会发生误释现象。

例 3·1　前/脡

包山简中有如下两组字形:

A:　夢（包 122）、夢（包 122）、夢（包 122）

B:　夢（包 145）、夢（包 184）、夢（包 193）

从相关简文来看,A 具体简文为"场贾既走于 A"、"女返既走于 A"、"不害既走于 A"。在以往的研究过程当中,大家往往将 A 释为前。从相关简文来看,将 A 释为前文通字顺,没有问题。从形体来看,A 从止从舟,符合《说文》"不行而进谓之歬,从止在舟上"的字形解说,且可以与古文字中的相关前字相互参照。因此,将 A 释为前没有什么问题。B 类在具体简文中则作为人名用字,相关简文为"越客 B 稷"、"邵 B"、"栾 B"。由于 B 为人名用字,所以在简文中很难确定究竟是何字。从字形来看,B 可分为上下两部分,上半部分和止形相似,但是略有不同,下半部分似乎和舟相似。楚文字中月、肉、舟形体相近,讹混现象时有发生,舟字一般写作月（包 157）、月（包 168）、月（上博一·孔 26）等形,也有一种舟字写作月（郭·成 35）、月（清华三·说中 9）。因此,B 和 A 似乎为一字。

关于 B 的考释,历来有不同的意见。包山简整理者将其隶定为

---

① 详细情况可参阅陈家宁《"周秦之变"社会中的社会与文字》,2010 年 8 月,复旦大学出土文献与古文字研究网站（http://www.gwz.fudan.edu.cn/SrcShow.asp?Src_ID=1235）。

肯①，刘钊也认为从月从出②，黄锡全将其释为前③。在以后的研究过程当中，释前这种观点影响较大。④ 同时，包山简中又有以 B 为构字部件的字，例如🗚、🗚（包 126）、🗚（包 127）、🗚（包 128）。在研究过程当中大家往往将 B 和楚国金文中的酋🗚相联系。⑤ 从字形来看，的确可以将🗚归入 B 类。安徽朱家集出土铭文中，该字主要有如下几种形体🗚、🗚、🗚、🗚、🗚。⑥ 在以往的研究过程当中，有释肯、齿、肯、盲等诸多不同的意见⑦。随着相关研究的不断深入，这些释读意见已经逐渐为大家所抛弃，释前这种说法占据了主流。

  大家之所以对 B 众说纷纭，是因为对 B 字形结构的认识并不统一。从形体来看，B 和楚文字中的前形体的确相近，但是两者也存在一定的差异。A、B 存在的差异主要表现在两点。首先，B 上部所从的止形和楚文字中的止相比较，明显多出一笔。当然，🗚字并未多出一笔，程鹏万认为可能是由于书手漏刻或者铜锈所致。其次，B 下部所从的部件和舟不同，明显从月。B 下部之所以和舟相似，是因为月形部件左部有一斜笔与月旁距离很近。在以后公布的上博简中，🗚（上博五·弟 2）字的出现，有力地证明了 B 下部并非从舟，而是月和一斜笔。

  关于 B 字的正确释出，最终还是依靠新蔡简中的延字及上博简中的🗚（上博五·弟 2）字。宋华强曾经对新蔡简中的延及从延之字进

---

① 湖北省荆沙铁路考古队：《包山楚简》，文物出版社 1991 年版，第 27、31、32 页。
② 刘钊：《包山楚简文字考释》，载《出土简帛文字丛考》，台湾古籍出版有限公司 2004 年版，第 3—32 页。
③ 黄锡全：《〈包山楚简〉释文校释》，载《古文字与古货币文集》，文物出版社 2009 年版，第 398—405 页。
④ 李守奎：《楚文字编》，华东师范大学出版社 2003 年版，第 81 页。滕壬生：《楚系简帛文字编》，湖北教育出版社 2008 年版，第 129 页。
⑤ 例如李守奎将两者同放在前字头下。李守奎：《楚文字编》，华东师范大学出版社 2003 年版，第 81 页。
⑥ 程鹏万：《安徽寿县朱家集出土青铜器铭文集释》，黑龙江人民出版社 2009 年版，第 29—41 页。
⑦ 详细情况，请参阅程鹏万《安徽寿县朱家集出土青铜器铭文集释》，黑龙江人民出版社 2009 年版，第 29—41 页。

行过一定的研究①，宋文将其分为三种类型加以讨论：

A 式：

1. 〿（甲三：268） 2. 〿（甲三：201"〿"所从）

3. 〿（甲三：212、199—3"〿"所从）

B 式：

1. 〿（零：8"〿"所从） 2. 〿（甲三：136"〿"所从）

3. 〿（乙 ：29、30"〿"所从）

C 式：

1. 〿（甲三：200） 2. 〿（零：13） 3. 〿（甲三：209）

4. 〿（甲三：261） 5. 〿（甲三：145）

以往学界对新蔡简中的相关字有释前、延之争。宋华强在肯定释延的基础上，对新蔡简中的延字来源进行了一定的分析。宋说符合字形演变的实际情况，可信。

在上博五中，又出现了与 B 字形相近的字，即〿、〿（上博五·弟1）、〿（上博五·弟2）。上博简整理者将其释为前，认为前、延属于同音通假关系。② 刘洪涛在宋华强观点的启发下，认为是脡字，从延得声。③ 清华简公布之后，出现了〿（清华一·楚6）、〿（清华三·说下3）这样两个字形，让我们对 B 形体的由来有了更深刻的认识。上博六中有一延字，写作〿（上博六·天乙10）。只要将其〿两横笔共享笔画，再在〿右部斜笔上添加一横笔以示区别，就可以得到 B 所从的〿了。此外还有一种可能，就是在〿（清华一·楚6）右部所从的基础上，省略掉〿，然后在止形上部斜笔的基础上再添加一短横，也可以得到〿。在此基础上，〿进一步省略掉止形部件下面的斜笔，就可以得到〿上部所从的这种形体了。至于〿（清华三·说下3）这种

---

① 宋华强：《新蔡简延字及从延之字辨析》，2006 年 5 月，简帛网（http://www.bsm.org.cn）。

② 马承源主编：《上海博物馆藏战国楚竹书（五）》，上海古籍出版社 2005 年版，第 268 页。

③ 小虫：《说〈上博五·弟子问〉"延陵季子"的"延"字》，2006 年 2 月，简帛网（http://www.bsm.org.cn）。

形体，则是一种更为简省的书写形式。

通过上文的陈述，楚文字中的延及延旁的发展演变过程已经明确。当然，也有学者认为楚文字中这些所谓的"延"并非来源于㢟，而是另有来源。① 新蔡简中有𢓊（新蔡·甲三233）、𢓊（新蔡·零164）二字。新蔡简整理者将其释为志，② 后来沈培认为应该是愆字。③ 由此来看，延似乎和衍具有一定的联系。

例3·2　寡/须

在上博简中有一𩑢（上博八·成15）字，相关简文为"童光，童光其昌也，可期而𩑢也，此六者皆逆"。关于该字的考释问题，上博简整理者将其释为寡④，复旦、吉大读书会改释为须。楚文字中寡字较为常见，一般写作𩑢（郭·缁22）、𩑢（上博一·孔9）、𩑢（清华三·芮5）等形。从楚文字中的寡字相关形体来看，寡一般是从页，页下两旁有对称的四点。李守奎认为点是区别符号。⑤ 从𩑢字形体来看，由页和几个斜撇组成，且斜撇居左。因此，将𩑢释为寡在字形方面存在一定的问题。楚文字中须字较为常见，一般写作𩑢（包88）、𩑢（上博五·三1）、𩑢（清华三·良6）等形。从字形方面来看，将𩑢释为须是可信的。从简文来看，将𩑢释为须也是文通字顺。

寡字见于《说文》，小篆写作𩫖。《说文》："寡：少也。从宀从颁。颁，分赋也，故为少。"整理者之所以将𩑢误释为须，可能是把𩑢左下所从象征胡须的彡形笔画误认为刀形了，在将𩑢字形结构分析为页、刀的基础上释为寡。从寡字早期的构形来看，并非从刀形部件。《新金文编》寡字头下收有如下几例字形：

---

① 沈培：《〈上博六〉字词浅释（七）则》，2007年7月，简帛网（http：//www.bsm.org.cn/）。

② 河南省文物考古研究所：《新蔡葛陵楚墓》，大象出版社2003年版，第196页。

③ 沈培：《〈上博六〉字词浅释（七）则》，2007年7月，简帛网（http：//www.bsm.org.cn/）。

④ 马承源主编：《上海博物馆藏战国楚竹书（八）》，上海古籍出版社2011年版，第187页。

⑤ 李守奎、曲冰、孙伟龙：《上海博物馆藏战国楚竹书（1—5）文字编》，作家出版社2007年版，第372页。

⦿（寡子卣·西周中期·10·5392）⦿（左册嗌卣·西周中期·10·5427）

⦿（毛公鼎·西周晚期·铭文选一289）⦿（杕氏壶·春秋晚期·15·9715B）

⦿（中山王鼎·战国晚期·05·2840）⦿（中山王壶·战国晚期·铭文选二881）

在秦系出土文字资料中，寡字写作⦿（睡·日乙99）。小篆中的寡字从刀当为人形的讹变，楚文字中人、刀有时候形近易混是其旁证，例如⦿（郭·性28）、⦿（上博一·孔15）。关于寡的构字本义，学界尚无定论，比较流行的说法是鲁实分析为从宀、页，以独居为本义。[①] 从小篆以前的字形来看，寡字从宀、页，同时在文字的演变过程当中页字下部两旁逐渐出现对称的四点，或为装饰性部件，或为区别符号。

须字出现的时间较早，《新甲骨文编》中收有如下几例：⦿（合675正）、⦿（合816反）、⦿（合17931）、⦿（合588正）、⦿（合35302）。关于须的构字本义，学界一般认为是像人面有胡须之形。[②] 在以后的文字演变过程当中，逐渐演变为从页从彡，且彡居页一侧。

从须、寡相关字形来看，两者渊源有自，并不相同。即使在战国时期的楚文字阶段，两者仍具有较明显的区别特征，两者的主要差别在于寡字下边的点分居两侧，而须字所从的彡在一侧且与页相接。上博简整理者之所以将⦿（上博八·成15）误释为寡，很大原因在于对楚文字中寡、须二字的差异认识不够。

例3·3 秋/穆

在包山简中有一个字写作⦿（包47）、⦿（包49）、⦿（包187）等形，在具体简文中皆用作人名用字。关于该字的考释，包山简整理

---

① 季旭升：《说文新证》，福建人民出版社2008年版，第620页。关于寡字的构形，又可参照张世超、孙凌安、金国泰、马如森：《金文形义通释》，中文出版社1996年版，第1865—1868页。

② 何琳仪：《战国古文字典》，中华书局1998年版，第390页。

者将其隶定为秌，释为秋。① 整理者的这种释读意见，得到了部分学者的认同，如滕壬生将其放在秋字头下②。在以后的研究过程当中，又有学者认为应该将其释为穆。例如李天虹根据金文中相关穆字的写法，将其释为穆。③ 刘钊也根据相关古文字形体主张将其释为穆，并且认为古代虽然有秋姓，先秦未见有秋姓，而将其释为穆，与 ![字] 一样读为穆姓之穆却非常合适。④ 在以后的研究过程当中，释秋之说逐渐被学界所抛弃，释为穆的说法得到了学界的广泛认同，例如何琳仪⑤、黄德宽⑥、李守奎⑦等皆将其放在穆字头下。

楚文字中秋字并不少见，确切无疑的秋字写作：![字]（郭·六25）"观诸《易》、《春秋》则亦在矣"；![字]（清华一·金9）"是岁也，秋大熟，未获"；![字]（清华一·金13）"岁大有年，秋则大获"；![字]（郭·语一40）"《春秋》，所以会古今之事也"；![字]（上博六·用10）"春秋还转"；![字]（郭·语三20）"春秋，亡不以其生也亡"；![字]（天卜）"秋三月"；![字]（楚帛书甲）"春夏秋冬"。由上述相关形体来看，楚文字中的秋字形体多样，繁简不一。从整体来看，楚文字中的这些秋字基本都有禾、日两个部件，但是日旁下部所从的部件则变化较大。有些秋字除了禾、日两个构字部件之外，还可以分析出火这样一个构字部件，例如![字]、![字]（秋字添加艹旁为义符），后者比前者火旁多一横笔。从其火旁来看，它们和楚文字中的火旁形体一致。有时候，这些秋字所从的火形部件则呈现两个到三个笔画，且笔画有时候会移动到日形上部，例如![字]、![字]。在战国时期三晋文字中，也有一些人名用字，秋写作![字]、![字]、![字]等形，有时候秋字所从的日旁也可省略，写作![字]⑧。

---

① 湖北省荆沙铁路考古队：《包山楚简》，文物出版社1991年版，第20、31页。
② 滕壬生：《楚系简帛文字编》，湖北教育出版社1995年版，第594页。
③ 李天虹：《〈包山楚简〉释文补正》，《江汉考古》1993年第3期。
④ 刘钊：《古文字考释丛稿》，岳麓书社2005年版，第218—225页。
⑤ 何琳仪：《战国古文字典》，中华书局1998年版，第266页。
⑥ 黄德宽主编：《古文字谱系疏证》，商务印书馆2007年版，第752页。
⑦ 李守奎：《楚文字编》，华东师范大学出版社2003年版，第441页。
⑧ 详细情况可参阅汤志彪《三晋文字编》，博士学位论文，吉林大学，2009年，第451—452页。

秦文字中秋字一般写作▨（青牍）、▨（睡·日乙77）、▨（睡·律120）、▨（睡·日甲1背）等形。综合战国时期秋字的写法来看，三晋、楚系文字中的秋字基本都是从禾从灵，有时候简省为从禾从日或从禾从火。秦文字中秋从禾从火，后世文字中的秋本自秦系文字。文字的演变过程当中，在不影响文字识别的前提下，有时候会发生一定的省变现象，这在古文字阶段极为常见。在楚文字中，这种由斜笔演变为类似刀形部件的现象也可以由须字得以旁证。楚文字中须字一般写作▨（包88）、▨（上博五·三1）、▨（清华三·良6）等形，有时候须字所从的斜笔则会演变为类似刀形的部件，例如▨（上博八·成15）。因此，▨（包47）、▨（包49）、▨（包187）在形体方面看作是▨（郭·语一40）、▨（上博六·用10）的省变具有一定的道理。但是，仔细观察▨（包47）、▨（包49）、▨（包187）三字日旁下部的笔画，我们可以看出它们均呈现出明显的倾斜之势，和▨（郭·语一40）、▨（上博六·用10）日形部件下面所从笔画的笔势不同。

楚文字中确切无疑的穆字写作▨（王孙诰钟）"有严穆穆，敬事楚王"；▨（曾侯乙钟）"穆音之羽"；▨（郭·缁33）"穆穆文王"；▨（郭·鲁1）"鲁穆公"；▨（郭·穷7）"秦穆公"；▨（上博一·缁17）"穆穆文王"；▨（上博四·采1）"宫穆"；▨（清华一·金1）"我其为王穆卜"等形。在以后公布的清华简《系年》篇中穆字多次出现，写作▨（系33）、▨（系35）、▨（系37）、▨（系39）、▨（系48）、▨（系56）、▨（系57）、▨（系58）、▨（系74）等形。

穆早在甲骨时期就已经出现，一般写作▨（合7563）、▨（合28400）、▨（合28401）、▨（合33373）等形。学界一般认为穆字所表达的是禾穗下垂有芒颖之意。西周金文中穆字传承甲骨时期的写法，一般在禾穗下面添加两笔到三笔为饰，写作▨（嬰方鼎·西周早期·集成05.2702）、▨（穆公簋盖·西周中期·集成08.4191）、▨（虢吊旅钟·西周晚期·集成01.239）等形。战国时期的穆字承袭西周金文，且多有变化。或省芒颖，遂与秋字混同①。从甲骨、西周金文资料来看，穆字构形较为清晰。战国楚文字中的穆字传承甲骨、西周时期的写法，但发生了一定的省讹现象。在战国时期的楚文字中，禾穗和芒颖发生了省讹现象，主要表现为禾穗演变的类似日形，芒颖和禾穗分离，例如 𝕏（系 56）。由于芒颖和禾穗分离，且类似楚文字中刀、勿旁，因此有时候会将禾穗和芒颖讹变的类似易形，例如 𝕏（郭·鲁 1）②。有时候芒颖发生简省，只保留一斜笔，且与装饰性笔画相接写作 𝕏（郭·穷 7）。有时候芒颖之形省略，只保留了装饰性笔画，例如 𝕏（清华一·金 1）。

从楚文字中标准的穆字 𝕏（清华二·系 58）来看，其日形下部所从的笔画都是具有一定的倾斜。这种倾斜的笔画来自甲骨、西周金文中的芒颖。也正是这种倾斜性的笔画，所以将穆与楚文字中的秋区分开来。上文已经说过，楚文字中的秋和三晋文字中的秋一样从禾从灻，但是楚文字中秋字所从灻旁下所从的火形发生了一定程度的省讹现象，例如 𝕏（郭·语一 40）、𝕏（上博六·用 10）。在这种情况下，其和 𝕏（系 33）这种穆字形体极为相似。但是，仔细观察 𝕏（郭·语一 40）、𝕏（上博六·用 10）二字下部的笔画，则没有呈现出倾斜之势。也就是说，两者日形部件下部所从的笔画呈现的笔势存在一定的差异。在古文字中，有些字虽然极为相似，但是个别部件、笔画的有无均具有一定的区别特征，有时候个别笔画的笔势也存在一定的区别特征。因此，𝕏（包 47）、𝕏（包 49）、𝕏（包 187）和 𝕏（郭·语一 40）、𝕏（上博六·用 10）并非一字。从 𝕏、𝕏、𝕏 日形下部笔势来看，和穆字日形下部的笔势一致，呈现出明显的倾斜之势。因此，在字形方面将 𝕏、𝕏、𝕏 释为穆较为稳妥。但是，有时候楚文字中穆字下部的笔画倾斜并不明显，例如 𝕏（上博一·缁 17）。在这种情况下，就比较容易和楚文字中 𝕏（郭·语一 40）、𝕏（上博六·用 10）这类

---

① 何琳仪：《战国古文字典》，中华书局 1998 年版，第 266 页。
② 这种写法的穆字，吴振武曾有所讨论。吴振武：《古玺和秦简中的"穆"字》，《文史》1994 年第 38 辑。

秋字相混。

在上文当中，我们已经对秋、穆二字的构形进行了一番梳理，并对两者的区别特征做出了一定的说明。在此基础上，我们准备谈谈楚简中一个有争议的字，即🗌（上博五·鲍7）。该字在具体简文中的用法为"齐邦至恶死而上🗌其刑"。关于该字的考释，主要存在两种争议，即秋、穆。上博简整理者将其释为秋，读为揪①。季旭升也认为是秋字，但是主张将其读为修②。在以后的研究过程当中，有学者陆续提出该字应该释为穆。例如何有祖主张将其释为穆，读为戮③。从字形来看，将🗌（上博五·鲍7）释为穆可信。朱艳芳认为，穆有重义，和下文中的厚相对应④，可从。望山简中有一些旧释为秋的字，写作🗌（望二47），作为丝织品名称。后来刘钊将其改释为穆，读为缪。⑤从字形和简文来看，将这些所谓的秋字释为穆，读为缪，可信。

以往之所以将楚文字中的相关秋、穆发生误释，很大原因在于对秋、穆二字之间的细微差异关注不够。

例3·4　刵/刵

上博简中有一🗌（上博七·吴7）字，上博简整理者将其隶定为刵，认为从刀司声，可读为视，简文"刵日"即"视日"。⑥关于此字的构形问题，历来存有争议。楚文字中司字常见，一般写作🗌（包62）、🗌（上博二·昔4）、🗌（上博三·中7）、🗌（上博五·季1）等形。由上述形体来看，楚文字中司和🗌字左部所从明显不同。楚文字中司字是先写一横折笔，然后再添加一横，这一横或在横折笔上

---

① 马承源主编：《上海博物馆藏战国楚竹书（五）》，上海古籍出版社2005年版，第189页。
② 季旭升：《上博五刍议（上）》，2006年2月，简帛网（http://www.bsm.org.cn/show_article.php? id=195）。
③ 何有祖：《上博五〈鲍叔牙与隰朋之谏〉试读》，2006年2月，简帛网（http://www.bsm.org.cn/show_article.php? id=200）。
④ 朱艳芳：《〈竞建内之〉与〈鲍叔牙与隰朋之谏〉集释》，硕士学位论文，吉林大学，2008年，第63页。
⑤ 刘钊：《古文字考释丛稿》，岳麓书社2005年版，第218—225页。
⑥ 马承源主编：《上海博物馆藏战国楚竹书（七）》，上海古籍出版社2008年版，第320页。

部，或在横折笔下部，最后添加一口形。但是⿱字左部所从则是先写一竖笔，然后添加两横笔和口形。此外，楚文字中的司和⿱字左部所从开口并不一样。楚文字中石字一般写作⿱（包80）、⿱（上博二·鲁4）、⿱（清华三·说下7）等形。由楚文字中的石字来看，⿱左部所从和石明显一致，只是少了一横笔。在以后陆续公布的楚文字材料中，与⿱结构相似的形体再次出现，如⿱（清华一·保8），其左所从则和石写法一致，具有三横笔。上博简整理者将⿱隶定为䂊，可能主要是想从音韵角度去解释⿱字的构形。简文"⿱日"可对照相关文献的视日，司是心纽之部字，视是禅纽脂部字。上古音中之、脂二部有相通之例，舌、齿二音关系也较为密切。① 因此，司、视语音关系较为密切。石是禅纽铎部字，视是禅纽脂部字，两者语音关系具有一定的距离。此外，古文字中司、后形近易混②，⿱左部偏旁向右开口，这可能又是整理者将其隶定为䂊的一个干扰因素。复旦读书会认为应该将⿱隶定为䂊，怀疑䂊是一个从斤得声的字。③ 读书会这种隶定方式符合左部从石的实际，但是右部从斤却并不符合字形的实际情况。楚文字中斤字较为常见，但没有像⿱右部所从这种形体。读书会之所以隶定为䂊，恐怕与古文字中刀、斤作为同义偏旁可以换用有关，如楚文字中的断写作⿱（上博四·曹62）。但是⿱从石斤声的这种观点，读书会也意识到存在一定的语音障碍。此外，张崇礼认为⿱可分析为从刀石声，可能是"劇"之本字。④

清华简公布之后，大家结合⿱（清华一·保8）对该字进行了广

---

① 详细情况请参阅刘波《出土楚文献语音通转现象整理与研究》，博士学位论文，吉林大学，2013年，第45、233页。
② 季旭升：《说文新证》，福建人民出版社2008年版，第735页。
③ 复旦大学出土文献与古文字研究中心研究生读书会：《〈上博七·吴命〉校读》，2008年12月，复旦大学出土文献与古文字研究中心网站（http：//www.gwz.fudan.edu.cn/SrcShow.asp?Src_ID=577）。
④ 张崇礼：《释〈吴命〉的"度日"》，2009年1月，复旦大学出土文献与古文字研究中心网站（http：//www.gwz.fudan.edu.cn/SrcShow.asp?Src_ID=654）。

泛而深入的讨论。李学勤认为可读为假。① 陈伟认为：

从字形着眼，并结合目前看到的一些词例，我们怀疑这个字似当释为"刉"。《说文》刀部云："刉，划伤也。从刀，气声。一曰断也。又读若殪。一曰刀不利，于瓦石上刉之。"段注云："刉与厉不同。厉者，厉于厉石。刉者，一切用瓦石硙之而已。"我们讨论的这个字，从石从刀，大概正是取义于此。至于加"贝"的写法，可能是为"乞"字所造。"乞"多与财物有关，构字之由与"贡"、"贷"类似。②

徐在国认为整理者释为假可从，并结合古文字相关字形进行了分析，认为⺆是从"受"省、石声，刀是⺈形之讹③。假是见纽鱼部字，石是禅纽铎部字，两者音近可通。此外，将楚文字中相关刉释为段也是文通字顺。④

例 3·5　圳/圳

楚文字中土一般写作土（包 213）、土（郭·忠 2）、土（上博二·容 28）、土（清华二·系 44）等形。士一般写作土（包 80）、士（郭·五 44）、士（上博五·弟 19）、士（上博四·曹 39）等形。从楚文字中的土、士相关形体来看，两者都是由两横笔和一竖笔组成，形体相似。但是两者间存在的差异也较为明显。一般来说，楚文字中的土字两横笔中的上部横笔较短，下部横笔较长，士所从的两横笔则基本等长。如果在文字考释过程当中，我们对这种差异稍不注意就会容易引起误释。例如圳（新蔡·零 115），原整理者将其隶定为圳。⑤

---

① 李学勤：《周文王遗言》，2009 年 4 月，光明网（http://www.gmw.cn/content/2009-04/13/content_908294.htm）。
② 陈伟：《"刉"字试说》，2009 年 4 月，简帛网（http://www.bsm.org.cn/show_article.php?id=1026）。
③ 徐在国：《说楚简"段"兼及相关字》，2009 年 7 月，简帛网（http://www.bsm.org.cn/show_article.php?id=1113）。
④ 详细情况，请参阅徐在国《说楚简"段"兼及相关字》，2009 年 7 月，简帛网（http://www.bsm.org.cn/show_article.php?id=1113）。
⑤ 河南省文物考古研究所：《新蔡葛陵楚墓》，大象出版社 2003 年版，第 212 页。

宋华强认为此字从士并非从土，所以将㘔隶定为圢。①

例3·6 鼂/䘏

以往有关𩻛（郭·成30）字的考释中有一种观点认为上部从黾，𩻛可隶定为鼂。楚文字中黾字常见，一般用作龟。楚文字中黾字一般写作𪓷（郭·缁46）、𪓰（鄂君启车节）、𪓰（新蔡·乙四129）、𪓶（新蔡·乙四141）、𪓮（新蔡·甲三15）、𪓵（新蔡·零207）等形。同时，楚系文字中从"黾"之字中的"黾"形部件也都是当作"龟"来用的，例如𪓷（望一66）、𪓰（包199）。由楚文字中的黾字相关形体来看，其和𩻛（郭·成30）字所从部件明显不同。楚文字中的黾字明显从它，而𩻛字所从并不从它。两者区别主要表现在两点：首先，𩻛字所从在头部和黾相比明显少了一笔。其次，𩻛字所从尾部分叉，先是向左运笔，然后在其基础上添加一向右的斜笔。因此，将𩻛（郭·成30）隶定为鼂在字形方面有不妥之处。后来单育辰结合清华简中的𩻛字，将𩻛隶定为䘏，读为贵。② 从相关情况来看，单说可信。

此外，上博简中又有用为龟的字写作𪓯（上博一·缁24），郭店简与之对应的字写作𪓷（郭·缁46）。上博简整理者将𪓯径直释为龟。③ 上文已经说过，楚文字中的龟一般用黾来表示。由楚文字中的黾字相关形体来看，将𪓯径直释为龟并不可信。楚文字中革字较为常见，一般写作𩊚（包271）、𩊛（上博二·容18）、𩊜（上博三·周30）等形。由楚文字中革字相关形体来看，𪓯（上博一·缁24）当为革字。革是见纽职部字，龟是见纽之部字，两者音近可通。刘钊认为𪓯是借昆为龟，为音近通用。④ 包山简中有一𪓴（包273）字，以往关于该字的

---

① 宋华强：《新蔡简中记有鬃词的一组简文的释读》，2006年11月，简帛网（http://www.bsm.org.cn/show_article.php?id=461）。

② 单育辰曾有所归纳，请参看单育辰《楚地战国简帛与传世文献对读之研究》，博士学位论文，吉林大学，2009年，第108页。

③ 马承源主编：《上海博物馆藏战国楚竹书（一）》，上海古籍出版社2001年版，第199页。

④ 刘钊：《读〈上海博物馆藏战国竹书（一）〉札记（一）》，2002年1月，简帛研究网（http://www.bamboosilk.org/wssf/2002/liuzhao01.htm）。

考释有诸多不同的意见。整理者将其隶定为鞼①,有学者认为该字右上所从为革,黄德宽、徐在国认为右上所从当为昆字。② 楚文字中昆字较为常见,一般写作▨（郭·六28）、▨（郭·六29）、▨（清华三·芮4）等形。此外,李守奎《楚文字编》中绳字头下收有更多的昆字异体,例如▨（天策）、▨（望二50）、▨（望二6）等,其形体较为丰富,主要表现在昆字上部有填实和不填实之分,尾部有向左、右倾斜之分。由楚文字中的昆字相关形体来看,其和革字形体具有一定的相似性。但是一般来说,楚文字中的革、昆仍具有一定的区别特征。两者的主要区别在于革字从口,而昆字并非从口。楚文字中的革字,继承西周时期的文字写法,从口较为明显。但是楚文字中的昆字则并不从口,例如▨（望二6）所从明显和口存在差异。有时候昆字会将上面的口形部件填实,也许是为了和革字进行区分而有意为之。黄德宽、徐在国认为楚文字中的昆字从云,古音昆属见纽文部字,云属匣纽文部字,二字声纽同属喉音,韵部相同,故昆字可以云为声符。③ 昆字见于秦系文字资料,写作▨（睡·为25）、▨（关简193）。由此可见,秦、楚文字中的昆自成两系,后世文字中的昆字继承秦文字,楚文字中昆字写法逐渐消失。

第三节　形近现象的界定及研究意义、方法

在上一小节当中,我们对楚文字误释现象的原因进行了一定的分析。通过这些误释原因来看,由于形体相近所导致的误释现象较为严重。因此,在楚文字的研究过程当中必须对这些形近现象加以关注。在本小节当中,我们准备对楚文字中的形近现象进行一下界定,并且对楚文字形近现象的研究意义和研究方法做出一定的说明。

---

① 湖北省荆沙铁路考古队:《包山楚简》,文物出版社1991年版,第38页。
② 黄德宽、徐在国:《郭店楚简文字续考》,载《新出楚简文字考》,安徽大学出版社2007年版,第17—24页。
③ 同上。

一 楚文字形近现象的界定

在对楚文字形近现象进行界定之前，我们首先简单介绍一下汉字中形近字的相关情况。学界中关于形近字的界定较为宽泛。一般来说，形近字也叫形似字、近形字，是指形体、结构、部件等方面都较为相似，看起来难以区分的字。汉字中形近字的来源较为复杂，有些是在汉字创建之初就已经形成了，有些则是在汉字的演变过程当中逐渐形成的。李运富认为："由于汉字形体的局限和客观事物相互联系的复杂性，汉字在据义构形的时候就难免出现一些形近字，加上长期的发展演变，现代汉字中形近字更多。"[①]

在汉字早期阶段，存在一定数量的象形字，它们基本上都是按照事物的特征勾勒出外部轮廓。由于客观事物存在一定的形似，因此造字的时候出现形近字在所难免。例如在甲骨时期犬字一般写作 、、 等形；豕字一般写作 、、 等形，从犬、豕二字相关形体来看，两者极为相似。但是，两者仍然存在一定的区别特征，比如犬的尾部上翘而豕的尾部下垂。有时候在勾勒事物外部轮廓时，则使两个字完全同形了。例如甲骨资料中有些火字可以写作 ，而山字写作 。由此来看，甲骨资料中有些火和山同形了，陈炜湛认为这与 既像山形又像火形有关[②]。

汉字中有些形近字在早期阶段是形体迥异，并不容易混淆，在后来的文字演变过程当中则逐渐变得形体相似，例如日和曰。在甲骨资料中日为象形字写作 、、 等形；曰是一个指事字，一般写作 、、 等形。通过甲骨资料中日、曰相关形体来看，两者之间差异明显，并不相近。但是在后来的文字演变过程当中经历隶变、楷化之后，两者形体趋于相近。有时候，由于汉字的简化也会导致形近现象的发生，如发和友。发是發的简化字，發和友本来形体差异明显，

[①] 李运富：《传统语言文字学与现代语言教学》，《陕西师范大学学报》2002 年第 1 期。

[②] 陈炜湛：《甲骨文异字同形例》，《古文字研究》1981 年第 6 辑。

简化之后则和友形体相似。

现代汉字中有大量的形近字，如大——太——犬、申——电——甩、大——天——夫、呆——杏等。一般来说，现代汉字中的形近字都具有一定的区别特征。例如：根据笔画的多少可以区分大和太；根据个别笔形的不同可以区分申和电；根据笔画的组合关系可以区分天和夫；根据笔画的位置可以区分太和犬；根据构字部件的位置可以区分呆和杏等。

本书所讲的楚文字形近现象和上述形近字有着密切的联系，两者之间存在一定的共性。首先，所谓的楚文字是指楚系文字。何谓楚系文字？滕壬生对此有很好的见解。滕壬生认为"在这样一个广大的文化圈内，其文字不仅包括楚人书写、铸刻的楚国文字，而且亦包括被楚所灭之国在其被灭之后所书写、铸刻的文字，乃至受楚文化影响较深的南方诸国，如曾、蔡、徐、宋、吴、越、郡、黄等国的文字亦都属于这一系"[①]。因此，在本书的写作过程当中采纳滕壬生的观点。其次，所谓的楚文字形近现象，是指在楚文字中由于各种原因导致的形体相似现象。由于受到文章篇幅和个人时间、精力等原因的限制，我们在本书当中只准备针对那些由于形体相近并易发生误释的形近现象展开一定的讨论。至于那些虽然形近但是在释读方面不存在什么问题的字，我们并不会做过多地考虑。

二 楚文字形近现象的研究意义

在现代汉字中，形近字的存在导致人们在书写、阅读方面产生一些困难，甚至出现一些笑话。例如《咬文嚼字》中记有这样一则笑话："端午节快要到了，到处在卖粽子。有一家推出一幅广告，只见上面写着：'傻子4元1个。'我觉得好生奇怪，随口问了一句：'这卖的啥？'老板说：'噢，您不识繁体字啊？这卖的是粽子啊！'原来，识一点繁体字的老板把'粽'字的异体字'糉'误认是繁体字，

[①] 滕壬生：《楚系简帛文字编》（修订本），湖北教育出版社2008年版，第1页。

又误写成了形近的傻！不知他是真傻还是卖傻。"①

其实从古到今，形近字给人们的书写、阅读带来的麻烦一直存在。从相关古文字材料来看，月、肉形体相近，有时候会出现讹混的情况。②再比如说，智字所从之矢旁有时候会被讹写成了大、夫。③《吕氏春秋·察传》有这样一条记载：子夏之晋，过卫，有读史记者曰："晋师三豕涉河。"子夏曰："非也，是己亥也。夫'己'与'三'近，'豕'与'亥'相似。"至于晋而问之，则曰"晋师己亥涉河"也。葛洪《抱朴子内篇·遐览》"书三写，鲁成鱼，虚成虎"，说的就是由于字形相近，在书写过程当中会出现讹误情况。唐《意林》摘抄《抱朴子》时候则变成了"书三写，鲁成鱼，帝成虎"，《颜氏家训》、《北堂书抄》也是"帝成虎"④。

由于有些汉字形体相近，所以在古籍的传抄过程当中容易出错，因此在点校古籍当中需要特别注意。中华书局点校本《晋书·夏侯湛传》："富于德，贵于官，其所发明，虽叩牛操筑之客，佣赁拘关之吏，负俗怀讥之士，犹将登为大夫，显为卿尹。"陈维礼认为"拘关"不好讲，"拘"应似为"抱"，或因形近致讹。⑤张霞曾对宋本《唐先生文集》进行过一定的校勘，认为存在陂和阪、熟和热、仗和伏等形近讹误的情况。⑥陆琳对《大正藏》所收《法华传》进行校勘的时候，认为映和眹、壮和肚、指和措等字之间存在形近讹误的情况。⑦

不仅古籍中存在由于汉字形体相近导致讹误的情况，我们在整理古文献的时候也会容易出现错误，尤其是有时候由于相关文字材料的残缺、漫漶，更加容易导致形近误释现象的发生。例如，姚美玲针对

---

① 详细情况请参阅仇雯、何明捷《傻子？》，《咬文嚼字》2012年第8期。
② 详细情况可参阅李铁《文字与构字偏旁发展的不一致性与文理据的丧失——以夕、月、肉偏旁的演变为例》，《中国文字研究》2012年第16辑。
③ 张静：《郭店楚简文字研究》，博士学位论文，安徽大学，2002年，第56页。
④ 李志远：《书三写，鱼成鲁，虚成虎》，《中国教育报》2008年1月4日第4版。
⑤ 陈维礼：《〈晋书·夏侯湛传〉正误一则》，《文献》1995年第4期。
⑥ 张霞：《宋本〈唐先生文集〉校读札记》，《新国学》2012年第1期。
⑦ 陆琳：《〈法华传记〉校勘杂记》，《汉语史研究集刊》2009年第12辑。

《唐代墓志汇编》、《唐代墓志汇编续》等资料中的因失辨形近字而出现的错误进行了一定的梳理①，姚文认为存在"狐失"当为"弧矢"、"功"当为"切"、"往气"当为"佳气"等误录的情况。

有时候由于两字形体相近，两者经常混用，遂导致甲字具有了乙字的一部分词义，从而导致阅读上的困难。例如"指"有到达的词义，"诣"有前往到达义。为什么"指"有到达的词义呢？王云路认为可能是由于"指"和"诣"音近、形近，常常混淆，因而"指"也有了"诣"的含义。②再比如"河海不择细流"一句的解释问题，在以往的研究过程当中有不好理解之处。裘锡圭认为"择"当读为"释"，所以有"舍"义。③古书中择、释二字经常换用，所以"择"字也就有了一定的"舍"义了。

通过上文的陈述，我们不难发现由于汉字形近现象的存在，无论是古代还是现代，都给人们的书写和阅读造成了一定的困难。在阅读和整理相关文献的时候，必须注意这些形近字。因此，对形近字进行研究的价值自然是不言而喻的。对于形近字的辨析，古人早已注重。比如说上文中提到的《吕氏春秋·察传》中有子夏改"三豕"为"己亥"的事迹。再例如梅膺祚的《字汇》卷末附有"辨似"，列举一些形体有细微差异的字，进行辨析；张玉书等学者在《康熙字典》"辨似"中指出"笔画近似，音义显别，毫厘之间，最易混淆，阅此庶无鲁鱼亥豕之误"；龙启瑞的《字学举偶》一书中也有辨似一章，对形近字进行辨析。

在出土的文字资料中，战国时期楚系文字资料无论是在材质还是内容方面都较为丰富。这些楚系文字资料在研究文字、文献、历史、文化等方面具有较大的价值。对楚文字形近现象加以研究，主要有以下几个方面的意义。

首先，有利于相关楚文字得以正确考释。在楚文字考释过程当

---

① 姚美玲：《唐代墓志录文形近字失辨举证》，《中国文字研究》2005年第6辑。
② 王云路：《略论形音义与词语演变的复杂关系》，《汉语史学报》2010年第10辑。
③ 裘锡圭：《古代文史研究初探》，江苏古籍出版社1992年版，第150—152页。

中，经常存在一些由于形近导致的文字误释现象。楚文字中一些所谓的形近现象基本都具有一定的区别特征，只要我们能够将相关字形放在一起综合考察，并不难寻找出这些区别特征。在这些区别特征的基础上，我们对其综合研究，从而避免误释现象的发生，比如 ▨（楚帛书甲6）、▨（包82）、▨（包165）、▨（包167）、▨（包173）、▨（包177）这些旧被认为从冒的字。从形体来看，这些所谓的冒旁和冒字存在一定的差异，即上部比冒多出 ▨ 这样一个部件。后来随着相关研究力度的不断加深，学界认为这些所谓的冒旁其实就是睿。再比如 ▨（包99）、▨（九店M56·27）、▨（郭·尊28）等，过去往往被误释为昔，其实通过和楚文字中的昔字相关形体比较，我们不难发现其存在的差异。随着相关材料的陆续公布，我们认为这些所谓的昔字构形存在两种可能性：一是卿字的省变体；二是卯（卿字所从）字经过人、卩同义偏旁替换，添加羡符口所致。

　　其次，可以使相关文献得到正确释读，从而使其价值得到充分的利用。上文当中已经说过，楚地出土的文献在研究相关历史、文献、文化等方面存在较大的资料价值。如果对相关形近现象认识不够，那么就会容易发生误释现象，从而使相关资料丧失本应有的价值。例如楚文字中的一部分脡字以往被误释为前，所以导致相关延字未能被正确释出，遂导致楚王熊脡鼎的相关研究价值未能得到充分利用。

　　再次，研究楚文字形近现象对相关文献的校勘也有一定的价值。《尚书·君奭》"在昔上帝，割申劝宁王之德，其集大命于厥躬"，其中"劝"、"宁"二字皆由于形近而讹误。郭店简中与"劝"相对应之处写作"观"，字形为 ▨（郭·缁37），由此可知传世本《尚书》中的"劝"当为"观"之误①。关于"宁"为"文"之误，清朝末年王懿荣、吴大澂、方浚益、孙诒让等学者已经根据相关金文资料有

----
　　① 张玉金：《字词考释四篇》，《中国语文》2006年第3期。

所说明①。

三　楚文字形近现象的研究方法

首先，我们将相关楚地出土文字资料进行仔细研读。在研读过程当中我们尽量参考各家的相关释读意见，从而使相关文字资料得以正确地释读。

其次，在释读这些楚文字资料过程当中，我们将那些由于形近导致的误释现象进行一下梳理。

再次，我们对这些形近现象进行综合的整理与研究。将相关形近现象的所有字形放在一起进行仔细比较，找出存在的一些差异，然后针对这些差异寻找其原因。在讨论形近现象的时候，我们从文字发展的源流入手，从文字讹变、添加饰符、书手的个人书写风格等角度去综合考虑。

第四节　使用材料说明

楚地出土的文字资料众多，从材质来看包括简帛、青铜器、玺印、封泥等。从字数来看，简帛为一大宗，青铜器铭文次之，玺印、封泥、货币等则相对来说较少。因此，在论文的写作过程当中我们主要是以简帛和青铜铭文为主，其他材质的文字资料则仅供参考。

一　简帛材料

（1）长沙子弹库楚帛书　帛书由两组图像三组文字组成，共计960多字。该帛书不仅保存了大量文字资料，而且保存了楚人的世界观、天文、神话等宝贵的资料。详见饶宗颐、曾宪通的《楚帛书》。主要研究成果有高明的《楚缯书研究》、何琳仪的《长沙帛书通释》、

---

① 裘锡圭：《谈谈清末学者利用金文校勘〈尚书〉的一个重要发现》，载《古代文史研究新探》，江苏古籍出版社1992年版，第73—80页。

朱德熙的《长沙帛书考释五篇》等①。在楚帛书集释方面，刘波、陈媛媛、肖攀曾做过集释②，徐在国也有《楚帛书诂林》③，皆可参阅。

（2）湖南长沙诸简　长沙诸简主要包括五里牌楚简、仰天湖楚简、杨家湾楚简等，主要著录在商承祚的《战国楚竹简汇编》④、郭若愚的《长沙仰天湖战国竹简文字的摹写和考释》⑤、湖北省博物馆《长沙楚墓》⑥等。关于仰天湖楚简相关研究文献，可参阅许学仁的《长沙仰天湖楚简研究文献要目》⑦。在释文方面，陈伟主编的《楚地出土战国简册（十四种）》对五里牌、仰天湖、杨家湾简文的释文进行了重新编写。⑧关于长沙诸简的相关情况，李天虹的《楚国铜器与竹简文字研究》也曾有所介绍⑨，请参看。

（3）信阳楚简　一共两组：一组遣册29枚，一组竹书119枚，共计约1700字，资料详见《信阳楚墓》。商承祚的《战国楚竹简汇编》公布了所有照片并附有摹本和释文。2004年"楚简综合整理与研究项目"进行了红外线拍摄。后来陈伟主编的《楚地出土战国简册（十四种）》对简文的释文进行了重新编写⑩，又可参阅武汉大学简帛研究中心、河南省文物考古研究所编著的《楚地出土战国简册合

---

① 详细情况可参阅刘波《〈楚帛书·甲篇〉集释》，硕士学位论文，吉林大学，2009年。

② 刘波：《〈楚帛书·甲篇〉集释》，硕士学位论文，吉林大学，2009年。陈媛媛：《〈楚帛书·乙篇〉集释》，硕士学位论文，吉林大学，2009年。肖攀：《〈楚帛书·丙篇〉集释》，硕士学位论文，吉林大学，2009年。

③ 徐在国：《楚帛书诂林》，安徽大学出版社2012年版。

④ 商承祚：《战国楚竹简汇编》，齐鲁书社1995年版。

⑤ 郭若愚：《长沙仰天湖战国竹简文字的摹写和考释》，《上海博物馆集刊》1986年第1期，第21—34页。

⑥ 湖南省博物馆、湖南省文物考古研究所、长沙市博物馆、长沙市文物考古研究所：《长沙楚墓》，文物出版社2000年版。

⑦ 许学仁：《长沙仰天湖楚简研究文献要目》，2006年8月，简帛网（http：//www.bsm.org.cn/show_article.php?id=397）。

⑧ 陈伟主编：《楚地出土战国简册（十四种）》，经济科学出版社2009年版。

⑨ 李天虹：《楚国铜器与竹简文字研究》，湖北教育出版社2012年版。

⑩ 陈伟主编：《楚地出土战国简册（十四种）》，经济科学出版社2009年版。

集（二）·葛陵楚墓竹简·长台关楚墓竹简》①。

（4）望山楚简　一号墓207枚，内容为卜筮；二号墓66枚，内容主要为卜筮、祷祝、遣册等，详见《望山楚简》。商承祚的《战国楚竹简汇编》公布了所有照片并附有摹本和释文，又可参阅湖北省文物考古研究所编著的《江陵望山沙冢楚墓》。后来陈伟主编的《楚地出土战国简册（十四种）》对简文的释文进行了重新编写。②

（5）九店楚简　56号墓205枚，621号墓88枚，内容主要为日书，资料详见《九店楚简》。2004年"楚简综合整理与研究项目"进行了红外线拍摄。后来陈伟主编的《楚地出土战国简册（十四种）》对简文的释文进行了重新编写。③

（6）夕阳坡楚简　M2出土两枚，详见杨启干的《常德市德山夕阳坡二号楚墓竹简初探》（附摹本），刘彬徽的《常德夕阳坡楚简考释》。后来陈伟主编的《楚地出土战国简册（十四种）》对简文的释文进行了重新编写。④

（7）包山楚简　有字竹简278枚，木牍一块，内容为司法文书、占卜、随葬记录等，资料详见《包山楚简》。后来陈伟主编的《楚地出土战国简册（十四种）》对简文的释文进行了重新编写⑤。在简文集释方面，可参阅朱晓雪的《包山楚墓文书简、卜筮祭祷简集释及相关问题研究》⑥。

（8）郭店楚简　约730余枚，内容主要为儒家、道家文献，分为《老子》（甲乙丙）、《大一生水》、《缁衣》、《鲁穆公问子思》、《穷达以时》、《五行》、《唐虞之道》、《忠信之道》、《成之闻之》、《尊德义》、《性自命出》、《六德》、《语丛》（1—4）等十八篇，资料详见

---

① 武汉大学简帛研究中心、河南省文物考古研究所编著：《楚地出土战国简册合集（二）·葛陵楚墓竹简·长台关楚墓竹简》，文物出版社2013年版。
② 陈伟主编：《楚地出土战国简册（十四种）》，经济科学出版社2009年版。
③ 同上。
④ 同上。
⑤ 同上。
⑥ 朱晓雪：《包山楚墓文书简、卜筮祭祷简集释及相关问题研究》，博士学位论文，吉林大学，2011年。

《郭店楚墓竹简》。后来陈伟主编的《楚地出土战国简册（十四种）》对简文的释文进行了重新编写①，又可参阅陈伟、彭浩主编的《楚地出土战国简册合集·郭店楚墓竹书》②。

（9）上博简　约1200支，内容包括历史、哲学、诸子文献等诸多方面内容。目前已经公布九册：第一册包括《孔子诗论》、《缁衣》、《性情论》三个篇目；第二册包括《民之父母》、《子羔》、《鲁邦大旱》、《从政》（甲乙）、《昔者君老》、《容成氏》六个篇目；第三册包括《周易》、《中弓》、《亘先》、《彭祖》四个篇目；第四册包括《采风曲目》、《逸诗》、《昭王毁室·昭王与龚之脾》、《柬大王泊旱》、《内礼》、《相邦之道》、《曹沫之陈》七个篇目；第五册包括《竞建内之》、《鲍叔牙与隰朋之谏》、《季康子问于孔子》、《姑成家父》、《君子为礼》、《弟子问》、《三德》、《鬼神之明·融师有成氏》八个篇目；第六册包括《竞公虐》、《孔子见季桓子》、《庄王既成·申公臣灵王》、《平王问郑寿》、《平王与王子木》、《慎子曰恭俭》、《用曰》、《天子建州》（甲乙）八个篇目；第七册包括《武王践阼》、《郑子家丧》（甲乙）、《君人者何必安哉》（甲乙）、《凡物流行》（甲乙）、《吴命》五个篇目；第八册包括《子道饿》、《颜渊问于孔子》、《成王既邦》、《命》、《王居》、《志书乃言》、《有皇将起》、《李颂》、《兰赋》、《鹠鹞》十个篇目；第九册包括《成王为城濮之行》（甲乙）、《灵王遂申》、《陈公治兵》、《举治王天下（五篇）》、《邦人不称》、《史蒥问于夫子》、《卜书》七个篇目。关于上博简的相关研究著作较多，除了单篇文章外，相关篇章集释也较多，例如韩英的《〈昔者君老〉与〈内礼〉集释及相关问题研究》③、单育辰的《〈曹沫之陈〉文本集释及相关问题研究》④、孟岩的《〈姑成家父〉文本集

---

① 陈伟主编：《楚地出土战国简册（十四种）》，经济科学出版社2009年版。
② 陈伟、彭浩主编：《楚地出土战国简册合集·郭店楚墓竹书》，文物出版社2011年版。
③ 韩英：《〈昔者君老〉与〈内礼〉集释及相关问题研究》，硕士学位论文，吉林大学，2008年。
④ 单育辰《〈曹沫之陈〉文本集释及相关问题研究》，硕士学位论文，吉林大学，2008年。

第一章　绪论　41

释及相关问题研究》①等。近年来，有一些学者将上博简按照内容进行分类研究，例如侯乃峰的《上博竹书（1—8）儒学文献整理与研究》②、曹方向的《上博简所见楚国故事类文献校释与研究》③。

（10）新蔡竹简　约1300余枚，内容为占卜、祷祝和簿书等，资料详见《新蔡葛陵楚墓》。后来陈伟主编的《楚地出土战国简册（十四种）》对简文的释文进行了重新编写④，又可参阅武汉大学简帛研究中心、河南省文物考古研究所编著《楚地出土战国简册合集（二）·葛陵楚墓竹简·长台关楚墓竹简》⑤。宋华强著有《新蔡葛陵楚简初探》一书，对竹简的编联和释文作出了重新整理，亦可参看。⑥

（11）曾侯乙墓简　内容主要为随葬车马记载，资料详见《曾侯乙墓》。1997年张光裕、黄锡全、滕壬生等编著《曾侯乙墓竹简文字编》。2004年对"楚简综合整理与研究项目"进行了红外线拍摄。后来陈伟主编的《楚地出土战国简册（十四种）》对简文的释文进行了重新编写。⑦萧圣中著有《曾侯乙墓竹简——释文补正暨车马制度研究》一书，亦可参阅。⑧

（12）清华简　清华简内容丰富，研究价值巨大，相关情况可参阅刘国忠的《走近清华简》⑨。目前仅仅公布四册：第一册内容包括《尹至》、《尹诰》、《程寤》、《保训》、《耆夜》、《金縢》、《皇门》、《祭公之顾命》和《楚居》九个篇目；第二册内容为《系年》；第三

---

① 孟岩：《〈姑成家父〉文本集释及相关问题研究》，硕士学位论文，吉林大学，2009年。
② 侯乃峰：《上博竹书（1—8）儒学文献整理与研究》，博士后出站报告，复旦大学，2012年。
③ 曹方向：《上博简所见楚国故事类文献校释与研究》，博士学位论文，武汉大学，2013年。
④ 陈伟主编：《楚地出土战国简册（十四种）》，经济科学出版社2009年版。
⑤ 武汉大学简帛研究中心、河南省文物考古研究所编著：《楚地出土战国简册合集（二）·葛陵楚墓竹简·长台关楚墓竹简》，文物出版社2013年版。
⑥ 宋华强：《新蔡葛陵楚简初探》，武汉大学出版社2010年版。
⑦ 陈伟主编：《楚地出土战国简册（十四种）》，经济科学出版社2009年版。
⑧ 萧圣中：《曾侯乙墓竹简——释文补正暨车马制度研究》，科学出版社2011年版。
⑨ 刘国忠：《走近清华简》，高等教育出版社2011年版。

册内容包括《说命》（上中下）、《周公之琴舞》、《芮良夫毖》、《良臣》、《祝词》、《赤鹄之集汤之屋》六个篇目；第四册包括《筮法》、《别卦》、《算表》三个篇目；第五册包括《封许之命》、《厚父》、《汤处于汤丘》、《汤在啻门》、《殷高宗问于三寿》五个篇目；第六册包括《郑武夫人规孺子》、《郑文公问太伯》、《子产》、《管仲》、《子仪》五个篇目；第七册包括《子犯子余》、《晋文公入于晋》、《赵简子》、《越公其事》四个篇目。

除上述所例举的材料外，还有一些零碎的楚系竹简。但是它们大都损坏严重且字数较少，因此暂且不在本书的研究范围之内[①]。关于这些零星的楚简，以及一些尚未公布的楚简情况，李天虹有所介绍[②]。

二　青铜器铭文

楚国铜器的发现与著录早在宋代就已经开始了。到现在为止，发现的有楚文字特点的铭文青铜器，已经有千余件，时间跨度一般在西周中晚期到战国晚期[③]。在楚系青铜器铭文收录方面，可参阅刘彬徽、刘长武的《楚系金文汇编》[④]。此外，刘波博士的学位论文对2004年以后公布的楚器有所补充[⑤]。在铭文研究方面，除了黄锦前的《楚系铜器铭文研究》之外，也可参阅邹芙都的《楚系铭文综合研究》[⑥]。此外，有关楚国青铜铭文研究方面，李天虹的《楚国铜器与竹简文字研究》一书也有所涉及[⑦]。

[①] 根据单育辰统计，自1949年到目前为止共发现楚系竹简多达33批之多，详见单育辰：《楚地战国简帛与传世文献对读之研究》，博士学位论文，吉林大学，2010年。

[②] 李天虹：《楚国铜器与竹简文字研究》，湖北教育出版社2012年版。

[③] 详细情况可参阅黄锦前《楚系铜器铭文研究》，博士学位论文，安徽大学，2009年。

[④] 刘彬徽、刘长武：《楚系金文汇编》，湖北教育出版社2009年版。

[⑤] 刘波：《出土楚文献语音通转现象整理与研究》，博士学位论文，吉林大学，2013年。

[⑥] 邹芙都：《楚系铭文综合研究》，巴蜀书社2007年版。

[⑦] 李天虹：《楚国铜器与竹简文字研究》，湖北教育出版社2012年版。

三 玺印、货币、封泥等

对楚国玺印文字的考释，多散见于战国玺印文字丛考及其他文字考释中，专门讨论楚玺的论著并不很多。这方面的成果有李家浩的《楚国官印考释（四篇）》、刘钊的《楚玺考释六篇》、林清源的《楚国官玺考释（五篇)》、何琳仪的《楚官玺杂识》等。邱传亮曾对楚国玺印文字进行过一定的研究①，请参看《楚玺文字集释》。至于货币和封泥文字，相关材料和研究成果也十分有限②。因此在本书的写作过程当中，我们仅将其作为参考，不会过多关注。

从相关楚文字资料来看，存在一定的非楚因素③。在楚文字形近现象的研究过程当中，我们会尽量借鉴学界有关楚文字中非楚因素的研究成果，从而将一些非楚因素排除在外。从整体来看，这些非楚因素在楚文字中的分量较小，并且我们的着眼点是整个楚文字体系。因此，这些非楚因素在楚文字形近现象研究过程当中的影响并不大。

---

① 邱传亮：《楚玺文字集释》，硕士学位论文，吉林大学，2006年。
② 详细情况可参阅李守奎《出土楚文献文字研究综述》，《古籍整理研究学刊》2003年第1期。
③ 学界中对此早有关注，例如冯胜君：《论郭店简〈唐虞之道〉、〈忠信之道〉、〈语丛〉一～三以及上博简〈缁衣〉为具有齐系文字特点的抄本》，博士后研究工作报告，北京大学，2004年。

第二章　楚文字形近现象产生的原因

在上一章当中，我们认为所谓的楚文字形近现象，是指在楚文字中由于各种原因导致的形体相似现象。形近现象和形近字有一定的共性，产生的原因较为复杂，有些是在造字之初形成的，有些是在文字的演变过程当中形成的，有些是由于书手的书写特点造成的。

文字是记录语言的书写符号系统，文字与语言单位的对应关系自然是以一对一的状态为最佳，而且每个字形之间最好具有明显的区别特征，从而达到文字为语言服务的最佳状态。姚孝遂认为"按照文字符号本身的原则要求，应该是同字同形、异字异形。也就是说文字必须规范，只有规范的文字才能符合使用的要求。但是，文字只有在长期的发展演变过程中，才能逐渐完成其规范化的改造"①。因此，在楚文字中那些由于造字之初就形体相近的字并不多见，只有一少部分。例如楚文字中月和肉，楚文字中的月可以写作 (上博一·孔8)、 (上博四·采1)、 (清华二·系63) 等形，肉可以写作 (包145)、 (包255)、 (上博五·弟8) 等形。楚文字中月、肉形体相近，两者之间有时候会出现讹混的情况，如望字写作 (上博六·用20)，月旁被讹写成了肉。楚文字中月、肉形近现象来源甚古，甲骨时期月可以写作 (合9631)、 (H11：2)、 (H11：40) 等形，肉可以写作 (合18250)、 (合31012)、 (合补11468) 等形。这种由于造字之初就已经形近的现象，一般来说都是有例可寻，对相关材料的释读不会造成太大的困难。因此，在本书的

---

① 姚孝遂：《甲骨文形体结构分析》，《古文字研究》2000年第20辑。

写作过程当中，我们暂且将这种造字之初就形近的现象排除在论文写作范围之内。

楚文字中有一些本来渊源有自的字，在文字的演变过程当中会变得形体相近。对于这部分字，如果稍有不慎，可能就会发生误释现象。例如楚文字中目一般写作 ◈（郭·语一 50）、◈（上博五·鬼 5）、◈（清华三·芮 4）等形，角一般写作 ◈（上博一·孔 29）、◈（上博三·周 41）、◈（上博五·三 10）等形。从早期相关字形来看，目、角形体差异明显。但是在后来的文字演变过程当中两者逐渐形体相近，有时候则会容易发生误释，例如楚子赤目簠以往被误称为楚子赤角簠①。下面，我们分类探讨一下这部分楚文字形近现象的原因。

第一节　由于讹变造成的形近现象

在文字的发展演变过程当中，讹变是一种常见现象，这种现象在古文字阶段尤为常见。所谓古文字的形体讹变，指的是古文字演变过程中，由于使用文字的人误解了字形与原义的关系，而将它的某些部件误写成与它意义不同的其他部件，以致造成字形结构上的错误现象。② 在楚文字中，文字讹变现象并不少见③，有时候容易导致形近现象的发生，进而造成误释。

一　甚字变体及相关问题

包山简中有一 ◈（包 198）字，相关简文为"占之：◈吉。"关于此字的考释问题，历来有不同的意见。包山简整理者将其释为当，相

---

① 赵逵夫：《楚子赤角考》，《江汉考古》1982 年第 1 期。
② 张桂光：《古文字中的形体讹变》，《古文字研究》1986 年第 15 辑。
③ 关于楚文字中讹变现象的研究，有较多学者涉及。例如林清源：《楚国文字构形演变研究》，博士学位论文，私立东海大学，1997 年；张峰：《楚系简帛文字讹书研究》，博士学位论文，吉林大学，2012 年。

关简文读为"当吉"。① 何琳仪将其释为尚②，刘信芳将其释为甚③。与之相同的字形，又见于𠱾（包158），相关简文为"死病𠱾"。关于此𠱾（包158）字的解释，历来也有一定的争议，主要有释当④、益⑤、尚⑥、甚⑦等几种不同的意见。当时大家之所以对该字有较多的争议，主要原因在于相关资料的贫乏，缺少相关字形的比对，导致大家对这种甚字变体认识不够，难以和西周金文中的甚字建立直接联系。另外，简文在词例方面也不容易锁定。郭店简公布之后，出现了一大批与之结构相同的字，词例方面也较容易锁定。因此，郭店简公布之后学者们普遍认为𦧋（包198）、𠱾（包158）为甚字。郭店简中的甚字及相关简文如下：

𦧋罪莫重乎甚欲，咎莫憯乎欲得。（郭·老甲5）

𠱾甚爱必大费，厚藏必多亡。（郭·老甲36）

𠱾上好此物者，下必有甚焉者矣。（郭·缁15）

𦧋上苟身服之，则民必有甚焉者。（郭·成7）

通过上述材料，我们可以看出𦧋（包198）、𠱾（包158）为甚字当无疑问。学界中关于甚字的构形，尚存一定的争议。董莲池《新金文编》中收录如下几例字形：

丩（甚孛君簠·07.3791） 㠯（甚諆胾鼎·04.2410）

𠙴（晋侯对盨·新收626页） 𠙴（晋侯对盨·新收625页）

甚字见于《说文》，小篆写作甚，古文写作𠩤。《说文》"甚：尤安乐也，从甘，从匹耦也。"从相关古文字资料来看，《说文》有关甚字的解释是依据讹变了的小篆进行解说，其说并不可信。何琳仪认为从匕从甘，会安乐之意。战国文字承袭金文，匕繁化作匹。⑧ 董莲

---

① 湖北省荆沙铁路考古队：《包山楚简》，文物出版社1991年版，第32页。
② 何琳仪：《战国古文字典》，中华书局1998年版，第1537页。
③ 刘信芳：《包山楚简解诂》，艺文印书馆2003年版，第209页。
④ 湖北省荆沙铁路考古队：《包山楚简》，文物出版社1991年版，第29页。
⑤ 袁国华：《包山楚简文字诸家考释异同一览表》，《中国文字》1995年新20期。
⑥ 何琳仪：《战国古文字典》，中华书局1998年版，第1537页。
⑦ 刘信芳：《包山楚简解诂》，艺文印书馆2003年版，第209页。
⑧ 何琳仪：《战国古文字典》，中华书局1998年版，第1406页。

池认为甚字构形之意不明，虽可分析为从甘，但不能分析为从匹。匹金文作𠤎、𠤏，无作匕或𠤎者。至战国作是（诅楚文），甘下所从方与篆文匹形近。① 季旭升认为甚字似乎是从匕口，会以匕送食物至口，甚为安乐之意，楚文字中的甚字从匕、口，上加八形为繁饰，八形写在匕内则成匹形。② 从目前的材料来看，甚字难以追寻最初的字形，造字本义仍有探讨的余地。

楚文字中的甚字，除了上文中罗列的字形外，尚有以下异体：𠦝（郭·唐24）、𠦝（郭·唐25）、𠦝（郭·语四25）、𠦝（上博五·季2）、𠦝（清华二·系27）等。有时候，甚字会发生另外一种讹变，例如𠦝（上博六·用19）、𠦝（上博八·命10）。从上述形体来看，甚字古文𠦝当本于𠦝这种写法。上博简中有一𠦝（上博五·鲍4）字，相关简文为"笃𠦝怀忧，疲弊齐邦"。上博简整理者将其隶定为䢚，读为堪。③ 整理者之所以将隶定为䢚，恐怕与甚字古文写作𠦝具有一定的关系。但是从𠦝字右部所从的部件来看，是由乚和一个从口、正面站立的人形部件组成。这个从口和正面站立的人形部件在楚文字中多次出现，侯乃峰曾有所考证，请参看。④

以往之所以将楚文字中的一部分甚字误释为尚、当、益等，很大原因在于对甚字变体认识不够，同时又忽视了字形间的一些细微差异。

楚文字中尚字较为常见，一般写作𠔌（包90）、𠔌（郭·缁35）、𠔌（上博二·缁12）、𠔌（清华三·祝3）等形。从字形上来看，楚文字中尚和甚形体具有一定的相似性，两者存在的差异主要在于尚字从冂，而甚字从乚。当是端纽阳部字，尚是禅纽阳部字，两者音近可通。楚文字中的当一般是用𠔌（清华三·芮10）这种形体来记录。因

---

① 董莲池：《说文解字考证》，作家出版社2005年版，第185页。
② 季旭升：《说文新证》，福建人民出版社2008年版，第395页。
③ 马承源主编：《上海博物馆藏战国楚竹书（五）》，上海古籍出版社2005年版，第186页。
④ 侯乃峰：《上博竹书（1—8）儒学文献整理与研究》，博士后出站报告，复旦大学，2012年，第575—583页。

此，楚文字中尚、当和甚之间存在一定的区别特征。楚文字中益字可以写作▨（包111）、▨（包114）、▨（包116）等形。由前两例益字来看，其下部所从的皿形部分部件讹变的类似口形，这种写法的益字和甚具有一定的相似性。但是，两者区别较为明显，甚字从匚，而益字下部所从的皿形仍然可辨。

通过上文的陈述，我们可以看出，楚文字中的甚和尚、当、益等字之间存在一定的相似性，但是存在的区别特征也较为明显。下面，我们谈谈上博简中一个存在较大争议的字。

上博简中有一▨（上博六·平7）字，相关简文为"温恭淑惠，民是▨望"。关于此▨字的考释，历来有不同的意见，诸说当中争论的焦点在于▨字右部所从的部件究竟是什么。在郭店简中有一▨（郭·忠3）字，关于此▨字的考释，历来也颇有争议。从形体来看，▨和▨字右部同形，两者与甚字变体▨（上博六·用19）形体相似，只是正写和反写的区别。关于▨字的考释，上博简整理者认为▨字右部从尚，因此将其隶定为䐴，"䐴望"读为"观望"[①]。陈剑认为：

字形分析方面有两种可能。其一是将其右半看作"甚"之写讹隶作"䏌"，甚、瞻读音相差不远，"䏌"就是楚简"䏪"（瞻）字改换声旁的异体。此说的好处是字形比较接近，但绕了一个弯。其二是此字就是"䏪"（瞻）字之写讹，郭店《缁衣》简16"䏪"（瞻）字作▨。此说的好处是释字较为直接，但字形距离稍远[②]。

陈剑认为▨（郭·忠3）字和▨（上博六·平7）右部所从可能并没关系。董珊则认为两者之间有联系，认为皆可分析为"石"（音担）声[③]。董珊之说有一定的道理，但是也不排除两者为讹形的可能性。综合考虑之后，我们暂且从董珊之说。

---

① 马承源主编：《上海博物馆藏战国楚竹书（六）》，上海古籍出版社2007年版，第263页。

② 陈剑：《读〈上博六〉短札五则》，2007年7月，简帛网（http://www.bsm.org.cn/show_article.php?id=643）。

③ 董珊：《读〈上博六〉杂记（续四）》，2007年7月，简帛网（http://www.bsm.org.cn/show_article.php?id=649）。

二 曼字变体及相关问题

郭店简中有一■（郭·唐2）字，相关简文为"身穷不均，■而弗利，穷仁矣"。郭店简整理者将其依照字样转写，并未作出解释。①在后来的研究过程当中，张光裕提出了一种释读意见，认为此字当释为及。②楚文字中及字较为常见，一般写作■（郭·缁5）、■（上博四·逸1）、■（上博五·鬼1）、■（清华三·芮1）等形。由楚文字中的及字相关形体来看，它们和■在形体方面具有一定的相似之处，但是又存在一定的差异。此外，楚文字中还有一种写法较为奇特的及字，如■（郭·唐15）、■（郭·唐19）、■（郭·唐24）。这种写法的及字在后世字书一些古文材料中较为常见，例如《说文》中存有及字古文■，《古文四声韵》中收有■、■。这些古文字形都可以从相关古文字材料中寻找到依据，如■（郭·唐19）、■（郭·语二19）。这种写法的及字，在以往的研究过程当中，往往被误释为秉，后来李家浩改释为及。③楚文字中秉字一般写作■（上博一·缁5）、■（上博五·三12）、■（清华三·芮16）等形。古文字中秉字构形是从又持禾会意④。从■（郭·唐15）、■（郭·唐24）来看，它们并不从禾。因此，将楚文字中相关及字释为秉的观点，逐渐为学界所抛弃。从楚文字相关及字形体来看，它们和■（郭·唐2）形体差异明显。因此，将■（郭·唐2）释为及不可信。

除了上文提到释为及之外，学界尚有不同的释读意见。例如：黄德宽、徐在国根据甲骨材料中的云字，认为■当隶定为叞，释为抌。⑤张桂光根据《说文》中训为"入水有所取也。从又在冋下。冋，古文回。回，渊水也。读若沫"的曼字，认为■当释为曼。⑥周凤五根据中

---

① 荆门市博物馆：《郭店楚墓竹简》，文物出版社1998年版，第157页。
② 张光裕：《郭店楚简研究》，艺文印书馆1999年版，第5页。
③ 李家浩：《读〈郭店楚墓竹简〉琐议》，《中国哲学》1999年第20辑。
④ 何琳仪：《战国古文字典》，中华书局1998年版，第712页。
⑤ 黄德宽、徐在国：《郭店楚简文字续考》，《江汉考古》1999年第2期。
⑥ 张桂光：《〈郭店楚墓竹简〉释注续商榷》，载《简帛研究》（2001），第189页。

山王鼎中的※字，认为※当分析为从又勺声。①

在以后公布的楚文字资料中，与※相似的形体再次出现，即※（上博四·曹9），相关简文为"以亡道称而※身就死，亦天命"。

上博四公布之后，学界对※（郭·唐2）、※（上博四·曹9）两字又有较多的关注，诸说当中释为旻占主流，如廖名春②、李锐③、高佑仁④等皆主此说。但是当时学界对此也有不同的意见，上博五公布之后学界开始普遍接受释为旻这种意见。上博五相关简文和字形如下：

※已而不已，天乃降异，其身不※，至于孙子。（上博五·三3）

※天哉！人哉！凭何亲哉！※其身哉！（上博五·三17）

※及桀、纣、幽、厉，焚圣人，杀谏者，乱邦家。是以桀折于鬲山，而纣首于岐社。身不※，为天下笑。（上博五·鬼2）

上述三条材料皆可读为没，传世文献中"没身"一词较为常见。从字形角度来看，※和※一脉相承，高佑仁认为秦文字中※字上部一笔完成，楚文字中旻字上部只不过是两笔完成而已。由于秦采用秦系文字中回字写法，像楚文字中※这类写法已灭绝。⑤ 楚文字中的旻字形体既已明确，※（郭·唐2）释为旻也就没有什么问题了，※（郭·唐2）字的释读可从李零的意见为"没身就死"之意⑥。

以往楚文字中的※字之所以难以释出，很大原因在于发生了一定的讹变，遂导致误释现象的发生。

---

① 周凤五：《郭店楚墓竹简〈唐虞之道〉新释》，中研院历史语言研究所集刊1999年第70本第3分。

② 廖名春：《读楚竹书〈曹沫之阵〉札记》，2005年2月，简帛研究网站（http://www.jianbo.org/admin3/2005/liaominchun002.htm）。

③ 李锐：《读上博四札记（一）》，confucius网（http://www.confucius2000.com/admin/list.asp?id=1607）。

④ 高佑仁：《谈〈唐虞之道〉与〈曹沫之阵〉的"没"字》，2005年12月，简帛网（http://www.bsm.org.cn/show_article.php?id=145）。

⑤ 同上。

⑥ 李零：《郭店楚简校读记》，《道家文化研究》1999年第17辑。

三 寻字变体及相关问题

在包山简中有一人名用字▨（包157），相关简文为"鄎邑大夫命少宰尹▨敔察问大梁之职舊之客苛坦"。在同组文书当中，又有人名用字▨（包157反），相关简文为"爨月己亥之日，鄎少宰尹▨敔以此志致命"。由于该组简文所记之事为同一件事，且所指之人为同一人，所以▨、▨为一字异写。学界中关于此字的考释，历来众说纷纭，莫衷一是。

包山简整理者认为"剌，简文作▨，同简此字作剌，从后释"①。张守中把▨放在剌字头下，而将▨放在鄎字头下。② 李学勤认为"寻"的下部反写作"▨"形，因此《包山楚简》释文误以为从"兆"。实则与同出的一六六、一六七号简从"兆"的字相比，不难看出其差异。③ 陈伟主编的《楚地出土战国简册（十四种）》中认为应该释为鄎，为姓氏。④ 由此来看，学界对▨、▨字所从部件的认识并不统一，主要有兆、易、寻等几种意见。

此外，包山简中还有一▨（包258）字，整理者将其释为栫，在后面的注释中则怀疑为桃字。⑤ 刘信芳认为应该释为栫，读为捣。⑥ 上博简中有一▨（上博九·成甲1）字，乙本中与之对应的字写作▨。相关简文为："成王为城濮之行，王使子文教子玉。子文治师于▨，一日而毕，不戮一人。""楚邦老，君王免余罪，以子玉之未习，君王命余治师于▨，一日而毕，不戮一人。"上博简整理者将其释为汶⑦，有网友指出应该释为寻，并且和新蔡简中的寻相联系。⑧ 苏建

---

① 湖北省荆沙铁路考古队：《包山楚简》，文物出版社1991年版，第51页。
② 张守中：《包山楚简文字编》，文物出版社1996年版，第103页。
③ 李学勤：《续释"寻"字》，《故宫博物院院刊》2000年第6期。
④ 陈伟主编：《楚地出土战国简册（十四种）》，经济科学出版社2009年版，第76页。
⑤ 湖北省荆沙铁路考古队：《包山楚简》，文物出版社1991年版，第37、61页。
⑥ 刘信芳：《包山楚简解诂》，艺文印书馆2003年版，第266页。
⑦ 马承源主编：《上海博物馆藏战国楚竹书（九）》，上海古籍出版社2013年版，第17、25页。
⑧ 简帛网，账号"家兴"：《读〈成王为城濮之行〉札记》，简帛网简帛论坛28楼（http：//www.bsm.org.cn/bbs/read.php? tid=3025&page=3）。

洲认为从兆①，曹方向认为应该从申②。

　　通过上文的陈述，我们可以看出楚文字中寻、易、兆、寿、申等字有时候会形体相近，容易误释。下面，我们谈谈这些形近现象的辨析。

　　楚文字中寻作为构字部件较为常见，一般写作🈳（上博一·孔16）、🈳（上博五·鬼7）、🈳（上博六·景10）、🈳（上博七·凡甲27）等形。学界一般认为寻字最初的构字本义是伸两臂度量之意。③从相关古文字资料来看，这种说法较为可信。从楚文字资料来看，为了书写形式的方便，楚文字中寻字所从的象征右手臂之形略有讹变，其和🈳（上博一·缁15）、🈳（三·亘10）所从之部件讹混。上文已经说过，🈳（包157）、🈳（包157反）为一字异写，只是前者左手臂之形有所讹变，后者则将象征左手臂之形反写，④与🈳（包157反）相类似的写法又见于🈳（包12）。李学勤将🈳字所从的左臂之形看作反写，可谓卓识。楚文字中这种类似爪形的部件如果出现反写，那么往往容易产生误释。例如上博简中的🈳（上博一·孔2），相关简文为"其歌绅而🈳，其思深而远"。上博简整理者认为🈳字卜部从豸，将🈳读为貔。⑤李零认为🈳字下部从易，可读为逖。⑥楚文字中易字一般写作🈳（郭·老甲25）、🈳（郭·尊37）、🈳（上博三·彭2）等形，只要将其上部类似爪形的部件位置移动且反写，就可以得到🈳下部所从的形体，季旭升则利用包山简中的🈳（包157）作为例证⑦。以往有学者

---

① 见"简帛论坛"《读〈成王为城濮之行〉札记》帖讨论区第二帖。
② 曹方向：《上博九〈成王为城濮之行〉通释》，2013年1月，简帛网（http://www.bsm.org.cn/show_article.php?id=1783#_ednl4）。
③ 李学勤：《续释"寻"字》，《故宫博物院院刊》2000年第6期。季旭升：《说文新证》，福建人民出版社2008年版，第237页。
④ 李学勤：《续释"寻"字》，《故宫博物院院刊》2000年第6期。
⑤ 马承源主编：《上海博物馆藏战国楚竹书（一）》，上海古籍出版社2001年版，第128页。
⑥ 李零：《上博楚简三篇校读记》，中国人民大学出版社2009年版，第33页。
⑦ 季旭升：《上海博物馆藏战国楚竹书（一）读本》，北京大学出版社2009年版，第17—18页。何琳仪的观点与季旭升相似，请参阅。何琳仪：《上海博物馆藏战国楚竹书（一）孔子诗论释文补正》，载《新出楚简文字考》，安徽大学出版社2007年版，第100—117页。

认为㝱字从寻。但是从楚文字中的相关寻字来看，㝱字所从和寻差异明显，郑玉珊已有所辨析①，请参看。楚文字中易字较为常见，一般写作易（包2）、易（郭·大5）、易（上博五·鬼8）等形。通过上述易字形体来看，易和楚文字中的寻形体差异明显，两者并不容易发生误释。但是，有时候楚文字中的易在作为构字部件的时候则容易发生一定的讹变，例如易（清华三·说中7）。由易来看，其易旁所从的日起笔和收笔明显存有一定的缺口，且易中间的横笔也被省略掉了。在此种情况下，易字就会和㝱字所从的寻旁相似。寻字象征左臂之形的部件讹变的类似勿形，易字下部所从也类似勿形部件②。此外，有时候寻字两臂之间有一短横，例如㝱（包120）。可能也正因如此，在以往的研究过程当中有学者认为㝱字从易。从楚文字中的相关寻字来看，其象征右臂之形的部件和日形判然有别，这也是两者的主要区别标志。

楚文字中有一㝱（上博六·天12）字，相关简文为"故见㝱而为之祈"。上博简整理者将其隶定为伤，读为禓。③ 在以后的研究过程当中，有学者提出该字右部所从为寻，所以将其隶定为"㝱"，读为"禓"。④ 从㝱字右上所从部件来看，其和楚文字中寻字象征右臂之形的部件笔势明显不同。楚文字中寻作为偏旁一般写作㝱（上博一·孔16）、㝱（上博五·鬼7）、㝱（上博六·景10）、㝱（上博七·凡甲27）等形。由此可以看出，将㝱释为伣在字形方面有不妥之处。在上文当中，我们已经说过，楚文字中有些易字会将中间的一横笔省略掉，例如易（清华三·说中7）。由易来看，将㝱释为伤在字形方面没有什么问题。从简文来看，将㝱读为禓也是文通字顺。鉴于此种考虑，我们认为整理者有关㝱字的释读，可从。

---

① 季旭升：《上海博物馆藏战国楚竹书（一）读本》，北京大学出版社2009年版，第18页。
② 关于楚文字中的勿形部件，请参阅本书《楚文字中的勿形部件》一章。
③ 马承源主编：《上海博物馆藏战国楚竹书（六）》，上海古籍出版社2007年版，第330页。
④ 苏建洲：《关于上博八两个寻字的简单说明》，2011年7月，复旦大学出土文献与古文字研究中心网站（http://www.gwz.fudan.edu.cn/SrcShow.asp? Src_ ID = 1608）。

楚文字中"兆"作为构字部件较为常见，例如逃一般写作❍（包144）、❍（郭·语二18）、❍（上博四·昭6）、❍（清二·系69）等形。从楚文字中的"兆"来看，是由一曲笔和两个止形构成。学界一般认为"兆"是用涉来假借表示的，① 当然也有学者提出质疑。② 由上述"兆"形来看，楚文字中"兆"和❍（包157反）所从并不相同。楚文字中"兆"字由一曲笔和两止形组成，由❍（包157反）来看并不是两止形。上文已经说过，李学勤认为❍只是由象征左臂之形反写所致。楚文字中"兆"字所从的两止有时候会发生一定的省讹现象，例如❍（上六·孔5）。由❍字来看，其上部所从的止形已经发生了讹变，变为两斜笔，和❍有一定的相似，可能有些学者释为兆就是鉴于此方面的考虑。但是，就目前已经公布的楚文字来看，尚未见到"兆"字所从的两止形都讹变为两斜笔。

楚文字中寿字较为常见，一般写作❍（包68）、❍（包117）、❍（上博六·郑4）等形。由楚文字中的寿来看，其所从的𩰫除去下部口之外是由一曲笔和两个类似口形的部件组成。有时候𩰫曲笔两边的口形也会发生一定的省讹现象，例如❍（包26）。在这种情况下，其和❍（上六·孔5）这种省讹的"兆"字具有一定的相似性。可能正是鉴于此种方面的考虑，包山整理者怀疑❍（包258）为桃字。其实❍（包26）和❍（上六·孔5）所从的部件还是具有一定的差异性，前者是在两个口形的基础上省为一口，且与中间的曲笔发生共享笔画现象。❍（上六·孔5）所从的"兆"其止形简省为两斜笔。同时，楚文字中桃字写作❍（包10）。从目前已经公布的楚文字资料来看，尚未见到𩰫所从的部件和"兆"完全相讹混的例子。

楚文字中申字较为常见，一般写作❍（包16反）、❍（上博二·容53）、❍（清华二·系20）等形。从楚文字中的申字构形来看，是由一曲笔和两口组成。有时候申字会发生一定的省讹现象，例如❍

---

① 季旭升：《说文新证》，福建人民出版社2008年版，第253—256页。
② 沈培：《从西周金文"姚"字的写法看楚文字"兆"字的来源》，2007年4月，简帛网（http：//www.bsm.org.cn/show_article.php?id=552）。

(郭·忠6)、(郭·缁19)、(郭·缁19) 和(包157反) 所从形体相近。但是通过比对字形，我们可以看出这些发生省讹现象的申字和(包157反) 所从仍具有明显的差异。有时候申曲笔两边的口形也会省讹成(上博一·缁10)，口形讹变的类似两斜笔，但细审字形其所从的口形依然较为明显。

综上所述，楚文字中的寻、易、兆、寿、申等字有时候会发生一定的省讹现象，遂导致形体相近，造成一定误释现象的发生。但是，仔细观察相关字形之间的差异，其仍具有一定的区别特征。

在上文当中，我们已经提到桃、梼在形体方面有时候会极为相近。在语音方面，桃是定纽宵部字、梼是定纽幽部字，两者音近可通。楚文字中左字一般写作(包12)、(郭·老丙9)、(上博五·季11) 等形。此外，还有一种左并不从口，例如(曾7)、(曾127)、(曾143)、(曾144) 等。由后一种左字来看，其下部所从的工和兀形体相似。在汉简当中，左可以写作(银雀山478)。鉴于以上两点考虑，我们想起了学界中有关《梼杌》即《桃左春秋》的争论。关于《梼杌》，《孟子》一书中有这样的记载：

孟子曰："王者之迹熄，而诗亡，诗亡然后春秋作。晋之乘，楚之梼杌，鲁之春秋，一也。其事则齐桓、晋文，其文则史。孔子曰：'其义则丘窃取之矣。'"(孟子·离娄)

由此来看，《梼杌》和《乘》、《春秋》一样皆为史书。《梼杌》又见于《左传》：

> 颛项有不才子。不可教训。不知话言。告之则顽。舍之则嚚。傲很明德。以乱天常。天下之民。谓之梼杌。(左传·文公十八年)

以往学界有关《梼杌》的看法众说纷纭，莫衷一是。对此，徐文武曾有所归纳，请参看。[①] 在诸多说法当中，俞樾、吴承志从书写的

① 徐文武：《楚国思想与学术研究》，湖北教育出版社2012年版，第274—279页。

讹误角度对《梼杌》展开了讨论①。在俞樾、吴承志之前，章炳麟也曾从讹误角度讨论《梼杌》。只是章炳麟认为桃乃赵的借用字，《桃左春秋》即《赵左春秋》，乃赵人所传的《左氏春秋》。② 俞樾则怀疑左字是兀之误，桃左即桃兀，是梼杌的异文。吴承志认为桃左是由梼柮讹误而来，梼、桃字通，柮字借作屈，草书为曲，因误为左。现在从楚文字中相关字形来看，桃、梼形体相近，且语音不远，所以有时候较容易发生误释。同时，楚文字中忐这类写法的左字较为奇特，和兀形体相近，在后世转写过程当中有被误写为兀的可能性。因此，从相关情况来看，梼杌为桃左讹误的可能性是存在的。

四　员字变体及相关问题

上博简中有一异（上博六·用14）字，相关简文为"用曰：毋事纆纆。强君梡政，煬武于外。克轚戎事，台异四弋。制瀘节刑，恒民趨败"。关于此异字的考释，上博简整理者将其释为异，"台异"读为"以翼"。③ 陈剑结合楚文字中的员、（郭·老乙3）和损（新蔡·乙二3）、（新蔡·乙三47），认为异当为员字，但具体含义待考。④ 苏建洲也利用楚文字员、损的写法认为异应该释为员，怀疑员可读为损。⑤ 我们认为异是员字的观点可从，在以往的研究过程当中，由于该字发生了讹变，遂导致整理者将其误释为异。

楚文字中员字较为常见，一般写作（郭·缁46）、（郭·唐19）、（郭·语三16）、（上博一·缁6）、（上博四·曹5）、（清华二·系81）、（清华三·芮9）等形。员较早的字形从鼎，

---

① 俞樾：《诸子评议》（卷二十一），中华书局1954年版。吴承志：《横阳札记》（卷十），华东师范大学出版社2012年版。
② 章炳麟：《春秋左传读叙录》，浙江图书馆校刊1919年版。
③ 马承源主编：《上海博物馆藏战国楚竹书（六）》，上海古籍出版社2007年版，第301页。
④ 陈剑：《读〈上博（六）〉短札五则》，2007年7月，简帛研究网（http://www.jianbo.org/admin3/2007/chenjian002.htm）。
⑤ 苏建洲：《读〈上博（六）·用曰〉笔记五则》，2007年7月，简帛网（http://www.bsm.org.cn/show_article.php?id=644）。

圆圈表示鼎口为圆形。① 楚文字中有些员字发生了讹变,写作🔲、🔲(郭·老乙3)。此二字在相关简文中用作损,可知🔲、🔲为员字当无疑问。🔲、🔲鼎身目形部件演变为🔲,鼎足及装饰性笔画则演变为🔲。🔲(上博六·用14)字形体来源与之相似。楚文字中"大"、"火"、"矢"作为构字部件,经常出现混用情况。

楚文字中异一般写作🔲(包117)、🔲(上博四·曹7)、🔲(清华二·系107)等形。古文字中异字出现时间较早,在甲骨时期就已出现,一般写作🔲(合17992)、🔲(合27349)、🔲(合31903)等形。学界一般认为异字最初表达的是人双手举某物于头上之意,戴之初文。② 西周金文传承甲骨时期的写法,一般写作🔲(西周早期·左册大方鼎·集成05.2759)、🔲(西周中期·智鼎·集成05.2838)、🔲(西周中期·异卣·集成10.5372)等形。楚文字中异字下面的人形演变为大形或者矢形,双手则讹变为🔲、🔲,田形部分则较为完整地保留下来。异字双手演变为🔲、🔲,此演变方式和若字相同,例如楚文字中若字一般写作🔲(包70)、🔲(郭·老乙4)、🔲(郭·语四17)等形。

综上所述,楚文字中有些员字写作🔲、🔲(郭·老乙3)、🔲(上博六·用14)等形,其和楚文字中的🔲(包117)、🔲(上博四·曹7)、🔲(清华二·系107)形体相似,两者中间和下部虽然形体相似,但是两者来源不同。前者来源于鼎身和鼎足,后者来源于人形。此外,员字上部是圆圈,异字上部是田形,两者区别明显。

五 巿字变体及相关问题

上博简中有一🔲(上博五·竞10)字,相关简文为"公身为无道,拥芋倗子,以驰于倪🔲"。关于该字的考释,历来众说纷纭,莫衷一是。整理者将其释为廷③。杨泽生将其释为𡊵,"倪𡊵"当读"弥

---

① 何琳仪:《战国古文字典》,中华书局1998年版,第1314页。
② 同上书,第72页。
③ 马承源主编:《上海博物馆藏战国楚竹书(五)》,上海古籍出版社2005年版,第176页。

广"，即广阔之地。① 禤健聪将其释为"者"。禤健聪认为：楚简"者"字写法多样，有下从"壬"者，如"㞷"（上博《孔子诗论》简1），上揭之字下部亦从"壬"，唯末笔弯曲，遂与"身"字或体形近。相关文句读为"进芋倗子，以驰于倪者"②。随后，禤健聪另撰文进行更为详细的说明，认为㞷和本篇中的者字虽然不同，但是楚简同篇之中一字数体者常见。"倪"当如字读，义为弱小，"倪者"即弱者。③ 赵平安结合相关字形认为㞷当释为市，李守奎也将其放在市字头下。④ 我们认为㞷是市字当无疑问，只是由于㞷和楚文字中的市字相比发生了讹变，遂导致误解颇多。

楚文字中廷一般写作㞷（包37）、㞷（包125）、㞷（上博二·容22）、㞷（上博五·姑9）等形。上博简整理者之所以将㞷释为廷，恐怕只是看到了该字下部所从和廷字左部相似。楚文字中的廷字和㞷区别明显，㞷上部明显是止形。此外，廷字都带有一个勿形部件。因此，将㞷释为廷并不可信。

楚文字中坒字一般写作㞷（上博一·孔10）、㞷（上博二·容5）、㞷（上博一·孔11）等形。由楚文字中坒字相关形体来看，和㞷明显不同。关于㞷释为坒所存在的问题，李守奎早已有所指明。李守奎认为㞷从止而不从之，下部与习见的坒亦有所不同。⑤ 从相关古文字形体来看，李说可从。

楚文字中者字较为常见，一般写作㞷（包27）、㞷（包227）、㞷

---

① 杨泽生：《读上博简〈竞建内之〉短札两则》，2006年2月，简帛网（http://www.bsm.org.cn/show_article.php?id=225）。

② 禤健聪：《上博楚简（五）零札（一）》，2006年2月，简帛网（http://www.bsm.org.cn/show_article.php?id=226）。

③ 禤健聪：《上博楚简（五）零札（二）》，2006年2月，简帛网（http://www.bsm.org.cn/show_article.php?id=238）。

④ 李守奎、曲冰、孙伟龙：《上海博物馆藏战国楚竹书（1—5）文字编》，作家出版社2007年版，第283页。

⑤ 李守奎：《〈鲍叔牙与隰朋之谏〉补释》，载《楚地简帛思想研究（三）》，湖北教育出版社2007年版，第37—38页。

（郭·五49）、♦（上博一·孔9）等形。① 有部分学者主张将♦释为者，这恐怕与楚文字中的♦（上博一·孔9）这一类者字写法有关。虽然两者上部都有类似的止形部件，但是两者渊源有自。② 此外，♦下部演变为氏是一种变形音化的结果。③ ♦字下部所从，是在♦（上博二·容18）这种形体的基础上演变而来。由此来看，♦和♦渊源有自，所以将♦释为者并不可信。

楚文字中市字常见，一般写作♦（上博二·容18）、♦（包95）、♦（包191）等形。古文字中市字构形复杂，各系文字之间的市字也不尽相同。④ ♦就形体而言，和♦（上博二·容18）关系密切，前者可以看作是后者的讹变。从简文来看，将♦释为市，也是文通字顺，没有什么问题。

此外，楚文字中还有一类市字从贝，如♦（上博六·景10）。李天虹曾有所讨论⑤，请参看。

六 柰字变体及相关问题

楚文字中柰字较为常见，一般写作♦（包236）、♦（包239）、♦（包243）、♦（包245）、♦（包247）等形。包山简整理者将其释为柰，读为祟。柰字见于《说文》，小篆写作♦。《说文》："柰：果也，从木示声。"楚文字中柰字的写法和殷商时期的柰字书写风格基本保持一致，但略有变化。柰字早在甲骨时期就已出现，写作♦（合15663）、♦（英2119）、♦（合25371）等形。何琳仪认为柰字从木从

---

① 关于楚文字中者字形体的分类，肖攀曾有所讨论。肖攀：《清华简〈系年〉文字研究》，博士学位论文，吉林大学，2013年，第102—108页。
② 古文字中者、市相关字形的演变，请参阅季旭升《说文新证》，福建人民出版社2008年版，第460、278页。
③ 肖攀：《清华简〈系年〉文字研究》，博士学位论文，吉林大学，2013年，第102—108页。
④ 裘锡圭曾有所研究。裘锡圭：《战国文字中的"市"》，载《古文字论集》，中华书局1992年版，第454—468页。
⑤ 李天虹：《〈景公虐〉市字小记》，2007年7月，简帛网（http://www.bsm.org.cn/show_article.php?id=631）。

示，会燃木于示前卜问神祇之意。① 祟字见于《说文》，小篆写作🦴。《说文》认为："神祸也，从示从出。"在出土的秦系文字资料中，祟字写作🦴（睡·日乙216）。从字形来看从示从出，《说文》小篆🦴当即本于此。何琳仪曾对祟字上部的出形部件演变过程作出如下推测：木——出——出。② 在以后公布的楚简材料中，有些祟字写作🦴（上博六·景9），可为何说再添一证据。由此来看，🦴（上博六·景9）这种写法的祟字，可以看作是🦴（包236）和🦴（睡·日乙216）之间的过渡形态。这也说明秦、楚两系文字中的祟字来源一致，但是秦文字中的祟字较楚文字中的祟字而言，讹变更为严重。楚文字中的祟字所从的木旁大都发生讹变，写作🦴（包239）、🦴（包243）、🦴（包245）等形。由上述形体来看，这些祟字所从的木旁均已演变为🦴。对此，张新俊结合楚文字中的相关木形进行了一定的说明。③ 学界一般认为祟、奈古本一字④。由楚文字中祟相关形体来看，后世文字中的奈字即来源于此。总之，虽然上述祟字形体有所讹变，但是学者们还是能根据形体和相关简文将其释为祟。但是，楚文字中有些祟字则由于讹变严重，在以往的研究过程当中发生了一些误释。

在楚文字中，有些祟字讹变得较为严重，例如🦴（新蔡·甲三112）、🦴（新蔡·零241）。以往大家对这两种祟字认识不够。新蔡简整理者将🦴释为米，将🦴释为未。⑤ 关于这种释读意见，早有学者对其有所辨正。例如袁金平结合新蔡简中的米旁写作🦴（新蔡·甲三203），认为🦴和米存在一定的差异。袁金平认为米上部两点呈八形，中间一横短促，而🦴则呈现出倒八形，中间亦非一短横，而是一长弧

---

① 何琳仪：《战国古文字典》，中华书局1998年版，第946页。
② 同上书，第1307页。
③ 张新俊：《释新蔡楚简中的"奈"（祟）》，2006年5月，简帛网（http://www.bsm.org.cn）。
④ 林澐：《读包山楚简札记七则》，《江汉考古》1992年第4期。
⑤ 河南省文物考古研究所：《新蔡葛陵楚墓》，大象出版社2003年版，第192、216页。

第二章　楚文字形近现象产生的原因　61

笔。① 楚文字中的米一般写作 ✦（信阳29）、✦（包95）、✦（包131）、✦（包103）等形。由楚文字中的米相关写法来看，袁金平所言基本可信。但是有些米的写法则有自己的特色，例如 ✦（包131）。✦ 这种写法的祟字是一种变体，张新俊推测演变过程为 ✦——✦——✦。楚文字还有一些米形部件，它们渊源有自。对此，肖攀曾有一定的归纳，请参看。②

徐在国对 ✦（新蔡·甲三112）字的考释提出了一种新的释读意见。徐在国认为 ✦ 可释为 尚③，此说得到了袁金平的认同④。张新俊对此种释读所存在的问题进行了一定的说明。张新俊以 ✦（新蔡·甲三109）、✦（新蔡·甲三318）为例，认为尚和采之间主要区别在于所从的四个点明显不同。⑤ 一般来说，楚文字中从采的字中间所从的竖笔呈现出明显的弯曲之势，这也可以看作是两者的区别特征。但是，有时候采字中间的竖笔则写得较为平直，且所从的点也与米相似，例如 ✦（信阳22）。在这种情况下，其所从的采和米字就基本同形了。

楚文字中未字较为常见，一般写作 ✦（包3）、✦（包8）、✦（郭·语一51）等形。从楚文字中的未字相关形体来看，和 ✦（新蔡·零241）存在一定的区别特征。从笔势来看，未字上部的曲笔是一笔写成，而 ✦ 是在竖笔两侧加点所成。未字从木，中间的交叉两笔较为完整清晰，且在竖笔上有一短横作为装饰性笔画。鉴于以上考虑，楚文字中的未和 ✦ 存在一定的区别特征。从形体来看，楚文字中的未字基本保持了殷商时期的写法。未字在甲骨时期就已出现，一般写作 ✦（合32384）、✦（合

---

① 袁金平：《读新蔡楚简札记一则》，简帛研究网（http：//www.jianbo.org/admin3/2005/yuanjinping001.htm）。
② 肖攀：《清华简〈系年〉文字研究》，博士学位论文，吉林大学，2013年，第140—147页。
③ 徐在国：《新蔡葛陵楚简札记（二）》，简帛研究网（http：//www.jianbo.org/showarticle.asp？articleid=813）。
④ 袁金平：《读新蔡楚简札记一则》，简帛研究网（http：//www.jianbo.org/admin3/2005/yuanjinping001.htm）。
⑤ 张新俊：《释新蔡楚简中的"柰"（祟）》，2006年5月，简帛网（http：//www.bsm.org.cn）。

32923）、⚆（合 21782）、⚆（合 30090）等形。学界一般认为未字从木，或与木同形，上面加一曲笔以示区别。① 总之，楚文字中枽、未二字具有明显的区别特征，将𣎵（新蔡·零 241）释为末不可信。

以上六例都是由于字形讹变，遂导致形近现象的发生。但是在楚文字的考释过程当中，对于讹变的使用一定要谨慎，否则就会容易出错。例如，郭店简中有一🖐（郭·成 3）字，相关简文为"故君子之茬民也，身服善以先之，敬慎以🖐之，其所在者入矣"。郭店简整理者将其依照字形转写，并未出隶定。崔永东则认为可能是右的讹变。② 随着相关研究力度的不断加深，学界逐渐认为🖐是肘字，可读为守。③

第二节　由于简化造成的形近现象

在文字的发展演变过程当中，简化也是一个常见现象。何琳仪认为："众所周知，汉字的部件多来源于对客观事物的摹写，所谓'画成其物，随体诘诎'。然而文字部件越是酷似客观事物，就越不便书写。趋简求易，是人们书写文字的共同心理。因此，文字从产生之时就沿着简化的总趋势不断地发展演变。"④ 简化是一种较为重要的演变方式，学界中有相当一部分学者对此有所关注⑤。林清源认为楚文字中的简化现象主要包括省略义符、省略音符、省略同形、截取特征、单字共享部件、合文共享部件等。简化在给书写带来方便的同时，又会导致相关字区别度的降低、形近现象的产生，进而导致误释现象的发生。

楚文字中是一般写作⚆（包 89）、⚆（郭·老乙 1）、⚆（上博

---

① 何琳仪：《战国古文字典》，中华书局 1998 年版，第 1307 页。
② 崔永东：《读郭店简〈成之闻之〉与〈老子〉札记》，《简帛研究》（2001）。
③ 请参阅陈伟主编《楚地出土战国简册（十四种）》，经济科学出版社 2009 年版，第 209 页。
④ 何琳仪：《战国文字通论》，江苏教育出版社 2003 年版，第 202 页。
⑤ 可参阅何琳仪《战国文字通论》，江苏教育出版社 2003 年版，第 202—212 页。刘钊：《古文字构形学》，福建人民出版社 2011 年版，第 31—35 页。林清源：《楚文字构形演变研究》，博士学位论文，私立东海大学，1997 年，第 37—79 页。

第二章　楚文字形近现象产生的原因　63

五·姞6）等形。有时候日中间的横笔会省略，例如✦（上博二·子10）、✦（上博三·中1）、✦（清华四·筮57）等。从后一种写法的是字来看，由于省略掉日旁中间的横笔，遂导致区别度降低，和疋形体相似。

　　有时候则由于文字简省之后，发生一定的形近现象，导致相关字难以从字形方面判断究竟为何字。郭店简中有一✦（郭·成31）字，相关简文为"天✦大常，以理人伦"。关于该✦（郭·成31）字的考释问题，历来众说纷纭。郭店简整理者将其隶定为夋，于字形无说。陈伟结合《古文四声韵》中的相关古文认为✦当释为降，古书中常见"天降"某某的说法①。楚文字中降可以写作✦（上博二·容48）。因此，将✦（郭·成31）看作降的省写并无问题。楚文字中路可以写作✦（郭·性60）。因此，将✦（郭·成31）看作路的省写也并无问题②。除上述两种观点之外，还有征字省写、廴之说③。从相关简文来看，将✦（郭·成31）释为降可信。在以往的研究过程当中，之所以产生这样多的争议，很大原因在于降省略掉了阜形，导致区别度降低，从而容易和其他字的省写形式纠缠不清。

　　楚文字中读为过的字可以写作✦（郭·老丙13），有时候其所从之化会省略一笔写作✦（包108）。杨泽生则依据简省的✦这种形体，认为其从乙得声，乙、乞音近可通，✦可以读作以乞为声的迄④。从楚文字中相关字形和简文来看，这些✦并不从乙，只是由于化旁发生了简省现象，遂导致其所从的匕类似乙。楚文字中一些"咼"形部件都是用化来记录的，咼、化音近可通。楚文字中用化来记录咼，可能与楚文字的用字习惯有关。

　　上博简中有一✦（上博七·凡甲27）字，相关简文为"和尻和气，✦声好色"。关于该字的考释问题，以往有较多争议。上博简整

---

　①　陈伟：《郭店楚简别释》，《江汉考古》1998年第4期。
　②　陈伟：《郭店竹书别释》，湖北教育出版社2003年版，第109—110页。
　③　详细情况可参阅陈伟主编《楚地出土战国简册（十四种）》，经济科学出版社2009年版，第207页。
　④　杨泽生：《战国竹简研究》，博士学位论文，中山大学，2002年，第78—79页。

理者将其释为向①，复旦读书会将其改释为室②，季旭升释为室读为窒③。由此来看，当时将❋释为室是主流意见。在以后的研究过程当中，范常喜结合楚文字中的至字，认为两者存在的差异明显，却和"㾔"、"窒"形体相近。在此基础上，范常喜主张将❋释为窒，读为令或者灵，训为美善，令声和好色互文。④ 关于楚文字中的"㾔"、"窒"，以往有较多误解，目前相关文献的释读问题已经基本得到了解决，但是关于该字构形问题仍有可商之处⑤。在上博七公布之前，学界有关"㾔"、"窒"字的释读问题已经基本解决，但是上博七公布后❋（上博七·凡甲27）却很长时间没有得到确释，很大原因在于❋字下部所从的两个至形发生了省并现象。当然，楚文字中"㾔"、"窒"所从的至可能并非至，恐怕另有来源。⑥

楚文字中有一种就字写法较为奇特，如❋（鄂君启车节）、❋（包164）、❋（郭·五13）等。以往大家对这种写法的就字认识不够，产生的误解颇多，主要有释"庚"⑦、"历"⑧、"适"⑨、"抵"⑩等诸多不同的意见。关于该字构形的正确分析，是从李零开始的。李零认为

---

① 马承源主编：《上海博物馆藏战国楚竹书（七）》，上海古籍出版社2008年版，第269页。

② 复旦大学出土文献与古文字研究中心研究生读书会：《〈上博（七）·凡物流形〉重编释文》，2008年12月，复旦大学出土文献与古文字研究中心网（http://www.gwz.fudan.edu.cn/SrcShow.asp?Src_ID=581）。

③ 季旭升：《上博七刍议（二）：凡物流形》，2009年1月，简帛网（http://www.bsm.org.cn/show_article.php?id=951#_ftn5）。

④ 范常喜：《〈上博七·凡物流形〉"令"字小议》，2009年1月，"简帛"网（http://www.bsm.org.cn/show_article.php?id=951）。

⑤ 详细情况可参阅单育辰《楚地战国简帛与传世文献对读之研究》，博士学位论文，吉林大学，2010年，第76—77页。又可参阅李天虹《楚国铜器与竹简文字研究》，湖北教育出版社2012年版，第33—36页。

⑥ 单育辰：《楚地战国简帛与传世文献对读之研究》，博士学位论文，吉林大学，2010年，第76—77页。

⑦ 郭沫若：《关于鄂君启节的研究》，《文物参考资料》1958年第4期。

⑧ 李学勤：《战国题铭概述（下）》，《文物》1959年第9期。

⑨ 朱德熙、李家浩：《鄂君启节考（八篇）》，载《朱德熙古文字论集》，中华书局1995年版，第189—202页。

⑩ 李零：《包山楚简研究（占卜类）》，《中国典籍与文化论丛》第1辑。

是就字的一种简写。① 在以后的研究过程当中，何琳仪进行了更为详细的说明。何琳仪认为可分析为亯、京两个部件，亯旁和京旁借用笔画合成就。② 以往大家之所以对楚文字中这种写法的就字认识不够，很大原因在于发生了一定的简省现象。

第三节　由于繁化造成的形近现象

所谓"繁化"，是指一个字在既有构形之上，增添一些新的部件或偏旁，而该字所记录的音义，并未因而产生任何变化，这种构形演变现象，就称为"繁化"。③ 就其性质而言，繁化可以分为有义繁化和无义繁化两大类④。在楚文字中，由于添加羡符导致的繁化现象较为常见。

学界对汉字中的羡符较早就有所关注，孙伟龙曾对楚文字中的羡符进行过较为系统的研究。孙伟龙认为："羡符是指在文字的发展演变过程中，添加的与文字所记录的语言单位的音、义无关，并在其所处的文字系统中也不具区别功能，纯属羡余成分，可有可无的字符。"⑤ 一般来说，书写者当时可能对一些羡符有较为清晰的认识。但是，在别人看来，尤其是相隔数千年之后的我们在考释古文字的时候则较难以区分。例如王献唐用"丙于五行属火"来解释丙的字形，依据是丙字添加羡符之后的形体。王献唐的观点，何琳仪早有所辨正⑥。楚文字中由于添加羡符导致的形体相近现象并不少见，造成的误释也时有发生。

---

① 李零：《古文字杂识（两篇）》，载《于省吾教授百年诞辰纪念文集》，吉林大学出版社1996年版，第270—274页。
② 何琳仪：《战国文字通论》，中华书局1989年版，第232页。
③ 林清源：《楚国文字构形演变研究》，博士学位论文，私立东海大学，1997年，第81页。
④ 何琳仪：《战国文字通论》，江苏教育出版社2003年版，第213页。
⑤ 详细情况可参阅孙伟龙《〈上海博物馆战国楚竹书〉文字羡符研究》，博士学位论文，吉林大学，2009年，第11页。
⑥ 何琳仪：《战国文字通论》，江苏教育出版社2003年版，第263页。

一 戌及相关问题

楚文字中的戌一般写作ᙏ（包29）、ᙏ（包42）、ᙏ（包83）等形。有时候则会添加一饰笔，写作ᙏ（包12）、ᙏ（包36）、ᙏ（包68）等形。如果饰笔和斜笔相接，则和成形体相近，例如ᙏ（包151）。楚文字中成可以写作ᙏ（上博四·曹43）。由此来看，戌字添加饰笔之后和成形体相近，滕壬生就是将ᙏ（包151）误放在了成字头下①。

二 疋及相关问题

楚文字中的疋一般写作ᙏ（包36）、ᙏ（郭·穷9）、ᙏ（上博一·孔11）等形。有时则会添加一横笔为饰，容易和是发生误释，例如ᙏ（上博六·平7），相关简文为"民ᙏ瞻望"。关于该字的考释，上博简整理者将其释为是，后来郭永秉改释为疋②。

三 佥及相关问题

在上博简中有一ᙏ（上博一·缁16）字，该字在简文中两次出现，均作此形，相关简文为"则民言不ᙏ行，行不ᙏ言"。郭店简中与之相对应的字写作ᙏ、ᙏ（郭·缁31），今本中与之相对应的字写作危。关于郭店简中的ᙏ、ᙏ（郭·缁31）字，裘锡圭认为从禾得声，读为危，禾、危古音相近③。关于上博简中的ᙏ、ᙏ字，上博简整理者认为从今从石④。楚文字中今一般写作ᙏ（郭·唐17）、ᙏ（上博三·周35）、ᙏ（上博四·曹?）等形，石一般写作ᙏ（包80）、ᙏ（包203）、ᙏ（包176）等形。从形体来看，ᙏ、ᙏ所从的今、石形部

---

① 滕壬生：《楚系简帛文字编》，湖北教育出版社1995年版，第1062页。
② 郭永秉：《战国竹书剩义（三则）》，载《古文字与古文献论集》，上海古籍出版社2011年版，第100页。
③ 荆门市博物馆：《郭店楚墓竹简》，文物出版社1998年版，第135页。
④ 马承源主编：《上海博物馆藏战国楚竹书（一）》，上海古籍出版社2001年版，第192页。

件和今、石相似甚至完全同形，因此将其隶定为㕒无可厚非。关于𠙹、𠙾从今这种观点，得到了相当一部分学者的认同，例如陈斯鹏主张从今得声，读为侵。① 但是，在以后的研究过程当中，徐在国、黄德宽认为可径直释为危，𠙹、𠙾可分析为人站在石上会危险之意，𠂆所从的二可看作饰点。② 此种观点一经提出，立刻得到了广泛的认同，例如赵平安认为此字就是厃字，可分析为人在厂上，二和口都是羡画。③ 楚文字中的危字可以写作𠙴（上博四·曹63），从相关字形来看，将𠙹、𠙾径直释为危可信。正是由于该字添加了口和二为饰，所以导致其上部和今相似，下部和石相似，上博简整理者遂误隶定为㕒。关于危在具体简文中的释读问题，历来有较多不同的观点。侯乃峰认为可训为违、反④，侯说可从。

四 𡔂及相关问题

上博简中有一𡔂（上博一·缁14）字，相关简文为"吕刑云：苗民非用命，制以刑，惟作五虐之刑曰𡔂"。郭店简中与之相对应的字写作𡔂（郭·缁27），今本写作法。关于𡔂（上博一·缁14）的考释问题，上博简整理者认为从全从止，……全、法两字双声⑤。楚文字中全字可以写作𠓜（上博五·鲍3）、𠓜（包227）、𠓜（包210）等形。由上述形体来看，楚文字中的全和𡔂上部所从相似，区别在于全字所从之玉形部件中间一横较短，或者三横呈现弯曲状态，例如𠓜。当然，有些全字所从之玉形部件横笔写得平直，且中间横较长，例如𠓜

---

① 陈斯鹏：《初读上博简》，2003年5月，简帛研究网（http：//www.jianbo.org/Wssf/2002/chensipeng01.htm）。

② 徐在国、黄德宽：《〈上海博物馆藏战国楚竹书（一）〉释文补证》，载《新出楚简文字考》，安徽大学出版社2007年版，第85—99页。

③ 赵平安：《上博藏〈缁衣〉简字诂四篇》，载《新出简帛与古文字古文献研究》，商务印书馆2009年版，第354—356页。

④ 侯乃峰：《上博竹书（1—8）儒学文献整理与研究》，博士后出站报告，复旦大学，2012年，第73页。

⑤ 马承源主编：《上海博物馆藏战国楚竹书（一）》，上海古籍出版社2001年版，第190页。

（包244），其和🔣上部所从较难以区分。在传抄古文中，与🔣相似的形体多次出现，如🔣、🔣、🔣等。关于法字的古文，黄锡全认为实际上是从乏得声，乏、法音近。① 楚文字中的🔣（上博一·缁14）字上部所从部件之所以类似全，很大原因在于添加横笔为饰。魏宜辉认为全旁是添加饰笔粘连而形成的。②

五　万（丏）及相关问题

包山简中有一🔣（包164）字，相关简文为"鄝尹之人敛、兮（万）抚之州加公许胜"。从形体来看，🔣可分析为下部为万（丏），上部添加八和横笔为饰。但是当时由于缺乏相关字形的比对，加上🔣的词例在具体简文中难以确定。因此，在以往的研究过程当中学者们对🔣（包164）字的考释有诸多不同的意见。包山简整理者将其隶定为豕且属上读，读为"鄝尹之人敛豕"。③ 刘钊将其释为兮。④ 滕壬生将其放在兮字头下。⑤ 汤余惠认为："168简坠字从豕作🔣，与此异。此应是金文🔣（宾）之所从，古玺多作🔣、🔣，玺文借为'千万'之'万'。简文上增八为饰，应是唐兰先生在《古文字学导论》中所说'凡前缀为横画常加八'之例。"⑥

通过上文的陈述，我们可以看出关于🔣的考释问题，学者们意见并不统一，主要有释豕、兮、万（丏）几种说法。近年来，随着新材料的不断公布，汤余惠释为万（丏）的说法逐渐得到了学界的公认。郭店简中有一🔣（郭·唐27）字，相关简文为"《虞志》曰：'大明不出，🔣物皆暗'"。郭店简整理者将其释为完，并且认为"完，简文写作🔣。《汗简》引王存乂《切韵》'完'作🔣。简文下部所从与《汗

---

① 黄锡全：《汗简注释》，武汉大学出版社1990年版，第107页。
② 魏宜辉：《楚系简帛文字形体讹变分析》，博士学位论文，南京大学，2003年，第53—54页。
③ 湖北省荆沙铁路考古队：《包山楚简》，文物出版社1991年版，第29页。
④ 刘钊：《包山楚简文字考释》，载《出土简帛文字丛考》，台湾古籍出版有限公司2004年版，第3—32页。
⑤ 滕壬生：《楚系简帛文字编》，湖北教育出版社1995年版，第386页。
⑥ 汤余惠：《包山楚简读后记》，《考古与文物》1993年第2期。

简》不同，当为'完'之本字"。裘锡圭加注按语"或疑此字本应作'丏'（即《说文》'丏'字），读为'万'"①。从相关字形和简文来看，将✲释为万（丏）在字形方面有所依据，在简文的释读方面也是文通字顺。因此，将✲释为万（丏）可信。

甲骨文中有一个字，写作𠂇（合19893）、𠂇（合24551）、𠂇（合28007）等形。以往大家对其往往有不同的看法，主要有释万（丏）、元、兀等不同的意见。姚孝遂认为："字隶当作'丏'，林义光《文源》以为即《说文》训为'不见''丏'之初形。'双声旁转'为'千万'之'万'，其说是对的。"② 西周金文当中万（丏）字传承甲骨时期的写法，写作𠂇（倗丏簋·西周早期·集成06.3667），或增加"八"为装饰符号，写作𠂇（史墙盘·西周早期·集成16.10175）、✲（师望鼎·西周中期·集成05.2812）。✲（郭·唐27）这种形体就是在𠂇的基础上又添加一横笔为饰。✲（郭·唐27）在具体简文中读为万，"万物皆暗"文通字顺。

楚文字中有一个以✲为构字部件的字，写作✲（曾178）、✲（曾180）、✲（曾183）等形。曾简整理者将其隶定为䝼，③ 滕壬生也将其放在䝼字头下。④ 在以后的研究过程当中，汤余惠将其改释为宾⑤。

郭店简中有一✲（郭·语一35）字，相关简文为"礼齐乐灵则戚，乐繁礼灵则✲"。郭店简整理者未出隶定，也未做解释。黄德宽、徐在国在汤余惠释✲（包164）为万（丏）的基础上将其隶定为訪，认为訪字不见于后世字书，读为何字待考。⑥ 刘钊认为"訪"字从言丏声读作"慢"。古音"丏"、"曼"皆在明纽元部。"丏"、"万"本为一字之分化。既然"丏"、"万"本为一字，"万"用为"万"，"万"又通"曼"，则"丏"也应该可以通"曼"。"訪"可以读作

---

① 荆门市博物馆：《郭店楚墓竹简》，文物出版社1998年版，第160页。
② 于省吾主编：《甲骨文字诂林》，中华书局1999年版，第3146页。
③ 湖北省博物馆：《曾侯乙墓》，文物出版社1989年版，第528页。
④ 滕壬生：《楚系简帛文字编》，湖北教育出版社1995年版，第523页。
⑤ 汤余惠：《包山楚简读后记》，《考古与文物》1993年第2期。
⑥ 黄德宽、徐在国：《郭店楚简文字考释》，载《新出楚简文字考》，安徽大学出版社2007年版，第1—16页。

"慢"。"慢"字训为"放肆"、"无节制"。① ▯释为訏,读为慢,不仅文通字顺,而且符合文字本身的实际情况,刘说可信。

楚文字中也有不添加八形的万(丏),作为构字部件出现,例如▯(上博三·周40)、▯(郭·语一88)。▯(上博三·周40)的相关简文为"九二:包有鱼,无咎,不利▯"。上博简整理者将其隶定为宀,认为"宀"即宾字,与甲骨文字形相同。② ▯(郭·语一88)的相关简文为"▯客,清庙之文也"。整理者将其隶定为宕,读为宾。③ 宾字也见于《说文》,小篆写作▯。《说文》:"宾:所敬也。从贝宕声。▯,古文。"甲骨文中有一字,写作▯(合32正)、▯(合27107)、▯(合34352)等形,学者们往往将其释为宾。甲骨文中宾字或添加止、女旁。④ 金文中宾字传承甲骨文中这种写法,或添加贝旁写作▯(保卣·西周早期·集成10.5415)、▯(史颂簋·西周晚期·集成08.4232)、▯(王孙遗者钟·春秋晚期·集成01.261)。▯(上博三·周40)、▯(郭·语一88)二字可分析为宀、万(丏)这样两个部件,在具体简文中读为宾。

综上所述,将▯(郭·唐27)释为万(丏),读为万,无论是字形还是简文方面都没有什么问题。将▯(上博三·周40)、▯(郭·语一88)隶定为宀,读为宾,也是可信的。▯(郭·语一35)分析为从言万(丏)声,读作"慢"也是没有什么问题的。▯(曾178)释为宾也没有什么问题,在简文中可依照汤余惠的观点读为"宾公"。有▯(郭·唐27)、▯(郭·语一35)、▯(曾178)作为参照,那么▯(包164)释为万(丏),在字形方面也没有什么问题。从相关古文字资料来看,楚文字中的万(丏)之所以写作▯,是由于添加饰笔所致,即在▯(合19893)这种形体的基础上添加横笔和八形为饰。

---

① 刘钊:《郭店楚简校释》,福建人民出版社2003年版,第189页。
② 马承源主编:《上海博物馆藏战国楚竹书(三)》,上海古籍出版社2003年版,第191页。
③ 荆门市博物馆:《郭店楚墓竹简》,文物出版社1998年版,第197页。
④ 详参刘钊、洪扬、张新俊:《新甲骨文编》,福建人民出版社2009年版,第376—377页。

第二章　楚文字形近现象产生的原因　71

在下文当中，我们谈谈将 ❍（包164）释为豕、兮所存在的问题。

关于包山简整理者将 ❍（包164）释为豕的这种意见，汤余惠已经利用包山简中的 ❍（包168）字进行了说明。① 豕作为构字部件也可以写作 ❍（上博三·周30），❍、❍ 所从之豕和 ❍（包164）并不相类。因此，关于包山简整理者将 ❍（包164）释为豕的这种意见在字形方面说不过去。下面，我们重点分析一下 ❍（包164）不应该释为兮的理由。

甲骨资料中有一字，写作 ❍（合13173）、❍（合34481）、❍（合36915）等形，学界一般认为是兮字。② 何琳仪认为汉字中乎、兮乃一字分化。③ 兮在西周金文中较为常见，一般写作 ❍（兮仲簋·西周晚期·集成07.3814）、❍（兮甲盘·西周晚期·集成16.10174）等形。

楚文字未见确切的兮字，但包山简中有 ❍（包87）、❍（包116）这样两个形体，其词例为"X 尹"。以往学者们对 ❍（包87）、❍（包116）的认识并不统一，有释宝④、平⑤、㝵⑥、兮⑦等不同意见。近年来，随着新材料的不断公布，相关研究力度的不断加深，何琳仪释兮的意见逐渐得到了学界的认同。兮小篆写作 ❍，《说文》："语所稽也。从丂，八象气越丂也。凡兮之属皆从兮。"由此来看，《说文》认为兮字从丂。楚文字中有 ❍（郭·老子甲1）、❍（清华三·琴13）这样两个形体，从相关词例来看可读为巧、考。从形体来看，❍、❍ 左部所从的部件为主形部件，主是章母侯部字，丂是溪母幽部字，幽

---

① 汤余惠：《包山楚简读后记》，《考古与文物》1993年第2期。
② 何琳仪：《战国古文字典》，中华书局1998年版，第840页。刘钊、洪飏、张新俊：《新甲骨文编》，福建人民出版社2009年版，第285—286页。
③ 何琳仪：《战国古文字典》，中华书局1998年版，第840页。
④ 袁国华：《读〈包山楚简·字表〉札记》，全国中国文学研究所在学研究生学术论文研讨会论文，台湾，1993年4月。
⑤ 李运富：《楚国简帛文字丛考（二）》，《古汉语研究》1997年第1期。
⑥ 李零：《读〈楚系简帛文字编〉》，《出土文献研究》1999年第5辑。
⑦ 何琳仪：《战国古文字典》，中华书局1998年版，第840页。

侯通转，牙、舌二音关系也较为密切①。孝是晓纽幽部字，丂是溪母幽部字，羖读为孝没有问题。因此，丂、羖相当于后世文字中的考。考字见于《说文》，小篆写作🖋。《说文》："考：老也。从老省，丂声。"楚文字中的考一般写作㝵（上博四·内8）、𦒱（郭·唐6）、𦒱（上博一·孔8）等形。由楚文字中相关考字形体来看，考字所从之丂也是写作主形部件。由此来看，楚文字中丂一般是用主形部件来表示的。那么兮（包87）、兮（包116）可分析为上部为八形部件，下部为丂，在楚文字中很可能就是记录｛兮｝这个词的。

综上所述，楚文字中的㝵及相关部件皆可以看作丂（丂），其和㣇、兮二字形体差异明显，渊源有自。楚文字中丂（丂）是在丨（合19893）这种形体的基础上添加横笔和八形为饰所形成的。在以往的研究过程当中㝵被看作是兮，这恐怕是受到金文中兮写作兮（兮仲簋·西周晚期·集成07.3814）、兮（兮甲盘·西周晚期·集成16.10174）等形体的干扰。其实，仔细比较楚文字㝵和金文兮之间的差异，我们不难看出㝵字横笔下部分两笔，而兮则只有一笔，且㝵横上有一短横。因此，两者在字形方面并不密合。虽然古文字中，有时候多一笔少一笔并不影响其记录语言，但是有时候两字之间则只争一笔之有无。㝵、兮形体虽然有一定的相似性，但是两者之间仍具有一定的差异，也正是这些差异将两者区分开来。此外，从楚文字中相关形体来看，兮字可能是用兮（包87）、兮（包116）来记录的。在文字的考释过程当中，我们不能忽视这种文字系统之间用字差异的问题。因此，在古文字的考释过程当中，我们应该不仅要注意文字间的纵向溯源，也要注意文字间的横向系联。当然关于㝵字的正确释出，还是依靠大量新材料。通过相关字形的比对，才得出了正确的结论。

六　方及相关问题

楚帛书中有一𣎳（楚帛书乙9）字，相关词例为"群神五正，四

---

① 关于牙、舌二音之间的关系，可以参看刘波《出土楚文献语音通转现象整理与研究》，博士学位论文，吉林大学，2013年，第236页。

口󰀀羊"。关于此󰀀字的考释,饶宗颐最初释为元,后来改释为失,李学勤释为尧,何琳仪释为无。① 在以后的研究过程当中,学者们多信从释尧之说。随着新材料的陆续公布,李守奎根据清华简中方字的写法,认为󰀀字当释为方。李守奎将相关帛文读为"群神五正,四辰方羊","方羊"是楚人的一个习惯用语,表达的是游荡无所依的状态。"方羊"又作"方佯"、"方洋"、"彷徉"、"仿佯"等。② 李守奎根据相关新材料解说字形,将"󰀀羊"读为"方羊",文通字顺,可信。以往󰀀(楚帛书乙9)字之所以难以释出,很大原因在于和楚文字中方字一般写法相比较,󰀀添加一横笔为饰,遂导致误解颇多。

方字见于《说文》,小篆写作󰀀。《说文》:"方:并船也。象两舟省緫头形。凡方之属皆从方。"从相关古文字资料来看,《说文》有关方字的解释属于牵强附会,并不可信。方字出现时间较早,甲骨时期就已经出现。甲骨资料中方字一般写作󰀀(合6701)、󰀀(合6701)、󰀀(合11018)等形。学界有关方字的构字本义问题,目前尚存在一定的争议③。裘锡圭认为方、亡为一字分化④,这种观点目前较为令人信服。西周时期方字继承甲骨时期的写法,一般写作󰀀(令尊·西周早期·集成16.9901)、󰀀(史墙盘·西周中期·集成16.10175)、󰀀(虢季子白盘·西周晚期·集成16.10173)等形。战国时期楚文字中方字较为常见,一般写作󰀀(包155)、󰀀(郭·老乙12)、󰀀(上博四·柬13)等形。战国时期三晋文字中的方可以写作󰀀(中山王䂵鼎·战国晚期·集成05.2840),横笔上部所从笔画变为竖笔,且和横笔断开,横笔下部的部件演变为类似刀形。楚文字中󰀀这种写法的方字就是在󰀀这种形体的基础上演变而来。古文字中往往在竖笔上添加横画作为饰笔,例如民可以写作󰀀(上博五·三5)。

---

① 徐在国:《楚帛书诂林》,安徽大学出版社2010年版,第820—824页。
② 李守奎:《释恕距末与楚帛书中的"方"字》,纪念何琳仪先生诞辰七十周年暨古文字学国际学术研讨会论文,合肥,2013年8月,第150—153页。
③ 详细情况可参阅于省吾主编《甲骨文字诂林》,中华书局1999年版,第3119条。
④ 裘锡圭:《释"无终"》,载《裘锡圭学术文集》(金文及其他古文字卷),复旦大学出版社2012年版,第61—66页。

因此，楚文字中方字在竖笔上添加一横画作为饰笔并不奇怪。李守奎根据尚未公布的新材料将 𣎳 释为方，在字形、文意方面皆可信。𣎳 字并不仅仅是在竖笔上添加一横笔作为饰笔，其字形和一般方字的写法相比也发生了一定的讹变。𣎳 字竖笔在长横处中断，且长横下类似刀形的部件讹变的类似人形。由 𠂉（中山王礜鼎·战国晚期·集成05.2840）来看，横笔下部所从部件类似刀形。楚文字中刀、人作为构字部件经常讹混，因此 𣎳 下部讹变为人形并不奇怪。

在以往的研究过程当中，之所以将 𣎳（楚帛书乙9）释为元、失、尧、无的原因有二。一方面因为 𣎳 字添加了横笔为饰，且字形下部略有讹变，导致 𣎳 无法正确释出；另一方面在于对文字间的一些差异没有引起足够的重视。下面，我们准备针对各种说法存在的问题，谈谈其不妥之处。

楚文字中元一般写作 𠂆（王孙诰钟）、𠂆（上博四·柬23）、𠂆（清华三·琴2）等形。由楚文字中相关元字形体来看，元和 𣎳 形体存有较大的差异，两者最大的差异在于元字两横笔之间没有一竖笔。因此，将 𣎳 释为元在字形方面说不过去。从相关文意来看，将 𣎳 羊释读为元祥也并不好理解。鉴于以上两个方面的考虑，释 𣎳 为元这种观点逐渐为学界所抛弃。

将 𣎳 释为失的主要依据是《诅楚文》中的 𠂉 字，失字在诅楚文中多次出现，又写作 𠂉、𠂉。将 𠂉 和 𣎳 字作比对，两者在字形方面并不相近。结合楚帛书中的相关语句来看，将 𣎳 释为失也不是很恰当。因此，将 𣎳 释为失的这种观点也逐渐为学界所抛弃。

诸说当中，释为尧在形体方面最为说得过去。《说文》中收录尧字古文，写作 𡗝。由 𡗝 字来看，𣎳 与之极为相似。楚文字中尧字较为常见，一般写作：

A 埊（郭·唐1）埊（郭·唐9）埊（郭·唐14）埊（郭·唐22）埊（郭·唐24）

B 林（郭·六7）林（上博二·子2）林（上博二·子5）林、林（上博二·子5）林（上博四·曹2）林（清华三·良1）

C 夫、夫（上博二·容6）夫、夫、夫（上博二·容8）夫（上博二·容9）夫（上博二·容10）夫（上博二·容12）夫、夫（上博二·容13）夫、夫（上博二·容14）夫（上博五·鬼1）夫（上博七·武1）

由楚文字中的尧字来看，上述C类形体和夫最为相似。但是两者之间也存在一定的差异，李守奎指出尧字右下一笔几乎都是向右斜出。从上述C类形体来看，李说甚是。楚文字中的尧右下之笔有时候并不向右斜出，例如夫（上博七·武1），其和夫基本同形了。结合相关字形和具体词例来看，将夫释为尧并不可信。

何琳仪将"夫羊"读为"无恙"。这种释读意见看似较为可靠，但也存在一定的问题。首先，在字形方面夫和无并不密合，两者的区别关键在于出头和不出头。其次，从上下文来看，将"夫羊"读为"无恙"也有难以理解之处。因此，将夫释为无这种观点也难以让人信服。

综上所述，正是由于夫添加了一横画为饰笔，于是造成夫字难以和方字在形体方面建立直接的联系。同时，在考释夫字的过程当中，由于大家对文字间的一些差异没有引起足够的重视，遂导致误释现象的发生。

第四节 由于书手书写风格造成的形近现象

书手在书写过程当中，由于书写风格的不同也会导致形近现象的发生，主要表现在某些笔画的细微差异和部件位置的变化。楚文字中的毛一般写作毛（包37）、毛（包194）、毛（上博二·容24）等形，楚文字中奉一般写作奉（包73）、奉（包140）。有时候丰字则将最下一横笔写的比较短，例如佯：丰（包5），遂导致和毛在形体上难以区分。上博简中有一丏（上博六·孔21）字，该字为帀字。由于该字左上部的两撇笔连在一起，写的类似"人"形或"刀"形，右边的斜笔变为横笔，并与撇笔分离，致使字形不易确认，整理者即误释为

"仔"①。包山简中有一🉂（包86）字，由于所从之爪形位置在左，所以有学者认为爪形为阜，遂误释为阩②。下面，我们再举几例来进行说明。

一 丁及相关问题

上博简中有一🉂（上博七·郑甲5）字，相关简文为"勿敢🉂门而出"。乙本当中与之相对应的字写作🉂（上博七·郑乙5）。关于此字的考释问题，学界历来有不同的意见。上博简整理者将其释为厶，读为私，相关简文读为"勿敢私门而出"。关于"私门"的解释，整理者引用《淮南子·泛论训》"私门成党"加以说明，谓得以私行请托之权门。又，家门亦称"私门"。③ 读书会列举了楚文字中丁字的写法，认为："丁"字都是先写一个折笔，再用墨团填实，或者在转折处直接顿出墨团。甲本的🉂左下角残缺，乙本的🉂折笔写得比其他"丁"字长，但是结构、笔顺都是相同的。"丁门"是一个动宾结构，或许可以读为"当门"。④ 何有祖结合楚文字中的㠯，认为🉂（上博七·郑甲5）、🉂（上博七·郑乙5）当为㠯字，读为犯门。犯门是指违禁强行打开城门。⑤ 程燕认为🉂（上博七·郑甲5）、🉂（上博七·郑乙5）和丁、㠯有一定的差异，怀疑是夕字。"夕"在简文中读作"藉"，"毋敢藉门而出"即不敢踏着门出去。⑥ 李咏健认为🉂（上博七·郑甲5）、🉂（上博七·郑乙5）当为勹字，读为排。排有推义，

---

① 李天虹：《楚国铜器与竹简文字研究》，湖北教育出版社2012年版，第214页。
② 刘信芳：《包山楚简解诂》，艺文印书馆2003年版，第84页。
③ 马承源主编：《上海博物馆藏战国楚竹书（七）》，上海古籍出版社2008年版，第177页。
④ 复旦大学出土文献与古文字研究中心研究生读书会：《〈上博七·郑子家丧〉校读》，2008年12月，复旦大学出土文献与古文字研究中心网站（http：//www.guwenzi.com/SrcShow.asp？Src_ID=584）。
⑤ 何有祖：《上博七〈郑子家丧〉札记》，2008年12月，简帛网（http：//www.bsm.org.cn/show_article.php？id=917#_ftnref1）。
⑥ 程燕：《上博七读后记》，2008年12月，复旦大学出土文献与古文字研究中心网站（http：//www.gwz.fudan.edu.cn/SrcShow.asp？Src_ID=586）。

排门即推门。①

通过上文的陈述，我们可以看出学界对▇（上博七·郑甲5）、▇（上博七·郑乙5）的考释主要有厶、丁、巳、夕、勹等几种意见。下面我们将要针对各家观点所存在的问题，谈谈▇（上博七·郑甲5）、▇（上博七·郑乙5）究竟是什么字。

楚文字中的厶一般写作▇（包143）、▇（望一·119）、▇（郭·老甲2）、▇（上博四·昭4）等形。由此我们可以看出，楚文字中的厶和▇（上博七·郑甲5）、▇（上博七·郑乙5）形体有一定的差异。楚文字中的厶是左边起笔，向右运行，转而向下、左，与起笔相接，中间并不填实。而▇（上博七·郑甲5）、▇（上博七·郑乙5）的写法与之并不相类，左边起笔，向右运行，转而向下，在转角处填实。由▇来看，下部明显存有一个小尾巴。古文字中虽然有时候填实和不填实并无区别，但是楚文字中一些填实和肥笔则往往具有一定的特殊含义，且就目前来看楚文字中的厶均未出现填实情况。因此，将▇（上博七·郑甲5）、▇（上博七·郑乙5）释为厶在字形方面说不过去。

楚文字中的丁一般写作▇（包4）、▇（包12）、▇（包81）、▇（包121）、▇（新蔡·零206）、▇（新蔡·甲三178）、▇（清华三·良2）等形。古文字中的丁，学界一般认为是钉子的象形。由上述丁字形体来看，楚文字中的丁有较多异体。有的是先用墨点表示钉的顶部，然后再勾勒出钉身和尖儿。有的则如读书会所言先写一个折笔，再用墨团填实，或者在转折处直接顿出墨团。▇（上博七·郑甲5）字模糊，形体似乎和▇（包81）相似。▇（上博七·郑乙5）字的书写特征，读书会早已指出和丁字相似。但是将其释为丁字，也存在一定的问题，即▇的折笔比较长。程燕注意到了这一特点，所以主张释为夕。

楚文字中的夕一般写作▇（上博五·姑1）、▇（上博八·志7）、

---

① 李咏健：《上博七·郑子家丧"毋敢排门而出"考》，2011年4月，简帛网（http://www.bsm.org.cn/show_article.php?id=1453）。

从夕之字一般写作夜：☒（包113）、外：☒（包217）等形。程燕认为"夕"字的结构、笔势皆与上博七☒同，只是虚框与填实的不同，古文字中填实与虚框往往无别。程燕的这种说法具有一定的道理，其实将☒（上博七·郑乙5）放大之后，我们不难发现☒字填黑部分并不完全填实（当然也有可能是由于脱墨造成）。如果☒字当时的确没有填实，那么有可能是夕字中间一斜笔和外部轮廓距离极近所致，如☒（包253）。

楚文字中巳作为构字部件常见，例如☒（包96）、☒（包87）、☒（上博二·容51）、☒（清华二·系102）等形。关于释☒（上博七·郑甲5）、☒（上博七·郑乙5）为巳所存在的问题，李咏健早已指出。李咏健认为考"巳"字虽与 A（笔者按：A 即☒）同作填实写法，但"巳"字乃先写一折笔，后再向外折一笔，而 A 字则只有一折笔，并且其收笔向内，与"巳"字不同，故 A 字应否释"巳"，仍有可商之处。但是，李咏健将☒（上博七·郑甲5）、☒（上博七·郑乙5）释为勹则并不可信。古文字中勹字来源复杂，李轶对此曾有所研究。①楚文字中勹字和☒、☒并不相类。②

通过上文的分析，我们认为从字形方面考虑将☒、☒释为厶、巳、勹在字形方面并不符合实际情况，释为丁、夕具有一定的道理。下面，准备从文意角度看看究竟是什么字。为了方便讨论，我们将相关简文引用于此："郑人命以子良为执命，使子家梨木三寸，疏索以纮，毋敢☒门而出，掩之城基。"

关于简文的释读，☒、☒的考释较为关键，上文已经指出可能释为丁、夕。关于丁门的解释问题，学界也有较多不同的意见。诸说之中，李天虹说当是。李大虹认为：

丁，从复旦读书会释。复旦读书会疑读为"当"，郝士宏先

---

① 李轶：《〈说文〉"勹"部字溯源——兼谈〈说文〉部首的同形合并》，《古籍研究》2008 卷。

② 楚文字中兔字所从。请参阅单育辰《谈战国文字中的"兔"》，《简帛》2008 年第3 辑。

生读为"正"。两种读法都有一定道理。不过这里的"丁"或许可以不破读。"丁"本有"当"义。《尔雅·释诂》："丁，当也。"《诗·大雅·云汉》："宁丁我躬。"毛传："丁，当也。"是"毋敢丁门而出"即"毋敢当门而出"。①

如果将■、♪看作夕字，程燕认为：

"夕"在简文中读作"藉"。夕，邪纽铎部；藉，从纽铎部，二者音近可通。夕与昔二声系通假，例证可参见《古字通假会典》905页"昔与夕"条。藉有践踏之义。《荀子·正名》："故穷藉而无极。"杨倞注："藉，践履也。"《左传·昭公十八年》："鄅人藉稻"孔颖达疏："藉，践履之义。"简文"毋敢藉门而出"即不敢踏着门出去。

将"毋敢藉门而出"理解为不敢踏着门出去，不免有些让人难以理解。因此，将■、♪看作丁字较为恰当。虽然■、♪和楚文字中的丁字写法具有一定的差异，但是这可以从书手书写特征的角度进行考虑。李松儒认为《郑子家丧》乙本中出现书写错误较多，♪和楚文字中的丁字相比较，只不过是撇笔写得更长而已。②

二　退及相关问题

上博简中有一♪（上博六·景12）字，相关简文为："公强起，♪席曰：善哉……"关于该字的考释，整理者将其释为退③。从相关简文来看，整理者将♪释为退具有一定的道理。但是从字形来看，♪字右部所从的部件是由一个圆圈和倒止组成，其和楚文字中的退具有

---

① 李天虹：《〈郑子家丧〉补释》，2009年1月，简帛网（http://www.bsm.org.cn/show_article.php?id=967#_ftn6#_ftn6）。
② 李松儒：《〈郑子家丧〉甲乙本字迹研究》，《中国文字》新三十六期。
③ 马承源主编：《上海博物馆藏战国楚竹书（六）》，上海古籍出版社2007年版，第187页。

一定的差异。楚文字中退字一般写作❏（郭·老乙11）、❏（郭·唐27）、❏（上博五·君2）、❏（清华三·芮23）等形。由楚文字中的退字相关形体来看，其和❏（上博六·景12）右部所从明显不同。❏右上所从为一圆圈，而退字所从则为❏。两者差异明显，主要不同有两点。一是退字右上所从明显存在一横笔，而❏右上所从的部件则没有；二是❏外部圆圈明显存在一个尖角，而❏右上所从则明显没有尖角。由此来看，将❏（上博六·景12）释为退，在字形方面难以讲通。李天虹认为❏和楚文字中的退字形体有别，将其改释为违。① 李天虹认为：

  楚简"韦"一般写作❏（望2：9）、❏（老子甲30），《天子建州》甲本13号简"韦"将所从圆圈形移到两"止"形的上方，作❏。上博三《彭祖》2号简"经纬"之纬作❏，右旁"韦"字写法与《天子建州》同。此字右旁❏应该是在❏这种"韦"字基础上省略了上面的"止"形，或是在❏这种"韦"字基础上省略了下面的"止"形而来。"违"可训"去"、"离"，亦可训"避"，"违席"用意相当于"避席"。

  由此来看，李天虹认为❏字右部所从的部件就是韦。从楚文字中的相关韦字写法来看，李天虹有关❏字形体的分析符合实际情况。此外，从❏在具体简文的相关用法来看，也符合古书的用字习惯。因此，将❏释为违可信。

  李天虹所例举的❏（上博三·彭2），在以往的研究过程当中具有一定的争议。关于该字的考释，上博简整理者将其释为纬②。从简文来看，"经"和"纬"对应，因此将❏（上博三·彭2）释为纬并无

---

① 李天虹：《上博六〈景公虐〉字词校释》，载《古文字学论稿》，安徽大学出版社2008年版，第335—343页。相关论述又可参阅李天虹《楚国铜器与竹简文字研究》，湖北教育出版社2012年版，第233—234页。
② 马承源主编：《上海博物馆藏战国楚竹书（三）》，上海古籍出版社2003年版，第305页。

问题。在以后的研究过程当中，有学者认为此字释为纬存在一定的问题。例如汤志彪认为▨右部并不从韦，而是从妟，"▨"旁的下部很可能是饰笔。① 仔细查看▨字右部所从的部件，我们不难发现其和楚文字中的韦字常规写法具有一定的差异。主要差异表现在两点：首先，▨右部所从和韦字结构不同，韦字圆圈在中间，而▨字所从圆圈在上部。其次，▨右部所从圆圈下部是女形和倒止形，并不是两个倒止形。因此，▨右部所从的部件如果截除最下部的倒止形，则和楚文字中的妟形体相似。楚文字中的妟往往被释为"晏"，冯胜君将其改释为妟②，请参看。楚文字中在竖笔上添加倒止形部件作为装饰性符号的现象较为常见，但是这种在整字下部添加倒止形部件作为装饰的现象并不多见。古文字中女、倒止形体相似，两者讹混的情况时有发生。同时，有时候字的组成部件位置会发生一定的变化，例如迁字：▨（侯马九一：一）、▨（摹本采自容庚《金文编》）。因此，▨字右部所从可以看作是韦字组成部件发生了移动，且书手在书写过程当中受到妟字影响，将中间所从的倒止形写作了女形，遂导致了▨和"▨"（包山259）、"▨"（信阳15）等字具有一定的相似性。

有学者认为《彭祖》和《景公虐》字迹特征一致，应该为同一书手所写。③ 由此来看，书手在书写▨（上博六·景12）、▨（上博三·彭2）两字的时候，都对所从部件韦的结构进行了调整，将圆圈由中间位置放到了上部。此外，书手在书写▨（上博六·景12）字的时候又将所从之韦省略掉一个倒止形。

三 丩及相关问题

望山简中有一▨（望二2）字，相关简文为"女乘一乘：龙▨，

---

① 汤志彪：《释〈彭祖〉中的"缨"字》，2010 年 12 月，复旦大学出土文献与古文字研究中心网站（http://www.gwz.fudan.edu.cn/SrcShow.asp?Src_ID=1333）。
② 冯胜君：《试说东周文字中部分"婴"及从"婴"之字的声符——兼释甲骨文中的"瘿"和"颈"》，出土文献与传世典籍的诠释——纪念谭朴森先生逝世两周年国际学术研讨会论文，上海，2009 年 6 月，第 185—196 页。
③ 李松儒：《战国简帛字迹研究——以上博简为中心》，博士学位论文，吉林大学，2012 年，第 132 页。

齿🕱，翟轮"。望山简整理者将其隶定为枕，怀疑枕可读为楯，龙楯是指有龙纹装饰的车阑。① 商承祚将其隶定为杁，同橮。② 吴良宝结合楚文字中的一些卬字写法，将其隶定为柳。③ 由此来看，关于🕱字右部所从主要有允、丩、卬三种意见。

楚文字中允字较为常见，一般写作🕱（郭·缁5）、🕱（上博一·缁3）、🕱（上博一·缁18）、🕱（清华三·说中2）、🕱（清华三·琴4）等形。李守奎认为允字所从人旁变形音化为身。④ 由楚文字中允字的形体来看，其和🕱（望二2）右部所从并不相类，释为允在字形方面就说不过去。整理者之所以将其隶定为枕，可能是对字形结构没有认清，将🕱右部所从错误地分析为🕱和🕱两部分。楚简综合整理与研究课题组曾对其进行红外线拍照，字形为🕱。⑤ 由🕱来看，其并非从厶从人。

将🕱（望二2）释为卬，主要是依据🕱（上博四·柬14）、🕱（上博五·三15）。此二字相关简文分别是"王卬（仰）天🕱而泣"、"卬（仰）天事君"。此外，楚简中可读为仰的尚有以下几处。🕱（上博六·孔26），相关简文为"卬（仰）天而叹曰"；🕱（上博七·凡甲23）、🕱（上博七·凡乙15），相关简文为"卬（仰）而视之"。学界一般认为卬、印一字分化。由楚简材料来看，此种说法可信。例如🕱（上博六·孔26），卬可读为仰；🕱（清华三·琴5），卬读为抑。关于🕱（上博五·三15）的字形，李守奎将其摹写为🕱，认为彩色图版中笔画尚依稀可辨。⑥ 刘国胜认为第一、二两笔所围之处空隙较大，里

---

① 湖北省文物考古研究所、北京大学中文系：《望山楚简》，中华书局1995年版，第114页。
② 商承祚：《战国楚竹简汇编》，齐鲁书社1995年版，第106页。
③ 吴良宝：《平肩空首布"卬"字考》，《中国钱币》2006年第2期。
④ 李守奎、曲冰、孙伟龙：《上海博物馆藏战国楚竹书（1—5）文字编》，作家出版社2007年版，第418页。
⑤ 陈伟主编：《楚地出土战国简册（十四种）》，经济科学出版社2009年版，第287页。
⑥ 李守奎、曲冰、孙伟龙：《上海博物馆藏战国楚竹书（1—5）文字编》，作家出版社2007年版，第401页。

第二章　楚文字形近现象产生的原因　83

面似乎有一斜笔，即卪的第二笔，楚简"卪"通常都有这一笔①。刘国胜只看到了卪中的横，却未注意到左部中间也有横笔。由此来看，⿰(上博五·三15)的形体当和⿰(上博六·孔26)一样，可摹写为⿰。⿰(上博四·柬14)和⿰(上博七·凡甲23)、⿰(上博七·凡乙15))相比，明显的特点是卪有折笔，这两种写法只是繁、简的不同，并无实质性的区别。⿰(上博四·柬14)、⿰(上博七·凡甲23)、⿰(上博七·凡乙15)和⿰(望二2)字右部相比，显著的区别是前者在竖笔之处有一横笔。刘国胜据此认为⿰(望二2)字右部从卪并不可靠。从相关材料来看，刘国胜的这种观点可信。楚文字中有一⿰(清华三·芮9)字，从相关简文来看，读为收当无疑问。此外，上博简中有一⿰(上博三·周45)字。上博简整理者将其释为朴，马王堆、传世本皆作收，可知上博简整理者隶定为朴可从。由此来看，楚文字中丩和卪虽然形体相近，但是卪下部没有一横笔，丩却有一横笔。也就是说，楚文字中卪、丩二字的区别主要在于横笔的有无。

楚文字中丩字写法既然已经明确，那么我们就可以以此来考察⿰(望二2)字的构形问题。⿰字第一笔的折笔稍微靠下，和第二笔的转折处相接，所以导致⿰右上部像厶。此外，包山简中的⿰(包270)、⿰(包97)可看作是丩和从丩之字。

综上所述，楚文字中丩、允、卪皆有一定的区别特征，⿰(望二2)字可隶定为朴。"龙朴"可以从刘国胜的意见，读为"龙䝿"。在以往的研究过程当中，之所以产生这样多的误解，很大原因在于书手在书写⿰(望二2)所从之丩的时候第一笔的折笔稍微靠下，和第二笔的转折处相接，所以导致⿰右上部像厶。此外，以往由于缺乏相关字形的比对，大家往往对一些字之间的细微差异认识不够，遂导致误释现象的发生。

---

① 刘国胜：《谈望山简册所记的"龙朴"》，2011年10月，简帛网（http：//www.bsm.org.cn/show_article.php？id=1561）。

四 余及相关问题

上博简中有一🔲（上博三·中5）字，相关简文为"为之，🔲诲汝"。上博简整理者将其释为宗，读为"为之宗谋汝"，宗，尊也。①从上下文来看，这种释读显然存在一定的问题。禤健聪认为所谓的宗字实际上可能是余字，因字形讹混而误读也。②从相关文意来看，读为"为之，余诲汝"文通字顺，没有什么问题。由此来看，楚文字中的宗和余两字之间存在一定的形近关系，有辨析的必要。李守奎认为"余"、"宗"形近，区别特征有两个，一是竖笔是否穿透，二是中间的横画是否上曲。③

楚文字中余字较为常见，一般写作

A 🔲（包153）余（郭·大14）🔲（上博六·天甲8）🔲（清华三·说中7）

B 🔲（郭·成33）🔲（郭·成33）🔲（郭·尊23）🔲（上博八·有5）🔲（清华一·系76）🔲（清华三·赤4）🔲（清华三·琴5）

C 🔲（上博三·彭3）🔲（上博六·天乙8）🔲（清华二·系7）

D 🔲（上博七·吴5）

由上述余字来看，有部分余添加口或一撇笔④，有些则没有添加。从整体来看，楚文字中的余字宀下所从的两横笔都呈现出弯曲现象，中间一竖笔有时候穿透横笔，有时候则不穿透。这种不添加口形和撇笔的余字，如果竖笔不穿透横笔，则较容易和宗字相混，如上述 D 类形体。

楚文字中宗字也较为常见，一般写作🔲（郭·八30）、🔲（望

---

① 马承源主编：《上海博物馆藏战国楚竹书（三）》，上海古籍出版社2003年版，第267页。
② 禤健聪：《读上博（三）小札》，2004年5月，简帛研究网（http：//www.jianbo.org/showarticle.asp？articleid=932）。
③ 李守奎：《出土楚文献姓氏用字异写现象初探》，中国文字博物馆第二届文字发展论坛会议论文，安阳，2010年。
④ 余字所添加的口和斜笔或具有一定的区别作用，因为宗未见此种繁化现象。

103）、▨（上博二·从乙4）、▨（上博二·容46）、▨（上博一·孔24）、▨（上博五·三10）、▨（清华二·系17）、▨（清华三·说中1）等形。从上述形体来看，楚文字中的宗字竖笔一般不穿过横笔，但是也有例外，如▨（上博五·三10）。此外，楚文字中的宗字所从的横笔并不像余字一样呈现出弯曲之势，而是较为平直。

由上述字形来看，李守奎关于楚文字中宗和余二字区别特征的观点可信。在明确楚文字宗、余二字的区别之后，我们再来看看▨（上博三·中5）字的构形及释读问题。从▨（上博三·中5）的形体来看，其竖笔虽然不穿过横笔，但是其所从的横笔明显呈现出向上弯曲之势。因此，从字形来看▨（上博三·仲5）为余字当无疑问。从简文来看，将▨（上博三·仲5）释为余也是文通字顺，没有什么问题。在以往的研究过程当中，▨（上博三·中5）字之所以难以释出，很大原因在于书手在书写过程当中将竖笔没有穿透横笔，遂导致和宗字区别度降低。同时，和楚文字中余字一般写法相比，▨没有添加口形或一斜笔，也导致了形近现象的发生。

五　冠及相关问题

上博简中有一▨（上博六·孔5）字，相关简文为"是故服道之君子，行▨，弗见也"。上博简整理者将其作为合文来处理，释为君子，断句为："君子行，君子弗见也。"① 何有祖结合楚文字中的冠写作▨（《内礼》8号简）、▨（《容成氏》52号简），认为▨应该释为冠，从冃元声。② 从字形来看，▨字下部所从的元形和楚文字中的元略有一定的差异，主要表现在人形右边的一笔。书手在书写过程当中由于对元字所从人形右边一笔写法较为奇特，所以导致元形变样。从该篇的整体书写风格来看，书手书写水平并不高。因此，▨字下部的人形略有差异并不难理解。从简文来看，将▨字释为冠，也是文通字

---

① 马承源主编：《上海博物馆藏战国楚竹书（六）》，上海古籍出版社2007年版，第203页。
② 何有祖：《读〈上博六〉札记》，2007年7月，简帛网（http://www.bsm.org.cn）。

顺。造成整理者将🗚释为君子的原因，除了书手在书写过程当中将元字写得较为奇特之外，还有楚文字中君所从的尹和冠所从的冃同形。在将🗚上部所从之冃看作尹的基础上，将🗚当作合文来处理。

楚文字中君一般写作🗚（包98）、🗚（郭·大8）、🗚（上博二·昔1）等形。从冃之字一般写作🗚（包134）、🗚（上博二·容15）、🗚（包156）、🗚（上博二·容52）等形。从上述形体来看，楚文字中君和冃、冠所从之部件已经混同了。但是，在文字的早期阶段，两者区别明显。君在甲骨时期写作🗚（合24135）、🗚（合24137），其所从之尹表达的是手持某物之意，有学者认为是手持笔。①西周金文中尹逐渐发生了变化，写作🗚（天君簋·集成07.4020）、🗚（豆闭簋·集成08.4276）、🗚（散氏盘·集成16.10176）等形。西周时期冃字写作🗚（九年卫鼎·集成05.2831）。也就是说，在早期文字阶段尹、冃形体有别，但是在战国楚文字中尹、冃则变为同形了。楚文字中尹、冃同形，遂导致🗚（上博六·孔5）字释读困难的增加。

关于尹、冃同形之后，造成释读的障碍又可参照🗚（仰8），相关简文为"綎布之🗚二偶"。以往大家对🗚字的考释往往有不同的意见，主要有释緝、纍组合文②两种说法，争论的焦点在于该字是从尹还是从冃。由于缺乏相关字形的比对，该字究竟是什么结构尚待进一步的研究。

六 取及相关问题

上博简中有一🗚（上博五·姑3）字，相关简文为"幸则晋邦之社稷可得而事也，不幸则🗚免而出"。关于该字的释读问题，整理者将其释为得③。从字形来看，🗚字似乎是由日形部件和又组成。从简

---

① 何琳仪：《战国古文字典》，中华书局1998年版，第1336页。季旭升：《说文新证》，福建人民出版社2008年版，第205页。

② 陈伟主编：《楚地出土战国简册（十四种）》，经济科学出版社2009年版，第470页。何琳仪：《仰天湖竹简选释》，载《新出楚简文字考》，安徽大学出版社2007年版，第358—374页。

③ 马承源主编：《上海博物馆藏战国楚竹书（五）》，上海古籍出版社2005年版，第242页。

第二章　楚文字形近现象产生的原因　87

文来看，将🔲释为得似乎也是文通字顺。在以后的研究过程当中，大家逐渐认为该字应该为取字。将🔲释为取这种观点最早是由何有祖提出的①，随后得到了沈培②、陈伟③、郭永秉④等诸多学者的认同。楚文字中得一般写作🔲（包29）、🔲（上博二·民6）、🔲（清华三·芮23）等形，所从之贝基本省略成了目形部件。从字形来看，将🔲所从又旁扣除之后剩余的部件为🔲，其和楚文字中得字所从的贝明显不同。仔细观察🔲的形体，我们不难发现🔲由五笔组成，除了最上一横之外，剩余部分并非目形部件。楚文字中取字较为常见，一般写作🔲（包89）、🔲（郭·语二49）、🔲（上博四·昭6）等形。🔲和楚文字中常见的取字所从之耳旁相比，其最上一横笔和竖笔分离，且右边的竖笔有些弯曲。因此，🔲看起来似乎是由目形部件和一横笔组成。其实，仔细分析🔲的形体，其所从耳旁之结构依然可辨。楚文字中有的取字耳旁部分的竖折笔和右边竖相接，例如🔲（郭·语三46）。在这种情况下，耳旁的下半部分和目具有一定的相似性。

在以往的研究过程当中，之所以将🔲（上博五·姑3）误释为得，很大原因在于书手在书写过程当中将🔲所从之耳旁写得较为奇怪，并且"得免"在简文中也可读通。

七　辰及相关问题

一般来说，楚文字中的君、辰二字差异明显，但是有时候两者却有一定的相似性，容易导致误释。楚文字中添加口形作为装饰性部件的现象较为常见，如🔲（包36）、🔲（包171）、🔲（包186）等。有时候辰字也可以添加口旁作为装饰性部件，如🔲（上博六·用13）。

---

① 何有祖：《〈季康子问于孔子〉与〈姑成家父〉试读》，2006年2月，简帛网（http://www.bsm.org.cn/show_article.php?id=202）。

② 沈培：《上博简〈姑成家父〉一个编联组位置的调整》，2006年2月，简帛网（http://www.bsm.org.cn/show_article.php?id=219）。

③ 陈伟：《〈苦成家父〉通释》，2006年2月，简帛网（http://www.bsm.org.cn/show_article.php?id=239）。

④ 郭永秉：《说〈姑成家父〉简3的"取免"》，2006年4月，简帛网（http://www.bsm.org.cn/show_article.php?id=329）。

关于该字的考释问题，整理者将其释为君①。从简文"不期于天，而期于人，虽◎之贾臣，非货以酬"来看，将◎释为君似乎是文通字顺没有什么问题。在以后的研究过程当中，单育辰认为◎左边为一竖笔，而◎右上角无任何笔画痕迹，也无任何残损特征，应该将其释为唇，读为辱。②从字形和文意来看，单育辰之说可从。整理者之所以将◎误释为君，原因可能有二。首先，◎所从之辰写法与一般辰字写法具有一定的差异；其次，◎字从口，和一般的辰字添加口旁为饰符有所不同。楚文字中辰字写法变化多样，一般写作◎（包20）、◎（包66）、◎（包73）等形。由楚文字中的辰字相关形体来看，辰上一横或可省略。如果◎这种形体最上一横省略，且左边竖笔位置下移就会得到◎上部所从的辰这种形体。有时候辰字所从的下边的折笔向上弯曲较为严重，例如◎（包37）。这种情况下，如果左边的竖笔下移就会导致和君字所从尹形体较为接近。楚文字中辰字虽然常见写法是添加日旁为饰，但是添加口旁为饰的现象也并不少见，例如◎（上博二·容52）。从楚文字中的辰字相关构形来看，单育辰将◎（上博六·用13）释为唇这种说法是可信的。

八 大及相关问题

郭店简中有一◎（郭·唐7）字，相关简文为"孝，仁之◎也；禅，义之至也"。郭店简整理者将其释为免，读为冕③。整理者的这种释读意见，学者们多从之。但是陈伟却提出了一种新的释读意见，认为应该将其释为大，大、至正相呼应。④

楚文字中免字较为常见，一般写作◎（包53）、◎（包78）、◎（上博一·缁13）等形。楚文字中有些大字中间分离，形体和免字极

---

① 马承源主编：《上海博物馆藏战国楚竹书（六）》，上海古籍出版社2007年版，第299页。
② 单育辰：《佔毕随录之二》，2007年7月，简帛网（http://www.bsm.org.cn/show_article.php?id=676#_ftn1）。
③ 荆门市博物馆：《郭店楚墓竹简》，文物出版社1998年版，第159页。
④ 陈伟：《郭店竹书别释》，湖北教育出版社2003年版，第66—67页。

为相似，写作 ᄎ（包69）、ᄎ（包87）。这种上下分离的大字，如果进一步发生变化，就会写作 ᄉ（包157）、ᄉ（上博六·孔13）。由此来看，ᄉ（郭·唐7）字释免、大皆有可能。从上下文意来看，陈伟释为大和至对应较为通顺。因此，我们也主张将ᄉ释为大。由于书手在书写ᄉ字的时候，书写较为奇特，导致ᄉ和免字形近，在以往的研究过程当中也就误释为免字了。

九　樵及相关问题

包山简中有一地名用字❋（包129），该字在同组简文中多次出现，又写作❋（包130）、❋（包130）。包山简整理者将其释为枼①，滕壬生也将其放在枼字头下②。后来白于蓝将其隶定为樵，释为柊③。白于蓝的这种释读意见，一经提出就得到了学界的广泛认同。楚文字中枼字作为构字部件较为常见，除了白文中列举的❋（包138）、❋（包164）、❋（包175）之外，还有❋（上博九·邦4）、❋（清华二·系91）。枼字所从的世旁也较为常见，例如❋（清华三·良6）。楚文字中冬字一般写作❋（包2）、❋（上博四·昭7）、❋（新蔡·乙四63）等形。从楚文字中的冬、世相关形体来看，两者差异明显。整理者之所以将❋误释为枼，很大原因在于冬旁移动到木旁上部之后使其与枼结构相似。当然，发生误释与当时相关材料缺乏，可供比较的字形较少也有很大的联系。

枼在楚文字中除了上述正体之外，尚有较多异体④，例如❋（上博四·曹65）、❋（郭·语四3）、❋（上博六·天乙1）。在楚文字中桀字可以写作❋（郭·尊5）、❋（上博四·曹65）。从上述相关字形来

---

① 湖北省荆沙铁路考古队：《包山楚简》，文物出版社1991年版，第25页。
② 滕壬生：《楚系简帛文字编》，湖北教育出版社1995年版，第453页。
③ 白于蓝：《包山楚简零拾》，《简帛研究》1996年第2辑。
④ 冯胜君、孙飞燕曾有所归纳。冯胜君：《郭店〈缁衣〉"渫"字补释——兼谈战国楚文字"枼"、"桀"、"枽"之间的形体区别》，中国简帛学国际论坛论文，台北，1997年，第337—348页。孙飞燕：《也谈〈容成氏〉渫字》，2008年5月，简帛网（http://www.bsm.org.cn/show_article.php?id=826）。

看，楚文字中有些枼、桀形体相近，甚至趋于同形①。关于楚文字中枼字形体的演变，张峰曾作出如下推测：▨（季22）——▨（子8）——▨（曹65）——▨（容5）、▨（天乙1）。②汉字中桀字的构形问题一直存有不明之处，李守奎、张峰根据楚文字中的桀字可以写作▨，再联系到曾侯乙墓中的▨，推测桀的演变顺序为▨（简191）→▨（简143）→▨（简141）。③从上述情况来看，楚文字中的枼、桀渊源有自，两者在演变过程中逐渐趋于同形，在作为构字部件使用时尤为严重。书手在书写过程中为了追求书写的方便往往会对字的结构进行一定的省变，尤其是在不影响字形所记录词义的情况下。

有时候楚文字中枼、桀所从的部件和亡字相似或相同，由于楚文字中亡、乍二字时有讹混④，所以楚文字中的一些枼、桀有时被隶定为枼。关于楚文字中的枼、桀、枼之间由于所从部件相似或相同所导致的文字释读混乱，我们可用▨（上博二·容25）作为例字说明。该字所处的简文为"决九河之▨，于是乎夹州、徐州始可处"。关于该字的考释，上博简整理者将其隶定为渫，读为阻⑤。冯胜君主张将其释为渫。⑥孙飞燕则主张将其释为潎。⑦从桀字构形源流来看，▨（上博二·容25）符合李守奎、张峰所分析的桀字构形特征，此字宜释为渫。

总之，楚文字中枼、桀及两者所从部件和乍之间的关系复杂，确

---

① 张峰对此曾有所讨论。张峰：《楚系简帛文字讹书研究》，博士学位论文，吉林大学，2012年，第66—70页。
② 张峰：《楚系简帛文字讹书研究》，博士学位论文，吉林大学，2012年，第66—70页。
③ 李守奎、张峰：《说楚文字中的"桀"与"杰"》，《简帛》2012年第7辑。
④ 楚文字中亡、乍二字的情况，张新俊曾有所讨论。张新俊：《上博楚简文字研究》，博士学位论文，吉林大学，2005年，第77页。
⑤ 马承源主编：《上海博物馆藏战国楚竹书（二）》，上海古籍出版社2002年版，第269页。
⑥ 冯胜君：《郭店〈缁衣〉"渫"字补释——兼谈战国楚文字"枼"、"桀"、"枼"之间的形体区别》，中国简帛学国际论坛论文，台北，1997年，第337—348页。
⑦ 孙飞燕：《也谈〈容成氏〉潎字》，2008年5月，简帛网（http://www.bsm.org.cn/show_article.php?id=826）。

第二章 楚文字形近现象产生的原因 91

定一个字所从部件究竟是什么，应该从字形和具体的简文来敲定，否则容易释错。

十 梠及相关问题

信阳简中有一🔲（信阳8）字，相关简文为"一房🔲"。整理者将其释为榕。① 滕壬生将其摹写为🔲，放在松字头下。② 李家浩结合楚文字中相关几字的写法，将其隶定为梠，释为机。③ 从相关古文字资料来看，李家浩的观点可信。以往🔲（信阳8）字之所以难以释出，很大原因在于书手在书写咎的过程当中将两短横写得类似八形，且居于几形内部。

楚文字中容字一般写作🔲（上博五·鲍1）、🔲（郭·语一13）、🔲（上博一·缁9）、🔲（港·战1）、🔲（上博四·曹24）等形。容字见于《说文》，小篆写作🔲。《说文》："容：盛也。从宀、谷。"从大量出土资料来看，楚文字中的容基本都是用颂来表示，字形写作🔲。有时候也会用公来表示，字形写作🔲。容字也基本都是写作从宀从公，如🔲（郭·语一13），有时候宀旁讹变为厂，如🔲（上博一·缁9）。公是见纽东部字，容是喻纽东部字，二者音近可通。从相关金文材料来看，容字有从宀从公、从宀从谷两种书写形式。④ 秦文字中容字写作🔲（睡·封19）、🔲（睡·封20），《说文》小篆当本于此。楚文字中🔲（上博五·鲍1）这种容字写法存有不确定性，可能是从宀从谷，可能是从宀从公，公上两笔添加饰笔，也有可能是从穴从公，古文字中宀、穴作为构字部件可以互换。古文字中宀、厂作为构字部件可以换用，且横笔之上往往会发生添加横笔现象，像🔲（上博五·鲍1）这种写法的容字如果宀旁换为厂就会容易和🔲（信阳8）字右部所从讹混，尤其是宀、厂杂糅的情况下，如🔲（港·战1）。但是，就目前

---

① 河南省文物研究所：《信阳楚墓》，文物出版社1986年版，第129页。
② 滕壬生：《楚系简帛文字编》，湖北教育出版社1995年版，第441页。
③ 李家浩：《包山266简所记木器研究》，载《著名中年语言学家自选集·李家浩卷》，安徽教育出版社2002年版，第222—257页。
④ 董莲池：《新金文编》，作家出版社2011年版，第993页。

来看，楚文字中尚未见到从宀从谷，且宀、厂杂糅的容字写法。此外，上文已经提到过从几从日的舀字，▨（信阳二·8）字构形可和▨（包266）相互对应，所以▨字构形应该分析为从木舀声，其右部所从上部是几，下部是日。因此，容和舀字的关键区别点在于下部从日不是口。楚文字中口往往添加一横笔作为装饰性笔画，如周▨（包206）。口中添加横笔之后和日字形体相近，尤其是当它们作为构字部件时，由于受到书写空间的限制，两者形体尤为相似。但是口中加横和日字仍具有一定的区别特征。

一般来说，楚文字中日字写作▨（包74）、▨（郭·老乙3）、▨（上博四·柬16）等形。其显著特点是从左边起笔，向右运行，转而向下、左运笔，起笔和收笔相接，从而勾画出外部轮廓，然后在中间添加一横笔。日字起笔之后，在转笔之前都会有一个弧度，但是有时并不出现这种弧度，如▨（上博一·缁6），▨字右下所从的口写法与之相类。楚文字中口一般写作▨（上博二·从乙1）、▨（上博三·周24）、▨（郭·忠5）等形。口字是左边起笔，向下运行，转而向上，起笔和收笔并不相接。楚文字中有些日字与口字相似，也是左边起笔，向下运笔，转而向上，然后在起笔处再倒扣一个与之相似的笔画，最后在中间添加一横笔，如▨（郭·语四4）。这种写法的日字，如果作为构字部件使用，由于受到书写空间的限制，其上部倒扣的弧形笔画很容易拉直，这种情况下就会和口字中间添加横笔相似。

楚文字中松字写作▨（鄂君启舟节）、▨（上博四·逸2）、▨（清华一·程1）等形。松字构形是从木从公，▨（信阳二·8）字形体与之差异明显。

楚文字中几字可以写作▨（包146）、▨（包260），从几之字可以写作▨（包3）、▨（包132）、▨（包238）、▨（包76）、▨（包79）、▨（包266）等形。学界一般认为几是个象形字，是凭几的象形。▨字所从的几，下部两短横是几足，有时候为了追求书写的方便将两短横变为一长横，如▨。有时候两短横会发生讹变，演变为类似八形，如▨、▨。李家浩正是看到了楚文字中相关几字的演变规律，所以将▨（信阳二·8）改释为榙。

第二章　楚文字形近现象产生的原因　93

　　通过上文所列举的情况来看，有时候会由于书手的书写风格导致一定的形近现象，进而造成误释现象的发生。一般来说，这些形近现象都具有一定的区别特征，可以进行区分。有时候则由于情况复杂，由于书手书写风格造成的形近现象难以确释。清华简《系年》46号简中有一🅰字，相关简文为"秦之戍人使归告曰：我既得郑之门管🅰来袭之"。清华简整理者将🅰释为也，并在此字后面断句。① 刘钊改读为巳。② 陈伟认为或可释为云，读为阴，阴与潜义通。③ 楚文字中也字一般写作🅱（包130）、🅱（郭·老甲3）、🅱（郭·缁3）、🅱（上博一·孔2）、🅱（清华三·赤4）等形。从上述形体来看，楚文字中也字明显从口，而🅰（清华二·系46）字明显不从口。所以将🅰（清华二·系46）释为也，在字形方面似乎难以讲通。楚文字中巳字一般写作🅱（包85）、🅱（包193）、🅱（包121）、🅱（郭·成36）、🅱（上博二·容28）等形。由上述形体来看，巳字由两笔组成，第一笔左边起笔，向右运行，继而向下折笔。第二笔起笔处和第一笔起笔相接，向右下运行，在运笔过程当中有两到三处折笔。🅰（清华二·系46）字结构和巳一致，就字形而言，的确可以看作是巳字。古文字中巳字可以通作已，因此将简文读为"我既得郑之门管巳（已）来袭之"可以读通。楚文字中云一般写作🅱（上博三·亘4）、邻🅱（包131）、会🅱（包134）等形。陈伟认为云字上部一般写作实心，但有时候也作空心，并且举🅱（清华二·系85）为例。简文中"🅱公"可和传世文献中的郧公对照，所以🅱隶定为芸当无疑问。由🅱字来看，其所从的云和🅰（清华二·系46）字形结构一致，所以将🅰（清华二·系46）释为云可从。陈伟认为云可读为阴，将"我既得郑之门管🅰来袭之"解读为"我既得郑之门管，云（阴）来袭之"也是可以读通简文的。

----

① 李学勤主编：《清华大学藏战国竹简（壹）》，中西书局2010年版，第155页。
② 刘说见于陈伟：《读清华简〈系年〉札记》，2011年12月，简帛网（http://www.bsm.org.cn/show_article.php?id=1598）。
③ 陈伟：《读清华简〈系年〉札记》，2011年12月，简帛网（http://www.bsm.org.cn/show_article.php?id=1598）。

由此来看，㠯（清华二·系46）字释为也不可信，释为已（巳）、云皆有可能。造成㠯（清华二·系46）字释为已（巳）、云皆有可能的原因在于有些书手在书写云字的时候并不填实，遂导致已（巳）、云二字难以区分。

有时候也、已也会发生误释，例如㠯（上博九·成5）。上博简整理者将其释为也。① 高佑仁改释为已。② 高说甚是，可从。上文当中我们已经对楚文字中也字形体有所罗列，并进行了一定的说明。从㠯字形体来看，明显和也字不同。巳、己在汉字早期阶段同字，唐以后逐渐分化。③ 楚文字中巳字较为常见，上文已经对相关字形有所罗列。㠯和楚文字中㠯（上博二·容28）这种巳字写法一致，只是尾部多一折笔。从简文来看，将㠯（上博九·成5）释为巳，作为句末语气词文通字顺。

第五节　综合因素造成的形近现象

楚文字中一些形近现象的发生，并不是由单一的因素所导致，而是由两种甚至多种因素所共同导致。

一　原字省变体及相关问题

上博简中有一𦸸（上博二·民2）字，相关简文为"必达于礼乐之𦸸"。上博简整理者怀疑此字从艹从臣，茞可读为沮，或可释为簠。④ 在以后的研究过程当中，学者们大都赞同释簠之说。⑤

---

① 马承源主编：《上海博物馆藏战国楚竹书（九）》，上海古籍出版社2012年版，第150页。
② 高佑仁：《〈上博九〉初读》，2013年1月，简帛网（http://www.bsm.org.cn/show_article.php?id=1789）。
③ 季旭升：《说文新证》，福建人民出版社2008年版，第1020页。
④ 马承源主编：《上海博物馆藏战国楚竹书（二）》，上海古籍出版社2002年版，第157页。
⑤ 详细情况请参阅季旭升主编《上海博物馆藏战国楚竹书（二）读本》，万卷楼图书股份有限公司2003年版，第5页。

楚文字中臣作为构字部件较为常见，一般写作▨（王孙诰钟）、▨（郭·缁34）、▨（玺汇3224）、▨（九店M56·43）、▨（上博三·周24）、▨（上博七·吴8）、▨（清华二·系31）等形。由楚文字中的臣来看，和▨字下部所从明显并不相类。楚文字中泉作为构字部件一般写作▨（包85）、▨（包3）、▨（包100）、▨（上博三·周45）等形。在以往的研究过程当中，大家对战国文字中的泉认识不够，后来随着相关研究力度的不断加深，泉字构形问题已经基本得到了解决。① 何琳仪认为▨下部所从是泉和厂共享一笔，所以容易和臣误释。② 泉字早在甲骨时期就已经出现，写作▨（合8370）、▨（合8375）、▨（华东484）等形，像泉水流出之形。西周金文中，泉字保持殷商时期的写法，例如▨（雍伯原鼎·集成05.2559）、▨（大克鼎·集成05.2836）。战国楚文字中，较为完整清晰的泉字写作▨（清二·系103），泉的外形轮廓依稀可辨，内部的水形则演变为两斜笔。至于▨（包3）字，则由于同化作用，泉字外部轮廓两边演变成两个曲笔。以往▨（上博二·民2）之所以发生误释，是因为泉发生了一定的讹变，并且泉字和厂共享一笔，遂导致难以释出。

泉有时候也会和易发生误释，例如▨（新蔡·甲三355），相关简文为"莆▨一冢"。新蔡简整理者将▨释为易。③ 何琳仪将其改释为泉④，可从。楚文字中易一般写作▨（郭·语一36）、▨（郭·老甲25）、▨（上博三·彭2）等形。由楚文字中的易来看，其和▨（新蔡·甲三355）判然有别。因此，将▨（新蔡·甲三355）释为易不可信。清华简《系年》中的泉字，写作▨（清二·系103），可与▨（新蔡·甲三355）相互参照。

---

① 详细情况可参阅吴振武《燕国铭刻中的泉字》，《华学》1996年第2辑。吴振武：《〈燕国铭刻中的"泉"字〉补说》，载《古文字学论稿》，安徽大学出版社2008年版，第230—235页。
② 何琳仪：《第二批沪简选释》，载《新出楚简文字考》，安徽大学出版社2007年版，第155—168页。
③ 河南省文物考古研究所：《新蔡葛陵楚墓》，大象出版社2003年版，第200页。
④ 何琳仪：《新蔡竹简选释》，载《新出楚简文字考》，安徽大学出版社2007年版，第208—232页。

二 光字省变体及相关问题

上博简中有一🔲（上博七·郑甲2）字，相关简文为"今郑子家杀其君，将保其宠🔲，以及入地"。在同篇乙本中该字再次出现，写作🔲（上博七·郑乙2），相关简文如甲本。关于🔲（上博七·郑甲2）、🔲（上博七·郑乙2）二字的考释，整理者将其释为炎，读为惔。① 整理者释为炎的意见，学者们多从之。例如：侯乃峰认为"可以直接读为'宠炎'。'宠'训为'尊荣、光耀'，'炎'训为'热'，借指权势"②。高佑仁也主张该字释为炎。③ 陈伟则认为"甲本此字与包山270、272号简'灵光'的'光'字近似，应可释为'光'。乙本作'炎'，或楚文字'光'有此写法，或转抄致误"④。

楚文字中光字常见，一般写作🔲（包220）、🔲（郭·老甲27）、🔲（上博三·周2）、🔲（上博八·成15）、🔲（清华二·系93）等形。楚文字中的光字传承殷周时期的写法，但字形略有变化。商代甲骨文中光字写作🔲（合20057）、🔲（合4486）、🔲（合13799）等形。从甲骨文来看，光字从人从火，会人持庭燎、苣火之意。⑤ 西周金文中光字所从的人、火逐渐线条化写作🔲（井侯方彝·西周早期·集成16.9893）、🔲（史墙盘·西周中期·集成16.10175）等形。战国时期三晋文字中光写作🔲（中山王鼎·战国晚期·集成05.2840A）。由🔲来看，其下部人形左右两旁都添加点作为装饰性符号，这一点与楚文字相似，说明光字在楚、三晋文字中演变的一致性。

楚文字中炎作为单字并不多见，楚帛书中炎写作🔲（楚帛书甲

---

① 马承源主编：《上海博物馆藏战国楚竹书（七）》，上海古籍出版社2008年版，第174、181页。
② 侯乃峰：《上博（七）字词杂记六则》，2009年1月，复旦大学出土文献与古文字研究中心网（http：//www.gwz.fudan.edu.cn/SrcShow.asp？Src_ID=665）。
③ 高佑仁：《释〈郑子家丧〉的"灭严"》，2009年1月，复旦大学出土文献与古文字研究中心网（http：//www.gwz.fudan.edu.cn/SrcShow.asp？Src_ID=657）。
④ 陈伟：《〈郑子家丧〉初读》，2008年12月，简帛网（http：//www.bsm.org.cn/show_article.php？id=919）。
⑤ 季旭升：《说文新证》，福建人民出版社2008年版，第789页。

第二章 楚文字形近现象产生的原因　97

6)。炎作为偏旁时写作🔲（包128）、🔲（包183）。古文字中炎由两个火组成。① 楚文字中炎、赤二字形体相近，有时容易发生误释。楚文字中有一🔲（包102）字，包山简整理者将其释为炎，② 滕壬生将其放在炎字头下，③ 季旭升也是将其放在炎字头下。④ 关于该字的考释，白于蓝认为上部从亦，赤字本从火从大，此处赤字是在大字两侧加点使其变形音化为亦。⑤ 楚文字中火字竖笔上部有加横笔和不添加横笔两种写法，如🔲（包220）、🔲（郭·老甲27）。在以往的研究过程当中，将🔲（包102）释为炎，恐怕是将亦字上部笔画误看作一横笔了。

陈伟所讲的包山270、272号简中的光字写作🔲、🔲。仔细观察这两个光字，我们不难发现其上部的火旁竖笔上端添加了一横笔，下部则发生了一定的省讹。包山简中与270、272号简"灵光之带"相同的简文多次出现，如🔲"灵光之带"（包277）、🔲"灵光之带"（276）。这些光字上部所从的火都在竖笔上端添加一横画，下部则和楚文字中的光字所从有一些差异。其实，仔细观察这些光字下部，尤其是🔲（包276）字下部所从仍然和🔲（包207）、🔲（清华二·系93）下部所从相似，经过处理之后图片为🔲（包276）、🔲（包270）、🔲（272），所以楚文字中这些光字只是下部有所讹变并发生一定的简省现象，并非火旁。

既然包山简中🔲（包270）、🔲（包272）、🔲（包276）等字的构形已经明确，我们再看看🔲（上博七·郑甲2）、🔲（上博七·郑乙2）的考释。陈伟将此二字分开处理，其中所存在的问题高佑仁已经指出。高佑仁认为："《郑子家丧》的'🔲'、'🔲'字形结构基本上没有

---

① 殷周时期炎字写法请参阅刘钊、洪扬、张新俊《新甲骨文编》，福建人民出版社2009年版，第569页。董莲池：《新金文编》，作家出版社2011年版，第1422页。
② 湖北省荆沙铁路考古队：《包山楚简》，文物出版社1991年版，第24页。
③ 滕壬生：《楚系简帛文字编》，湖北教育出版社1995年版，第774页。增订本中仍然放在炎字头下，滕壬生：《楚系简帛文字编》（修订本），湖北教育出版社2008年版，第874页。
④ 季旭升：《说文新证》，福建人民出版社2008年版，第789页。
⑤ 白于蓝：《包山楚简零拾》，《简帛研究》1996年第2辑。

不同，陈伟先生分为二形，有些问题。"① 但是十分遗憾的是高佑仁将包山简中的字摹写为🈲（包272），并将其与🈲（楚帛书甲6）相比较，从而认为楚文字中炎、光存在讹混的情况。宋华强也认为楚文字中炎、光有讹混的情况。② 但是，宋华强的依据是滕壬生《楚系简帛文字编》中所摹写的字形，一些字形摹写得并不准确。从🈲（上博七·郑甲2）、🈲（上博七·郑乙2）形体来看明显从两个火，当为炎字。以往之所以有相当一部分学者认为应该将其释为光，很大原因在于"宠光"一词较为常见，"宠炎"则并不多见。鉴于此种考虑之后，就会结合相关字形加以证明。但是，这些光字形体下部所从并非火旁，而仅仅是人形和小点发生了一定程度的讹变。

综上所述，楚文字中不存在炎、光二字的讹混问题。🈲（上博七·郑甲2）、🈲（上博七·郑乙2）的确应该释为炎，在相关简文中的释读可按照复旦大学读书会的意见，将其读为恭严③。以往有学者之所以将🈲（上博七·郑甲2）、🈲（上博七·郑乙2）误释为光，很大原因在于依据一些发生了讹变和简省现象的光字形体作为参照，从而导致误释现象的发生。

三　亘字省变体及相关问题

亘在楚文字中有较多省变体，有时候对这些亘字省变体稍不注意，就容易造成误释。例如包山简中有一人名用字🈲（包28），相关简文为"莫敖远🈲"。整理者将其隶定为䚈④，李天虹认为当隶定为䚈。⑤ 包山简中又有一个人名用字🈲（包55），相关简文为"越异之

---

① 高佑仁：《释〈郑子家丧〉的"灭严"》，2009年1月，复旦大学出土文献与古文字研究中心网站（http://www.gwz.fudan.edu.cn/SrcShow.asp?Src_ID=657）。
② 宋华强：《〈郑子家丧〉"灭光"试解》，2009年6月，简帛网（http://www.bsm.org.cn/show_article.php?id=1079#_ftn10）。
③ 复旦大学出土文献与古文字研究中心研究生读书会：《〈上博七·郑子家丧〉校读》，2008年12月，复旦大学出土文献与古文字研究中心网（http://www.gwz.fudan.edu.cn/SrcShow.asp?Src_ID=584）。
④ 湖北省荆沙铁路考古队：《包山楚简》，文物出版社1991年版，第18页。
⑤ 李天虹：《〈包山楚简〉释文补正》，《江汉考古》1993年第3期。

第二章 楚文字形近现象产生的原因　　99

司败番遌"。整理者将其隶定为追，并认为简46作睍。①（按：简46字形为🄰。由此来看，包山简整理者对亘字变体的认识并不统一。）包山简中还有一人名用字🄰（包131），相关简文为"执事人属阴人🄰粗、苛冒、舒遇、舒㾕、舒庆之狱于阴之正"。整理者将其隶定为㾕，认为简文作🄰，它简又多作🄱，均从亘声。②刘钊认为从人从自，不从亘，字应隶作伯。③

由上述各种字形及各家观点来看，学者们对楚文字中的亘和臣、自容易发生误释。为了方便全文的讨论，我们首先对亘字的来源及亘在楚文字中的各种变体进行一番梳理。

亘字见于《说文》，小篆写作🄲。《说文》："亘：求亘也。从二从囘。囘，古文回，象亘回形。上下，所求物也。"甲骨文中亘字一般写作🄳（合7076正）、🄴（合20985）、🄵（合6952正）等形。学界一般认为亘字从回，上加短横分化为亘。④西周金文传承甲骨时期的写法，或作复形。例如遌字，一般写作🄶（瘭钟·西周中期·集成01.246）、🄷（戎生编钟·西周中期偏晚·文物99.9）、🄸（虢季子白盘·西周晚期·集成16.10173）等形。楚文字中标准的亘字继承殷周时期的文字风格，例如🄹（曾姬无恤壶·战国·集成15.9710）、🄺（曾158）。有时候亘字则会发生简化现象，如🄻（包135）、🄼（包132）。简化之后亘字所从的弯曲笔画被省略掉，但是横笔作为区别特征仍然保留下来了。这种简省的亘字有时候又会进一步发生省略，即将横笔省略掉，如🄽（包55）、🄾（包131）、🄿（包134）、🅀（上博二·中1）等。包山55号简中的"越异之司败番遌（桓）"，又见于包山46、64号简"越异之司败番睍"，睍字写作🅁、🅂。🄾（包131）和🄿、🅀（包134）、🄻（包135）形成异文关系，可知🄾（包131）、🄿（包134）从亘当无疑问。🅀（上博二·中1）有传世文献

---

① 湖北省荆沙铁路考古队：《包山楚简》，文物出版社1991年版，第43页。
② 同上书，第48页。
③ 刘钊：《包山楚简文字考释》，《出土简帛文字丛考》，台湾古籍出版有限公司2004年版，第3—32页。
④ 何琳仪：《战国古文字典》，中华书局1998年版，第1051页。

相对照，即"季桓子"。因此，◇从亘也当无疑问。这种亘字省变体和自字极为相似。①

楚文字中自字一般写作◇（清华二·系44）、官◇（包5）、官◇（上博五·三6）、官◇（上博四·曹26）等形。学界一般认为自字的构形是人的臀部象形。② 上文已经说过，楚文字中标准的亘字继承殷周文字风格，一般带有横笔，但是有时候亘所从之横笔则会省略。通过上文所列字形来看，这种省略横笔的亘字变体和自字极为相似。但是，两者之间也存在一定的差异。一般来说，楚文字中的自竖笔出头部分较长，而亘字变体竖笔出头部分则并不明显。

上博简中有一◇（上博六·景12）字，相关简文为："善哉，吾子！晏子是壤◇之言也！"关于此◇字，整理者释为追，并且将壤◇读为让追。③ 程燕认为◇当从亘，并且将其读为旋。④ 郭永秉认同程燕◇当从亘的观点，但是将壤◇读为襄桓。⑤ 结合楚文字中的亘、自字形特点来看，◇（上博六·景12）字从亘当无疑问，其写法与◇（包55）相似。◇字从亘，所以壤◇读为襄桓没有问题，因此郭说可从。当然也有学者提出了不同的释读意见，认为壤◇应该读为良翰。⑥

至于包山简整理者将◇（包28）右部所从看作臣，可能与当时楚文字材料有限，在字形方面难以进行比较有关。楚文字中臣字一般写作◇（包161）、◇（郭·缁4）、◇（上博五·姑5）等形。从楚文字中臣、亘二字相关形体来看，楚文字中臣和亘字变体在字形方面并不

---

① 白于蓝对楚文字中的亘字变体曾有所归纳，白于蓝：《包山楚简零拾》，《简帛研究》1996年第2辑。

② 有关汉字中自字构形及相关诸字，请参阅李守奎、肖攀《清华简〈系年〉中的"自"字及"自"之构形》，《华夏文化论坛》2012年第2期。

③ 马承源主编：《上海博物馆藏战国楚竹书（六）》，上海古籍出版社2007年版，第187页。

④ 程燕：《读上博六札记》，2007年7月，简帛网（http：//www.bsm.org.cn/show_article.php? id=663）。

⑤ 郭永秉：《〈景公疟〉的"襄桓之言"》，2007年7月，简帛网（http：//www.bsm.org.cn/show_article.php? id=664）。

⑥ 何有祖：《释〈景公疟〉的"良翰"》，2007年7月，简帛网（http：//www.bsm.org.cn/show_article.php? id=665）。

相类。因此，整理者将█（包28）右部所从看作臣的意见，在以后的研究过程当中逐渐被抛弃。

此外，亘字变体在传世文献中也有一定程度的保留。传世文献中的亘字有时候被误写成了巨，遂导致以讹传讹。《穆天子传》中有人名毕矩，蔡哲茂认为应该是毕桓的讹误，并利用清华简《祭公之顾命》中的█作为例证。① 从相关材料来看，蔡说当可信。

四　扐字省变体及相关问题

上博简中有一█（上博一·缁1）字，相关简文为"夫子曰，好美如好缁衣，恶恶如恶巷伯，则民咸█而刑不顿"。郭店简中与之相对应的字写作█（郭·缁1），传世本中与之相对应的字写作服。关于█（上博一·缁1）字的考释，上博简整理者认为："从亟从力，《说文》所无。"② 黄锡全结合楚文字中的𣪠字，认为█可分析为从力𣪠省声，读为服。③ 黄德宽、徐在国则认为█可分析为："从来从力，来、力皆为声符。"④ 关于"从亟从力"和"从来从力"两种说法，冯胜君早有所辨正。冯胜君认为█实际上是由手和力两个部件组成，可释为扐，读为饬，训为整治。⑤ 从相关字形和简文来看，冯胜君的观点可信。在以往的研究过程当中，之所以对█产生了一定误释，很大原因在于手形发生了一定的省讹现象，同时书手将左右结构的扐写成了上下结构。

---

① 蔡哲茂：《读清华简〈祭公之顾命〉札记第三则》，2011年5月，简帛网（http://www.bsm.org.cn/show_article.php?id=1473）。
② 马承源主编：《上海博物馆藏战国楚竹书（一）》，上海古籍出版社2001年版，第175页。
③ 黄锡全：《读上博楚简札记》，载《古文字与古货币文集》，文物出版社2009年版，第430—438页。
④ 黄德宽、徐在国：《〈上海博物馆藏战国楚竹书（一）缁衣·性情论〉释文补证》，《古籍整理研究学刊》2002年第2期。
⑤ 冯胜君：《论郭店简〈唐虞之道〉、〈忠信之道〉、〈语丛〉1—3以及上博简〈缁衣〉为具有齐系文字特点的抄本》，博士后出站报告，北京大学，2004年，第208页。

五 令字变体及相关问题

在上博简中有一令字，该字有繁、简两种形体，写作❍（上博一·缁6）、❍（上博一·缁6），相关简文为"《君牙》云：日暑雨，小民惟曰❍；晋冬祈寒，小民亦惟曰❍"。郭店简中与之相对应的字写作❍、❍（郭·缁10），今本与之对应的字写作怨。关于❍、❍二字的考释，整理者将其释为命和令①。楚文字中命一般写作❍（包161）、❍（郭·穷8）、❍（上博一·缁19）等形。由此来看，❍、❍和命、令形体相近，可能也正是鉴于这方面的考虑，上博简整理者将其释为命、令。但是仔细观察❍、❍二字的形体，我们不难发现其和命、令之间存在一定的差异，即圆圈和口的差异。冯胜君认为❍、❍二字是夗的省变体，前者和后者相比添加圆圈为声符。②冯胜君认为夗构形演变如下：

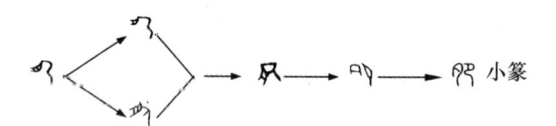

从相关字形来看，冯说可信。以往之所以将❍、❍二字误释为命、令，很大原因在于夗发生了一定的省讹，同时又添加声符圆圈，遂导致误释现象的发生。

六 叏及相关问题

楚文字中叏字较为常见，一般写作❍（郭·老甲1）、❍（郭·成32）、❍（上博二·容16）等形。楚文字中的叏字较早就已经释出，在字形方面可以和《说文》古文相互对照，在具体简文方面释为叏也没有什么问题。但是上博简中有一叏字，写作❍（上博五·君7），

---

① 马承源主编：《上海博物馆藏战国楚竹书（一）》，上海古籍出版社2001年版，第180页。
② 冯胜君：《论郭店简〈唐虞之道〉、〈忠信之道〉、〈语丛〉1—3以及上博简〈缁衣〉为具有齐系文字特点的抄本》，博士后出站报告，北京大学，2004年，第232页。

相关简文为"肩毋废、毋倾，身毋偃、毋倩（岑?），行毋蹶、毋摇，足毋[字]、毋蹻"。关于该[字]字的考释问题，上博简整理者将其释为豙，读为坠。① 从相关简文来看，将[字]释为与坠有关的字似乎可以读通。但是从字形来看，将[字]释为豙并不可信。禤健聪怀疑[字]可能为鞭字古文，可读为偏②。从[字]形体来看，将其释为叏可信，在具体简文中可读为蹁，和蹻相互对应。《说文》："蹁，足不正也。"③ 上博简整理者之所以将[字]误释为豙，很大原因在于叏字添加了饰笔，且书手在书写过程当中将又旁写的居于右下方，遂导致和豙形体相似。

第六节　原因不明类

一　[字]及相关问题

上博简中有一[字]（上博一·缁 11）字，相关简文为"子曰：大臣之不亲也，则忠敬不足而富贵[字]过"。郭店本中与之相对应的字写作[字]（郭·缁 20）。上博简整理者对此字并未进行隶定，而只是照样转写。在简文注释中，整理者认为："形似月字形，而笔势下垂，与郭店简稍异。"④

楚文字中月字常见，一般写作[字]（包 19）、[字]（上博一·孔 8）、[字]（清华一·系 63）等形。楚文字中的月字传承商周文字，是在月字象形基础上演变而来。古文字中月、肉、夕形体相近，偶有讹混现象发生。但是，古文字中的月字和[字]笔势明显不同，也正是这一区别特征将两者区分开来。关于[字]（上博一·缁 11）字的考释问题，学者们

---

① 马承源主编：《上海博物馆藏战国楚竹书（五）》，上海古籍出版社 2005 年版，第 258 页。

② 禤健聪：《上博楚简零札（二）》，2006 年 2 月，简帛网（http://www.bsm.org.cn/show_article.php?id=238）。

③ 详细情况可参阅侯乃峰《上博竹书（1—8）儒学文献整理与研究》，博士后出站报告，复旦大学，2012 年 2 月，第 264 页。

④ 马承源主编：《上海博物馆藏战国楚竹书（一）》，上海古籍出版社 2001 年版，第 186 页。

的意见并不统一。李零认为："已，原作月，应是抄写错误。"① 关于李零这种"抄写错误"的观点，有学者提出不同的意见。香港简中有一✦字，相关简文为《缁衣》残词"其容不✦"。陈松长将其释为改，认为此字作"✦"，字形特殊，《郭店楚简·缁衣》中都作"✦"、"✦"，与此字形稍有不同。但因此简为《缁衣》残简，其文与郭店所出的楚简《缁衣》可作对比。② 陈伟将香港简中的"其容不✦"和✦（上博一·缁11）相联系，认为：

在香港中文大学文物简所藏楚简中，有一段《缁衣》残简。其中"其容不改"的"改"字左旁与上博本相当"已"的字类似。陈松长指出此字字形特殊，与郭店楚简《缁衣》中的"改"字稍有不同。但因此简为《缁衣》残简，其文与郭店楚简《缁衣》可作对比，故此字"当是'改'的异体"。"改"从"已"声。依照陈先生对于这个"改"字的分析，上博本此字可以看作"已"字的异体。李零将上博本此字视为"已"字的"抄写错误"。按照这一思路，由于有香港中文大学文物馆所藏《缁衣》残简的资料，我们也可以认为将"已"字写成近似"月"字的样子，大概是一种有规律的错误。③

陈伟这种观点，季旭升持赞同意见。④ 黄德宽、徐在国也将✦（上博一·缁11）和香港简中的"其容不✦"相联系，认为✦（上博一·缁11）当释为已。⑤ 冯胜君也曾对该字有一定的分析，认为香港简中的✦和✦（上博一·缁11）相对照，✦字所从也是已。⑥

但是，楚文字中的已和✦、✦明显不同。因此，有关✦、✦字的考释

---

① 李零：《上博楚简三篇校读记》，中国人民大学出版社2009年版，第43页。
② 陈松长编著：《香港中文大学文物馆藏简牍》，海天印刷有限公司2001年版，第12页。
③ 陈伟：《上博、郭店二本缁衣对读》，2002年5月，简帛网（http://www.bamboosilk.org）。
④ 季旭升主编：《上海博物馆战国楚竹书（一）读本》，北京大学出版社2009年版，第121页。
⑤ 黄德宽、徐在国：《上海博物馆藏战国楚竹书（一）释文补正》，《新出楚简文字考》，安徽大学出版社2007年版，第111页。
⑥ 冯胜君：《郭店简与上博简对比研究》，线装书局2007年版，第259页。

问题仍有继续讨论的必要。

二 柩及相关问题

上博简中有一柩（上博七·武3）字，相关简文为"武王西面而行，柩折而南，东面而立"。关于此字的考释，学界历来意见并不统一，主要有以下几种释读意见。

1. 整理者将其隶定为柚，从木曲声，读作曲。《广雅·释诂》："曲，折也。""曲折"，谓弯曲回转。此句意为：武王向西面行走，转至南面，到东面而立。①

2. 张崇礼认为右部从巨，应是"柜"字。简文"武王西面而行，矩折而南，东面而立"，一方面武王正好转了一个九十度的直角，另一方面武王的动作合乎古之君子的行动规范，也反映了他态度的庄重和严肃。②

3. 刘云认为此字右上部分是磬的象形初文，右下是屯字。可分析为从木声从屯，可以隶定为榷。③

4. 侯乃峰怀疑此字右部是臣的简省写法，可隶定为柩，读为"颐"。④ 后来又考虑到文献未见颐折之说，从而采纳"矩折"之说。但在字形方面，仍存疑。⑤

5. 许文献认为右部可分析为从匚从人，其人形当即后起声化从久声者之所本，亦即久人之形近声化。柩可隶定为柩，读为久，以示

---

① 马承源主编：《上海博物馆藏战国楚竹书（七）》，上海古籍出版社2008年版，第153页。
② 张崇礼：《释〈武王践阼〉的"矩折"》，2009年1月，复旦大学出土文献与古文字研究中心网站（http：//www.gwz.fudan.edu.cn/SrcShow.asp? Src_ ID=620）。
③ 刘云：《说上博简中的从"屯"之字》，2009年1月，复旦大学出土文献与古文字研究中心网站（http：//www.gwz.fudan.edu.cn/srcshow.asp? src_ id=618）。
④ 侯乃峰：《上博（七）字词杂记六则》，2009年1月，复旦大学出土文献与古文字研究中心网站（http：//www.gwz.fudan.edu.cn/SrcShow.asp? Src_ ID=665）。
⑤ 侯乃峰：《上博竹书（1—8）儒学文献整理与研究》，博士后研究工作报告，复旦大学，2012年，第329页。

为时稍久之意。①

通过上文的陈述，我们可以看出学界对𢀖字的考释主要有四种意见，即柚、柜、樵、榲。下面，我们谈谈各种说法所存在的问题。

楚文字中曲字一般写作🝔（包260）、🝕（郭·六43）、🝖（上博五·季23）、🝗（上博五·弟1）、🝘（清华二·系93）等形。由上述形体来看，楚文字中的曲和𢀖（上博七·武3）右部所从差距明显，两者不可能是一字。在文意方面，侯乃峰曾进行了很好的辨析。侯乃峰认为读为"曲折"与文意亦不谐。整理者所引的《广雅·释诂》"曲，折也"已经可以说明，若简文仅是想平实地叙述武王转折向南，则用一"折"字就可以了，何必再加一"曲"字？所以，简文此处的"𢀖"字最有可能是用来描述武王"折而南"之状态，而读为"曲折"实与此字可能的作用相悖，故恐不可取。② 因此，从字形、文意两个方面考虑，𢀖释为柚不可信。

楚文字中巨一般写作🜨（上博五·弟9）、🜩（曾172）、🜪（郭·语四14）等形。巨作为构字部件在楚文字中也较为常见，一般写作🜫（包80）、🜬（包182）、🜭（包101）、🜮（上博四·曹17）、🜯（清华二·系120）等形。张崇礼认为𢀖字所从的"巨"中竖有所弯曲，但从笔顺及最后一笔的笔画走势看，和《三德》🜭所从的"巨"还是非常一致的。③ 张崇礼的这种说法似乎并不可信，从楚文字中大量的巨字及巨旁来看，并无作𢀖右部所从此种写法的可能性。

将𢀖（上博七·3）分析为樵，在字形方面说不过去，故并不可取。

楚文字中叵作为构字部件较为常见，一般写作🝂（郭·缁34）、🝃（王孙诰钟）、🝄（包176）、🝅（上博七·吴3）等形。侯乃峰根据

---

① 许文献：《上博七字词札记——〈武王践阼〉𢀖字试释》，2009年3月，简帛网（http://www.bsm.org.cn/show_article.php?id=1008#_ftn3）。
② 侯乃峰：《上博（七）字词杂记六则》，2009年1月，复旦大学出土文献与古文字研究中心网站（http://www.gwz.fudan.edu.cn/SrcShow.asp?Src_ID=665）。
③ 张崇礼：《释〈武王践阼〉的"矩折"》，2009年1月，复旦大学出土文献与古文字研究中心网站（http://www.gwz.fudan.edu.cn/SrcShow.asp?Src_ID=620）。

金文中相关字形认为，臣省略两点就可以得到🅱。从🅱字构形来看，外部从匚，内部由两笔构成，似人形。由金文中的臣字来看，臣省略两点的确可以得到🅱形。从《武王践阼》来看，一些字形写法较为怪异，例如不字的写法。该篇中的不字可以写作🅰、🅰等形，其和楚文字中的辛字写法相似。在字形方面，将🅱看作是臣字的省变体可以讲得通。但是其中所存在的问题也是较为明显的。首先，楚文字中臣字写法和🅱存有一定的差距。其次，正如侯乃峰所言文献中未见颐折之说。

许文献认为🅿（上博七·武3）是柩字，古文字中人、久形近，认为🅱的人形当即后起声化从久声者之所本，亦即久人之形近声化，此类声化趋势战国文字习见，例如："成"所从丁（城）之声化轨迹。① 从🅱字形来看，其内部的确可以看作人形。但是，楚文字中的久都是用旧表示。从文意来看，许文献认为"为稍久之意"也并不可取。

综上所述，学界对🅿（上博七·武3）字的考释意见并不统一，右部释为曲、巨、臣、匚等皆存在一定的问题，该字仍需进一步研究。

三 🆇及相关问题

上博简中有一🆇（上博五·三14）字，相关简文为"天之所败🆇其赇而寡其忧"。上博简整理者将🆇释为多，认为多与寡相反。② 季旭升赞同整理者的释读意见③，李守奎也将其放在多字头下。④ 何有

---

① 许文献：《上博七字词札记——〈武王践阼〉柩字试释》，2009 年 3 月，简帛网（http://www.bsm.org.cn/show_article.php?id=1008#_ftn3）。
② 马承源主编：《上海博物馆藏战国楚竹书（五）》，上海古籍出版社 2005 年版，第 297 页。
③ 季旭升：《上博五刍议（上）》，2006 年 2 月，简帛网（http://www.bsm.org.cn/show_article.php?id=196）。
④ 李守奎、曲冰、孙伟龙：《上海博物馆藏战国楚竹书（1—5）文字编》，作家出版社 2007 年版，第 355 页。

祖认为释为多不可信，应该隶定为"㔾"，读作"选"。① 禤健聪将其与陈喜壶中的㔾相联系，认为"㔾其赇"可读为"节其赇"，意思是限制其财贿。②

楚文字中多字较为常见，一般写作⿹（包271）、⿹（包278）、⿹（郭·语一89）、⿹（上博五·三2）、⿹（清华二·系136）等形。从上述形体来看，其和㔾明显不同，后者下部有折笔，而前者没有。学界一般认为多字从肉，楚文字中肉和月、夕会出现讹混的情况，但是却未曾出现㔾这种形体。因此，将㔾释为多在字形方面欠妥。楚文字中卪作为构字部件较为常见，一般写作⿹（包184）、⿹（上博一·孔15）、⿹（郭·性25）等形。《说文》卷九有卩字，⿹（陈喜壶·战国早期·集成15.9700）和㔾当为一字，即卩。有些学者正是看到了卪和㔾存在的联系，所以将其隶定为㔾，读为选。这种释读具有一定的合理成分，将㔾释为㔾，读为顺、缘③皆有一定的道理。但是从㔾形体来看，它和卪的笔势明显不同，其仍有继续讨论的必要。

楚文字中一些字虽然形体相似，但是由于个别笔势的不同，两者并非一字。例如楚文字中有一个迈字，该字较早见于新蔡简中，写作⿹（新蔡·甲三99），相关简文为"☐牺马，先之以一璧，迈而归之。移文君之祟☐"。整理者将其隶定为迈。④ 在随后公布的上博四中，与之相似的形体再次出现，写作⿹（上博四·柬17），相关简文为"☐将为客告。太宰迈而谓之：君皆楚邦之将军，作色而言于廷，王事可☐"。上博简整理者将其隶定为记，《说文·走部》："古文起，

---

① 何有祖：《上博五〈三德〉试读》，2006年2月，简帛网（http：//www.bsm.org.cn/show_article.php？id=213）。
② 禤健聪：《上博楚简（五）零札（二）》，2006年2月，简帛网（http：//www.bsm.org.cn/show_article.php？id=238）。
③ 何有祖读顺，沈培读缘。何有祖：《上博五〈三德〉试读》，2006年2月，简帛网（http：//www.bsm.org.cn/show_article.php？id=213）。沈培：《试释战国时代从"之"从"首（或从页）"之字》，2007年7月，简帛网（http：//www.bsm.org.cn/show_article.php？id=630）。
④ 河南省文物考古研究所：《新蔡葛陵楚墓》，大象出版社2003年版，第191页。

从辵。"从辵、从走义近。① 在以后的研究过程当中，有学者指出该字从乃，并非从己，也有可能是乃字误写为己。② 由此来看，学界当时对迈（新蔡·甲三99）、迈（上博四·柬17）究竟是从乃还是己意见尚不统一。在以后公布的上博简中，该字形再次出现，字形写作迈（上博七·郑甲7）、迈（上博七·郑乙7），相关简文为"君王必进师以迈之"。至此，由于有较多的字形加以比对，所以大家认同从乃这种观点，但是各家的释读则仍有不同的意见。③

从字形来看，该字和起并不相类。楚文字中起字一般写作迈（包164）、迈（郭·老甲31）、迈（上博四·曹55）、迈（清华二·系131）等形。此外，还有迈（清华二·系28）这种写法的起字。从形体来看，楚文字中的起、迈两字所从之部件上部具有一定的相似性，但是下部笔势明显不同。楚文字中乃一般写作乃（上博二·容27）、乃（上博五·季2）、乃（清华二·系3）等形。因此，从迈形体来看，隶定为迈可信。

由楚文字中的迈字来看，由于个别笔画笔势的不同，一些看似形体相近的字，其实并非一字。因此，关于迈（上博五·三14）字的考释问题，仍有继续讨论的必要。

四　乞及相关问题

在上博简中有一乞（上博二·民10）字，相关简文为"可得而闻欤？孔子乞：无声之乐，气志不悖"。上博简整理者认为根据文意应该释为曰，或其同义字，字形颇为特殊。④

在以后陆续公布的楚简材料中，类似乞（上博二·民10）的字

---

① 马承源主编：《上海博物馆藏战国楚竹书（四）》，上海古籍出版社2004年版，第210页。

② 陈斯鹏：《〈柬大王泊旱〉编联补议》，2005年3月，简帛研究网（http://www.bamboosilk.org/admin3/2005/chensipeng002.htm）。

③ 详细情况请参阅宋华强《新蔡葛陵楚简初探》，武汉大学出版社2010年版，第310—315页。

④ 马承源主编：《上海博物馆藏战国楚竹书（二）》，上海古籍出版社2002年版，第170页。

形多次出现，其功能和用法也基本相同。详细情况如下：

✎、✎孔子退，告子贡曰：吾见于君，不问有邦之道而问相邦之道，不亦惫乎？子贡✎：吾子之答也何如？孔子✎：如讯（？）（上博四·相4）

✎子贡✎："莫亲乎父母，死不顾，生何言乎，其信也。"（上博五·弟8）

✎闻之曰："至情而知，察知而神，察神而同，[守同] 而险，察险而困，察困而复。"（上博七·凡甲15+24）

在以往的研究过程当中，关于此字的考释众说纷纭，莫衷一是，有释于①、乙字变体②，释心③、释忌④等诸多说法。在上博简第二册刚刚公布的时候，由于缺乏相关字形加以比对，大家对✎（上博二·民10）字的认识并不深刻，所以出现了释于、作工形疑为伪书之说⑤。黄锡全认为✎（上博二·民10）是于下部的竖丿墨迹脱落所致，李守奎认为是工形。从后来陆续公布的楚简资料来看，这两种说法并不可信。✎（上博二·民10）字的写法是先写一✎笔，然后在其两边各添加一横画。如果所添加的横画和第一笔中的两横笔距离很近，那么就会误认为它们连接在一起了，释于、工形之说不妥之处正在于此。有了以后公布的相关字形加以比对，我们再来看✎（上博二·民10）字的构形，就不难发现两边的短横并不和第一笔中的横笔相接，而是留有一定的空隙。

上博简第四、第五册公布之后，由于有更多的相关字形加以比

---

① 黄锡全：《读上博楚简（二）札记（壹）》，2003年6月，简帛研究网（http://www.bamboosilk.org/Wssf/2003/huangxiquan01.htm）。

② 禤健聪：《上博楚简（五）零札（一）》，2006年2月，简帛网（http://www.bsm.org.cn/show_article.php? id=226）。

③ 董珊：《战国竹简中可能读为"说"的"心"字》，2008年5月，复旦大学出土文献与古文字研究中心网站（http://www.gwz.fudan.edu.cn/SrcShow.asp? Src_ID=422）。

④ 白于蓝、陈剑主张释忌之说，参阅侯乃峰《上博竹书（1—8）儒学文献整理与研究》，博士后出站报告，复旦大学，2012年，第587页。

⑤ 李守奎、曲冰、孙伟龙：《上海博物馆藏战国楚竹书（1—5）文字编》，作家出版社2007年版，第252页。

对，大家逐渐意识到这些字并非工形。禤健聪根据楚简中的乙字，认为楚简中这些用为曰的字可以分析为从乙，乙亦声，左右两点或表示人说话时气从口出。禤健聪的这种说法具有一定的道理，但是如果深究起来却有让人生疑之处。首先，楚文字中乙字较为常见，一般写作 ⌇（包171）、⌇（包185）、⌇（包228）等形，它们和这些读为曰的字笔势明显不同。其次，曰字早在甲骨时期就已出现，字形简单，由口和一横笔组成，在以后的文字演变过程当中，基本和甲骨文中的曰字一脉相承。在先秦阶段，{曰}这个词基本都是用曰字来记录的。因此，楚文字中这些读为曰的字，是否可以如同禤健聪所言，仍有待进一步的研究。

董珊将其释为心，读为至今仍常用的词"说"。关于董珊释为心之说，宋华强曾在此基础上加以阐释①。宋华强推测"心"可能是表示水流的"㴔"、"㵒"等的本字。楚文字中水一般写作 ⌇（包248）、⌇（郭·大1）、⌇（上博五·三1）等形。从其形体来看，楚文字中的水和这些读为曰的字形体相似，只是后者简省掉了两点。从相关字形和简文来看，董、宋之说皆有一定的道理。但是上文已经说过，曰这个字出现时间早且字形简单，相关出土资料中的{曰}这个词都是用曰来记录。因此，将这些用法和曰相当的字看作是心仍需新的材料来进一步证明。

白于蓝、陈剑释为㽞，《说文·水部》"㽞，水流也，从川曰声"。侯乃峰在白、陈释为㽞的基础上，对字形进行了深入的分析。侯乃峰在分析的过程当中也注意到了这些和曰用法相当的字，在字形方面和水相似，因此侯乃峰利用"减体象形"这一理论进行解释。从相关字形和简文来看，白、陈、侯之说皆有一定的道理，但是这种说法仍需要新材料的进一步证明。

在文字的考释过程当中，如果在相关文意方面已经基本确定某个字大致相当于某字，但是在字形方面却难以解释。在这种情况下，大

---

① 宋华强：《释上博简中读为"曰"的一个字》，2008年6月，简帛网（http://www.bsm.org.cn/show_article.php?id=839）。

家往往会利用已知的字形去和其比对，大家首先想到的是形近字。由于出土资料为手写体，且书手并非一人，即使为一人，每个字的书写风格也会存在一定的差异。同时，有些不相干的字之间可能存在一定的相似性。在这种情况下，应该谨慎使用形近来解释。同时，在字形解释方面也不能说得太死，因为很多情况下仍需要新材料来加以证明。

五 ❺及相关问题

楚文字中昌字一般写作如下之形：❺（郭·缁30）、❺（郭·成9）、❺（上博五·三18）、❺（上博八·成15）、❺（清华三·芮15）。从上述形体来看，楚文字中的昌字一般由两部分组成，即口和圆圈，呈内外结构。此外，楚文字中还有一种昌字写作❺（上博八·王2），由圆圈和甘组成，并呈上下结构。昌字所从的圆圈和楚文字中日字外部轮廓一致，当为日字的省写形式。古文字中有口中加一横笔为饰的现象。因此，❺（上博八·王2）字所从的甘形应该是由口中加一装饰性横笔所致。这种呈内外结构的❺（上博五·三18）字是在❺（上博八·王2）这种形体上发生省变的结果。昌字见于《说文》，小篆写作❺，《说文》认为"美言也。从日从曰。一曰日光也。诗曰：东方昌矣"。在以往的研究过程当中，大家对昌字构形有不甚明了之处。昌字在甲骨时期就已出现，一般写作❺（合19924）。关于❺（合19924）字的考释，以往被误释为旦，裘锡圭改释为昌。① 裘锡圭认为昌字从口从日，是日方出时呼唤大家起身干事的叫声。由此可见，《说文》关于昌字的解释有不当之处。在以后的文字演变过程当中，口中所添加装饰性横笔逐渐成为约定俗成，日字中的横笔则或可省略。② 昌字继续发生讹变，于是导致了《说文》小篆❺这种形体的出现。

在郭店简中有一❺（郭·老甲19）字，相关简文为"天地相合

---

① 裘锡圭：《说字小记》，载《古文字论集》，中华书局1992年版，第638—651页。
② 相关字形可参阅何琳仪《战国古文字典》，中华书局1998年版，第653—654页。

也，以降🗆露"。由于有相关文献的对照，所以郭店简整理者径直将其释为甘①。在以往的研究过程当中，大家往往也认为其为甘字②。后来何有祖提出了一种新的考释意见，认为🗆当隶定为昌，为甘字的讹变。③ 从字形来看，🗆字是由两个口形组成，由于受到书写空间的限制，内部的口像圆圈，遂导致其和楚文字中的昌字极为相似。但是仔细查看🗆（郭·老甲19）形体，其内部所从的部件仍为口，和昌字所从的圆圈差异明显。甘是见纽谈部字，昌是昌纽阳部字，谈、阳二部可以相通④。楚文字中甘一般写作🗆（包124）、🗆（上博一·孔10）、🗆（清华三·赤13）等形，因此楚文字中的甘字和🗆（郭·老甲19）具有一定的差异。从甘字较早的形体来看，也均是口中加指示符号横笔构成。综合来看，🗆（郭·老甲19）和楚文字中的昌、甘字形均有一定的差异。因此，🗆（郭·老甲19）字仍需进一步的研究。

六 🗆及相关问题

曾侯乙墓简中有一🗆（摹本）（曾170）字，相关简文为"🗆甫子之驋为右骖"。以往大家对其认识并不统一。滕壬生先是将其放在䩈字头下，后来又放在䩈字头下。⑤ 徐在国认为可分析为从市荒声，释为幠。⑥ 由于该字为人名或地名用字，因此很难从简文中推测具体为哪一个字。无论是将🗆释为䩈，还是释为䩈、幠，关键都在于🗆右上所从的部件究竟是什么。从🗆字形来看，其右上并不从之，和楚文字中

---

① 荆门市博物馆：《郭店楚墓竹简》，文物出版社1998年版，第112页。
② 滕壬生：《楚系简帛文字编》（增订本），湖北教育出版社2008年版，第464页。李守奎：《楚文字编》，华东师范大学出版社2003年版，第293页。
③ 何有祖：《慈利竹简试读》，2005年11月，简帛网（http://www.bsm.org.cn/show_article.php?id=121）。
④ 详细情况可参阅刘波《出土楚文献语音通转现象整理与研究》，博士学位论文，吉林大学，2013年，第179页。
⑤ 滕壬生：《楚系简帛文字编》，湖北教育出版社1995年版，第645页；《楚系简帛文字编》（增订本），湖北教育出版社2008年版，第724页。
⑥ 徐在国：《〈读楚系简帛文字编〉札记》，《新出楚简文字考》，安徽大学出版社2007年版，第320—339页。

的先字写法并不相似。楚文字中先字一般写作✶（郭·老甲16）、✶（郭·成3）、✶（郭·尊16）、✶（上博二·缁7）等形。由此来看，✶右部所从和先明显不同。楚文字中亡一般写作⊔（上博一·孔22）、⊔（上博二·从甲7）、⊔（上博三·周26）等形，因此✶右上所从的确和亡字写法一致。所以，将✶分析为从市亾声，释为㡛，在字形方面具有一定的可信性。在随后公布的上博简中，出现了一个✶（上博一·缁2）字，也增加了将✶分析为从市亾声，释为㡛的可信度。✶（上博一·缁2）字相关简文为"为上可✶而知也"，由于有相关文献的对读，将✶读为望没有什么问题，那么✶可以看作从亡得声。只是✶字下部所从的部件尚存一定的争议，有学者认为下部从介，有学者认为下部从人，两边的笔画只是装饰性笔画。① 由此来看，将✶分析为从市亾声，释为㡛，似乎是没有多大问题。但是，楚文字中有种长字则写法较为奇特，与✶右部所从极为相似。

楚文字中长字较为常见，一般写作✶（上博一·缁13）、✶（上博三·彭1）、✶（上博五·二21）等形。有时候长字写法则较为简省，容易和亾字发生混淆。在上博七中有一✶（上博七·君甲8）字，相关简文为"君王虽不✶年，可也"。关于此✶字的考释，上博简整理者将其释为长。② 在以后的研究过程当中，有学者认为应该分析为从人亡声，读为荒。③ 沈之杰也认为该字可分析为从人亡声，将"✶年"读为"望年"。④ 在以后的研究过程当中，大家对该字的争论主要集中在是长，还是从人亡声的荒字。从✶字形体来看，✶的确可以分析为从人亡声。但是将✶读为荒或者望，从上下文意来看则具有一定的障碍。单育辰认为✶字可以看作是长字省略掉一横，将其读为"长年"

---

① 详细情况可参阅杨泽生《战国竹书研究》，中山大学出版社2009年版，第150页。
② 马承源主编：《上海博物馆藏战国楚竹书（七）》，上海古籍出版社2008年版，第205页。
③ 参看复旦大学出土文献与古文字研究中心研究生读书会：《〈上博七·君人者何必安哉〉校读》后所附ee留言，2008年12月，复旦大学出土文献与古文字研究中心网站（http：//www.gwz.fudan.edu.cn/）。
④ 沈之杰：《〈读上博七·君人者何必然哉〉札记一则》，2009年1月，复旦大学出土文献与古文字研究中心网站（http：//www.gwz.fudan.edu.cn/）。

更加符合上下文的文意。①楚文字中长字较为常见，一般写作🅇（包59）、🅇（郭·老甲8）、🅇（上博三·彭1）等形。从楚文字中相关长字形体来看，将其省略一横的确可以得到🅇这种形体，所以单育辰之说可从。

由🅇（上博七·君甲8）是长的省变体来看，🅇（摹本）（曾170）字的构形也应该存在两种情况：一、当如徐在国所言分析为从市荒声，释为幌；二、可分析为从市长声，释为帐。

🅇字右部所从和先字并不相似，但是其和桀、作字上部所从的止形则有一定的相似性。楚文字中桀字可以写作🅇（上博二·容35）、🅇（上博四·曹65），其右上所从的部件和🅇相比，桀字所从的部件横笔穿透竖笔。楚文字中乍字一般写作🅇（上博一·缁14）、🅇（上博五·季13）、🅇（上博三·亘2）等形。由此来看，楚文字中乍字和🅇也有一定的相似性，但是楚文字中乍字或作两横，或一横穿透竖笔，所以两者仍具有一定的区别特征。

以往有学者利用🅇（上博一·缁2）作为旁证，认为🅇可分析为从市荒声，释为幌。但是这种处理方式存在一定的可疑之处，毕竟🅇和🅇右部所从存在一定的差异。上文已经说过，🅇（上博一·缁2）字下部的构形尚存一定的争议。楚文字中这种类似人形的部件添加简单的笔画之后往往会构成一个新字，有时候由于相关资料的阙如，我们往往对其认识不够，例如🅇（上博四·内8），相关简文为"君子曰：孝子，父母有疾，冠🅇，行不颂，不卒立，不庶语"。关于🅇字的考释，学界对此众说纷纭，莫衷一是。上博简整理者将其释为力，并引用相关文献"冠者不栉"加以说明，栉是男子梳髮用的梳篦，"不栉"即不束髮。"不力"，不得力，义应与之近。②曹建敦认为此字应该是介，读为紒，《仪礼·士冠礼》："采衣，紒"，郑玄注："紒，结发。古文紒通结。"简文意思指孝子因忧父母之疾而顾不上结发为髻。

---

① 单育辰：《占毕随录之七》，2009年1月，复旦大学出土文献与古文字研究中心网站（http://www.gwz.fudan.edu.cn/SrcShow.asp? Src_ ID=590）。
② 马承源主编：《上海博物馆藏战国楚竹书（四）》，上海古籍出版社2004年版，第226页。

116　楚文字形近、同形现象源流考

　　楚文字中力字一般写作𠂇（郭·缁19）、𠠲（上博五·鬼4）、𠠲（清华二·系73）等形。从楚文字中的力相关形体来看，力和禾形体具有较大的差异性。楚文字中像𠂇（郭·缁19）这种类似人形的写法力字并不多见，尽管这种力字和禾具有一定的相似性。但是，两者之间存在的差异依然较为明显。首先，禾和𠂇字相比，左部明显多一斜笔，就现有的楚文字资料来看，目前尚未见到这种多一撇的力字。其次，从禾字来看，其横折笔明显向外侧倾斜，而𠂇字的横折笔则向内收敛。因此，将禾释为力在字形方面说不过去。楚文字中介字较为常见，一般写作𠈌（信阳13）、𠈌（上博四·昭6）、𠈌（上博七·吴4）等形。从楚文字中的介字来看，虽然介字和禾一样，中间都是人形。但是，介字两点和禾所从的笔势明显不同，且介字两点未出现连笔现象。禾字也许并不是某个字的变体，而是一个独立的字。

　　在新近公布的清华简中，出现了这样一个字，写作𦥑（清华二·系31）、𦥑（清华二·系32）、𦥑（清华二·系32）等形。从其右部所从的部件来看，和禾形体相似。清华简整理者将其右部依照字形转写，隶定为奰，认为从奚得声，读为奚。① 孟蓬生认为侯马盟书中"改换"的"换"字作𡗞、𡗞（奂）、𡗞（袨）、𡗞（寏）等形，故"奰"字可以隶定为"奰"。② 其实，在释读禾（上博四·内8）字的时候，田炜就曾认为禾可释为奂，读为统。③ 从侯马盟书中的相关奂字来看，其的确和禾及奰字右部所从极为相似。但是，两者之间也存在一定的差异。复旦读书会认为单纯从字形上看，"奰"字右旁"𡗞"和侯马盟书的"奂"字字形差别明显。清华简这个偏旁左下竖笔和中间横笔交叉，而侯马盟书的"奂"字两笔相接，但不相交叉。④ 因

---

① 李学勤主编：《清华大学藏战国竹简（贰）》，中西书局2011年版，第151页。
② 孟蓬生：《清华简〈系年〉初札（二则）》，2011年12月，复旦大学出土文献与古文字研究中心网站（http://www.gwz.fudan.edu.cn/）。
③ 田炜：《读上博竹书（四）琐记》，2005年4月，简帛研究网（http://www.jianbo.org/admin3/2005/tianwei001.htm）。
④ 复旦大学读书会：《〈清华大学藏战国竹简〉（贰）研读札记（一）》，2011年12月，复旦大学出土文献与古文字研究中心网站（http://www.gwz.fudan.edu.cn/SrcShow.asp?Src_ID=1743#_edn1）。

此，✦及✦字右部所从是否为夋还有进一步研究的必要。

　　鉴于上述情况的存在，关于✦（摹本）（曾170）字的考释问题，仍有继续讨论的必要。

第三章　楚文字中的同形现象

姚孝遂认为："按照文字符号本身的原则要求，应该是同字同形、异字异形。"① 文字是记录语言的书写符号系统，文字与语言单位的对应关系自然是以一对一的状态为最佳，而且每个字形之间最好具有明显的区别特征，从而达到文字为语言服务的最佳状态。但是在文字的实际使用过程当中，由于各种原因的存在，经常会出现一些同形现象。学界以往有关同形现象的研究，我们曾在硕士学位论文《秦楚同形字对比研究》中有简单的介绍②，请参看。从大量楚文字资料来看，楚文字和其他系文字相比，存在一定的同形现象。例如楚文字中用"等"来记录{志}这个词、用"胝"来记录{厨}这个词、用"刖"来记录{半}这个词等，这些现象表明在秦、楚文字中存在一定的同形现象。其实，在楚文字内部当中也存在一定的同形现象。

所谓的楚文字同形现象，是指在楚文字中有一些字或者构字部件本来渊源有自，但是在文字的演变过程当中逐渐演变为同形的现象。关于楚文字中的同形现象，学界中有一些学者对其进行过一定的研究，例如方勇对楚文字中的偏旁混用进行过一定的梳理③，张新俊也曾对楚文字中的同形现象进行过一定的研究④，陈斯鹏对楚文字中的

---

① 姚孝遂：《甲骨文形体结构分析》，《古文字研究》2000 年第 20 辑。
② 谭生力：《秦楚同形字对比研究》，硕士学位论文，吉林大学，2011 年。
③ 方勇：《战国楚文字中的偏旁形近混同现象释例》，硕士学位论文，吉林大学，2005 年。
④ 张新俊：《上博楚简文字研究》，博士学位论文，吉林大学，2005 年。

第三章　楚文字中的同形现象　119

一字形表多音义现象也有一定的研究①。在楚文字的研究过程当中，如果对这些同形现象关注不够，稍有不慎就会导致误释现象的发生。下面，我们略举两例对楚文字同形现象加以说明。

一　不、辛同形及相关问题

上博简中有些不字写法与辛字同形，例如￥（上博二·民6）、￥（上博二·民8）、￥（上博八·颜9）等。楚文字中辛字一般写作￥（包21）、￥（包28）、￥（包76）等形。从楚文字中的相关不、辛二字的形体来看，有部分不字和辛同形了。楚文字中这种写法的不字，张新俊曾有过一定的讨论。②不字见于《说文》，小篆写作丕。《说文》"不：鸟飞上翔不下来也。从一，一犹天也。象形。凡不之属皆从不"。从相关古文字资料来看，许慎是依据讹变了的小篆牵强附会，其说并不可信。不字出现时间甚早，甲骨时期就已经出现。甲骨资料中不字一般写作ϙ（合20023）、Ϙ（合补38正）、ϙ（H11：8）等形。关于不字的构形问题，历来存有一定的争议③。西周时期金文资料中的不字传承甲骨时期的写法，一般写作￥（天亡簋·西周早期·集成08.4261）、￥（即簋·西周中期·集成08.4250）、￥（此鼎·西周晚期·集成05.2823）等形。战国时期楚文字中不字较为常见，一般写作丕（郭·老丙1）、￥（郭·穷15）、不（上博一·孔20）、￥（郭·六37）、丙（上博一·缁2）、￥（上博二·民8）等形。从上述形体来看，楚文字中不字形体较为丰富，其中一部分不字发生了一定的讹变。￥（上博二·民8）这种写法的不字是在不（上博一·孔11）这种形体的基础上演变而来的。由不（上博一·孔11）到￥（上博二·民8）主要经历了两个过程。首先是添加饰笔，其次是讹变。楚文字中往往会在突兀的横笔上添加一短横作为装饰性笔画。有时候竖笔上也会添加一圆点作为装饰性符号，圆点在演变过程中又会逐渐变为一短

---

① 陈斯鹏：《楚系简帛中字形与音义关系研究》，中国社会科学出版社2011年版，第36—119页。
② 张新俊：《上博楚简文字研究》，博士学位论文，吉林大学，2005年，第7页。
③ 详细情况可参阅省吾主编《甲骨文字诂林》，中华书局1999年版，第2516条。

横。经过上述两种演变之后，不字就可以得到 🗌（上博四·昭5）这种形体。如果将不字两斜笔下部拉直，就可以得到 🗌（上博二·民6）这种形体了。古文字中不字在演变的同时，辛字也在发生变化。

辛字见于《说文》，小篆写作 🗌。《说文》"辛：秋时万物成而孰；金刚，味辛，辛痛即泣出。从一从䇂。䇂，辠也。辛承庚，象人股。凡辛之属皆从辛"。从相关古文字资料来看，许慎是依据已经讹变了的小篆牵强附会，其说并不可信。辛字出现时间也较早，甲骨时期就已经出现，一般写作 🗌（合1210）、🗌（合29363）、🗌（华东380）等形。关于辛字的构形问题，学界也存有一定的争议，一般认为是凿状工具或刑具①。西周时期金文资料中的辛字继承甲骨时期的写法，但字形略有变化，一般写作 🗌（父辛簋·西周早期·集成06.3060）、🗌（史墙盘·西周中期·16.10175）、🗌（伯寛父盨·西周晚期·集成09.4438）等形。由相关字形来看，辛字在演变的过程当中逐渐在横笔之上添加一横笔为饰，并且在竖笔上添加一点为饰，这一黑点在战国楚文字阶段演变为一横笔。

由不、辛二字的演变轨迹我们可以看出，两者本来形体有别，但是由于增加饰符且发生一定讹变之后，到了战国楚文字中有些不、辛已经同形了。

古文字中有些不形来源复杂，例如 🗌（攻吾王光剑）。李守奎认为其和 🗌（中山王䛐方壶）当为一字，只是形体演变过程f并不相同。②从相关古文字字形来看，李说可信。楚文字中有些不字写作 🗌（上博一·缁14），或可作为旁证。

二　殷、启、肩同形及相关问题

上博简中有一 🗌（上博四·曹44）字，相关简文为："庄公又问曰：'战有忌乎？'答曰：'有。其去之不速，其就之不尃，其 🗌 节不

---

① 于省吾主编：《甲骨文字诂林》，中华书局1999年版，第2511条。
② 李守奎：《清华简〈系年〉"也"字用法与攻吾王光剑、䜌书缶的释读》，《古文字研究》2014年第30辑。

第三章 楚文字中的同形现象　121

疾，此战之忌。是故疑阵败，疑战死.'"关于该▢字的考释，上博简整理者将其隶定为壄，读为启。① 从字形来看，▢字上部所从和启字所从形体一致。例如楚文字中启字一般写作▢（上博三·周8）、▢（上博二·从甲17）、▢（郭·老乙13）等形。从相关简文来看，将"▢节"读为"启节"似乎也是文通字顺，没有什么问题。因此，长期以来上博简整理者将"▢节"释读为"启节"的意见一直为大家所接受。但是，随着新材料的不断公布，学者们对▢（上博四·曹44）字的考释提出了新的看法。

在新近公布的清华简中，与▢（上博四·曹44）字形体结构相同的字再次出现，即▢（清华一·祭10）。清华简整理者将其隶定为壄，读为殷。② 从形体来看，▢上部所从和殷形体一致。例如楚文字中殷一般写作▢（上博二·容53）、▢（包182）、▢（清华二·系13）等形。从相关简文来看，▢（清华一·祭10）读为殷文通字顺。清华简公布之后，有学者据此对▢（上博四·曹44）字又提出了新的解释。张新俊认为虽然楚文字中的殷字一般从邑，但是▢（上博四·曹44）、▢（清华一·祭10）这种形体可以看作是殷字之异体。③ 在此基础上，张新俊将上博简中的"殷节"读为"势节"，并引用《孙子·势》篇中的相关语句对简文进行解释。从相关字形和简文来看，张新俊的这种释读意见可从。

由▢（上博四·曹44）、▢（清华一·祭10）来看，楚文字中殷、启所从的部件已经混同了，遂导致▢（上博四·曹44）字的释读问题长期未能得到正确解决。此种混同现象的出现，对楚文字的考释造成了一定程度的误解，例如包山简中的▢（包63）。包山简整理者将其隶定为䢉。④ 从字形来看，将▢隶定为䢉并无问题。可能也正因

---

① 马承源主编：《上海博物馆藏战国楚竹书（四）》，上海古籍出版社2004年版，第272页。
② 清华大学出土文献研究与保护中心编：《清华大学藏战国竹简（壹）》，中西书局2010年版，第174页。
③ 张新俊：《据清华简释字一则》，2011年6月，复旦大学出土文献与古文字研究中心网站（http：//www.gwz.fudan.edu.cn/SrcShow.asp? Src_ID=1573）。
④ 湖北省荆沙铁路考古队：《包山楚简》，文物出版社1991年版，第21页。

如此，学界一直对整理者将▨隶定为啟的这种意见没有提出异议。但是随着新材料的不断公布，大家逐渐认识到应该将▨释为殷。学界中将▨释为殷这种意见，较早是由李零提出的，在以后的研究过程当中陆续又有一些学者对其有所补充证明。①

从文字源流来看，殷、啟渊源有自，两者并不相同。殷字甲骨时期写作▨（合15733）、▨（合17979）、▨（合17979）等形。关于殷的构字本义，学界对其有不同的意见。但是其基本部件是由人形和手持某物之形构成，这一点并无太大争议。西周金文中，殷字继承商代写法，一般写作▨（保卣·西周早期·集成10.5415）、▨（史墙盘·西周中期·集成16.10175）、▨（仲殷父簋·西周晚期·集成07.3967）等形。在以后的文字演变过程当中，殷字所从的人身部分逐渐发生讹变，尤其是象征腹部的笔画逐渐演变为类似勿形部件，遂导致和户形逐渐混同。古文字中，殳、攴作为构字部件经常互换。启字甲骨时期写作▨（合20957）、▨（合13087）、▨（合33997）等形，从户从又，会以手开户之意。西周时期逐渐添加口符为饰，一般写作▨（番生簋·西周晚期·集成08.4326）、▨（士父钟·西周晚期·集成01.146）等形。有部分启字所从的又逐渐替换为攴，如▨（攸钟·西周早期·集成07.3906）。楚文字中启字一般写作▨（上博三·周8）、▨（上博二·从甲17）、▨（郭·老乙13）等形，其所从的攴形当即来源于▨（攸钟·西周早期·集成07.3906）。啟字所从的户形逐渐发生讹变，户的部分笔画逐渐演变为勿形，于是就出现了▨这种形体。楚文字中户字发生这样的讹变较为常见，楚文字中的户一般写作▨（上博三·周5）。从户的字也出现了此种类化现象，例如：房▨（包266），所▨（郭·成19）、▨（郭·性22）、▨（郭·呫5）、▨（郭，缁17）。

通过上文的分析，我们可以看出启、殷二字本来渊源有自，到了战国楚文字阶段两者所从的部件已经混同了。但是从整体来看，楚文

---

① 李零：《读〈楚系简帛文字编〉》，《出土文献研究》1999年第5辑。徐在国：《上博竹书（二）文字杂考》，2003年1月，简帛研究网（http://www.bamboosilk.org）。苏建洲：《战国文字"殷"字补释》，2011年6月，复旦大学出土文献与古文字研究中心网站（http://www.gwz.fudan.edu.cn/SrcShow.asp? Src_ID=1574）。

第三章　楚文字中的同形现象　　123

字中殷、启二字仍具有一定的区别特征，张新俊认为楚文字中启字从口，但是殷字则未出现从口这种形体。楚文字中的殷字一般从邑，而启字则从口，这是两者的重要区别标志。至于从土的●（上博四·曹44）、●（清华一·祭10）字，当如张新俊所言为殷字异体。分析完楚文字中的殷、启所从的部件之后，楚文字中还有一个字需要注意，那就是肩字。

楚文字中肩字较为常见，一般写作●（新蔡·乙四61）、●（上博五·君7）、●（上博六·天甲7）、●（清华三·说上3）等形。由上述肩字形体来看，其所从的部件已经和楚文字中殷、启所从部件讹混。以往学者们对楚文字中的肩字未能正确释出，随着新材料的陆续公布，大家才对楚文字中的肩字构形有了明确的认识。新蔡简中的肩字，较早是由宋华强释出的。宋华强主要从字形和文意两个方面对整理者的释读意见提出了疑问，从而将其改释为肩。①　上博简●（上博五·君7）字当时也未能正确释读，后来季旭升依据宋华强将新蔡简中的●（新蔡·乙四61）释为肩字的观点改释为肩②。由楚文字中的肩字相关字形来看，肩字从户，这种形体为后世文字所本。肩字在甲骨时期并不从户，而是写作●（合20576）、●（合13871）、●（合709）等形，其为动物肩胛骨的象形。在后来的文字演变过程当中，逐渐演变为户③。

综上所述，楚文字中殷、启、肩等字所从的部件本来渊源有自，但是在文字的演变过程中逐渐演变的形体形似，最终混同。殷、启、肩等字所从的部件混同之后，导致了一部分字未能正确释出，发生一些误释现象。

---

①　宋华强：《由新蔡简"肩背疾"说到平夜君所患为心痛之症》，2005年12月，简帛网（http：//www.bsm.org.cn/show_article.php？id=127）。宋氏这种观点，在其《新蔡葛陵楚简初探》中有更为详细的论述，请参看。宋华强：《新蔡葛陵楚简初探》，武汉大学出版社2010年版，第315—324页。

②　季旭升：《上博五刍议（下）》，2006年2月，简帛网（http：//www.bsm.org.cn/show_article.php？id=196）。

③　宋华强：《新蔡葛陵楚简初探》，武汉大学出版社2010年版，第316页。

下 编

第四章 陈、击所从部件同形现象分析

清华简《系年》中有一人名魏击，击字有繁简两种不同的写法，相关字形和简文如下：

▇荐年，韩取、魏击率师围武阳，以复郜之师。（清华二·系134）

▇韩虔、赵籍、魏击率师与越公殹伐齐。（清华二·系120）

《系年》中的陈字则写作▇（清华二·系122）、▇（清华二·系137）。由上述▇、▇形体来看，陈、击二字所从偏旁同形。从音韵学角度来看，陈是定纽真部字。关于击的分部问题，学界有一定的分歧。陈复华、何九盈认为击是见纽锡部字[1]，何琳仪将其归在见纽之部[2]。由此来看，陈、击二字语音有一定的距离，难以相通。因此，陈、击二字所从部件可以看作是同形关系。在下文当中，我们谈谈楚文字中陈、击二字的构形问题。

第一节 陈字构形及相关问题分析

一 古文字中的陈

陈作为国名、姓氏用字，出现的时间较早。陈在早期金文中一般写作▇（九年卫鼎·西周中期·集成05.2831）、▇（陈家邑戈·春秋晚期·集成17.10964）、▇（陈侯簋·西周晚期·集成07.3815）、▇

---

[1] 陈复华、何九盈：《古韵通晓》，中国社会科学出版社1987年版，第229页。
[2] 何琳仪：《战国古文字典》，中华书局1998年版，第741页。

（陈侯壶·春秋早期·集成 15.9633）、▨（陈公子仲庆适·春秋·集成 09.4597）等形。从早期金文资料中陈的相关形体来看，陈是由阜和一个类似东形的部件组成。有时候陈则添加攵旁，用法和陈一致，皆为国名或姓氏用字。同时期的东则一般写作▨（臣卿簋·西周早期·集成 07.3948）、▨（同簋·西周中期·集成 08.4271）、▨（䣄叔之仲子平钟·春秋晚期·集成 01.173）等形。

从上述陈、东相关形体来看，一般来说陈所从东形部件和东字具有一定的差异。两者存在的差异主要表现在，陈所从东形部件上下两端明显呈现出歪头现象，而东字则从不呈现出歪头现象。但是有时候陈所从东形部件并不呈现出歪头，例如▨（陈家邑戈·春秋晚期·集成 17.10964）。在这种情况下，陈所从东形部件和东字形体一致，两者为同形关系。以往大家往往对陈字所从东形部件上下两端呈现的歪头现象有所忽略，遂导致陈字构形问题一直没有得到妥善解决。

战国时期各系文字中的陈基本传承了早期金文中陈字的写法，但是形体略有变化，各系文字之间陈字的写法也略有差异。秦文字中陈一般写作▨（睡·为 15）、▨（睡·日甲 138 背）、▨（关简 326）等形。楚系文字中陈一般写作▨（包 7）、▨（包 186）、▨（天卜）、▨（玺汇 0821）、▨（新蔡·甲三 233）、▨（新蔡·乙一 4）、▨（清华二·系 122）、▨（清华二·系 137）等形。齐系文字中陈一般写作▨（齐陈曼簠·战国早期·集成 09.4595）、▨（陈侯因资敦·战国晚期·集成 09.4649）、▨（陈纯釜·战国晚期·集成 16.10371）等形。三晋文字中陈一般写作▨（二十九年高都令戈·战国晚期·集成 17.11302）、▨（玺汇 1455）、▨（珍秦展 29）等形。由上述陈字相关形体来看，秦系文字中的陈和东土文字不同，自成一系。秦文字中东一般写作▨（睡·日甲 126 背）、▨（睡·日乙 171）、▨（睡·封 75）等形。从秦文字中的陈、东二字相关形体来看，陈的确可以分析为由阜和东两个构字部件组成。楚系文字中的陈和秦系文字明显不同，差异主要表现在两个方面。首先，楚文字中的陈添加土旁成为常态。其次，楚文字中陈所从东形部件和秦文字中陈所从东形部件明显不同，呈现出曲头现象①。战国时期楚文字中的东一般写作🀄（包124）、🀄（包190）、🀄（望一112）、🀄（新蔡·零303）等形。李守奎已经指出楚文字中陈所从和东并不相同，陈右部所从明显呈现歪头现象，目的是和东以示区别。②齐、三晋文字中的陈则写法相对混乱。齐文字中的陈有的和楚文字一样添加土旁，有的则不添加土旁。齐文字中的东一般写作🀄（鄦叔之仲子平钟·集成01.173）、🀄（玺汇0150）、🀄（玺汇3992）等形。由此来看，齐文字中的陈所从东形部件和东写法一致。三晋文字中陈字有时候写法和楚文字中的陈字写法类似，即都保持曲头特征。但是，有时候则并没有曲头现象，例如🀄（玺汇1452）。三晋文字中的东一般写作🀄（东周左自壶·战国中期·集成15.9640）、🀄（玺汇0169）、🀄（郑东仓铜鼎·度量衡155页）等形。由此来看，三晋文字中的陈所从东形部件如果不呈现出曲头现象，那么它和东字形体也完全一致。

在上文当中，我们对陈字的形体发展过程作了一个大致的梳理，并对各系文字中陈、东二字相关形体进行了比较。通过这些比较，我们不难发现在有些情况下，陈所从东形部件和东字具有一定的差异性。这种差异性在楚文字中表现尤为明显。下面，我们梳理一下以往大家对陈字构形的相关解释。

二 《说文》中的陈及以往有关陈的相关解释

《说文》中收有敶、陈二字，小篆分别写作🀄、🀄。《说文》"敶：列也。从攴陈声"。《说文》"陈：宛丘，舜后妫满之所封。从阜从木，申声。🀄，古文陈"。由《说文》对敶、陈二字的相关解释来看，敶是列阵之阵，陈是妫姓国名。由《说文》敶、陈二字小篆来看，所从之🀄、🀄存在一定的差异。两者存在的差异主要表现在，🀄所从的田形部件中间断开，而🀄则并未出现中间断开的现象。造成这种差异

---

① 请参阅李守奎、曲冰、孙伟龙《上海博物馆藏战国楚竹书（1—5）文字编》，作家出版社2007年版，第627页。

② 李守奎：《清华简〈系年〉中的🀄字与陈氏》，《中国文字研究》2013年第2辑。

的原因，很可能在于❋、❋发生了一定程度的讹变。从汉字学角度来看，敶、陈二字同源，属于一字分化。关于敶、陈二字之间属于一字分化的问题，可以从楚文字中的戦得以旁证。楚文字中的戦字在上博简《曹沫之阵》中多次出现，相关字形和简文如下：🈯还年而问于曹沫："吾欲与齐战，问戦系如？守边城奚如？"（上博四·曹13）🈯不和于戦，不可以出战。（上博四·曹19）🈯明日之戦必过其所，此复盘战之道。（上博四·曹52）戦在具体简文中用为列阵之阵，也就是《说文》中的敶字。从形体来看，戦是一个从戈申声的字。敶字从陈得声，李守奎认为陈字右部所从部件并非东字，而是"蕫"。"蕫"之构形为圕下有虫，圕下多蚯蚓，字当是"蚓"的表意字。申是书纽真部字，引是喻纽真部字，两者语音关系密切。因此，戦可以看作是敶的异体字。敶、陈二字之间属于一字分化。在后来的文字演变过程当中，敶字成为列阵之阵的专用字，而陈则成为姓氏、国名的专用字。

　　由《说文》中东字小篆写作❋来看，《说文》中陈字小篆所从之❋与其存在一定的差异。陈字所从之❋和东字❋形体不同，这是陈字并不从东的一个重要线索。但是，在以往的研究过程当中，大家往往忽略了这种差异。

　　在以往研究《说文》的过程当中，大家往往对《说文》中"申声"一说并无异议，但是也没有作出详细的说明。① 在近年来的研究过程当中，大家往往认为陈字从东，东或者表音或者表意。何琳仪认为西周金文中陈字从阜束声，后来束逐渐演变为东（束、东一字分化）。战国文字承袭春秋金文。齐系文字下多从十，与陈之三体石经《僖公》作🈯吻合。或从🈯（束），上承西周金文。燕系文字作🈯、🈯伪作车（或双车）。遂分化为阵（参阵字）。晋系文字或从束，或从东。楚系文字均从重，阜旁或作🈯，由🈯伪变。秦玺文字从东。② 张

---

① 详细情况请参阅丁福保《说文解字诂林》，中华书局1988年版，第13995—13997页。

② 何琳仪：《战国古文字典》，中华书局1998年版，第1132页。

第四章 陈、击所从部件同形现象分析 131

士超认为金文此字右旁实为东，许慎析为"木、申"非是。此字初文当从阜东声，古音东，端母东部，东为橐之象形初文，橐透母铎部；而陈，定母真部，声纽俱为舌音，韵自东若铎转入真部。早期卜辞黄（阳部）和寅（真部）为同一字形，作䖄，其后才分化，《诗经》多见东阳合韵，铎阳阳入对转，则陈之自东入真，犹寅之自阳入真矣。《说文》古文从申声，盖后世东、陈不相谐，战国间或易声符东为申，可证东本声符。① 黄德宽等学者认为陈之构形多变，多作从阜，从东（朿）形。九年卫鼎陈之偏旁作䖄，鄬侯簋鄬之偏旁作䖄，鄬侯鼎鄬之偏旁作䖄，默侯之孙鼎鄬之偏旁作䖄，均东（朿）形之变。晋系、楚系文字多作䖄或䖄，从朿而不从东。《广雅·释诂》"陈，列也"此陈之本义。战国文字或从朿，或于东下加土为饰，或上下相连作䖄，与重易混。② 董莲池认为陈春秋战国金文作䖄（陈公子甗）、䖄（陈侯鬲），从阜从东，或从攴。又增土旁省攴旁作䖄（陈肪簋）。篆所从䖄当是东之讹。许以"从阜，申声"为释不可信。字当从东声。东与陈端定旁纽，东真二部通转，古音相近。③ 季旭升认为陈字是从阜，东声。春秋金文所见妫陈之陈多作䖄，陈厉公子完奔齐，以国为氏，其后以土易攴作陞以区别。燕系文字讹成二车，楚系文字从重声。④

从上面的陈述我们可以看出，《说文》中陈字小篆所从部件和东字具有一定的差异。但是，在以往的研究过程当中大家往往对这种差异并不重视。此外，从相关研究成果来看，学者们大都对许慎关于陈字"申声"之说并不赞同，往往认为陈字从东或表音或表意。以往也有学者认为陈字"申声"之说具有一定的道理，如清代学者王煦认为陈似当从䖄省声。⑤

---

① 张世超、孙凌安、金国泰、马如森：《金文形义通释》，中文出版社1996年版，第3356页。
② 黄德宽：《古文字谱系疏证》，中华书局2007年版，第3500页。
③ 董莲池：《说文解字考证》，作家出版社2005年版，第573页。
④ 季旭升：《说文新证》，福建人民出版社2008年版，第985页。
⑤ 转引自《说文解字诂林》。丁福保：《说文解字诂林》，中华书局1988年版，第13996页。

三 学界有关陈字的新解释

在上文当中，我们已经指出在较早的文字材料中，陈所从东形部件和东字有时候存在一定的差异。《说文》陈小篆作𨺗、古文作𨻰；东小篆作柬。由𨺗、柬来看，𨺗右部所从和柬并不相同，𨺗右部所从部件的中部断开，而东中部笔画则连接在一起。以往，学者们大都认为陈字从东，或者从重。

汉字中陈、𨸏构形问题，是李守奎解决的。李守奎结合相关古文字认为𨸏字中间所从可隶定为蚩，苗是苗圃之圃，下部的虫当是蚯蚓。"蚩"之构形为圃下虫，圃下多蚯蚓，字当是"蚓"的表意字。[①] 李守奎的这种观点，不仅对陈字的结构作出了合理的解释，而且对《说文》陈字"申声"的观点进行了肯定。

由古文字中陈相关形体来看，陈在早期的文字阶段并不从东，右部所从当如李守奎所言隶定为蚩。在文字的演变过程当中，逐渐发生讹变，遂与东混为一谈。例如：秦文字中陈写作𨺗（睡·为15）、𨻰（睡·日甲138背）；东写作東（睡·日甲126背）、柬（睡·日乙171）、柬（睡·封75）等形。秦文字中陈字右部所从已经和东完全同形，遂为后世所本。战国楚文字中陈一般写作𨺗（包186）、𨻰（天卜）、𨺗（新蔡·甲三233）、𨺗（新蔡·乙一4）、𨺗（清华二·系137）等形；东一般写作柬（包124）、柬（包190）、柬（望一112）、柬（新蔡·零303）等形。李守奎已经指出陈所从和东并不相同，且陈右部所从明显呈现歪头现象，目的是和东以示区别。[②] 从《说文》有关陈字的解释来看，可能当时仍有一部分学者知道陈和蚩之间具有一定的联系。

东早在甲骨时期就已经出现，一般写作𢆶（合6906）、𢆶（合21085）、𢆶（合36975）等形。学界一般认为东即橐的象形字，或

---

① 李守奎：《清华简〈系年〉中的𢆶字与陈氏》，《中国文字研究》2013年第2辑。
② 同上。

以为东、束同源。① 西周、春秋时期金文传承甲骨时期的写法，一般写作❂（明公簋·西周早期·集成07.4029）、❂（同簋·西周中期·集成08.4271）、❂（散氏盘·西周晚期·集成16.10176）等形。战国时期各系文字中，东字均传承甲骨、西周金文中的写法，变化不大。例如：秦文字中东写作❂（睡·日甲126背）、❂（睡·日乙171）、❂（睡·封75）等形；楚文字中东写作❂（包124）、❂（包190）、❂（望一112）、❂（新蔡·零303）、❂（上博三·周35）、❂（上博二·容25）、❂（清华二·系10）等形；齐文字中东写作❂（鄱叔之仲子平钟·集成01.175）、❂（玺汇0150）等形；三晋文字中东写作❂（东周左🀄壶·集成15.9640）、❂（玺汇0169）等形。

从上述陈、东二字的发展演变来看，陈字右部当如李守奎所言是蕫，苗是苗圃之圃，下部的虫当是蚯蚓。"蕫"之构形为圃下虫，圃下多蚯蚓，字当是"蚓"的表意字。在后世的文字演变过程当中，陈字所从的蕫逐渐发生讹变和东字同形。

综合陈字的考释过程来看，以往大家往往认为《说文》有关陈字"申声"的说法没有相关的古文字字形可以参照，从而认为许说并不可信。同时，在考释陈字的过程当中往往忽略考察各系文字之间所存在的差异，遂导致有关陈字的解释存在一定的问题。李守奎在认识到楚文字中陈右部所从和东字存在形体差异的基础上，进一步考察西周金文中陈字的构形，遂认为陈右部当隶定为蕫。至此，有关陈字构形方面的问题涣然冰释。有鉴于此，在文字的考释过程当中应该特别注意《说文》中的一些说法，虽然从表面来看缺乏相关古文字字形的佐证，但是很可能暗含着该字构形的线索。同时，在文字的考释过程当中应该注意各系文字之间的比较及文字形体方面的溯源，然后分析文字发展演变的原因，从而对文字构形作出合理的解释。

---

① 季旭升：《说文新证》，福建人民出版社2008年版，第507页。

第二节　击字构形及相关问题分析

在本章的开头，我们已经将陈、击相关字形进行了简单的比较。我们认为陈、击二字在语音方面难以相通，两者所从部件可以看作是同形关系。在上文当中，我们已经对陈字构形及相关问题作出了一些分析，从而认为李守奎有关陈字的分析是可信的。接下来，我们在学界相关研究成果基础之上，谈谈击字的构形问题。

一　《说文》中与击有关的字

击小篆写作𣪠，《说文》"击：攴也。从手毄声"。毄小篆写作𣪠，《说文》"毄：相击中也，如车相击，故从殳从軎"。軎小篆写作軎，《说文》"车轴端也。从车，象形。杜林说。𨍧：軎或从彗"。《说文》中軎、毄二字可以作为构字部件使用。

《说文》中軎作为二级构字部件参与构成的字，主要有两个，即毄、𨍧二字。毄作为一个二级构字部件，在《说文》中较为常见，毄参与构成的字主要有以下诸例：

璼：玉也，从玉毄声，读若鬲。

𦷰：艸也，从艸毄声。

虩：虎声也，从虎毄声，读若隔。

檕：繘端木也，从木毄声。

歌：且唾声，一曰小笑，从欠毄声。

磬：坚也，从石毄声。

𢠼：怖也。从心毄声。

击：攴也。从手毄声。

嫛：难也，从女毄声。

系：系繈也，一曰恶絮，从糸毄声。

墼：瓴适也，一曰未烧也，从土毄声。

轚：车辖相击也。从车从毄，毄亦声。《周礼》曰："舟舆击互者。"

在以往的研究过程当中，大家往往赞同《说文》中有关軎的解释①。从《说文》有关毄字的解释"从殳从軎"来看，《说文》是以会意字来分析毄字，有学者指出，軎下应当补"軎亦声"。②由此可见，以往学界一般认为軎是车上的一个部件，毄字所从的軎或作意符或兼作音符，击、系二字从毄得声。

关于毄字"从殳从軎"之说，裘锡圭已经有所质疑，并有所说明。③裘锡圭认为汉印中的毄字左部所从是"東"下加"凵"之形，秦简及西汉前期简帛"毄"字与之相近。后来"毄"字左旁的"軎"所包含的"東"被写成"车"，就演变出了《说文》的"軎"形和隶楷的軎形。以往也有学者对毄字构形有新的解释。例如何琳仪认为毄可分析为从殳，从𣍘（曹之省文），会击物使其支解之意。④由裘锡圭、何琳仪的观点来看，"毄"字所从之"軎"恐怕并非《说文》中"车轴端也"的"軎"字，似另有来源。此外，"軎"之本义是否为"车轴端"也值得商榷。

上文已经指出，軎作为一个二级构字部件参与輚的构形。輚见于早期的金文资料：🔲（九年卫鼎·西周中期·集成05.2831）、🔲（公贸鼎·西周中期·集成05.2719）、🔲（师道簋·西周中期·学步集244页）等。此外还有🔲（十䣂扁壶·战国早期·集成16.9583）、🔲（十二䣂扁壶·战国早期·集成15.9685）、🔲（三䣂壶·战国早期·集成15.9692）等，皆用为官名，在以往的研究过程当中也往往被认为是輚字。与后者结构相同的字，也见于战国楚文字，例如🔲（清华一·楚1）、🔲（清华一·楚2）。关于繺字的解释，清华简整理者认为是一个从车緐省声的字，季繺即楚先祖季连⑤。唐作藩认为连是来纽元部字，輚是帮纽质部字。陈复华、何九盈认为连是来纽元部字，

---

① 季旭升：《说文新证》，福建人民出版社2008年版，第978页。丁福保：《说文解字诂林》，中华书局1988年版，第13835—13837页。
② 丁福保：《说文解字诂林》，中华书局1988年版，第3559页。
③ 裘锡圭：《读上博简〈容成氏〉札记二则》，《古文字研究》2004年第25辑。
④ 何琳仪：《战国古文字典》，中华书局1998年版，第741页。
⑤ 清华大学出土文献研究与保护中心编：《清华大学藏战国竹简（壹）》，中西书局2010年版，第182页。

辔是帮纽物部字。从音韵学角度来看，连、辔语音关系不近。因此，繗和辔并非一字。

辔字最初可能就是写作🔲（公贸鼎·西周中期·集成05.2719）。在文字的演变过程当中🔲下部所从中间纟旁被简省为🔲，于是就有了🔲（师道簋·西周中期·学步集244页）这种形体。在以后的隶、楷阶段，🔲被转写为口。从音韵学角度来看，辔是帮纽质或物部字，叀是匣纽质或脂、月部字。因此，叀、辔语音关系密切①，存在辔以叀为声符的可能性。🔲字中间所从之🔲可能就是叀的前身，叀很可能是一个从🔲字中截除下来的一个部件。那么，"叀"之本义为"车轴端"之说就较为值得怀疑了。

二 秦汉文字中的毄字

毄在秦简中多次出现，一般写作🔲（关简139）、🔲（关简244）、🔲（里简J19981）、🔲（睡·日乙18）、🔲（放·日甲20）、🔲（睡·日甲33背）、🔲（睡·答63）、🔲（睡·日甲47）、🔲（睡·日甲60）等形。秦简文字中这种写法的毄为后世文字所继承。

在西汉时期的文字资料中，毄也较为常见。陈松长《马王堆简帛文字编》中毄字头下收有如下几例：🔲（阴甲256）、🔲（足013）、🔲（阳乙003）、🔲（战116）、🔲（阴乙076）、🔲（缪060）。② 骈宇骞《银雀山汉简文字编》中毄字头下收有如下几例：🔲（164）、🔲（165）、🔲（245）、🔲（252）、🔲（266）、🔲（266）、🔲（267）、🔲（342）。③

从秦、汉文字来看，这些毄字左部所从部件，的确如同裘锡圭所言是东下加一横笔，且在卜部添加"🔲"之形。秦、汉文字中毄这种形体，为后世所本。在以后的文字演变过程当中，东形部件两端所从的曲笔逐渐被拉直，东形部件逐渐演变为车。但是，毄所从的东形

---

① 关于二字在音理上的相通，可以参阅刘波《出土楚文献语音通转现象整理与研究》，博士学位论文，吉林大学，2013年，第442页。
② 陈松长编著：《马王堆简帛文字编》，文物出版社2001年版，第123页。
③ 骈宇骞：《银雀山汉简文字编》，文物出版社2001年版，第106页。

部件究竟是什么？裘锡圭并没有做出进一步的说明。毃左部从"东"和"凵"，右部从殳这种构形为何具有"相击中也，如车相击"的意思？秦文字中车一般写作車（睡·日乙25）、車（睡·答175）、車（睡·杂25）等形。从秦简来看，毃字并不从车而是从东。由此来看，《说文》中有关毃字的解释并不可靠。从秦简文字中的陈写作陳（睡·为15）、陳（睡·日甲138背）来看，陈字所从之部件是东。在上文当中，我们已经指出陈字所从之东并非东，而是另有来源。由此可证明，秦文字中的东形部件并不一定为东字，而是另有来源。也就是说，秦简文字中的毃所从之專可能已经发生了讹变。在上文当中，我们已经怀疑叀中间所从之專可能就是叀字的前身，叀很可能是从叀中截除下来的一个部件。我们认为这个截除下来的叀在文字的演变过程当中，逐渐和毃、击所从之"叀"变为同形。同时，由于叀、毃、击之间语音关系密切，所以在以往的研究过程当中毃、击所从之"叀"一直被误认为就是《说文》中的叀字。

近年来，随着楚文字资料的陆续公布，毃、击二字所从部件"叀"之东形并非东字的观点得到了证明。从楚文字中的相关字形来看，毃、击所从之"叀"的确另有来源。

三 楚文字中从"叀"之字

在上文当中，我们已经列举了《系年》中读为击的字可以写作：

䢼荐年，韩取、魏击率师围武阳，以复鄩之师。（清华二·系134）

䢼韩虔、赵籍、魏击率师与越公殹伐齐。（清华二·系120）

在已经公布的楚文字资料中，也有一些字往往被读为击、系，例如：䢼击鼓，禹必速出，冬不敢以寒词，夏不敢以暑词。（上博二·容22）

䢼上九：击蒙，不利为寇，利御寇。（上博三·周1）

䢼姤：女藏，勿用娶女。初六：系于金柅，贞吉。（上博三·周40）

䢼繇（系）之以素降。（楚帛书乙6）

在上举诸例当中，清华简《系年》中的▉（清华二·系134）、▉（清华二·系120）二字有相关传世文献对照，读为击没有多大问题。关于▉（上博二·容22）字的考释，上博简整理者将其隶定为敔，读为撞。① 裘锡圭认为：从文意来看，使钟出声可以说撞钟，使鼓出声似没有说撞鼓的，而击鼓之语则常见；从字形来看，▉字所从和童、重明显不同，似难读为撞。裘锡圭认为▉可分析为从土从嗀省，即墼字，在简文中读为与之同从嗀声的击。② 裘锡圭对▉字构形的认识，在随后公布的上博简《周易》中得到了旁证，且将▉字读为击更加符合文意。上博简《周易》中的▉（上博三·周1）、▉（上博三·周40）有马王堆、传世本《周易》作为参照，读为击、系自然也没多大问题。关于▉（上博三·周1）字的考释，上博简整理者直接隶定为嗀，读为击。"嗀"，《集韵》："嗀或从心。"《说文·殳部》："嗀，相击中也，如车相击，故从殳从軎。"《经典释文》："嗀音计，本又作击。"《睡虎地秦墓竹简·秦律·司空》"所弗问而久嗀之"，"嗀"字也作此形。③ 陈惠玲认为▉可分析为从土从嗀，即墼字，假借为击。▉字所从东旁中间的田形又进一步讹成目形。④ 关于▉（上博三·周40）字的考释，整理者将其释为系。⑤ 马王堆汉墓帛书《周易》作"初六：击于金梯，贞吉，有攸往，见凶"；今本《周易》作"初六：系于金柅，贞吉，有攸往，见凶"。从相关简文来看，将▉（上博三·周1）、▉（上博三·周40）二字读为击、系文通字顺，且有相关传世文献对照，自然没有什么问题。关于▉字的考释问题，历来众说纷

---

① 马承源主编：《上海博物馆藏战国楚竹书（二）》，上海古籍出版社2002年版，第267页。
② 裘锡圭：《读上博简〈容成氏〉札记二则》，《古文字研究》2004年第25辑。
③ 马承源主编：《上海博物馆藏战国楚竹书（三）》，上海古籍出版社2003年版，第137页。
④ 季旭升主编：《上海博物馆藏战国楚竹书（三）读本》，万卷楼图书股份有限公司2005年版，第5页。
⑤ 马承源主编：《上海博物馆藏战国楚竹书（三）》，上海古籍出版社2003年版，第190页。

第四章　陈、击所从部件同形现象分析　139

纭，意见并不统一。近年来，将其释为繇读为系已经成为主流意见①。从具体文意来看，🔲（楚帛书乙6）读为系可从。

由此来看，🔲（清华二·系134）、🔲（清华二·系120）、🔲（上博二·容22）、🔲（上博三·周1）、🔲（上博三·周40）、🔲（楚帛书乙6）几字所从之偏旁皆可以相当于后世文字中的叀。从形体来看，所谓的叀形中间有田、目两种形体。楚文字中田、目作为构字部件经常出现讹混现象，因此楚文字叀中间从田、目并不奇怪。从🔲（清华二·系134）、🔲（清华二·系120）、🔲（上博二·容22）、🔲（上博三·周1）、🔲（上博三·周40）来看，不管"叀"形怎么演变，上部都呈现出明显的歪头现象。这种现象和陈字所从明显一致，当具有一定的区别作用。关于🔲字左部所从部件，上部所从较为清晰，下部残损严重，大家往往认为是女形。但是比照楚文字中的相关叀字来看，恐怕并不从女。从🔲（清华二·系120）左下所从部件来看，类似一个止形，李学勤认为🔲左下部件是添加的止旁。② 楚文字中止旁和女旁作为构字部件，有时候会出现讹混的情况，例如夏字的写法。楚文字中夏一般写作🔲（包67）、🔲（郭·缁7）、🔲（上博一·孔2）等形。有时候夏字并不从止，而是从女，例如🔲（鄂君启舟节）、🔲（上博二·容22）。因此，🔲字左下部所谓的女形部件很可能就是类似🔲（睡·日乙59）、🔲（清华二·系120）所从之止形部件的讹变。

从楚文字中的叀形来看，构形大致可以分析为上部从🔲；中间为田、目，有时候田、目下部有两个向左右延伸的斜笔；田、目形部件下面有土、止两种形体。关于楚文字中叀下部所从部件土、止之间的关系，存在两种可能。首先，土形讹混成止旁，书手在书写过程当中，由于受到书写空间的限制，故意将土上部横笔写得向下倾斜，遂致两横笔相接，土旁讹变为止形；其次，止形讹混成土旁。相比较而言，我们更加倾向于土旁为止形的讹变（其中道理我们下文再说）。

---

① 徐在国：《楚帛书诂林》，安徽大学出版社2010年版，第761—762页。
② 李学勤：《释清华简〈金縢〉通假为"获"之字》，2012年1月，简帛网（http://www.bsm.org.cn/show_article.php?id=1618）。

有时候叀上部所从为▨，并不呈现出歪头之势。

　　此外，楚文字中还有一例或可读为墼的字。▨（上博五·弟1）子曰："延陵季子，其天民也乎？生而不因其浴（俗）。吴人生七囗（年？）【2】而动（墼？）散（？）甬（？）乎其雁（膺），延陵季子侨（矫）而弗受。延陵季子，其天民也乎？子贡▨……"整理者将其隶定为敳，读为动①。范常喜结合楚文字中相关壤字，认为▨应该释为壤。② 陈剑怀疑此字读为墼。③ 从▨左边所从部件来看，上部为▨，和楚文字中的叀字所从一致。但是▨形下部则和楚文字中的叀写法并不一致，似乎可分析为▨、▨这样两个部件。由于该形体和楚文字中的叀具有一定的差异，且具体简文不明，所以我们暂且将其排除在外。

　　从目前公布的楚系文字资料来看，已经确定可以读为击、系的字主要有以下几处：▨（清华二·系134）、▨（清华二·系120）、▨（上博二·容22）、▨（上博三·周1）、▨（上博三·周40）、▨（楚帛书乙6）。几处材料当中，只有▨（上博三·周1）所从部件的中部是目形，其余几处均作田形。叀形部件上部有歪头和不歪头两种写法，下部有土、止两种部件。在上文当中，我们已经认同李守奎的观点，即陈字右部所从部件是蚰，即蚯蚓的表意字。蚓是喻纽真部字。关于击字的分部问题，陈复华、何九盈认为毄是溪纽锡部字，击是见纽锡部字。④ 何琳仪将毄归在见纽支部字。⑤ 因此，楚文字中这些读为击、系的字所从部件当非蚰，应该另有来源。

---

　　① 马承源主编：《上海博物馆藏战国楚竹书（五）》，上海古籍出版社2005年版，第268页。
　　② 范常喜：《上博五·弟子问》，2006年5月，简帛网（http：//www.bsm.org.cn/show_article.php？id=349）。
　　③ 陈剑：《谈谈〈上博（五）〉的竹简分篇、拼合与编联问题》，2006年2月，简帛网（http：//www.bsm.org.cn）。
　　④ 陈复华、何九盈：《古韵通晓》，中国社会科学出版社1987年版，第229页。
　　⑤ 何琳仪：《战国古文字典》，中华书局1998年版，第741页。

四　击所从之"叀"来源探析

从近年来出土的楚文字资料来看，秦文字击所从之"叀"发生讹变的可能性得到了旁证。楚文字中的击、系二字所从之"叀"在构形方面主要有以下几个特点。首先，田形、目形部件上部所从部件为 ◆，或者并不呈现出歪头写作屮形。综合秦、楚文字中的相关"叀"形来看，楚文字中这种歪头的◆很可能是在屮形部件的基础上演变而来。其次，中间所从部件有田、目两种形体，楚文字中田、目作为构字部件经常讹混，所以这种现象并不稀奇。结合秦、楚文字中的"叀"形来看，楚文字中的目形应该为田形讹变。当然，田形部件也可能并非田，而是另有来源。有时候田、目下部有两个向左右延伸的斜笔。再次，田、目形下部有土、止两种形体。《汉语大字典》中壑有两种异体，即壑、壑；蘖字也有两种异体，即蘖、蘖。这些异体也在一定程度上反映了汉字中的叀虽然来源一致，但是在转写过程当中则呈现出一定的差异，这种差异或许暗含着叀形的真正来源。

结合楚文字中"叀"形部件几个方面的特征和叀形部件的几个异体，综合考虑之后，我们认为楚文字中的"叀"很可能来源于"叀"或者"蕫"。叀、蕫二字出现时间较早，甲骨、西周金文、战国文字中皆有所出现。但是，在以往的研究过程当中，由于种种原因蕫字往往被误释为叀。虽然叀、蕫二字在形体方面皆有可能演变为毂所从之"叀"，但是叀和击的语音关系则有一定距离。下面，我们准备将击所从之叀可能来源于叀、蕫的情况作出一定的说明。

1. 叀可能来源于叀

"叀"小篆写作 ，《说文》"叀：专小谨也。从幺省；屮，财见也；屮亦声。凡叀之属皆从叀。 ，古文叀。 ，亦古文叀"。《说文》是依据讹变的小篆进行字形分析，其说并不可信。叀出现时间较早，甲骨时期就已经出现，一般写作 （合34103）、 （合34338）、 （合27459）等形。此外，还有一种与之形体相似的字写作 （合27997）、 （合27990）、 （合8855）等形。西周金文中的"叀"传承甲骨时期的写法，一般写作 （史墙盘·西周中期·集成

16.10175）、🖼（蔡姞簋·西周晚期·集成08.4198）、🖼（谏簋·西周晚期·集成08.4285）等形。此外，还有一种写法的字与之形体相近，一般写作🖼（九年卫鼎·西周中期·集成05.2831）、🖼（禹鼎·西周晚期·集成05.2833）、🖼（无叀鼎·西周晚期·集成05.2814）等形。甲骨材料中的"叀"字，大家对其构形认识并不统一。有学者认为是纺砖之象形。① 在以往的研究过程当中，大家往往将甲骨、金文资料中两种写法的"叀"作为同一个字来处理。但是也有学者认为两者并非一回事，而是两个字，例如姚孝遂认为二字应该有别。② 李学勤、黄天树也有类似的观点。③ 但是，当时这种将两种写法的"叀"字进行区别对待的观点在学界没有得到足够的重视。

在以后的研究过程当中，随着新材料的不断公布，尤其是清华简公布之后，大家逐渐认识到应该将这两种写法的"叀"看作是两个字。清华简中有一些可以读为助的字，例如🖼（清华一·皇3）、🖼（清华一·皇9）、🖼（清华一·皇12）等。清华简整理者将其读为助。④ 有学者据此和甲骨、金文中的相关字形联系，将助字发展演变过程梳理如下⑤：

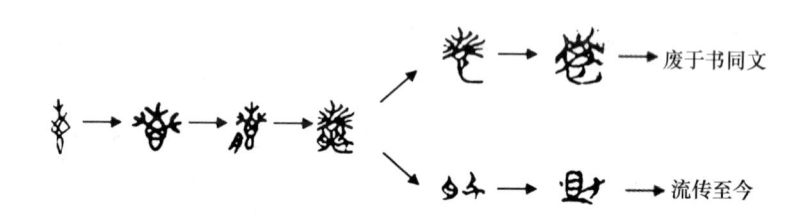

🖼 → 🖼 → 🖼 → 🖼 → 🖼 → 🖼 → 废于书同文
                       ↘ 🖼 → 🖼 → 流传至今

从汉字发展的实际情况来看，杨安的这种观点是可信的。因此，甲骨资料中的🖼（合27997）、🖼（合27990）、🖼（合8855）等字，以

---

① 于省吾主编：《甲骨文字诂林》，中华书局1996年版，第2953条。
② 同上书，第2960条。
③ 李学勤：《试论董家村青铜器群》，《文物》1976年第6期。黄天树：《禹鼎铭文补释》，载《古文字学论稿》，安徽大学出版社2008年版，第60—68页。
④ 清华大学出土文献研究与保护中心编：《清华大学藏战国竹简（壹）》，中西书局2010年版，第166页。
⑤ 杨安：《"助"、"惠"考辨》，《中国文字》2012年新三十七期。

及金文中的█（九年卫鼎·西周中期·集成 05.2831）、█（禹鼎·西周晚期·集成 05.2833）、█（无叀鼎·西周晚期·集成 05.2814）等字皆可隶定为叀，叀和叀并非一字。金文中的叀是在甲骨文█（合 27997）、█（合 27990）、█（合 8855）这类形体上繁化而形成的。

"叀"在甲骨材料中可以作为动词使用，吴其昌曾有较详细的论述。吴其昌认为"叀"之义既断截牲首，故引而申之，遂与击、伐、诛、戮之义为类①。《说文》中认为与叀有关的字主要有以下几例：

专：六寸簿也。从寸叀声。一曰专，纺专。

惠：仁也。从心从叀。█，古文惠。从芔。

疐：碍不行也。从叀，引而止之也。叀者，如叀马之鼻。从此与牵同意。

袁：长衣皃。从衣，叀省声。

叚：揉屈也。从殳从皀。皀，古文叀字。廄字从此。

斷：截也。从斤从㡭。㡭，古文绝。█，古文断，从皀。皀，古文叀字。《周书》曰："█████无它技。"█，亦古文断。

专字出现时间较早，甲骨资料中就已经出现，一般写作█（合 8597）、█（合补 1165）、█（英 373）等形。学界一般认为专从又持叀，叀亦声。叀之本义为纺专，其动词义当为转纺轮，即转之初文；其名词义则为纺专。②甲骨资料中专有时候和伐连用，刘钊认为"专伐"义为"断伐"、"截伐"。③劀在《说文》中作为甹字或体出现，写作█。《说文》"甹：戳也。从昏从断"。战国时期楚文字中有一个可以读为断的字，一般写作█（包 16）、█（包 137）、█（上博四·曹 62）等形，左边所从之部件即来源于甲骨文中的叀。此外，《说文》中有一膊字，"切肉也。从肉专声"。膊字所从之专，除了表音之外尚有一定的表意功能。

从《说文》有关惠字的解释"从心从叀"来看，是以会意字来

---

① 于省吾主编：《甲骨文字诂林》，中华书局 1996 年版，第 2987 页。
② 季旭升：《说文新证》，福建人民出版社 2008 年版，第 238 页。
③ 于省吾主编：《甲骨文字诂林》，中华书局 1996 年版，第 3003 页。

理解的。季旭升认为惠可分析为从心叀声。① 西周时期惠一般写作🌣（裘卫盉·西周中期·集成 15.9456）、🌣（默簋·西周晚期·集成 08.4371）、🌣（善夫梁其簋·西周晚期·集成 08.4149）等形。春秋时期的楚国铜器铭文中，惠可以写作🌣（王孙诰钟·春秋晚期·新收 308 页）。从该惠字来看，田形下部有两个斜笔，或许是由于受到田形上部笔画影响所产生的类化现象。当然，两斜笔可能另有来源，即叀形部件下部所从之曲笔 ∪ 断开，演变为类似两个斜笔。在战国时期的楚文字中，惠字较为常见，一般写作🌣（郭·尊 32）、🌣（上博一·缁 21）、🌣（清华一·皇 8）、🌣（清华二·系 32）等形。从楚文字中惠字相关形体来看，叀所从之曲笔 ∪ 一般省略。有时候惠字田形部件下部有两个斜笔，例如🌣（郭·尊 32），这种写法的惠字可以和🌣（王孙诰钟·春秋晚期·新收 308 页）相对应。上文已经说过，这两个斜笔有两种可能，有可能是类化现象所导致，也有可能是叀所从之曲笔 ∪ 演变而来。楚文字中惠字所从之曲笔 ∪ 之所以省略，恐怕与借笔现象也有一定的关联，例如🌣（上博六·郑 7）字心所从笔画，既可以作为心字的笔画，又可以看作是叀字下部所从之 ∪。

《说文》认为寁从叀，"叀者，如叀马之鼻"。从相关古文字资料来看，许慎是依据已经讹变了的小篆牵强附会，其说并不可信。寁字甲骨时期就已经出现，一般写作🌣（合 28767）、🌣（合 37472）、🌣（合 37572）等形。关于寁字构形问题，学界尚有不同的意见，但是其并非从叀。② 西周、春秋时期的寁字传承甲骨时期的写法，但有所变化。西周、春秋时期金文中的寁字一般写作🌣（寁鬲·西周早期·考古 84.4）、🌣（曶鼎·西周中期·集成 05.2538）、🌣（秦公簋·西周中期偏晚·集成 08.4315）等形。战国时期寁字发生讹变，秦文字中的寁写作🌣（睡·封 53）。从秦文字中的🌣字来看，上部所从和叀相似，秦文字为后世文字所本，《说文》遂误认为寁字从叀。战国时期楚文字中寁字也发生了讹变，一般写作🌣（包 194）、🌣（上博五·

---

① 季旭升：《说文新证》，福建人民出版社 2008 年版，第 326 页。
② 详细情况请参阅于省吾主编《甲骨文诂林》，中华书局 1996 年版，第 0868 条。

鬼5）、🔲（上博八·命2）等形。在以往的研究过程当中，大家往往将楚文字中的疐误释为步。随着相关材料的不断公布，研究力度的不断加深，大家逐渐认为这些被误释为步的字就是疐。① 从楚文字中的疐字相关形体来看，田形部件上部也从止，这应该是受到田形下部止形的影响，产生了类化现象。

《说文》认为袁是"从衣，叀省声"。关于此种说法所存在的问题，裘锡圭已经有所说明。裘锡圭认为袁应该是擐字的初文。② 由此来看，袁和叀无涉。

《说文》认为殳"从殳从𠦪。𠦪，古文叀字"。从相关古文字形体来看，许慎是依据已经讹变了的小篆牵强附会，其说并不可信。学界一般认为殳字左部所从为篡之初文讹变。③ 由此来看，殳字和叀无涉。以殳为声符的厩字，在战国楚文字中一般写作🔲（包61）、🔲（包69）、🔲（包164）等形，所从之𠦪演变为食。

《说文》认为🔲为古文断，并且认为🔲从𠦪，𠦪即古文叀字。其实，断字古文🔲并不从𠦪。楚文字中断字一般写作🔲（包16）、🔲（包137）、🔲（上博四·曹62）等形，右边所从之部件即来源于甲骨文中的叀。《说文》认为断字古文🔲从𠦪虽然有误，但是认为𠦪即古文叀字则可信。断字古文🔲所从之𠦪和殳字所从之𠦪并非一回事，《说文》把它们都当作叀了。

通过上文的陈述，我们可以看出叀有断、杀等义。战国时期楚文字中从叀的断、惠二字可以写作🔲（包16）、🔲（包137）、🔲（上博四·曹62）、🔲（郭·尊32）、🔲（上博一·缁21）、🔲（清华一·皇8）、🔲（清华二·系32）等形。从这些字所从的叀旁来看，上部从山。楚文字中这种山形部件往往会演变为歪头的🔲，例如楚文字中的㫃字可以写作🔲（郭·唐11），又可以写作🔲（郭·成26）。从🔲（王

---

① 详细情况可参阅朱晓雪《包山楚墓文书简、卜筮祭祷简集释及相关问题研究》，博士学位论文，吉林大学，2011年，第162页。
② 裘锡圭：《释殷墟甲骨文里的远（迹）及有关诸字》，载《古文字论集》，中华书局1992年版，第1—10页。
③ 董莲池：《说文解字考证》，作家出版社2005年版，第119页。

孙诰钟·春秋晚期·新收 308 页）、⿰（郭·尊 32）二字来看，田形部件下部由于受到田形上部笔画的影响，发生了一定的类化现象，即田形部件下部有两个斜笔。当然，田形部件下部的两个斜笔也有可能并非类化，而是由叀下部的曲笔⊂演变而来。

楚文字中叀字田形部件下部所从之曲笔⊂有时候会省略，但是不省略的时候也较为常见。从楚文字中相关叀字形体来看，曲笔⊂有时候会演变为多种形体，其中有一种形体和止形体相似，例如⿰。上文当中，我们已经说过有时候田形部件下部由于受到田形上部笔画的影响，会发生一定的类化现象，例如⿰（郭·尊 32）。像⿰这种写法的⿰，如果田形下部的曲笔没有省略掉且演变为类似⿰所从之⊔，同时⿰演变为⿰，⊔演变为止，那么就会很容易得到⿰字所从之⿰。⿰下部的止形再讹变为土，这就可以解释为什么楚文字中的專所从田形部件下部有土、止两种形体了。楚文字中的类化现象较为常见，例如上文中所提到的虗字，从⿰（包 194）、⿰（上博五·鬼 5）、⿰（上博八·命 2）等形体来看，田形上部笔画明显受到下部止形的影响，从而类化成了止形。

从秦文字资料来看，叀字并不多见。秦文字中惠字可以写作⿰（睡·为 2）。比照楚文字中的⿰（郭·尊 32）字，秦文字中田形下部添加两个斜笔的可能性也是存在的。这种田形下部添加斜笔的叀字，很容易讹变为车形部件。叀字田形下部所从之曲笔⊂在形体方面也很容易演变为凵，或者被转写为厶，这也就可以解释为什么《汉语大字典》中墼字有两种异体，即墾、墾；麣字也有两种异体，即麑、麣。

通过上文的陈述，我们可以看出古文字中的叀完全有可能演变为專，且專形部件的异体或从凵，或从厶，皆可以得到合理的解释。但是从音韵学角度来看，则具有一定的语音障碍。叀是禅纽元部字。專是匣纽质部字，或认为是脂、月部字。如果專属月部字可信，那么專与元部字的叀韵部相近。但是叀和殼之间的语音关系则有一定的距离。因此，殼所从之專来源于叀的说法存在一定的语音障碍。

2. 專可能来源于董

在上文当中，我们已经将叀字的相关情况进行了详细的说明，并

第四章　陈、击所从部件同形现象分析　147

且认为叀字在形体方面完全有可能演变为"叀"。但是，叀、毁二字在语音方面具有一定的间隔。下面，我们针对击所从之叀可能来源于叀作出一定的说明。

上博简中有一❀（上博八·有1）字，具体简文为"有凰将起今兮，❀余教保子今兮"。同一支简中该字再次出现，字形为❀（上博八·有1），具体简文为"思游于仁今兮，能与余相❀今兮"。关于该字的考释，上博简整理者将其均释为叀，分别读为惟、惠。① 在以后的研究过程当中，有学者将其与清华简中的助字相联系，并且从简文押韵角度认为应该读为鱼部字的助。② 从具体简文来看，将❀、❀读为助，文通字顺没有什么问题。❀、❀二字和❀（清华一·皇3）、❀（清华一·皇9）、❀（清华一·皇12）所从之叀相比，明显发生了一定的省讹现象。首先，❀所从之肉旁和力旁被省略掉。其次，❀字发生省讹主要表现在❀上部两边所从之屮形部件简省为一斜笔。❀在❀的基础上进一步省讹，主要表现在屮省变成了卜形。

楚文字中❀（清华二·系134）、❀（清华二·系120）、❀（上博二·容22）、❀（上博三·周1）、❀（上博三·周40）、❀（楚帛书乙6）等字所从之叀有可能是在❀这种形体上发展演变而来。❀字上部所从和❀上部所从一致，都是呈现屮形，这种屮形进一步演变就会形成歪头的❀。造成这种现象的原因，可以从繁化和别符的角度来进行考虑。楚文字中这种在突兀的笔画上添加装饰性笔画的现象并不少见，例如甾可以写作❀（郭·老乙12）。当然，楚文字中的叀大部分呈现歪头可能也与书手的刻意区别有关。上文当中已经说过，甲骨资料中两种写法的"叀"字并非一字，叀字即后来可以读为助的字，它可以作为击字的声符，相当于后世文字中的叀。楚文字中的叀写作歪头，目的是为了和叀字进行区分。楚文字中叀字作为偏旁较为常见，如惠字可以写作❀（郭·尊32）、❀（王孙诰钟）、❀（上博一·缁

---

① 马承源主编：《上海博物馆藏战国楚竹书（八）》，上海古籍出版社2011年版，第272页。
② 详细情况可参阅杨安《"助"、"惠"考辨》，《中国文字》2012年新三十七期。

21)、✱（清华二·系33）等形。从这些形体来看，均不呈现出歪头现象。楚文字中䵣的省变体呈现出歪头现象，目的是为了和叀进行区分。因此，我们猜测楚文字中的䵣省变为叀主要经历了以下几个步骤。首先，✱上部所从之屮形演变为✱。其次，✱中间所从省讹为田形，同时田形部件上部的斜笔被省略掉，下部保留了两个斜笔以与田形上部对称。最后，✱下部所从之乚逐渐讹变为止形，例如✱（清华二·系120）。这种止形部件逐渐和上部部件结合，并且由于受到其他字（如陈字）构形的影响逐渐演变为土旁。当然，田形部件下部的斜笔或许另有来源。从楚文字中叀的相关形体来看，有一种现象较为值得注意，如✱（郭·尊32）、✱（王孙诰钟）所从之叀，从这两例惠字来看，叀所从田形部件下部有两个斜笔，目的似乎是为了和田形部件的上部笔画追求对称。当然，这种斜笔或许另有来源。上文中已经指出，田形部件下部的两个斜笔也有可能是叀下部曲笔的讹变。

在秦系文字中，击字所从之叀则有自己的发展脉络。虽然秦文字中击字所从之叀和楚文字一样来源于䵣，但是演变轨迹并不一样。秦文字中击字所从之叀的田形上部并没有演变为✱，而是和✱（楚帛书乙6）演变一致。同时，虽然田形部件下部也有和田形上部对称的笔画，但是秦文字中击字所从之叀则往往在竖笔上添加一横笔为装饰性笔画，如✱（关简244）。在以后的隶楷演变过程当中，田形部件上下部分所从的笔画被拉直之后遂成车旁，这种写法遂为后世文字所本。通过观察秦系文字中击字相关字形，我们不难发现几乎所有的击字东旁下面都有一个曲笔乚，这种笔画也就是后世文字中击字所从之凵。这种乚形笔画来源甚古。在上文当中，我们已经说过"䵣"字出现时间较早，甲骨时期一般写作✱（合27997）、✱（合27990）、✱（合8855）等形。西周金文中的"䵣"字传承甲骨时期的写法，一般写作✱（九年卫鼎·西周中期·集成05.2831）、✱（禹鼎·西周晚期·集成05.2833）、✱（无叀鼎·西周晚期·集成05.2814）等形。乚形笔画即来源于甲骨、金文中"䵣"所从下部的曲笔。这种曲笔在战国时期的楚文字中有所保留，但是有一定的讹变，如✱（上博八·有1）字。楚文字中"䵣"下部曲笔的演变可以和叀相互对照。䵣、更二字形体相似，田形部件下部所从之部件也出现了类化现象，如楚文字中的断字。楚文字中的断可以写作🖻（包137），也可以写作🖻（包16）。田形下部所从之曲笔🖻在形体方面也很容易演变为凵，或者被转写为厶，这也就可以解释为什么《汉语大字典》中墼字有两种异体，即墼、墼；虈字也有两种异体，即虈、虈。

从音韵学角度来看，助是从纽鱼部字，害是匣纽质或者脂、月部字。从目前公布的楚简材料来看，鱼、月二部可以通转，例如楚简中的"禹"字可以读为"害"，"天不现禹（害），地不生孽"。关于击字的分部问题，何琳仪将击归在见纽支部字。① 从音韵学角度来看，支部字和鱼部字相隔不远。因此，击字以董为声符的可能性是存在的。

存疑：助字见于《说文》，小篆写作🖻。《说文》"左也，从力且声"。从楚文字中的🖻（清华一·皇12）字来看，助字并非从且而是从肉。楚文字中的助字为什么在董的基础上添加肉旁和力旁？董字构形究竟为何？董为什么会有助义？这些问题尚有一定的讨论空间。

附：楚文字中其他与害形体相似部件的分析

上博简中有一🖻（上博七·凡甲15）字，该字出现的具体简文为"坐而思之，谋于千里；起而用之，🖻于四海"。关于🖻字的考释问题，历来众说纷纭。上博简整理者将其隶定为练，读为陈。练、陈均从东声，可以相通。陈，军队行列，即军队作战时的战斗队形，也就是阵法。② 季旭升认为从严格的字形分析来看，从"纟"从"东"，恐怕应该隶为"绅"。在简文中读为"申"、"伸"，伸张也。③ 宋华强结

---

① 何琳仪：《战国古文字典》，中华书局1998年版，第741页。
② 马承源主编：《上海博物馆藏战国楚竹书（七）》，上海古籍出版社2008年版，第251页。
③ 季旭升：《上博七刍议（二）：凡物流形》，2009年1月，简帛网（http://www.bsm.org.cn/show_article.php?id=934）。

合相关字形认为▇左部所从为甫，▇即莆字。莆在简文中可读为敷或布。① 整理者之所以将▇释为涷，很大的原因在于认为▇左部所从为東。在上文当中，我们已经说过，楚文字中的東一般写作 ▇（包124）、▇（包190）、▇（望一112）、▇（新蔡·零303）等形。李守奎已经指出陈所从和東并不相同，且陈右部所从明显呈现歪头现象，目的是和東以示区别。② 由此来看，整理者将▇释为涷的这种意见，在字形方面说不过去。季旭升认为▇为绅的主要依据是▇（陈侯因𫞐敦·集成09.4649），▇具体词例为"绍▇高祖黄帝"。关于▇字的考释问题，主要有踵、绅两种释读意见。但是在以往的研究过程当中，无论是将▇释为踵还是绅，大家往往都认为▇右部从東。现在来看，▇字右部所从部件的构形，当和陈字一样，也是上部为囲下部为虫的蚩。只是▇右下部虫旁的两个斜笔写得较为平直，右部所从之部件和▇左部所从部件一致。因此，▇可以径直看作是一个从"糹"从"蚩"的字。▇字左部从蚩，因此▇在具体简文中可以如同季旭升所言读为伸。宋华强将▇释为莆，在形体方面和苗囲之囲建立了一定的联系。可惜，由于缺乏对相关字形的综合分析，没有看到陈字所从部件为蚩这一线索，最终与▇正确考释失之交臂。

通过▇字的考释过程，我们可以看出在文字的考释过程当中对形近部件综合考察的重要性。如果在开始考释的时候注意▇左部所从之部件和東字的细微差别，并且结合古文字材料中的相关诸字加以综合研究，那么就不会轻易地将▇释为涷。当然学术的进步是一个漫长积累过程，如果李守奎没有将陈字所从部件看作是蚩，那么我们也难以对▇字的结构做出正确的判断。

---

① 宋华强：《上博（七）·凡物流形札记四则》，2009年1月，简帛网（http://www.bsm.org.cn/show_article.php?id=938）。

② 李守奎：《清华简〈系年〉中的▇字与陈氏》，《中国文字研究》2013年第2期。

第五章 楚文字中相关尔、回辨析

第一节 楚文字材料中的相关尔和回

包山简中有一🔣（包150）字，在同一支简中该字再次出现，写作🔣。相关简文如下：

正阳之酷里人昭慧、邦猎、盘己，正阳之牢中兽竹邑人宋赑，获陵之列里人石绅，贷徒🔣之王金不赛。徒🔣之客苟聿入之。白路公慎、邓行。

关于该字的考释问题历来众说纷纭，莫衷一是。在字形方面主要有从尔、回两种解释，在释读方面也有人名和地名之争。整理者作为不识字，将其分别转写为䔥、茴。① 刘钊认为该字从"艹"、从"🔣"，"🔣"乃回字，即廪字初文。刘钊援引战国陶文中的回和鄂君启节中从回的字加以证明，认为当释为藁。藁字见于《集韵》，在简文中用为人名。② 汤余惠怀疑此字为蕲字，并引用相关古文字中的尔字写法加以旁证。③ 何琳仪认为该字从"艹"、"回"声，援引鄂君启节中的相关回字加以旁证，隶定为蒿即藁字。何琳仪将让蒿读为上林，秦苑。④ 黄锡全将该字隶定为蕲。⑤ 李守奎、滕壬生将该字放在蕲字

---

① 湖北省荆沙铁路考古队：《包山楚简》，文物出版社1991年版，第28页。
② 刘钊：《包山楚简文字考释》，《出土简帛文字丛考》，台湾古籍出版有限公司2004年版，第3—32页。
③ 汤余惠：《包山楚简读后记》，《考古与文物》1993年第2期。
④ 何琳仪：《包山楚简选释》，《江汉考古》1993年第4期。
⑤ 黄锡全：《〈包山楚简〉部分释文校释》，《湖北出土商周文字辑证》，武汉大学出版社1992年版，第187—196页。

头下①，李守奎在以后编订的《包山楚墓文字全编》中虽然也是将该字放在蘥字头下，但是却加注按语说或可释为蒿。② 通过上述各家的释读意见，我们可以看出该字下部所从主要有尔、宜两种意见。包山简公布之后，在新发现的楚简中也出现了一些与 ※、※（包 150）下部所从相似的形体。但是，学者们对这些字到底是从尔还是从宜一直都存有争议。下面我们将要对九店、郭店、新蔡、上博、清华简中相关字的考释情况作一大体回顾，看看学者们对这些字的一些解释。现将几批简的相关字形和简文罗列如下：

九店简：※□□□粥堂吉。□□于室东，日出炙之，必肉食以食。※居西北，不吉，居是室□。（九店 M56·53）

郭店简：※夫天多忌讳，而民※叛。（郭·老甲 30）

新蔡简：※为君贞：将逾取※，还返尚毋有咎。生占之曰：兆【无咎】□。（新蔡·甲一 12）

上博简：※先君霝王干溪云※君人者何必安哉。（上博七·君甲 9）

※先君霝王干溪云※君人者何必安哉。（上博七·君乙 9）

清华简：※自厘臣至于有分私子，苟克有谅，罔不※达，献言在王所。（清华一·皇 3）

※、※毋惟尔身之※，皆恤尔邦，假余宪。既告汝元德之行，譬如舣舟，辅余于险，※余于济。（清华一·皇 13）

关于※（九店 M56·53）字的考释，九店简整理者将其隶定为箘，认为箘字所从宜旁与包山楚墓竹简 150 号蒿（藨）字所从宜旁写法相近。箘从宜得声，当读为仓廪之廪。③ 整理者的这种释读意见，陈剑、苏建洲、陈伟等认为可信。④ 李守奎认为"面"形作为偏旁见于楚公

---

① 李守奎：《楚文字编》，华东师范大学出版社 2003 年版，第 38 页。滕壬生：《楚系简帛文字编》，湖北教育出版社 2008 年版，第 63 页。

② 李守奎：《包山楚墓文字全编》，上海古籍出版社 2012 年版，第 25 页。

③ 湖北省文物考古研究所、北京大学中文系：《九店楚简》，中华书局 2000 年版，第 118 页。

④ 陈剑的说法见于苏建洲的引文。苏建洲：《也说〈君人者何必安哉〉"先君霝王干溪云宜（从艹）"》，2009 年 1 月，简帛网（http：//www.bsm.org.cn/show_article.php?id=965#_ftn19）。陈伟主编：《楚地出土战国简册（十四种）》，经济科学出版社 2009 年版，第 320 页。

家钟和鄂君启舟、车节，🔲《殷周金文集成》42号、🔲《殷周金文集成》12113号。释为"茴"与"箇"二字下部所从的偏旁与鄂君启节"邮"字所从略有不同，与郭店楚简"尔"字极近。李文结合郭店简中的🔲（郭·老甲30）字认为🔲（九店M56·53）当为籥字。① 李文曾蒙李家浩审阅，后面附有李家浩的一些看法，李家浩认为包山150号中的🔲确实应当释为籥，但九店简中的🔲仍以旧释为好。李守奎在《楚文字编》中将🔲（九店M56·53）放在籥字头下，并将其摹写为🔲。② 在以后撰写的《包山楚墓文字全编》中则将包山150号的🔲放在蕳字头下面，并在下面加注按语认为此字或可释为茴。③ 由此来看，🔲（九店M56·53）究竟是从尔还是从茴的问题一直尚未得到彻底的解决。

郭店简中的🔲（郭·老甲30）字，郭店简整理者将🔲释为尔读为弥。④ 关于整理者的这种释读意见，学者们多从之。⑤ 在以后的研究过程当中，也有学者提出了不同的释读意见。例如何琳仪将🔲和🔲（包150）放在一起考虑，认为🔲字从茴，茴畔可以读为离畔。⑥ 从简文的释读来看，两种说法皆有一定的道理。因此，很难判断🔲（郭·老甲30）字究竟是尔还是茴。在以后的研究过程当中，大家往往偏重将🔲（郭·老甲30）看作尔字，并且以此为依据来判断其他相关字形。

新蔡简中的🔲（新蔡·甲一12）字，新蔡简整理者隶定为茴，读为稟。⑦ 邴尚白结合新蔡简中的尔及🔲（郭·老甲30），认为🔲（新

---

① 李守奎：《〈九店简〉相宅篇残简补释》，新出土文献与古代文明国际学术研讨会论文，上海，2002年7月，第1—5页。
② 李守奎：《楚文字编》，华东师范大学出版社2003年版，第278页。
③ 李守奎、贾连翔、马楠：《包山楚墓文字全编》，上海古籍出版社2012年版，第25页。
④ 荆门市博物馆：《郭店楚墓竹简》，文物出版社1998年版，第113页。
⑤ 李零：《郭店楚简校读记》（增订本），中国人民大学出版社2009年版，第7页。刘钊：《郭店楚简校释》，福建人民出版社2003年版，第23页。
⑥ 何琳仪：《郭店竹简选释》，《新出楚简文字考》，安徽大学出版社2007年版，第47页。
⑦ 河南省文物考古研究所：《新蔡葛陵楚墓》，大象出版社2003年版，第187页。

蔡·甲一12）当隶定为䕅。邴尚白认为♦（郭·老甲30）所从的尔字左右两笔收拢，与㐭字写法相近，唯内部作交叉斜笔，可见这一点是尔字的主要特色之一。① 邴尚白这种将♦（新蔡·甲一12）释为䕅的意见，宋华强早已指出不妥之处。宋华强认为祝祷简字迹一致，当是一人书写，其中尔、㐭并见。䕅写作♦（新蔡·甲一12），尔写作♦（新蔡·甲三35），由此可辨别"㐭"、"尔"二字。② 袁金平指出新蔡简中有明确无疑的尔字，如♦（新蔡·甲三65）、♦♦（新蔡·乙四30、32）。袁金平认为上举三例和旧释"㐭"的字形体区别甚为明显，并以此为基础认为九店、包山、新蔡简中的相关字均应遵循旧说释为箘、䕅。③ 袁金平认为♦（郭·老甲30）是尔字，和㐭形体相近当属于形近偏旁讹混现象。在以后的研究过程当中，关于♦（新·甲一12）究竟是从尔还是从㐭，学者们没有形成统一的意见。

上博七《君人者何必安哉》甲、乙两本中也出现了从尔还是从㐭之争的字，即♦（上博七·君甲9）、♦（上博七·君乙9），相关简文为"先君霝王干溪云△君人者何必安哉"上博简整理者将其直接释读为䕅，④ 这种意见学者们多从之，只是在䕅属上读还是下读方面分歧较大。罗小华则提出了新的释读意见，认为"此字包山、新蔡等简均见，字当隶为'䕅'。我们认为'干溪'、'云䕅'均为地名。'云䕅'的确切地望待考"。⑤ 关于罗说，刘信芳既有赞同也有保留。刘信芳认为隶定为䕅可信，然解"云䕅"为地名，原文将不成句，不可信。⑥ 刘信芳认为"云"应读为"陨"，"䕅"读为"禀"，"陨禀"

---

① 邴尚白：《葛陵楚简研究》，博士学位论文，台湾大学，2007年，第123页。
② 宋华强：《新蔡葛陵楚简初探》，武汉大学出版社2010年版，第69页。
③ 袁金平：《新蔡葛陵楚简字词研究》，博士学位论文，安徽大学，2007年，第47页。
④ 马承源主编：《上海博物馆藏战国楚竹书（七）》，上海古籍出版社2008年版，第206页。
⑤ 罗小华：《〈郑子家丧〉、〈君人者何必安哉〉选释三则》，2008年12月，简帛网（http://www.bsm.org.cn/show_article.php?id=924）。
⑥ 刘信芳：《竹书〈君人者何必安哉〉试说（之二）》，2009年1月，复旦大学出土文献与古文字研究网站（http://www.gwz.fudan.edu.cn/）。

乃殒命之委婉语。在以后的研究过程当中，关于▨（上博七·君甲9）、▨（上博七·君乙9）究竟是蘜还是蕾的问题，学者们没有形成统一的认识。

关于清华简▨（清华一·皇3）、▨、▨（清华一·皇13）三字的考释，也是一直存有较大的争议。清华简整理者将其隶定为䚫，将前两例读为懔，后一例读为临。整理者认为䚫皆从㐭得声。关于第一、第二两例的解释，整理者援引《广雅·释诂一》："敬也"作为说明。关于第三例的解释，清华简整理者援引《说文》："监临也"作为说明。同时，整理者指出传世本中与简文相对应的部分分别是"罔不允通，咸献言在于王所"、"无维乃身之暴皆恤"、"乃而予于济"。① 从整理者关于䚫字的隶定及相关解释来看，整理者是将䚫分析为从㐭得声。在以后的研究过程当中，学者们陆续提出了一些不同的意见，其中将䚫看作是从䝓得声的意见在学界中产生了较大的影响。例如沈培结合郭店简中的▨（郭·老乙5）字，认为䚫从䝓得声，可读为从"敬"得声的"儆"。沈培认为虽然䚫字看作是从䝓得声可从，但是整理者认为从㐭得声的意见也需注意。关于两种说法存在的问题，沈培认为：

由此可见，如果把"䚫"看作从"䝓"声之字，就难以解释此字下面所从"㐭"的作用；如果把"䚫"看作从"㐭"声之字，也不容易解释此字所从"䝓"的作用。"㐭"、"䝓"二者读音相差较大，目前还难以提出确切的证据来证明它们在语音上可以相通。也就是说，大概很难把"䚫"看成一个双声字。②

为了解决䚫字可能同时存在䝓、㐭两种声符的矛盾，沈培提出了一个大胆的假设。从文献在不同方言区的流传角度出发，认为底本流传到其他地区时，当地的抄写者用自己的方言把这个从"㐭"声的字换读为同义的"敬"或"儆"，并没有撇开原字另用他字，而是直接

---

① 清华大学出土文献研究与保护中心：《清华大学藏战国竹简（壹）》，中西书局2010年版，第167、171页。
② 沈培：《清华简字词考释二则》，2011年1月，复旦大学出土文献与古文字研究中心网站（http://www.gwz.fudan.edu.cn/SrcShow.asp?Src_ID=1367）。

在原来从"㐭"之字上加注声旁"㫃"来表示。关于嚣为双声符字的观点，刘波也持类似看法。刘波认为"关于此字所从为尔还是㐭，学者多有讨论，且多位学者指出楚文字中尔与㐭多有相混的情况，其实尔与㐭区别还是比较明显的，尔下不封口，而㐭一般封口，故此我们认为此字当从㐭无误，此字当为从㫃从㐭的双音符字"①。在简文释读方面，前两例嚣可读为允，后一例可读为鋭。

从具体简文来看，整理者将嚣认为从㐭得声的意见符合文意。沈培有关嚣字构形的分析也有一定的道理。因此，将 ▨（清华一·皇3）、▨、▨（清华一·皇13）隶定为嚣的说法，似乎是没有什么问题。但是，在以后的研究过程当中有学者指出 ▨（清华一·皇3）、▨、▨（清华一·皇13）可能和 ▨（郭·老甲27）存在一定的联系。②此种说法一经提出，立刻在学界中产生较大的影响。▨字见于郭店简，相关简文为"闭其㙹，塞其门，和其光，通其尘，抽其▨，解其纷，是谓玄同"。关于此▨字的考释，郭店简整理者将其隶定为顲，但是于字形无说。③整理者指出，传世本中与简文相对应的部分是"挫其鋭"。在以后的研究过程当中，黄德宽、徐在国根据《古文四声韵》中的阋字写作▨，怀疑顲可分析为从尔㫃声，读为鋭。④刘洪涛提出 ▨（清华一·皇3）、▨、▨（清华一·皇13）可和 ▨（郭·老甲27）相互参照之后，陈剑据此撰写长文对嚣字进行了详细的论证。陈剑是依据上博简中的 ▨（上博七·君甲9）、▨（上博七·君乙9）二字，以及 ▨（郭·老甲30）认为嚣下部所从之㐭可能是尔，从而认为所谓的嚣字可隶定为顲。⑤ 由此可见，关于 ▨（清华一·皇3）、▨、▨（清华

---

① 刘波：《出土楚文献语音通转现象整理与研究》，博士学位论文，吉林大学，2013年，第192页。
② 此种说法最早由刘洪涛在复旦网站论坛中提出，后来整理成文发表。刘洪涛：《清华简补释四则》，《考古与文物》2013年第1期。
③ 荆门市博物馆：《郭店楚墓竹简》，文物出版社1998年版，第116页。
④ 黄德宽、徐在国：《郭店楚简文字考释》，《新出楚简文字考》，安徽大学出版社2007年版。
⑤ 陈剑：《清华简〈皇门〉"嚣"字补说》，2011年2月，复旦大学出土文献与古文字研究中心网站（http://www.gwz.fudan.edu.cn/SrcShow.asp?Src_ID=1397）。

一·皇13)的考释问题,学者们意见并不统一。

通过上文的陈述,我们可以看出目前大家对楚文字中的一些字所从部件是尔还是㐭尚存一定的争议。学者们在研究过程当中之所以产生这样大的分歧,很大原因在于受到🗎(郭·老甲30)字的影响。上文当中已经说过,传世本文献中与🗎(郭·老甲30)相对应的字为尔字,但是并不能仅因此一点就断定🗎为尔字无疑。从具体简文来看,如果按照何琳仪的观点认为🗎是㐭字,相关简文读为离畔也是文通字顺。因此,🗎(郭·老甲30)是否为尔字,以及能否利用该字形为依据分析其他相关字,这些都需要进一步的综合研究。

第二节　汉字中尔、㐭二字发展演变梳理

从汉字发展演变过程来看,尔、㐭渊源有自,二字区别明显。现将尔、㐭二字发展过程梳理如下。

尔字见于《说文》,小篆写作🗎。《说文》:"尔:丽尔,犹靡丽也。从冂从㸚,其孔㸚,尒声。此与爽同意。"从相关古文字形体来看,许慎是依据已经讹变了的小篆为依据进行解说,其说自不可信。尔字出现时间甚早,甲骨时期就已经出现。甲骨资料中的尔字一般写作🗎(合3297)、🗎(合8884)、🗎(合5527)等形。西周、春秋时期的尔字继承甲骨时期的写法,一般写作🗎(何尊·西周早期·集成11.6014)、🗎(史墙盘·西周中期·集成16.10175)、🗎(洹子孟姜壶·春秋·集成15.9728)等形。战国时期楚文字中尔字一般写作🗎(新蔡·甲三65)、🗎、🗎(新蔡·乙四30、32)、🗎(清华二·系11)、🗎(清华二·系89)等形。上博简中有一🗎(上博四·曹2)字,具体简文为"今邦🗎小而钟愈大"。整理者将🗎隶定为㦺,读为弥,并且引《小尔雅·广诂》"弥,益也"作为解释。[①] 从形体来看,🗎(上博四·曹2)上部所从为尔字当无疑问。将🗎隶定为㦺,读为弥,

---

① 马承源主编:《上海博物馆藏战国楚竹书(四)》,上海古籍出版社2004年版,第244页。

文通字顺且符合先秦典籍的用字习惯。因此，▨（上博四·曹2）隶定为愿是没有什么问题的。从楚文字中的相关尔字来看，尔下部明显呈现出开口，且内部笔画呈现出明显的▨形。楚文字中尔字所从的▨形是在甲骨、金文相关形体的基础上省变而来，三晋文字中的尔字写法与之相似。三晋文字中尔字一般写作▨（晋公盆·集成16.10342）、▨（玺汇3036）、▨（吉大49）等形。齐系文字中的尔字则一般写作▨（洹子孟姜壶·集成15.9730）、▨（洹子孟姜壶·集成15.9729）、▨（洹子孟姜壶·集成15.9729）等形。从齐文字中的尔字来看，和楚、三晋文字相比，下部亦呈现出开口现象，但是内部笔画则有一定的差异。秦文字中从尔的玺字一般写作▨（睡·为33）、▨（睡·日乙195）、▨（睡·日甲25背）等形，尔下部也呈现开口现象。秦文字中这种写法的尔字为小篆所本，后世文字中的尔字即来源于此。

亩字见于《说文》，小篆写作▨。《说文》："谷所振入。宗庙粢盛，▨黄亩而取之，故谓之亩。从入，回象屋形，中有户牖。凡亩之属皆从亩。"许慎是依据讹变了的小篆牵强附会，其说并不可信。亩字出现时间较早，甲骨时期就已经出现，《新甲骨文编》亩字头下有所收录，主要有▨（合583反）、▨（合584甲反）、▨（合33239）、▨（合21837）等形①。关于亩的构字本义，学界一般认为是仓亩之象形②。西周时期金文中的亩字继承甲骨时期的写法，一般写作▨（农卣·西周中期·集成10.15424）、▨（大盂鼎·西周早期·集成05.2837）。战国时期的亩字传承西周时期的写法，但字形有所变化，主要表现为亩字下部呈现出封闭状态。关于战国时期各系文字中亩字的写法，吴振武曾有较详细的讨论，请参看。③ 在以往的研究过程当中，学者们在讨论楚文字中的亩字时候往往会引用▨（鄂君启车节）、▨（鄂君启舟节）加以说明。关于此二字的考释，在早期研究阶段大

---

① 甲骨资料中更多字形可参阅刘钊、洪扬、张新俊《新甲骨文编》，福建人民出版社2009年版，第334页。
② 详细情况请参阅于省吾主编《甲骨文字诂林》，中华书局1999年版，第2016条。
③ 吴振武：《战国亩（廪）字考察》，《考古与文物》1984年第4期。

家往往认为是鄙字。在以后的研究过程当中，吴振武认为此二字应该从㐭①，现在这种说法已为学界所广泛接受。在新近公布的楚简中有一🦴（清华二·系123）字，该字从㐭也是毫无问题（详见下文）。秦简文字中从㐭的稟字较为常见，一般写作🦴（睡·答153）、🦴（睡·杂14）、🦴（睡·律44）等形，㐭下部也呈现出封闭之形。以战国时期各系文字中的相关㐭形写法为大背景，再以楚文字中确切无疑的㐭为参照对象，我们不难发现楚文字中目前所见到的㐭字都是呈现封闭状态。

第三节　我们对楚文字中相关尔、㐭的看法

在上文当中，我们对尔、㐭二字的字形演变过程进行了大致的梳理。通过尔、㐭二字的演变轨迹，我们不难发现二字渊源有自，两者形体并不相近，区别特征较为明显。在楚文字中㐭有时候下部并不呈现封闭状态，如楚公家钟中㐭字的写法。传世、出土的楚公家钟共有五件②，其中与㐭有关的字写作🦴、🦴、🦴、🦴等。从这些㐭字形体来看，它们和楚文字中🦴（鄂君启舟节）、🦴（清华二·系123）所从之㐭形体不同，下部并不呈现封闭状态。这种写法的㐭字较为保守地继承了甲骨、西周金文中的㐭字写法。也就是说，楚公家钟中的㐭字由于时间较早，所以和战国时代的㐭字并不一致。从🦴、🦴、🦴、🦴等形体来看，虽然㐭下部不呈现封闭状态，但是内部所从部件为廾，和尔字所从之※明显不同。楚公家钟的㐭字下部所从之廾有自己的来源，和尔字所从之※渊源有自。只是在文字演变的过程当中，两者逐渐变得形体相似。其实，纵观古文字中相关㐭字的演变过程，我们不难发现㐭字的写法经历了一个由不封闭到封闭的过程。楚公家钟中的🦴字写法尚存古意，但是也有一定的变化。这种变化主要表现在两个方

---

① 吴振武：《战国㐭（稟）字考察》，《考古与文物》1984年第4期。
② 关于楚公家钟的详细情况可以参阅邹芙都《楚系铭文综合研究》，四川出版集团巴蜀书社2007年版，第26—30页。

面：首先，㝅上部有逐渐演变为尔的趋势；其次，同甲骨时期的㓁相比，在两边空白处添加了横笔为饰。楚公豪钟中的㓁这种形体进一步演变，就会得到㓁、㓁这种㝅形的写法。书手在书写的过程当中，为了追求书写的方便，很容易将这种开口的部件写成封口。如此一来，㝅的下部所从部件的外部笔画就会演变为口。同时，为了追求书写的方便，口内部的笔画必然也会发生一定的省变现象。

关于楚文字中这些字究竟是从尔还是从㝅的问题，苏建洲的研究最为得力。苏建洲在讨论㓁（上博七·君甲9）、㓁（上博七·君乙9）两字的时候曾结合古文字中的相关字形认为"㝅"、"尔"二字的不同主要有两点，其一，㝅下有封口；"尔"则没有。其二，"㝅"下部大约作"X"形；"尔"字下则作"※"形。苏建洲认为㓁（郭·老甲30）虽然下面是密封状，但里面的笔画仍较接近"※"形，所以仍可以判断为尔字。我们认为苏建洲的这种观点基本可从，㓁、㓁（包150）是薾字；㓁（九店M56·53）是薾字；㓁（新蔡·甲一12）是薾字；㓁（上博七·君甲9）、㓁（上博七·君乙9）是薾字；㓁（清华一·皇3）、㓁、㓁（清华一·皇13）是嚻字。与苏建洲观点不同，我们认为㓁并非尔字，而是㝅字。下面，我们准备针对各批材料中的相关字展开详细的说明。

关于㓁、㓁（包150）字，相关简文为"货徒㓁之王金不赛，徒㓁之客苟聿入之"。由于该字为人名或者地名用字，所以很难确定㓁、㓁（包150）究竟是从㝅还是从尔。但是，在新近公布的清华简《系年》中有一个字，即㓁（清华二·系57），相关简文为"穆王使驱孟渚之麋，徒之徒㓁"。整理者将其隶定为薾，疑读为林，徒林田猎地名。[①]清华简中的徒㓁和包山简中的徒㓁很可能是一个地方。清华简《系年》中有一个确定从㝅的字，即㓁（清华二·系123）。相关简文为"毋修长城，毋伐㓁"。㓁丘即传世文献中的廪丘。[②] 由㓁（清华二·系123）

[①] 清华大学出土文献研究与保护中心：《清华大学藏战国竹简（贰）》，中西书局2011年版，第161页。

[②] 同上书，第194页。

第五章　楚文字中相关尔、向辨析　　161

来看，该字上部所从为向当无疑问。由🔲（清华二·系57）来看，🔲下部所从也是作封闭状，下部部件内部所从被简省成了🔲。从形体来看，🔲（清华二·系57）字符合苏建洲有关向的判断标准。🔲所从的向也是作封闭之状，且向下部所从的内部笔画已经被简省成了一个小斜撇。楚文字中的尔一般写作🔲（清华二·系11）、🔲（清华二·系89）等形，和🔲（清华二·系57）、🔲（清华二·系123）所从部件明显不同。🔲（清华二·系57）和包山简中的🔲、🔲处在两批材料当中，并非由同一书手书写，两个书手同时将尔讹写为向的可能性不大。因此，将🔲（清华二·系57）和包山简中的🔲、🔲释为蔷应该可信。通过🔲、🔲、🔲三字形体来看，下部口形内部所从并不相同，发生了一定的省变现象。一般来说书手在书写过程当中，一方面尽可能地保持字形准确，另一方面会为了书写的方便发生一定的简省现象。这种情况在出土文字资料中较为常见。

九店简中的🔲（九店M56·53），学界多认为是箮字。陈剑认为李守奎将之释为簫的说法存在一定的问题。① 陈伟等学者亦认为是箮字。② 结合楚文字中的相关蔷字来看，我们也认为🔲（九店M56·53）应该释为箮。在上文当中，我们曾经提到🔲（清华一·金2）字，有学者认为🔲上部所从部件可能为向的简写。③ 从🔲（九店M56·53）字具体简文来看，🔲和尼字连用。包山简中坦字三见，相关字形和简文如下。🔲秦景夫人之人舒庆坦尼处阴鄩之东窞之里（包132）；🔲鄩宫大夫命少宰尹鄩訧察问大梁之职舊之客苛坦，苛坦言谓……（包157）；🔲丙辰，游宫坦倌黄赣（包175）。从上述三例坦字来看，第二例为人名用字无从考证具体用法。第一例的坦字和尼字连用，🔲（九店M56·53）也和尼字连用，两者或许存在密切的联系。关于🔲

---

① 陈剑的观点转引自苏建洲的文章。苏建洲：《也说〈君人者何必安哉〉"先君霝王干溪云向（从丌）"》，2009年1月，简帛网（http://www.bsm.org.cn/show_article.php?id=965）。

② 陈伟主编：《楚地出土战国简册（十四种）》，经济科学出版社2009年版，第318页。

③ 转引自苏建洲《楚文字论集》，万卷楼图书股份有限公司2011年版，第147页。

(包132）的释读问题，历来有不同的意见，陈伟则认为"坦居"或犹"亶居"，指原址、旧居之意。① 在以后的研究过程当中，又有学者怀疑当读为"邅"。《离骚》："邅吾道夫昆仑。"王逸注："邅，转也。楚人名转曰邅。"坦尻犹徙居。② 从这两种释读意见来看，虽然读法不同，但均有一定的道理。无论是将 ▨（包132）读为亶还是读为邅，它和亶都有一定的联系。亶字见于《说文》，小篆写作 ▨。《说文》："亶：多谷也。从㐭旦声。"从目前出土的秦简文字资料来看，亶作为构字部件常见。秦简文字中亶作为构字部件见于 ▨（睡·杂34）、▨（睡·律106）、▨（睡·律147）等。秦简文字中从㐭的稟字较为常见，一般写作 ▨（睡·答153）、▨（睡·杂14）、▨（睡·律44）等形。从秦简文字中的相关亶旁来看，所从之㐭和稟字所从之㐭写法一致，由此可以确定亶从㐭当无疑问。从音韵学角度来看，㐭是来纽侵部，亶是端纽元部字。两者同属舌音，楚文字中元、侵二部关系密切，两部有相谐相通之例。③ 且是端纽元部字。因此，关于亶字的构形问题完全可以用双声符字进行解释。上文当中已经说过，▨（九店M56·53）、▨（包132）二字用法存在一定的一致性，即都和尻字连用。再联系到 ▨（清华一·金2）字，我们认为 ▨（九店M56·53）为箪字的可能性基本确定。▨（清华一·金2）字在具体简文中读为墠。▨从坦得声，坦从旦得声，旦是端纽元部字。墠从单得声，单是端纽元部字，所以 ▨ 读为墠毫无问题。现在，我们想说的是 ▨ 字构形问题。▨ 字下部从坦应该没有什么问题，但是上部部件究竟是什么？清华简整理者将 ▨ 隶定为䍃，由此来看整理者是将 ▨ 上部所从之 ▨ 看作尔。楚文字中尔字常见，一般写作 ▨（上博三·周24）、▨（上博四·昭2）、▨（上博四·曹32）等形。因此，整理者将 ▨ 隶定为䍃并没有多大问题。但是，▨ 字下部所从为坦，上部为

---

① 陈伟：《包山楚简初探》，武汉大学出版社1996年版，第111页。
② 陈伟主编：《楚地出土战国简册（十四种）》，经济科学出版社2009年版，第64页。
③ 详细情况可参阅刘波《出土楚文献语音通转现象整理与研究》，博士学位论文，吉林大学，2013年。

尔的构形该做何种解释？尔是日纽脂部字，显然尔不可能为◇字的音符。如果尔是◇字的意符，那么整个字的构形又应该如何解释？从后世字书来看，也并没有䪈字。正如有学者所言，◇字上部所从有可能是从㐭省。从古文字中相关㐭字形体来看，◇字所从之◇的确有可能是㐭字的简写。如果这种假设成立，那么◇字极有可能也是一个双声符字，也就相当于坛字，在具体简文中读为墠。也许有人要问，为什么在清华简同一支简中坛字用坦来记录，而墠字则用◇来记录。我们认为这可以从用字习惯和文字求异的角度来进行解释。从相关楚文字资料来看，楚文字中有用坦来记录坛字的情况，如◇（包 175）。关于此坦字，何琳仪认为"坦倌"，疑读"坛官"。《集韵》："坦，或为坛。"《说文》："坛，祭坛场也。"① 从具体简文来看，何琳仪的这种观点可信。关于书手在书写过程中的文字求异现象，楚简文字中习见。

综上所述，◇（九店 M56·53）字可以确定为篅。关于具体释读问题，可以参照《十四种》有关◇（包 132）字的解释。我们认为可以将◇（九店 M56·53）字读为遭，在具体简文中可以理解为转居或者徙居。在以往的研究过程当中，虽然李家浩也将◇（九店 M56·53）释为篅，但是却将篅读为廩。从具体简文来看，虽然将篅读为廩有一定的道理。但是，考虑到◇（九店 M56·53）在《相宅》一篇中，且同篇简文中有"垎于东北之北"、"垎于西北"等语句。我们认为将◇（九店 M56·53）字释为篅读为遭，在具体简文中理解为转居或者徙居更加符合简文实际情况。

郭店简中的◇（郭·老甲 30）字，在具体简文中释为尔、㐭皆可读通。但是，在研究过程当中大家往往倾向于将其释为尔字，这恐怕与传世文献的对读有很大的关系。上文当中已经说过，楚文字中确定无疑的尔字写作◇（新蔡·甲三 65）、◇、◇（新蔡·乙四 30、32）、◇（清华二·系 11）、◇（清华二·系 89）等形。从楚文字中的尔字来看，和◇（郭·老甲 30）在形体方面的差异不言而喻。因此，◇

---

① 何琳仪：《战国古文字典》，中华书局 1998 年版，第 1020 页。

（郭·老甲30）极有可能并非尔字，而是㐭字。从䜌（郭·老甲30）形体来看，下部呈现封口之状，这一点和战国时期的㐭字形体一致。至于䜌（郭·老甲30）所从之㐱和楚文字中㐭所从之笔画并不相似的问题，我们认为可以从文字省变的角度进行解释。其实，仔细观察楚文字中的㐭形部件，下部所从之部件不尽相同。综合考虑之后，我们比较倾向于将䜌（郭·老甲30）释为㐭。在具体简文中的释读，可以参照何琳仪的观点将㐭畔读为离畔。其实，在义字的考释过程当中证据的选择非常重要。楚文字中的尔字和䜌（郭·老甲30）明显存在差异。如果将其视为尔字，那么就仅此一例，则成为孤证。依据这样一条孤证来证明其他相关诸字皆从尔，可信度也会大打折扣。

关于䜌（新蔡·甲一12）字的考释，以往学界当中主要存在从尔和从㐭两种观点。对此，宋华强已经做出了很好的分析，认为从㐭。①从新蔡简中的尔字写作䜌（新蔡·甲三65）、䜌、䜌（新蔡·乙四30、32）等形来看，和䜌（新蔡·甲一12）字的差异不言而喻。现在有䜌（清华二·系57）和包山简中的䜌、䜌作为旁证，因此䜌（新蔡·甲一12）隶定为㐭在字形方面也是可信的。当然，䜌（新蔡·甲一12）字口内部的笔画和楚文字中的其他㐭相比也发生了一定的省变。从新蔡简来看，"取㐭"多次出现，具体含义也存在不少的争议。晏昌贵将其与《香港简·奴婢禀食粟出入簿》相联系，认为是发放口粮的记录。宋华强将"取㐭"读为"丛林"，认为大概和《左传·宣公十二年》栾武子称说楚国先人"若敖、蚡冒筚路蓝缕，以启山林"有关，说的也是楚国先辈艰辛立国之事。② 从具体简文来看，取㐭究竟为何意尚待进一步的证明。

䜌（上博七·君甲9）、䜌（上博七·君乙9）两字所从之部件，也是一直存有争议。现在看来从㐭已经基本没有多大问题了，可隶定为㐭。从形体来看䜌、䜌下部所从和尔字的差异较为明显，和楚文字中的

---

① 宋华强：《新蔡葛陵楚简初探》，武汉大学出版社2010年版，第69页。
② 宋华强：《新蔡简中的祝祷简研究（连载二）》，2006年12月，简帛网（http://www.bsm.org.cn/show_article.php?id=479）。

亩字形体则有较大的一致性，即都呈现出封闭状态。由■来看，下部所从部件的内部笔画明显呈现出井形，这和古文字中的亩字一脉相承。① 秦文字中的亩内部所从的笔画也演变得类似井形，如■（睡·杂14）、■（睡·答153）、■（睡·律44）。《君人者何必安哉》简文可以读作："先君需王干溪陨菖，君人者何必安哉？"陨菖一词当如刘信芳所言，即"陨禀"乃殒命之委婉语。在研究过程当中，也有学者主张将■（上博七·君甲9）、■（上博七·君乙9）隶定为菖，相关简文的理解和刘信芳大致相同，但是读法稍异。例如苏建洲认为菖可以分析为从亩得声，读为歼、颠②，李天虹认为菖可读为崩③。从具体简文来看，将■、■释为菖读为歼、颠或者崩皆可读通。

关于■（清华一·皇3）、■、■（清华一·皇13）字的考释问题，整理者将其隶定为嚣。从具体简文来看，整理者的释读意见具有一定的道理。但是，有学者提出可能和■（郭·老甲27）存在一定的联系之后，则有相当一部分学者认为■（清华一·皇3）、■、■（清华一·皇13）应该隶定为嚣。从■（清华一·皇3）、■、■（清华一·皇13）三字下部所从部件来看，和楚文字中的尔字的差异较为明显。在本书当中，我们反复强调战国时期楚文字中确定无疑的尔下部并不呈现封闭之状。但是，战国时期楚文字中的亩则呈现封闭状态。从■（清华一·皇3）、■、■（清华一·皇13）三字所从部件来看，符合亩的书写特征。将■（清华一·皇3）、■、■（清华一·皇13）三字隶定为嚣，在形体方面还有一个较为有利的证据。从■（清华一·皇3）、■、■（清华一·皇13）三字下部所从的部件来看，内部所从为■。楚文字中凡字常见，一般写作■（上博四·曹24）、■（上博五·季20）、■（上博五·三13）等形。从音韵学角度来看，凡是并纽侵部字，亩是来纽侵部，两者同属侵部字，一个属于舌音，

---

① 有关古文字中的亩字，可以参阅吴振武《战国亩（廪）字考察》，《考古与文物》1984年第4期。
② 苏建洲：《楚文字论集》，万卷楼图书股份有限公司2011年版，第149—151页。
③ 李天虹：《〈君人者何必安哉〉补说》，2009年1月，简帛网（http://www.bsm.org.cn/show_article.php?id=980）。

一个属于唇音，两者语音关系甚近。宋华强认为🗆（清华一·皇3）、🗆、🗆（清华一·皇13）三字下部所从之🗆属于变形音化。① 接下来，我们谈谈🗆（清华一·皇3）、🗆、🗆（清华一·皇13）释为嚚在简文释读方面的合理性。为了方便问题的讨论，现将简文和传世文献的对应关系罗列如下：

清华简：自厘臣至于有分私子，苟克有谅，罔不🗆达，献言在王所。（清华一·皇3）

传世本：我闻在昔有国誓王……乃方求论择元圣武夫，羞于王所。自其善臣以至有分私子，苟克有常，罔不允通，咸献言在于王所。

清华简：毋惟尔身之🗆，皆恤尔邦，假余宪。既告汝元德之行，譬如舼舟，辅余于险，🗆余于济。（清华一·皇13）

传世本：无维乃身之暴，皆恤尔，假予德宪。资告予元，譬若众畋，常扶予险，乃而予于济，汝无作。

通过传世本、简本的对照，我们不难发现🗆（清华一·皇3）与传世本中的允对应。整理者将🗆（清华一·皇3）释为嚚读为懔，是认为嚚从㐭得声。不知道当时整理者是出于何种考虑没有将嚚与传世文献允对读。从🗆字形体来看，上部从䫉。䫉字见于《说文》，小篆写作🗆。《说文》：“䫉：颈饰也，从二贝。”从音韵学角度来看，䫉是影纽耕部字，允是喻纽文部字。楚简材料中耕、文两部可以对转，例如🗆（郭·老甲27）可读为鈗。允、兑不但字形相近，且音亦可通，古书也常有允作兑者②，🗆（郭·老甲27）可与传世文献中的锐对应。因此，将嚚看作从䫉得声读为允，正好可以和传世文献相互对照。从音韵学角度来看，㐭是来纽侵部字，䫉是影纽耕部字，两者同属于阳声韵，两者关系密切。同时，文、耕二部可以通转，文、侵关系密

---

① 宋华强：《清华简〈皇门〉札记一则》，2011年2月，简帛网（http://www.bsm.org.cn/show_article.php?id=1397）。

② 刘波：《出土楚文献语音通转现象整理与研究》，博士学位论文，吉林大学，2013年，第122页。

第五章　楚文字中相关尔、而辨析　167

切。可能也正是鉴于上述考虑，刘波认为嚻是一个双声符字①。其实，将嚻看作双声符字还有一个好处，即上述第三例嚻和传世文献可以相互对照。通过第三例嚻和传世文献的比较，我们不难看出嚻和乃而对应。从传世文献来看乃而连用，出土楚文献中也有类似的情况。楚简中迺而连用的情况并不少见，例如：

先之以一璧，迺而归之。（新蔡·甲三 99）

太宰迺而谓之："君皆楚邦之将军，作色而言于廷，王事可▢"（上博四·柬 17）

关于楚简材料中迺而的释读问题，宋华强曾有较为详细的讨论②，请参看。在这里我们想着重说明一下有关迺字的考释问题。迺除了见于上述材料外，还见于：

今晋人将救子家，君王必进师以迺之！王焉还军迺之，与之战于两棠，大败晋师焉。（上博七·郑甲 6—7）

今晋人将救子家，君王必进师以迺之！王焉还军迺之，与之战于两棠，大败晋师焉。（上博七·郑乙 6—7）

关于楚文字中的迺字，在过去很长一段时间较容易发生误释。例如上述上博简《郑子家丧》中的迺就被误释为了记。在以后的研究过程当中，复旦大学读书会将《郑子家丧》中的迺进行了改释，认为记应该释为迺，迺表示迎击一类意思，疑读为应或膺。③ 关于读书会的这种释读意见，孟蓬生持赞同态度，并在此基础上进了相关说明。④ 从具体简文来看，读书会的这种释读意见可信。由此来看，迺可读为

---

① 刘波认为諲为双声符字的观点见于刘波：《出土楚文献语音通转现象整理与研究》，博士学位论文，吉林大学，2013 年，第 192 页。

② 宋华强：《葛陵新蔡楚简初探》，武汉大学出版社 2010 年版，第 310—314 页。

③ 复旦大学出土文献与古文字研究中心研究生读书会：《〈上博七·郑子家丧〉校读》，2008 年 12 月，复旦大学出土文献与古文字研究中心网站（http://www.guwenzi.com/SrcShow.asp? Src_ ID = 584）。

④ 孟蓬生：《"迺"读为"应"补证》，2009 年 1 月，复旦大学出土文献与古文字研究中心网站（http://www.gwz.fudan.edu.cn/SrcShow.asp? Src_ID = 628）。孟蓬生：《"迺"读为"应"续证》，2009 年 1 月，复旦大学出土文献与古文字研究中心网站（http://www.gwz.fudan.edu.cn/SrcShow.asp? Src_ ID = 644）。

应。楚简文字中的迺一般写作❏（上博四·柬17），从字形上来看从乃当没有多大问题。因此，传世文献中《皇门》中的乃而可能和楚简材料中的迺存在一定的联系。从音韵学角度来看，迺是日纽蒸部，应是影纽蒸部。迺、应韵部相同，只是声母一个属于舌音，一个属于喉音。关于楚简材料中日、影相通之例，孟蓬生有所证明。从楚简材料来看，孟蓬生的观点可信。从音韵学角度来看，应是影纽蒸部字，㐭是来纽侵部字。由迺、应可以通读来看，楚简材料中舌、喉二音可以有密切的联系。此外，楚简材料中侵、蒸二部关系密切①。因此，将清华简中的❏（清华一·皇13）释为䨻可以和传世文献中乃而产生对应联系。上文当中已经说过，䨻是一个双声符字，䫻、㐭皆为声符。至于第三例❏（清华一·皇13）在具体简文中的释读问题，可以参阅唐洪志、白于蓝的释读意见，将㐭读为䁆或者扔，取引义。② 由此来看，将❏（清华一·皇3）、❏、❏（清华一·皇13）释为䨻可以很好地解决第一、第三两例的释读问题。接下来，我们谈谈第二例䨻的释读问题。从传世本《皇门》来看，"无维乃身之暴，皆恤尔"文意难通，或许存在一定的错简。但是，清华简"毋惟尔身之❏，皆恤尔邦"中的䨻基本可以和暴字对照。从䨻、暴两者之间的关系来看，很难建立起联系。因此，关于此处䨻字释读问题，我们暂且从读书会的意见，读为营。③

综上所述，将❏（清华一·皇3）、❏、❏（清华一·皇13）释为䨻，在字形、简文释读方面皆可说通。下面，我们谈谈将❏（清华一·皇3）、❏、❏（清华一·皇13）释为䨻所存在的问题。

首先，在字形方面将❏（清华一·皇3）、❏、❏（清华一·皇13）释为䨻字，在很大程度上受到了❏（郭·老甲27）字的影响。❏（郭·

---

① 关于楚简中的侵、蒸二部通转关系，请参阅刘波《出土楚文献语音通转现象整理与研究》，博士学位论文，吉林大学，2013年，第159页。
② 唐洪志：《清华简〈皇门〉"胜舟"试释》，2011年1月，复旦大学出土文献与古文字研究中心网站（http：//www.gwz.fudan.edu.cn/SrcShow.asp？Src_ID＝1371）。
③ 复旦大学出土文献与古文字研究中心研究生读书会：《清华简〈皇门〉研读札记》，2011年1月，复旦大学出土文献与古文字研究中心网站（http：//www.gwz.fudan.edu.cn/SrcShow.asp？Src_ID＝1345）。

老甲 27）字部件上部所从究竟是不是尔字，尚有一定的讨论空间。清华简中有一🔲（清华一·金 2）字，有学者认为🔲上部所从部件可能为冏的简写。① 在上文当中，我们已经对🔲的构形进行了分析，认同了🔲所从之尔形部件为冏的简写，且🔲相当于坛字。由此可见，楚文字中的尔形部件可能并非尔字，而是冏的简写。关于🔲（郭·老甲 27）和🔲（清华一·皇 3）、🔲、🔲（清华一·皇 13）之间的关系，早有学者指出它们可能属于一字异体的关系。有学者据此认为🔲（清华一·皇 3）、🔲、🔲（清华一·皇 13）当隶定为䚫。但是，正如上文所言，如果🔲（郭·老甲 27）的尔形部件并非尔字，而是冏的简写，那么🔲（清华一·皇 3）、🔲、🔲（清华一·皇 13）就应该隶定为䚫了。我们认为🔲（郭·老甲 27）和🔲（清华一·皇 3）、🔲、🔲（清华一·皇 13）之间的确可以看作是一字异体，但是🔲（郭·老甲 27）所从之尔形部件并非尔字，而是冏的简写。🔲（郭·老甲 27）也是一个双声符字，䚫、冏皆为声符。关于🔲（郭·老甲 27）和🔲（清华一·皇 3）、🔲、🔲（清华一·皇 13）的考释问题，皆可释为䚫。陈剑在论证🔲（清华一·皇 3）、🔲、🔲（清华一·皇 13）为䚫字的时候，还曾利用🔲（上博七·君甲 9）、🔲（上博七·君乙 9）二字及🔲（郭·老甲 30）作为字形依据。在上文当中，我们已经说过楚文字中确定无疑的尔、冏具有明显的区别特征。🔲（上博七·君甲 9）、🔲（上博七·君乙 9）下部所从符合冏的书写特征，且从简文来看，释为蔷文通字顺。至于🔲（郭·老甲 30）字，和楚文字中的尔的区别也是不言而喻的，释为冏也是文通字顺。因此，以这些与冏有关的字作为字形依据来说明🔲（清华一·皇 3）、🔲、🔲（清华一·皇 13）为䚫字，在字形方面并不可信。

其次，从具体简文来看，将🔲（清华一·皇 3）、🔲、🔲（清华一·皇 13）释为䚫也是存在一定的问题。例如，陈剑将首尾两处的䚫

---

① 转引自苏建洲《楚文字论集》，万卷楼图书股份有限公司 2011 年版，第 147 页。

释为遂，中间的▨释为卫。① 在上文当中我们已经说过，▨是一个双声符字，且第一、第三两例可以和传世文献相互对照，在简文理解方面也是毫无问题。至于第二例，由于传世文献有所错简，但是将其读为营也是文通字顺。既然将▨（清华一·皇3）、▨、▨（清华一·皇13）释为▨可以和传世文献相互对照，且文通字顺，那么舍近求远地将▨（清华一·皇3）、▨、▨（清华一·皇13）释为▨似乎并不可靠。

因此，无论是在字形方面还是在简文释读方面，将▨（清华一·皇3）、▨、▨（清华一·皇13）释为▨并不可信。

结语：楚文字中的尔、㐭二字形体区别明显，且渊源有自。但是，在研究过程当中大家往往将两者纠缠在一起，产生了较大的争议。回顾一下楚文字这些从㐭相关字的考释过程，我们不难发现，其实将一些本来从㐭的字误释为从尔，在很大程度上是受了郭店简▨（郭·老甲30）、▨（郭·老甲27）字的影响。由于传世本中与▨（郭·老甲30）相对应的字是尔字，所以何琳仪将▨（郭·老甲30）释为㐭的观点就没有得到足够的重视。在研究过程当中，大家往往认为▨（郭·老甲27）所从之尔形就是尔字，遂认为▨（清华一·皇3）、▨、▨（清华一·皇13）也是从尔的字。现在结合▨（清华一·金2）及相关坦字来看，楚文字中有时候尔形并非就是尔字。▨（郭·老甲27）所从之尔并非尔，而是㐭的简写形式。▨（郭·老甲27）和▨（清华一·皇3）、▨、▨（清华一·皇13）为一字之异写，两者皆为双声符字，可分析为䚦、㐭两个表音部件。

通讨楚文字中相关㐭字的考释过程，我们不难发现合理处理传世文献和出土文献对照的重要性。如果能够正确看待两者之间的关系，那么对于古文字的考释和出土文献的阅读都有较大的积极影响。反之，则产生较大的消极影响。同时，个别字的考释必须放在整个文字系统中去考察。有时候一些考释结果由于受到相关材料和研究水平的

---

① 陈剑：《清华简〈皇门〉"▨"字补说》，2011 年 2 月，复旦大学出土文献与古文字研究中心网站（http：//www.gwz.fudan.edu.cn/SrcShow.asp? Src_ID=1397）。

限制，在当时看来虽然正确，但是随着相关新材料的陆续公布和研究力度的不断加深，存在的问题也就逐渐凸显出来了。因此，学术的进步是一个不断肯定与否定的过程。

第六章　楚文字中睿、冒形近现象分析

　　睿在楚文字中作为构字部件较为常见，形体也极为丰富，如🖾（楚帛书甲6）、🖾（包82）、🖾（包165）、🖾（包167）、🖾（包173）、🖾（包177）等。在过去很长一段时间，由于受到相关材料的限制，楚文字中的睿被误释为冒。楚文字中冒一般写作🖾（包134）、🖾（上博二·容15）、🖾（上博六·用2）等形。由此来看，两者在形体方面存在一定的相似性。从睿、冒二字的来源来看，两者渊源有自。但是在楚文字中睿、冒二字发生了一定程度的讹变，遂导致形体相近，容易发生误释。仔细查看楚文字中的睿、冒二字相关形体，我们不难发现两者虽然形体相似，但是也存在一定的差异。这些差异主要表现在睿上部明显比冒多出一个类似🖾形的部件。下面，我们从冒、睿源流角度入手，来分析冒、睿之间形体相近的问题。

　　冒字较早见于西周金文，字形写作🖾（九年卫鼎·西周中期·集成05.2831）。冒字早期的构形可分析为从冃从目，会蒙蔽之意，目亦声。[1] 战国时期的冒字传承西周金文的写法，但是略有改变。楚文字中冒字所从之冃逐渐演变为🖾。秦文字中的冒字则写作🖾（睡·语11）、🖾（睡·律147），这种写法的冒字遂为小篆所本，后世汉字中的冒即来源于此。冒字小篆写作🖾，《说文》："冡而前也。从冃从目。🖾，古文冒。"

　　从冒字相关情况来看，冒字的构形和演变过程较为清晰。但是，

---

① 何琳仪：《战国古文字典》，中华书局1998年版，第260页。

汉字中睿字的构形及来源问题则有不明之处。下面，我们对睿字相关问题展开一定的讨论。

第一节 《说文》中的睿及相关字

睿作为单字在《说文》中并未出现，而是作为叡字古文收在叡字头下。从汉字发展的一般规律来看，睿、叡可以看作是异体字或同源分化字。邵英的《群经正字》认为："今经典多从古文作睿。"由此来看，要想考察睿字构形问题，结合叡字进行分析无疑是一种途径。叡字小篆写作￼，《说文》："叡，深明也。通也。从奴从目，从谷省。￼，古文叡。￼，籀文叡。从土。"《说文》："奴，残穿也。从又从歺。凡奴之属皆从奴。读若残。"从《说文》中关于叡字的解释来看，其说存在一定的难解之处。叡字"从奴从目，从谷省"为何具有"深明也"、"通也"的意思？清代学者段玉裁认为"从奴、从目，故曰深明；谷以兄其深也"。段说虽然较《说文》更为详细，但是依然存在难解之处，叡字构形问题仍需进一步的讨论。

《说文》中虽然没有为睿单列字头，但是却有一个以睿为声符的字，即璿字，小篆写作￼。《说文》认为："璿，美玉也。从玉睿声。"《春秋传》曰："璿弁玉缨。璇，古文璿。￼，籀文璿。"从《说文》以睿为叡字古文及睿为璿字声符来看，睿作为单字使用的时间应该不会太晚。但是《说文》中却未将睿作为单字收录，且从大量出土文字资料中也难以直接找到睿字，这不免让人感到十分奇怪。

在以往的研究过程当中，学者们往往将睿字和《说文·谷部》中的濬字相联系。濬小篆写作￼，《说文》："濬，深通川也。从谷从卢。卢，残地；坑坎意也。"《虞书》曰："濬畎浍距川。浚，濬或从水。￼，古文濬。"同时，《说文·奴部》中有一叡字，小篆写作￼。《说文》："叡，从奴从谷。读若郝。￼，叡或从土。"段玉裁认为："（从奴，从谷）穿地而通谷也。（或从土）谓穿土也。"此叡字添加土旁之后，当即{沟壑}的壑。《说文》中叡字不仅作为单字出现，而且也作为构字部件参与构字，例如趣。从《说文》中睿、叡二字相关情况来看，它们和睿、叡之间存在千丝万缕的联系。但是，睿字构形问题也难以直接从睿、叡中得到解释。

睿、叡和睿、叡之间关系密切，濬和浚也存在一定的联系。浚字小篆写作𤄷，《说文》："浚，杼也。从水㕛声。"小徐本杼作抒，董莲池认为是讹抒为杼①。抒见于《说文》："抒，挹也。从手予声。"从抒、浚两者的关系来看，《说文》是用了声训的解释方法。予是喻纽鱼部字，睿是喻纽月部字，浚是心纽文部字，三者之间语音关系密切。关于濬、浚之间的关系，裘锡圭认为是一字异体，廖名春认为是同源。②虽然濬、浚二字关系密切，但是睿字的构形问题仍然难以得到直接的解决。

在上文当中，我们将《说文》中与睿相关的字进行了一番梳理，并且将学界中有关该问题的研究情况作了大致的介绍。从目前的研究情况来看，关于睿字的构形问题尚有不明之处，仍有继续讨论的必要。近年来，随着相关出土文字资料的陆续公布，睿字构形问题逐渐明朗起来。

第二节　楚文字中与睿有关的字

楚文字中睿作为构字部件较为常见，形体也极为丰富。在以往的研究过程当中，由于受到相关材料匮乏的限制，大家对楚文字中的睿产生了一定程度的误释。随着新材料的不断公布，相关研究力度的不断加深，大家逐渐对楚文字中这些睿旁得以正确的认识。

楚帛书中有一𦣞（楚帛书甲6）字，该字具体词例为："勿敢𦣞天霝。"关于该字的考释问题，商承祚将其释为叡③，此说得到了一部分学者的认同。在以后的研究过程当中，学者们又陆续提出了一些

---

① 董莲池：《说文解字考证》，作家出版社2005年版，第446页。
② 裘锡圭：《䛱公盨铭文考释》，载《中国出土古文献十讲》，复旦大学出版社2008年版，第46—78页。廖名春：《楚简〈周易〉校释记（二）》，《周易研究》2004年第5期。
③ 商承祚：《战国楚帛书述略》，《文物》1964年第9期。

第六章　楚文字中睿、冒形近现象分析　175

新的释读意见，诸说当中释为冒影响最大。① 在以后公布的包山简中，与◇字形结构相似的字再次出现，即◇（包165）。但是◇在具体简文中作为人名用字，因此难以在词例方面与楚帛书中的◇字加以比对。在包山简中，还有一些人名用字所从的部件和◇左部相似，如◇（包82）、◇（包167）、◇（包173）、◇（包177）。为了行文方便，在下文的写作过程当中，我们将统一以 X 代替那些与◇左部相似的部件。关于 X 的考释，包山简整理者将其隶定为睿②。在以后的研究过程当中，有学者陆续提出了不同的意见，诸说当中释为冒的影响最大，例如刘钊认为◇应该释为敊③。从形体来看，X 和楚文字中的冒形体相似，楚文字中的冒一般写作◇（包134）、◇（上博二・容15）、◇（新蔡・零35）等形。从两者的形体来看，具有一定的相似性，但是 X 明显比后者多出一个类似◇形的部件。廖名春曾试图对这种差异进行弥合，认为"◇"是一般性的帽子，而有"从"的当是特别的帽子，有角冠绳头之类的帽子。因此"◇"和有"从"的"◇"都是"冒"。④ 从当时的研究情况来看，由于受到相关材料的限制，将 X 释为冒是当时较为流行的说法。

在以后陆续公布的上博简中，X 再次出现。无论是从字形还是词例来看，这些从 X 的字都较为丰富，学者们逐渐认识到 X 就是睿。楚文字中睿字的真正释出，是从上博简开始的。上博简《性情论》中有一◇（上博一・性19）字，整理者将其释为濬。⑤ 整理者的这种释读意见，得到了部分学者的认同，例如季旭升将其分析为从水睿

---

① 详细情况可参阅徐在国《楚帛书诂林》，安徽大学出版社2010年版，第328—330页。
② 湖北省荆沙铁路考古队：《包山楚简》，文物出版社1991年版，第22、29、30页。
③ 刘钊：《包山楚简文字考释》，《出土简帛文字丛考》，台湾古籍出版有限公司2004年版，第3—32页。
④ 廖名春：《楚国文字释读三篇》，载《出土简帛丛考》，湖北教育出版社2004年版，第149—150页。
⑤ 马承源主编：《上海博物馆藏战国楚竹书（一）》，上海古籍出版社2001年版，第248页。

声，隶定为濬。①

将█（上博一·性19）释为濬，虽然从简文来看文通字顺，但是毕竟和《说文》相关睿字形体有一定的差距，并且缺乏相关字形的比对。也就是说，█和█在形体方面存在一定的差异，两者之间存在字形演变的缺环。因此，将█释为濬，在字形方面仍具有一定的不确定性。在随后公布的《容成氏》中有一█（上博二·容38）字，整理者将其释为璿。② 由于有相关传世文献的对照，因此将█右部所从的部件看作睿是没有多大问题。█字的确释，为日后楚文字中相关睿字的释出做出了很好的字形依据。在以后公布的上博简《周易》篇中，出现了如下三组字形：

A：①█（上博三·周28）②█（上博三·周29）

①初六：█恒，贞凶，无攸利。②上六：█恒，贞凶。

B：①█（上博三·周54）②█（上博三·周54）③█（上博三·周54）④█（上博三·周55）⑤█、█（上博三·周55）⑥█（上博三·周55）

①九二：█走其机，悔亡。②六三：█其躬，无咎。③六四：█其群，元吉。④█其丘，非（夷？）所思。⑤九五：█其大号，█其处，无咎。⑥上九：█其血去逖出。

C：█（上博三·周54）█：亨。王假于庙。利见大人，利涉大川。

关于上述三组相关文字的考释，由于有多种文献相互对照，所以释读问题不大。上博简整理者将A1隶定为叡③，其他版本《周易》与之相对应的字用叡、浚来表示，关于叡、叡、浚三者之间的关系，

---

① 季旭升主编：《上海博物馆藏战国楚竹书（一）读本》，北京大学出版社2009年版，第196页。

② 马承源主编：《上海博物馆藏战国楚竹书（二）》，上海古籍出版社2002年版，第280页。

③ 马承源主编：《上海博物馆藏战国楚竹书（三）》，上海古籍出版社2003年版，第174页。

第六章　楚文字中睿、冒形近现象分析　　177

学者早有论述①，请参看。由于有其他版本进行比对，因此整理者将A1隶定为叡读为浚的观点为学界所接受。A2在其他本子中又用复、振来记录，其中缘由丁四新曾有所论述②。

关于B、C的考释，上博简整理者将其分别隶定为𪎭、𦣝，字待考。③ 其他版本《周易》中与B、C相对应的字分别用涣或矣来记录。从相关简文来看，𪎭、𦣝为一字异体，孟蓬生认为𦣝是一个双声符字，睿、爰皆为声，睿声字一般认为在文部，而按之载籍，则常与元部之字发生关系。④ 陈慧玲认为𪎭右上从爰（为/元），帛本、今本作涣（晓/元），二字同为喉音元部，可通⑤。从具体简文来看，𦣝从爰声当无疑问，睿、爰关系密切，因此𦣝字构形可用双声符字进行解释。

综上所述，将A、B、C所从的部件看作睿没有什么问题。在以后公布的楚文字资料中，也陆续出现了一些以X为构字部件的字。这些字所从的X也可以看作是睿，例如❍（上博六·用18）、❍（清华二·系82）、❍（清华三·说上5）。

通过上文的陈述，我们可以看出楚文字中的这些X皆可看作是睿。这些睿作为构字部件较为常见，且形体极为丰富。虽然楚文字中的睿字形体极为丰富，但是和《说文》小篆睿在形体方面尚存一定的差异，睿字构形演变问题仍未得到解决。睿字结构究竟是什么？构形最初的源头又是什么？楚文字中的睿为何和《说文》小篆存在差异？这些问题仍需要进一步的解决。要想解决这些问题，就需要从更

---

① 详细情况可参阅廖名春《楚简〈周易〉校释记（二）》，《周易研究》2004年第5期。丁四新：《楚竹书与汉帛书〈周易〉校注》，上海古籍出版社2011年版，第88页。

② 丁四新：《楚竹书与汉帛书〈周易〉校注》，上海古籍出版社2011年版，第91页。又可参阅季旭升主编《上海博物馆藏战国楚竹书（三）》，万卷楼图书股份有限公司2005年版，第78页。

③ 马承源主编：《上海博物馆藏战国楚竹书（三）》，上海古籍出版社2003年版，第209页。

④ 孟蓬生：《上博竹书〈周易〉的两个双声符字》，2005年3月，简帛研究网（http://www.jianbo.org/admin3/2005/mengpengsheng003.htm）。

⑤ 季旭升主编：《上海博物馆藏战国楚竹书（三）》，万卷楼图书股份有限公司2005年版，第158页。

早的文字材料中搜集证据。

第三节　金文中与睿有关的字

在以往的研究过程当中，早有学者根据相关金文材料对睿字的构形作出过一定的说明①。在出土的西周时期青铜器燹公盨铭文中有一🔣字，裘锡圭认为是濬字初文。裘锡圭认为🔣字从"𠂇"（𠬝）从"川"从"○"（"圆"的初文），所从的"圆"之初文是加注的音符。② 按照裘锡圭的意思，𠂇是铲臿之类的挖土工具，𠬝表示手执铲臿，圆圈为音符，川为河流，🔣字整体字形结构可以看作手执铲臿疏通河川之意。裘锡圭的这种说法得到了学界的广泛认同。在中山王鼎中有一🔣字（摹本🔣左下部从目，当误），学界一般认为可隶定为賵，有学者指出它和许慎所解叡之本义密合。③ 其实，如果按照严格隶定，🔣（摹本🔣）应该隶定为覹。🔣、🔣（摹本🔣）二字正确释出之后，《说文》中的睿、叡二字来源问题得以直接解决。🔣就是叡较早的古文写法，只是叡在🔣的基础上省略掉了"川"，音符"圆"被"𠆢"替代（"𠆢"即"予"，详参下文）。睿是在叡的基础上又省略掉了"又"。手执铲臿疏通河川表现在动作方面，就是相当于"浚"字的"濬"；表现在对象方面则是{沟壑}的"叡"。这种现象也就是汉语史中常见的"名动相因"。从🔣（摹本🔣）、🔣二字左面所从的部件来看，两者具有一定的一致性，即都从𠂇和○。两者也存在一定的差异，即🔣字左面从川，而🔣（摹本🔣）字从左右对称的四个点。其实从🔣（摹本🔣）左边所从的部件来看，可分析为从𠂇从🔣（摹本🔣），是在🔣的基础上省略了"又"、"川"，且将音符圆换成了"予"。战国文字中与🔣（摹本

---

① 苏建洲：《上博楚简（五）考释五则》，《中国文字》2006年新三十二期。
② 裘锡圭：《燹公盨铭文考释》，载《中国出土古文献十讲》，复旦大学出版社2008年版，第46—78页。
③ 张世超、孙凌安、金国泰、马如森：《金文形义通解》，中文出版社1996年版，第983页。

第六章　楚文字中睿、冒形近现象分析　　179

&) 形体相似的"予"字写作&①，前者比后者多了一个"八"形，而少了一个圆圈。古文字中增繁和简省现象较为常见，例如豫字可以写作&（上博四·曹19）。从形体上来看，&（摹本&）很可能是在&的基础上省略一个圆圈所致。从语音关系来看，予是喻纽鱼部字，睿是喻纽月部字，两者语音关系密切。② 因此&（摹本&）可以看作是一个从见睿声的字，睿以"予"为声符。这也正好与《说文》中解释㵽字异体浚相互印证。《说文》曰浚："杼也。从水夋声。"《说文》曰杼："抒也。从手予声。"从&（摹本&）形体来看，和古文字中的谷、谷也具有一定的相似性。战国时期谷字可以写作&（玺汇3316）、谷（上博一·孔9）、谷（睡·日乙189）等形。从战国时期的谷字相关形体来看，和&（摹本&）具有一定的相似性，两者存在的主要差别在于谷下部从口，而&（摹本&）下部从圆圈。从战国时期的相关文字来看，从口和从圈具有一定的区别特征，两者具有一定的对立性。也就是说，一些从口的字并不会写作圆圈。因此，将&（摹本&）看作谷，在形体方面具有一定的不可信性。汉字中谷、谷关系复杂，李守奎曾对谷进行过一定的分析③，请参看。从汉字中相关谷字来看，和谷一样都是从口，因此将&（摹本&）看作谷，也具有一定的不可信性。顺便说一下，《新金文编》谷字头下收有一谷字④，从拓片来看下部是一个圆圈。如果排除剔除残锈时所致字形变化，那么将谷释为谷也具有一定的可疑之处。

　　从古文字&构形来看，字形结构较为清晰，但是从后世文字中的睿字来看则具有一定难解之处。小篆时期叡字写作&，和&相比最大的不同是夕下并非圆圈而是两个八形和目形。在上文当中我们已经说过，睿、叡和容、叙二字关系密切。&为㵽字初文，从形体来看它和

---

　　① 豫字所从，详细情况可参阅单育辰《谈晋系用为"舍"之字》，2008年5月，简帛网（http://www.bsm.org.cn/）。
　　② 可参阅刘波《出土楚文献语音通转现象整理与研究》，博士学位论文，吉林大学，2013年，第401页。
　　③ 李守奎：《〈说文〉"谷"字探源》，《中国文字研究》2008年第1辑。
　　④ 董莲池：《新金文编》，作家出版社2011年版，第1544页。

睿、叡二字存在一致性。也就是说，🔲就是叡较早的古文写法，只是叡在🔲的基础上省略掉了川，音符圆圈被"予"所替代。睿是在叡的基础上又省略掉了又。因此，要想考察睿字构形问题，可以从🔲、🔲（摹本🔲）二字构形问题来当作切入点。关于🔲字的构形问题，裘锡圭曾做了很好的说明。🔲（摹本🔲）字是一个从见睿声的字，很可能就是在睿的基础上添加一个义符见形成的一个形声字。睿字正是在🔲（摹本🔲）形体的基础上进一步简省的结果。在古文字中，由于受到书写空间等条件的限制，一些左右结构的字往往被改写成上下结构。首先，见字移动到睿字下面，其次，睿下面的圆圈被省略掉，见字下面所从的人形也被省略掉。在这一系列的简省过程当中，步形被很好地保留下来，予所从的八形也被保留下来。从古文字中相关睿字来看，有些睿字基本保持两个八形，这或许是为了装饰的需要，或许是在简省之后保留一定的区别特征。有时候睿字所从的八形又可省略，例如🔲（包167）。睿为🔲（摹本🔲）字简省这种情况，又可以从🔲（郭·性31）字看出端倪。

在以往的研究过程当中，🔲（郭·性31）字的释读问题一直没有得到解决。季旭升在将上博简相关字释为濬的基础上，将郭店简中与之相对应的🔲（郭·性31）字也改释为濬，认为🔲是从水、睿省，目形繁化为贝形。① 其实仔细观察🔲所谓的贝形，我们不难发现和楚文字中一般的贝有一定的差异。所谓的贝形部件上部呈现出明显的尖角特征，和楚文字中的目形一致。其实🔲很可能是一个从水䁽省声的字，睿省略掉圆圈之后，见移动到睿下。上博简中有一种写法的"见"②，例如🔲（上博六·天乙6），人形似刀形。只要将🔲下部的人形向右翻转，就可以得到🔲右下所从这种形体。在清华简中有一🔲（清华二·系82）字，可分析为从水敊声（敊即叡），可隶定为㵪。🔲（上博一·性19）、🔲（郭·性31）、🔲（清华二·系82）皆可释为濬，🔲可分析为

---

① 季旭升主编：《上海博物馆藏战国楚竹书（一）读本》，北京大学出版社2009年版，第196页。

② 按：古文字中见、视有别，🔲本为视，为了方便问题的说明，我们直接用"见"指称。

从水睿声，■可分析为从水膡省声，■可分析为从水歡（叡）声。

在鄹公盨中■字出现的词例是"堕山■川"，其中隋字写作■。关于古文字中隋字构形问题，李守奎、刘波有较详细的论述，请参看。① 由此来看，叡字籀文写作■当有一定的古文字依据。从■字来看，所表达的是手执铲甾疏通河川之意，■字在■的基础上添加土旁以求表意更加明确。

通过上文的陈述，我们知道《说文》中的睿、叡和■（摹本■）、■关系密切，且睿字是■（摹本■）的省变体，可分析为从见省睿省声。叡字小篆写作■，可分析为从见省叡省声。至此，汉字中的睿字构形问题已经得到解决。在下文当中，我们谈谈楚文字中相关睿字形体的来源问题。

第四节　楚文字中的睿为讹体

楚文字中的睿之所以当时难以释出，是因为楚文字中的睿发生了一定的省讹现象。楚文字中的睿作为构字部件较为常见，形体丰富，在本书的第二部分中我们已经有所罗列。从楚文字中的睿旁来看，主要有以下几种形体：■（上博三·周54）、■（上博三·周28）、■（包177）。关于睿字中的目形和两个八形，上文已经有所论述，兹不赘述。在这里，我们只准备讨论一下歺字的讹变情况。首先，歺字上部所从的卜形部件发生了一定程度的讹变，例如■、■所从的卜形部件已经演变为■、■。其次，卜形部件的下部发生了讹变，主要有■、■两种形体。由于睿字早期是从歺的，所以为了有更多的形体可以参照，我们不妨借鉴楚文字中的死字相关形体加以说明。楚文字中的死字可以写作■（包42），也可以写作■（包125）。汉字中死字所从的歺出现的时间甚早，早在甲骨时期就已出现，一般写作■（合19933）、■（合34695）、■（合22254）等形。关于歺字本义问题，

---

① 李守奎、刘波：《续论陛字构形与陛声字的音义》，《古文字研究》2012年第29辑。

学界一直存在一定的争议。① 西周时期的文字中，歺字基本保持甲骨时期的书写风格，变化不大，例如死字写作▨（大盂鼎·西周早期·集成05.2837）、▨（追簋·西周中期·集成08.4224）、▨（颂鼎·西周晚期·集成05.2827）等。但是战国时期歺字在保持殷周时期写法的同时，又发生了一定程度的讹变，出现了大量的异体。战国时期的秦文字中，死字一般写作▨（睡·为51）、▨（睡·日乙150）、▨（睡·律18）等形。由此可见，秦文字中歺字较好地继承了殷周时期的文字风格。但是在战国时期其他系文字中，歺字则发生一定的省讹现象。这种讹变现象在楚文字中尤为明显，例如死字可以写作▨（包32）、▨（包158）、▨（包54）、▨（包125）、▨（上博五·姑5）等。

由楚文字中死字所从歺的写法来看，有部分歺所从的卜形部件逐渐演变为▨；同时，卜形部件下部也发生了一定的讹变现象，卜下部分类似由一个圆圈▨和类似人形的部件▨组成。如果这个类似人形的部件上移，那么就会形成▨所从歺这种形体。有时候人形部件会演变得笔势圆转，例如▨。在这种情况下，如果歺字的下部所从的▨像▨字所从的▨一样往上移动，那么就会比较容易和楚文字中的▨字上部所从发生讹混。此外，从▨字所从的歺形来看，和冒字上部所从的部件有一定的相似之处，因此存在类化的可能性。▨演化成▨这种形体，又可以从▨（清华二·系102）得以旁证。▨在具体简文中就是尹，尹在楚文字中一般写作▨（上博四·柬8）。由此可见，楚文字中的睿字所从的歺发生了一定程度的讹变。正因如此，才导致了楚文字中的曾长期未能得到正确的解决。

楚文字中的▨这种形体，可以看作是在睿字的基础上又添加了一个义符见。至于楚文字中的▨这种形体，可以看作是睿省讹之后添加了音符。上文已经说过，裘锡圭认为睿字从"圆"得声。▨字右部所从部件是爰，爰是匣纽元部字，圆是匣纽文部或者元部字，两者语音

---

① 详细情况可参阅何琳仪《战国古文字典》，中华书局1998年版，第909页。黄德宽主编：《古文字谱系疏证》，商务印书馆2007年版，第2405页。

第六章　楚文字中睿、冒形近现象分析　183

关系很近，作为音符自可换用。

楚文字中有一个字所从部件和睿字所从相似，即🗡（上博五·鲍4）字。相关简文为"不以邦家为事，纵公之所欲，🗡民猎乐，笃欢倍忨，疲敝齐邦"。关于该🗡字的考释，历来众说纷纭。上博简整理者将其释为庚，并引《释名·释地》"庚，犹更也。庚，坚强貌"加以说明。① 袁金平结合包山简中的🗡（包150）、🗡（包258）和上博简中的🗡（上博四·采3），主张将其释为弁，读为鞭。② 季旭升认为可以分析为上从"弁"下从"刃"（与从刀同），可隶定为"剙"，释为"鞭"。③ 在后来的研究过程当中，苏建洲根据楚文字中的相关睿字，认为🗡可分析为从歺从刀（刃），读为残。④ 季旭升认为径释为从歺从刀（刃），则与列字难以区分，读残虽然在语音变化上也还可以说得通，但是较为曲折（《说文》残从戋得声），似可略为修正为"从刃、叔省声"⑤。何景成认为古文字中歺、𣥠二字有别，列字在古文字资料中不从歺而从𣥠。🗡不大可能释为列，而可能直接释为残害、残杀的残字。其字形或如季旭升的分析，从刃（或从刀）、叔省声。⑥ 陈剑在苏建洲观点的基础上，认为🗡就是列字，简文列当读为厉。⑦ 林志鹏认为当分析为从刃、从事省声，疑即剚字。⑧ 胡琼结合包山简中的陈字写作🗡，认为其右旁重上部与🗡上部形同，且郭店简《性自命

---

① 马承源主编：《上海博物馆藏战国楚竹书（五）》，上海古籍出版社2005年版，第186页。
② 袁金平：《读〈上博（五）〉札记三则》，2006年2月，简帛网（http：//www.bsm.org.cn/show_article.php?id=240）。
③ 季旭升：《〈上博五·鲍叔牙与隰朋之谏〉"笃欢附忨"解——兼谈"钱器"》，2006年3月，简帛网（http：//www.bsm.org.cn/show_article.php?id=267）。
④ 苏建洲：《〈上博楚简（五）〉考释二则》，2006年12月，简帛网（http：//www.bsm.org.cn/show_article.php?id=475）。
⑤ 季旭升：《上博五〈鲍叔牙与隰朋〉之谏试读》，载丁四新主编《楚地简帛思想研究（三）》，湖北教育出版社2007年版，第11—25页。
⑥ 何景成：《说"列"》，《中国文字研究》2008年第2辑。
⑦ 陈剑的观点转引自苏建洲的文章。苏建洲：《〈上博楚简（五）〉考释二则》，2006年12月，简帛网（http：//www.bsm.org.cn/show_article.php?id=475）。
⑧ 林志鹏：《战国楚竹书〈鲍叔牙与隰朋之谏〉"剚民猎乐"试解》，2006年12月，简帛网（http：//www.bsm.org.cn/show_article.php?id=481）。

出》中10号简文❖左旁的"重"字中间只有横笔没有竖笔,因而"❖"字或可释为从"刃"从"重"省,即"剰"字。《广雅·释诂一》:"剰,刺也。"① 从上述研究情况来看,学界对❖的考释主要有释庚、剆、列、剌、剰几种意见。

下面,我们就❖(上博五·鲍4)字的各种解释,谈谈我们对该问题的一些看法。

上博简整理者将其释为庚,这种解释无论是从字形还是简文来看,都难以讲通。楚文字中庚字较为常见,一般写作❖(包7)、❖(包183)、❖(望一70)、❖(上博五·季2)等形。从上述庚字形体来看,❖(上博五·鲍4)和楚文字中的庚字存在较大的差异。庚字出现时间较早,甲骨、金文、战国文字一脉相承,字形演变过程较为清晰。甲骨资料中庚字一般写作❖(合10812乙)、❖(合21863)、❖(华东87)等形。关于庚字的构形,学界中一直存有争议,一般认为是一种乐器的象形。② 西周时期庚字继承甲骨时期的写法,但有所变化。一般写作❖(史兽鼎·西周早期·集成05.2778)、❖(九年卫鼎·西周中期·集成05.2831)、❖(郑虢仲簋·西周晚期·集成07.4024)等形。由西周金文中相关庚字来看,中间空白处添加横笔为饰呈现常态化,且饰笔横画逐渐和两边竖笔结合。战国时期的楚文字继承西周金文的写法,横笔和两边竖笔结合之势更加明显,最终讹变为一笔。因此,将❖(上博五·鲍4)释为庚,在字形方面并不可信。首先,❖上部所从的部件是❖,而楚文字中的庚字无作此者。其次,❖下部从刃,楚文字中的庚也无有作此者。从简文来看,将❖释为庚也不好理解。总之,将❖释为庚并不可信。

在以往的研究过程当中,有学者认为❖可释为弇。例如袁金平利用包山简中的❖(包150)、❖(包258)和上博简中的❖(上博四·采3)作为依据,主张将❖释为弇。楚文字中的弇字较为常见,我们在

---

① 胡琼:《上博简〈鲍叔牙与隰朋之谏〉释读二则》,2007年5月,简帛网(http://www.bsm.org.cn/show_article.php?id=563)。

② 于省吾主编:《甲骨文字诂林》,中华书局1996年版,第2891条。

第六章　楚文字中睿、冒形近现象分析　185

《楚文字中的⿰形部件》一章节中有较为详细的讨论。从楚文字中的相关弁字形体来看，和⿰存在较大的差距。因此，将⿰释为弁并不可信。袁金平之所以将⿰释为弁，很大的原因在于根据⿰（包150）、⿰（上博四·采3）作为字形依据。但是，从目前的研究成果来看，⿰（包150）、⿰（上博四·采3）与弁无关。

⿰（包150）字在具体简文中是地名用字，"⿰陵之列里人石绅"。关于该⿰字的考释，历来众说纷纭，莫衷一是。包山简整理者没有做出隶定，也没有做出解释。① 黄锡全将其隶定为蘵，即蔲。② 刘信芳将其分析为从艹秉声，隶定为菓。③ 后来刘信芳又认为⿰从艹，免声。免之上部有一"⿰"形，人形下有一斜画。若将该斜画理解为"曰"之有机构成，则斜画上为曲人形（有如"危"上人形）；若将该斜画理解为人形之下部笔画，则为"千"形。无论是"人"形还是"千"形，不影响字形分析。④ 后来随着楚文字中叡字的释出，有学者倾向将其释为菿。⑤ 将⿰看作从列得声的字，曾一度成为学界的主流认识，例如吴良宝认为"菿陵"疑与楚地"厉"有关，即原赖国之地。⑥ 随着清华简的陆续公布，大家逐渐将其与⿰（清华一·金9）、⿰（清华一·金14）联系起来，认为该字可能就是获。李守奎将其放在获字头下，认为是从刀割取植物果实，当是获之表意字。⑦ 在新近公布的楚简中，与⿰（清华一·金9）、⿰（清华一·金14）所从相似的字再次出现，即⿰（上博九·邦3）。

结合上博简、清华简中的相关诸字来看，⿰由两个构字部件组成，即⿰、⿰。⿰由三部分组成，即⿰、⿰、⿰。⿰下部的笔画和⿰上部

---

① 湖北省荆沙铁路考古队：《包山楚简》，文物出版社1991年版，第28页。
② 黄锡全：《〈包山楚简〉部分释文校释》，载《古文字与古货币文集》，文物出版社2009年版，第398—405页。
③ 刘信芳：《包山楚简地名考释十二则》，《简帛研究汇刊》第1辑。
④ 刘信芳：《楚简"兔"与从"兔"之字试释》，《古文字研究》2008年第27辑。
⑤ 苏建洲：《上博楚简（五）考释五则》，《中国文字》2006年新三十二期。
⑥ 吴良宝：《战国楚简地名辑证》，武汉大学出版社2010年版，第193页。
⑦ 李守奎、贾连翔、马楠：《包山楚墓文字全编》，上海古籍出版社2012年版，第309页。

的笔画有重合之处，遂导致过去有一些误解。现在来看，▨和▨（上博五·鲍4）所从的▨，是由一个类似人形的部件和一曲笔组成。至于清华简中的▨、▨，则将人形下面的曲笔省略，或者与▨发生了借笔现象，所以和▨（包150）相比没有一曲笔。因此，将▨（包150）作为字形依据，认为▨（上博五·鲍4）是弁字并不可信。

▨（上博四·采3）字，具体简文为"讦征：牧人、葛人、蚕亡、竈氏、城上之胜苇、道之远迩、良人无不宜也、▨也遗抶"。上博简整理者将其作为不识字处理。① 在以后的研究过程当中，随着新材料的陆续公布，相关研究力度的不断加深，有学者指出▨和▨（上博五·鲍4）、▨（清华一·金9）、▨（清华一·金14）存在密切的关系。② 从字形之间的关系来看，这种处理方式可从，且从▨字构形来看，和楚文字中的弁字并不相类。因此，将▨（上博四·采3）作为依据认为▨（上博五·鲍4）为弁字也并不可信。

综上所述，▨（上博五·鲍4）和楚文字中的弁字形体差异明显，▨（包150）、▨（上博四·采3）二字和弁字也并无关系。因此，将▨（上博五·鲍4）释为弁并不可信。

在以往的研究过程当中，有学者认为▨（上博五·鲍4）上部从事，例如林志鹏认为当分析为从刃、从事省声，疑即割字。③ 楚文字中事字较为常见，一般写作▨（包200）、▨（郭·老甲11）、▨（上博五·弟9）、▨（清华一·金4）等形。从楚文字中事字相关形体来看，和▨上部所从部件具有一定的相似性，但是存在的差异也较为明显。楚文字中的事字和▨相比，事字上部从▨，▨上部从▨，两者上部所从相似。但是，楚文字中事字中间从▨或▨，▨字中间从▨，两者明显不同。因此，将▨上部所从看作是事省并不可信。

---

① 马承源主编：《上海博物馆藏战国楚竹书（四）》，上海古籍出版社2004年版，第167页。

② 清华大学出土文献研究与保护中心：《清华大学藏战国竹简（壹）》，中西书局2010年版，第161页。

③ 林志鹏：《战国楚竹书〈鲍叔牙与隰朋之谏〉"刲民猎乐"试解》，2006年12月，简帛网（http：//www.bsm.org.cn/show_article.php?id=481）。

第六章　楚文字中睿、冒形近现象分析　187

　　在以往的研究过程当中，有学者认为❋上部所从是重省。例如胡琼认为❋可释为从"刃"从"重"省，即"剚"字。① 胡琼认为❋从重省的主要依据是包山简中陈写作❋，以及郭店简中的❋字。胡琼的这种说法在字形依据方面同样有一定的问题。楚文字中的陈字并非从重，李守奎曾有很好的论证②。楚文字中重字一般写作❋（望二 2）、❋（郭·成 18）、❋（上博四·曹 30）等形，从石主声。有时候重字则写作❋（郭·成 10）、❋（郭·唐 19）。此外，清华简中有一人名用字❋（清华二·系 129），清华简整理者将其隶定为䵼。从楚文字中的相关重字来看，将❋（上博五·鲍 4）看作是重省声并不可信。

　　综上所述，在以往的研究过程当中，大家有关❋（上博五·鲍 4）字的考释都存在一定的问题。近几年来，随着几批新材料的公布，为❋（上博五·鲍 4）字的考释提供了新的研究视角。

　　在清华简中，与❋构形相似的字作为构字部件再次出现，即❋（清华一·金 9）："是岁也，秋大熟，未❋。"❋（清华一·金 14）："岁大有年，秋则大❋。"此二字在传世本中与之相对应的字用获来表示，清华简整理者将其隶定为㪅，字不识，疑"㪅"即"叡"字，叡，晓母铎部，读为匣母铎部之"获"。③ 黄人二、赵思木认为字盖以攴为义符，左则从"妻"得声。"妻"字包山简九一作"❋"，郭店《语丛一》作"❋"，《六德》作"❋"。此字左上所从，与诸"妻"字形似，左下则以"人"代"女"。"妻"、"齐"古声韵皆近，汉代每有"妻，齐也"之声训是其证。此字从"妻"得声，当即《说文》中训"获刈也"之"䅆"字。④ 宋华强在陈剑将上博简中相关字释为

----

① 胡琼：《上博简〈鲍叔牙与隰朋之谏〉释读二则》，2007 年 5 月，简帛网（http://www.bsm.org.cn/show_article.php?id=563）。
② 李守奎：《清华简〈系年〉中的❋字与陈氏》，《中国文字研究》2013 年第 2 辑。
③ 清华大学出土文献研究与保护中心：《清华大学藏战国竹简（壹）》，中西书局 2010 年版，第 161 页。
④ 黄人二、赵思木：《读〈清华大学藏战国竹简（壹）〉书后（二）》，2011 年 1 月，简帛网（http://www.bsm.org.cn/show_article.php?id=1369）。

列的基础上，将■、■看作从列得声，读为获。① 李学勤联系清华简《系年》中的■（清华二·系120）字，认为■、■当为鼗字。李学勤认为：

> "鼗"是见母锡部字，何以能假读为"获"？原来"鼗"、"系"都在见母锡部，而"系"与"画"又在匣母锡部。《孟子·公孙丑下》："孟子去齐，宿于画。"《史记·田单传》集解引刘熙注："画音获。""鼗"、"获"通假，于此可证。"获"、"获"均为匣母铎部，同锡部韵旁转。"鼗"字为什么这样写？我们可参考秦文字，查《睡虎地秦简文字编》，"鼗"字作■，或■，其左旁上部与"陈"字形同。楚文字的"陈"有的形变为■或■，见《战国文字编》，所以这里"鼗"的字形变化不足为异。②

将■（清华一·金9）、■（清华一·金14）左部所从和妻相联系，这种研究角度并不可取。关于楚文字中妻字的形体及构形问题，我们在《楚文字中的■形部件》一章中曾有所论述。从楚文字中的妻字形体及构形演变来看，■、■与之并不存在什么联系。至于李学勤结合楚文字中的相关陈、击字认为■、■当为鼗字的观点可信度也并不很大。

在新近公布的上博简中，与■（上博五·鲍4）形体相似的字再次出现，即■（上博九·邦3）。■的具体简文为"如就复邦之后，盍冠为王■，而邦人不称"。关于该字的考释，上博简整理者将其释为秉。③ 单育辰结合清华简中的■，认为应该释为获。张崇礼在学界将

---

① 宋华强：《清华简〈金縢〉读为"获"之字解说》，2011年1月，简帛网（http://www.bsm.org.cn/show_article.php?id=1388）。
② 李学勤：《释清华简〈金縢〉通假为"获"之字》，2012年1月，简帛网（http://www.bsm.org.cn/show_article.php?id=1618）。
③ 马承源主编：《上海博物馆藏战国楚竹书（九）》，上海古籍出版社2013年版，第245页。

第六章　楚文字中睿、冒形近现象分析　　189

相关字释为列的基础上，将✶释为列，列：等也。①楚文字中秉字一般写作✶（郭·缁9）、✶（上博一·缁5）、✶（上博五·三12）、✶（清华一·金2）、✶（清华三·芮16）等形。从楚文字中的秉字相关形体来看，秉和✶在形体方面存在较大的差异，两者除了上部所从的✶、✶相似之外，存在的差异较为明显。秉字中间所从部件的左侧呈现开口，而✶中间所从则呈现封闭之状。此外，✶下部从刀，而秉字则并不从刀。因此，将✶看作是秉并不可信。

此外，在新近公布的清华简中出现了一个与✶、✶相似的构字部件，即✶（清华三·芮12）。✶相关简文为"用建其邦，平和庶民，莫敢✶憧"。清华简整理者将其隶定为怸，认为应该是憷字。《广雅·释诂一》："憷，惊也。"憧，《说文·心部》："意不定也。"②

综上所述，要想考察✶（上博五·鲍4）字的构形问题，结合✶（包150）、✶（上博九·邦3）、✶（上博四·采3）、✶（清华一·金9）、✶（清华一·金14）、✶（清华三·芮12）等字无疑是一种很好的解决途径。关于上述几字的考释问题，苏建洲提出了一种解释，并且在学界产生了较大的影响。苏建洲认为✶（上博五·鲍4）可隶定为身，即列字，可依陈剑读为厉。✶（上博四·采3）、✶（清华一·金9）、✶（清华一·金14）皆可看作是在✶（上博五·鲍4）字基础上演变而来。③苏建洲的这种说法，虽然具有一定的道理，但是同样也存在一定的问题。苏建洲的主要依据在于楚文字中的睿字所从之歹的讹变形体。但是，楚文字中相关睿字所从之部件，和上述几字之间存在一定的差异。因此，关于该问题的研究，仍有继续讨论的必要。

---

① 张崇礼：《释楚文字"列"及从"列"得声的字》，2013年6月，复旦大学出土文献与古文字研究中心网站（http://www.gwz.fudan.edu.cn/SrcShow.asp?Src_ID=2080）。

② 清华大学出土文献研究与保护中心：《清华大学藏战国竹简（叁）》，中西书局2012年版，第151—152页。

③ 苏建洲：《楚文字论集》，万卷楼图书股份有限公司2011年版，第347页—352页。

第七章　戋字变体及相关诸字辨析[*]

楚文字中戋无论是作为单字，还是构字部件都较为常见。戋字见于《说文》，小篆写作⿰戈戈。《说文》："戋：贼也。从二戈。《周书》曰：戋戋巧言。"戋字出现时间甚早，甲骨时期就已经出现。甲骨资料中的戋字一般写作✦（合6335）、✦（合6336）、✦（合4759）等形，学界中一般认为戋的构字本义是两戈相向会伤残之意[①]。春秋时期的金文资料中戋字继承甲骨时期的写法，如✦（越王之子勾践剑·春秋·吴越431页）、✦（伯戈盘·春秋·集成16.10160）。战国时期楚文字中戋字较为常见，一般写作✦（郭·缁18）、✦（郭·性53）、✦（郭·成34）、✦（上博一·孔4）、✦（上博一·性23）、✦（清华二·系110）等形。楚文字中戋作为构字部件也较为常见，如✦（包265）、✦（楚帛书乙5）、✦（楚帛书甲2）、✦（信阳14）、✦（包238）、✦（郭·老甲25）等。秦文字中戋作为构字部件也较为常见，如✦（睡·律65）、✦（睡·封36）、✦（睡·封68）等。后世文字中的戋字写法即来源于秦、楚文字中这种上下结构的戋。从相关形体来看，甲骨文字到隶楷阶段，戋字的发展脉络较为清晰。

从楚文字中相关戋字形体来看，主要有两种类型，即✦（郭·缁18）、✦（郭·成34）。从字形来看，✦（郭·缁18）两戈所从的横笔逐渐连接在一起，而✦（郭·成34）两戈所从的横笔则并没有连接在

---

[*] 该部分内容我们后来整理成文，刊发在《江汉考古》。张峰、谭生力：《论古文字中戋字变体及相关诸字形音义》，《江汉考古》2016年第4期。

[①] 关于戋字构形问题，可以参阅于省吾主编《甲骨文字诂林》，中华书局1996年版，第2323条。

第七章　戈字变体及相关诸字辨析　191

一起，而是呈现出平行的状态。在新近公布的楚简资料中，戈字可以写作㦰（上博八·颜9）。从㦰（上博八·颜9）的形体来看，戈旁以横笔为界断为两部分，横笔上部的笔画已经讹变成了点。㦰（上博·颜9）这种形体进一步演变，就会产生一些戈字变体。同时，𢦢（郭·成34）这种写法的戈字也会相应地发生一定的类化现象。在以往的研究过程当中，由于相关材料的限制，加上楚文字中一些以戈为声符的字其戈旁省讹较大，所以产生的误解颇多。近年来随着上博简、清华简的陆续公布，这些从戈得声诸字的相关问题逐渐明朗起来。同时古文字中有一些羑、业、带字变体和这些戈字变体形体相似，但是它们渊源有自，属于同形、形近关系。下面，我们讨论一下古文字中这些从戈得声诸字的构形、演变及相关诸字的音义关系。同时我们对一些与戈字变体相似的形体进行一定的辨析。

　　楚文字中有这样一些形体，写作𢦘、𢦖、𢦙、𢦚、𢦛、𢦜等形。为了行文方便，下文将以 C 作为它们的共同代表。C 主要出现在楚系文字中，主要充当察、浅二字的声符，此外，C 在燕系文字、三体石经中也有所出现。在以往的研究过程当中，C 往往被隶定为堥①、羑②、羑③、举④、䒑⑤、业⑥等。同时在古文字中还有𦍙、𦎧这样两个形体，下文分别以 Y 和 P 作为它们的代表。Y 在古文字中一般充当窃、缔二字的声符；P 主要出现在两周金文中，也是充当声符的角色。金文中

---

①　湖北省荆沙铁路考古队：《包山楚简》，文物出版社1991年版，第41页。
②　巫雪如：《包山楚简姓氏研究》，硕士学位论文，台湾大学，1996年，第141页。葛英会：《〈包山〉简文释词两则》，《南方文物》1996年第3期。许全胜：《包山楚简姓氏谱》，硕士学位论文，北京大学，1997年，第21页。白于蓝：《〈包山楚简文字编〉校订》，艺文印书馆1999年版，第155—162页。王宁：《申说楚简中的"讣"》，2002年9月，简帛研究网（http://www.jianbo.org/）。李运富：《包山楚简"諜"义解诂》，《古汉语研究》2003年第1期。
③　刘钊为了方便讨论暂且将其隶定为羑，他认为羑可能是辛的变体。详见刘钊：《利用郭店楚简字形考释金文一例》，《古文字研究》2002年第24辑。
④　李零：《读〈楚系简帛文字编〉》，《出土文献研究》1999年第5辑。刘信芳：《郭店简文字考释二则》，《古文字与古文献研究》1999年试刊号。
⑤　注：胡平生最初将其隶定为䒑，后来听取裘锡圭的意见将其隶定为业。胡平生：《包山楚简中的䍽》，第三届国际中国古文字学研讨会，1999年10月，第663—669页。
⑥　同上。

从 P 得声的字一般和伐连用，以前学界一般将其释为扑，把扑伐读为薄伐，后来刘钊将其读为蔑伐①。在以往的研究过程当中，学界一般将 C、Y、P 视为同一来源（按：下文将以 △ 统称 C、Y、P），因此 C 又被隶定为帯、韧②。由于 C 本身和对、羮等字有相似之处，再加上学界逐渐把 C、Y、P 视为同一来源，因此 C 和对、羮、窃、带等字的关系越发混乱。

那么 △ 究竟是什么？是否为同一来源？关于 △ 的考释，李运富曾经提出富有建设性的意见。李运富主张运用系统论的原则和方法研究 △，认为 △ 有多个不同的来源。③ 林澐也曾经说过："先秦文字的构造是一个不断变化的复杂过程，起源不同的字，在演变过程中会有局部或全部形体雷同的现象，需要作历史的、多方面的考察，才能得出正确的符合实际的结论。"④ 近年来随着战国楚简的陆续公布，我们也认为 △ 有不同的来源，并且我们认为 C 来源于戈；Y 来源于业、带；P 来源于羮。关于 C 来源于戈的观点，是裘锡圭最早提出的。可惜，这种观点在以后的研究过程当中并没有引起学界的足够重视，就连裘锡圭自己也放弃了。⑤ 下面，我们探讨一下 C、Y、P 之间的关系，并且对它们各自的来源展开一定的讨论。

第一节　以 C 为声符的字

下面将楚文字中与 C 相关诸字择要罗列出来：

---

① 刘钊：《利用郭店楚简字形考释金文一例》，《古文字研究》2002 年第 24 辑。
② 周凤五：《读郭店楚简〈成之闻之〉札记》，《古文字与古文献》1999 年试刊号。黄锡全：《尖足空首布新品"下虒"考》，载《先秦货币研究》，中华书局 2001 年版，第 48—55 页。黄锡全：《楚简"諨"字简释》，《简帛研究》（2001）。何景成：《楚文字"契"的文字学解释》，《简帛语言文字研究》2010 年第 5 辑。
③ 李运富：《楚简"嘆"字及相关诸字考辨》，2003 年 1 月，简帛研究网（http：//www.bamboosilk.org/showarticle.asp? articleid=181）。
④ 林澐：《究竟是"蔑伐"还是"扑伐"》，《古文字研究》2004 年第 25 辑。
⑤ 裘锡圭：《〈太一生水〉"名字"章解释——兼论〈太一生水〉的分章问题》，《古文字研究》2000 年第 20 辑。裘锡圭：《释〈子羔〉篇"炮"字并论商得金德之说》，《简帛》2007 年第 2 辑。

(1) 从言 C 声的字。该字形体变化多端，我们根据形体的差异将其分为以下六类：

a1 ▨（包 15 反）2 ▨（包 24）3 ▨（包 30）4 ▨（包 42）5 ▨（包 54）6 ▨（包 125）7 ▨（包 137）8 ▨（上博·鲍 5）9 ▨（上博四·曹 45）10 ▨（郭·穷 1）11 ▨（砖 2）

1 新造让尹不为其▨（察），不愁。2 不▨（察）陈頯之伤，隂门有败。3 不▨（察）陈頯之伤以告，隂门有败。4 不▨（察）公孙甲之竖之死，隂门有败。5 不▨（察）长陵邑之死，隂门有败。6 疋阳公命鄘国之客韋列尹癸▨（察）之。7 ▨（察）问知舒庆之杀桓卯，逌、炡与庆皆；▨（察）问知苛冒、桓卯不杀舒明。8 公固，弗▨（察）人之性三：食、色、忧。9 其诛重且不▨（察）。10 ▨（察）天人之分，而知所行矣 11 未知其人，今仆▨（察）……

b1 ▨（包 12）2 ▨（郭·尊 8）3 ▨（郭·尊 17）4 ▨（郭·成 19）

1 子左尹命溁陵邑大夫▨（察）造室人梅瘴之典之在溁陵之三玺。2 ▨（察）者出所以知己。3 ▨（察）迟则无僻。4 ▨（察）反诸己而可以知人。

c1 ▨（包 126）2 ▨（包 128）3 ▨（包 128 反）

1 子左尹命溁陵之邑大夫▨（察）州里人唐鋋之与其父唐年同室与不同室。2 溁陵邑大夫司败▨（察）溁陵之州里人唐鋋之不与其父唐年同室。3 其▨（察）职言市既以跖鄭。

d1 ▨（郭·语一 68）2 ▨（郭·五 8）3 ▨（郭·五 13）

1 ▨（察）天道以化民气。2 思不清不▨（察）。3 清则▨（察），察则安。

e ▨（包 157）▨（察）问大梁之职舊之客苛坦。

f1 ▨（包 22）2 ▨（包 27）

1 辛未之日不▨（察）陈主頯之伤之故以告，隂门有败。2 不以死于其州者之▨（察）告，隂门有败。

(2) 从人 C 声的字。古文字中人、尸作为偏旁经常讹混，所以该字有时候写作从尸 C 声。根据形体的差异，我们将其分为以下三类：a▨（郭·性38）①▨（察）其见者，情安失哉？b▨（郭·语二19）急生于欲，▨（察）生于急。c▨（上博一·孔13）色不▨（察），出言不忌。（按：b所从之声符可以看作是▨（清华二·系44）所从之声符的省略，▨字在相关传世文献中写作践。）

（3）从刀C声的字。根据形体的差异我们将其分为以下两类：a▨（上博二·容18）田无▨（蔡），宅不空。b▨（包19）鄢正娄▨（蔡）虢。▨（包36）不将▨（蔡）君以廷，阳门有败。▨（包140）▨（蔡）君之司马奉为皆告成。从刀C声的字在表示地名时往往添加邑旁作为义符，如▨（包140反）▨君之地襄溪之中。▨（包43）君之右司马均庄受期。出土资料中也有一些从邑C声的字，它们和上述两例当为一字。例如：▨（包183）▨阳人陈楚、新野人少妾秋、吕寅。▨（《珍秦斋藏印·战国篇》140号）▨（包41）八月乙未之日，龚夫人之大夫番赢受期，九月戊申之日，不将鄢▨以廷，阳门有败。▨（包48）九月戊申之日，龚夫人之大夫番赢受期，癸亥之日，不将昱▨以廷，阳门有败。

（4）从水C声的字，如▨（上博六·用20）有但之深，而有掉（吊？）之▨（浅）。在楚文字中还有一些从C省声，读为浅或者察的字。例如：▨、▨（郭·五46）深，莫敢不深；▨（浅），莫敢不▨（浅）。▨（合文）（郭·性22）笑，喜之▨（浅泽）也。▨（郭·五37）不匿不▨（察）于道。▨（郭·五39）有小罪而弗赦也，不▨（察）于道也。

（5）从车C声的字。例如：▨（上博四·曹46）卒欲少以多，少则易▨（寡）。

除上述资料外，C也出现在燕系文字、三体石经中。例如：▨（燕王职壶）、▨（燕王职矛）、▨（三体石经）等。

C较早引起学界的关注是在包山简公布之后，当时大家对C认识不足，产生的一些说法对简文的释读也不尽如人意。包山简整理者将

---

① 按：该字下部所从人形或由戈下部笔画讹变而来，为了讨论的方便放于此。

从言 C 声的相关诸字隶定为謹或谋，读如对、应对①；将从刀 C 声的相关诸字隶定为刟、鄭②。夏渌认为从言 C 声的字是个形声字，C 也是个形声字。C 下像雏鸟或稚兽形，上从川声，疑为驯的初文。从言驯声当为训古字，通假为询或讯，是审询问案之意。③ 葛英会认为包山简中 C 相关形体来源于羍，因此将从言 C 声的字隶定为谋。谋即典籍之弊，弊当取断义。④ 胡平生最初将从言 C 声的字隶定为譑，读为诊，诊即验。后来听取裘锡圭的意见将从言 C 声的字隶定为谋，谋读为验。⑤ 何琳仪将从言 C 声的字隶定为對，读为对，是责对而治狱的意思。⑥ 李零将包山简中 C 相关形体隶定为羍，刘信芳也将包山简中的相关诸字隶定为刟、鄭，刟、鄭，并读为仆。⑦

郭店简公布之后，大家对 C 的认识有所加深。裘锡圭对从言 C 声的字加注按语，认为似当读为察。⑧ 陈伟认为从言 C 声的字与《古文四声韵》中卷三、卷四所引《古老子》中的辨及辯字近似，也许可以释为辨或辯。辨、辯并有辨别、治理的意思，与察的字义极为相近。⑨ 董莲池认为 C 实同辯字古文所从的 羍，从言 C 声的字就是古文

---

① 湖北省荆沙铁路考古队：《包山楚简》，文物出版社1991年版，第29、41页。从言△声的字读为对这种意见，李零、刘信芳、白于蓝等人持赞同意见。详见李零：《李零自选集》，广西师范大学出版社1998年版，第131—147页。刘信芳：《包山楚简司法术语考释》，《简帛研究》1996年第2辑。白于蓝：《〈包山楚简文字编〉校订》，《中国文字》1999年新廿五期。

② 湖北省荆沙铁路考古队：《包山楚简》，文物出版社1991年版，第19页。

③ 夏渌：《读〈包山楚简〉偶记——"受贿"、"国帑"、"茅门有败"等字词新义》，《江汉考古》1993年第2期。

④ 葛英会：《〈包山〉简文释词两则》，《南方文物》1996年第3期。白于蓝也认为△相关形体来源于羍，例如他将从刀 C 声的字隶定为刟。白于蓝：《〈包山楚简文字编〉校订》，《中国文字》1999年新廿五期。

⑤ 胡平生：《说包山楚简的谋》，第三届国际中国古文字学研讨会论文，1997年，第663—669页。

⑥ 何琳仪：《战国古文字典》，中华书局1998年版，第1216页。

⑦ 李零：《读〈楚系简帛文字编〉》，《出土文献研究》1999年第5辑。刘信芳：《包山楚简解诂》，艺文印书馆2003年版，第30页。

⑧ 荆门市博物馆：《郭店楚墓竹简》，文物出版社1998年版，第145页。

⑨ 陈伟：《郭店楚简别释》，《江汉考古》1998年第4期。

辩字，辩取明察之义。① 刘信芳认为 C 为䒑，所以把从言 C 声的字隶定为䜓。䜓读为督，《说文》："督，察也。"周凤五将䜓与䜓相联系，认为从言 C 声的字是左从言右从带。带，古音端母月部字；察，初母月部字，两者可通。并且认为《语从四》中的窃和《性自命出》中的浅所从的声符也是带。② 曹锦炎认为从言 C 声的字虽应读为察，但并非察之本字，实为䜓字。䜓之本义指谛视、明察，与"察"同义。③ 黄锡全也认为楚简中的 C 来源于带。从言 C 声的字可释读为諟，即谛，义同审，有审理、审察、审核、审定、审知、审断、审明、审度等义。④ 裘锡圭先是认为 C 由㦰形讹变而成，后来又认同周凤五等学者的观点认为 C 是带或从带省的字。⑤ 汤余惠、吴良宝把包山简中从言 C 声的字隶定为䜓，把䜓隶定为郑，把从刀 C 声的字隶定为剬。⑥ 刘钊认为 C 可能就是辛字的变体，辛本为辛的分化字。古文字中从辛或从与辛类似的形体的字，其上部在发展演变中变为"屮"或"屮"，这一点与上引"䒑"字的特征正相符。⑦ 王宁认为从言 C 声的字的确是从䒑，则卜当读为察。由古文"扑"又作"扑"、"璞"又作"坲"、"朴"又作"朴"推之，此字当是卟之或体。楚简中的卟当读为覆，二字古音同滂母双声、屋觉旁转迭韵，音近而假。覆字

---

① 董莲池：《也说包山楚简中的"受期"》，《古籍整理研究学刊》1999 年第 4 期。11 刘信芳：《郭店简文字考释二则》，《古文字与古文献》1999 年试刊号。
② 周凤五：《读郭店楚简〈成之闻之〉札记》，《古文字与古文献》1999 年试刊号。
③ 曹锦炎：《从竹简本〈老子〉、〈缁衣〉、〈五行〉谈楚简文字构形》，载《揖芬集·张政烺先生九十华诞纪念文集》，社会科学文献出版社 2002 年版，第 323—328 页。
④ 黄锡全：《尖足空手布新品"下虒"考》，《中国钱币》2000 年第 2 期。
⑤ 裘锡圭：《〈太一生水〉"名字"章解释——兼论〈太一生水〉的分章问题》，《古文字研究》2000 年第 22 辑。裘锡圭：《释〈子羔〉篇"䏿"字并论商得金德之说》，《简帛》2007 年第 2 辑。赵平安：《试释包山楚简中的"笘"》，《新出简帛与古文字古文献研究》，商务印书馆 2009 年版，第 343—349 页。
⑥ 汤余惠、吴良宝：《战国文字编》，福建人民出版社 2001 年版，第 149、431、278 页。
⑦ 按：刘钊所说的䒑即本书的 C。刘钊：《利用郭店楚简字形考释金文一例》，《古文字研究》2002 年第 24 辑。

古确有"检验、核实、确认"等含义,与"察"义相同。① 李运富认为𢦏(郭·五37)、𢦏(郭·五39)可以看作辛的变体,借用为辩。可以释作浅的那个字中的声符或从辛省,或从辛省从水。从言C声字中的C应该来源于仆,是仆的省变体。② 赵平安认为譔字郭店楚简用为"察",从它得声的"渼"用为"浅",西周金文中从它得声的"𢦏"、"𠝣"、"𠟊"可以同践、划、剪、戬等字。从这些语音线索出发,再考虑到包山简中法律文书的特点,我们认为应当读为"瀗"或"譧"。譧有对疑案进行覆案以审议定罪的意思,包山简中的譔大多可以这么理解。③ 何景成认为C是由甲骨文、金文中的韧演变而来,可以径释为韧。④ 吴良宝把包山简中的相关诸字隶定为鄄。⑤

从上述各家的观点来看,大家对C的考释众说纷纭。从总体来看,主要有以下几种观点:其一,赞同包山简整理者的隶定,把相关诸字读为对;其二,赞同葛英会等学者的观点,主张C来源于𢆉;其三,赞同裘锡圭的观点,认为C来源于从两戈的戈形讹变;其四,赞同刘钊等学者的观点,主张C来源于辛。其五,赞同周凤五等学者的观点,认为C为带字或带字的省体;其六,何景成认为C来源于甲骨、金文中的韧。

回顾一下C的考释过程我们不难发现,随着新材料的不断公布、学界对C考释的不断加深,C逐渐和Y、P纠缠在一起,致使C的考释结果越来越乱。近年来随着上博简、清华简的陆续公布,我们认为C就是来源于戈字变体。

在讨论C为戈字变体之前,我们首先讨论一下以往有关C的各种

---

① 王宁:《申说楚简中的"计"》,2002年9月,简帛研究网(http://www.bamboosilk.org/xszm/2002/wangning02.htm)。
② 李运富:《楚简"譔"字及相关诸字考辨》,2003年1月,简帛研究网(http://www.bamboosilk.org/showarticle.asp?articleid=181)。
③ 赵平安:《试释包山楚简中的"笪"》,《新出简帛与古文字古文献研究》,商务印书馆2009年版,第343—349页。
④ 何景成:《楚文字"契"的文字学解释》,《简帛语言文字研究》2010年第5辑。
⑤ 吴良宝:《楚地铚阳新考》,《古文字学论稿》,安徽大学出版社2008年版,第430—431页。

解释存在的不妥之处。对字见于《说文》，小篆写作🔲，或体写作🔲。《说文》："对：譍无方也。从丵从口从寸。"对字出现时间较早，甲骨时期就已经出现。甲骨资料中对字一般写作🔲（合·0600）、🔲（合·36419）、🔲（屯·4529）等形。学界中关于对的造字本义一直以来存有争议①，有学者认为从又、从丵、从土，会扑土之义②；有学者认为可能是像以手配业于虡上之意③。西周金文当中，对字传承甲骨时期的写法，但字形稍有变化。西周时期金文中的对字一般写作🔲（叔簋·西周早期·集成08.4133）、🔲（大簋·西周中期·集成08.4165）、🔲（南宫乎钟·西周晚期·集成01.181）等形。此外，西周金文中还有一种对字写作🔲（王臣簋·西周中期·集成08.4268）、🔲（多友鼎·西周晚期·集成05.2835）。从古文字中相关对字形体来看，🔲（王臣簋·西周中期·集成08.4268）、🔲（多友鼎·西周晚期·集成05.2835）这种写法的对字只是为了讲究文字的对称美，从而在左边也添加一个又形以求对称。从西周金文来看，对字较为常见。但是，从战国时期的大量楚文字材料来看，对字则没有出现，这不能不说是一种奇怪的语言现象。造成这种现象的原因，很可能是地区之间用字习惯的差异。因此，如果将从言 C 声的字释为对，则不符合楚人的用字习惯。从相关简文来看，将从言 C 声的字释为对并不符合文意。在以往的研究过程当中，大家之所以将从言 C 声的字释为对，恐怕在很大程度上是由于相近字形的干扰而造成的。从对字小篆写作🔲来看，左部所从部件和🔲（包12）、🔲（郭·尊8）、🔲（郭·尊17）、🔲（郭·成19）这类从言 C 声的字形体相近。🔲（包12）、🔲（郭·尊8）、🔲（郭·尊17）、🔲（郭·成19）这类从言 C 声的字是在🔲（包15反）、🔲（包24）、🔲（包30）、🔲（包42）这类字形的基础上演变而来。🔲（郭·成19）这类形体和🔲（包24）这类形体相比，前者明显发生了借笔现象。也就是说，🔲（包12）、🔲

---

① 以往有关对字构形的各种解释，可以参看于省吾主编《甲骨文字诂林》，中华书局1999年版，第0931条。
② 季旭升：《说文新证》，福建人民出版社2010年版，第169页。
③ 黄德宽主编：《古文字谱系疏证》，商务印书馆2007年版，第3224页。

（郭·尊8）、🔲（郭·尊17）、🔲（郭·成19）这类从言 C 声的字和对字小篆🔲并不相同。此外，将从言 C 声的字释为对，恐怕在很大程度上也是受到了金文中🔲（王臣簋·西周中期·集成08.4268）、🔲（多友鼎·西周晚期·集成05.2835）这种写法的对字影响。从形体来看，很容易将其和🔲（郭·语一68）相联系。但是，🔲（王臣簋·西周中期·集成08.4268）、🔲（多友鼎·西周晚期·集成05.2835）这种写法的对字只是由于对称的追求才添加一个又旁。如果将🔲（王臣簋·西周中期·集成08.4268）、🔲（多友鼎·西周晚期·集成05.2835）这种写法的对字和🔲（郭·语一68）直接联系，存在一定的风险。在上文当中，我们已经说过对字有自己的演变过程，且楚文字中并没有出现对字。通过上述🔲、🔲、🔲等字形，我们可以看出它们和 C 中的🔲、🔲、🔲具有一定的相似性，可能也正是这个原因，在以往的研究过程当中，有部分学者认为 C 来源于对。① 其实仔细比较对字所从的丵形部件和 C 还是有一定差异的，丵形部件在竖笔上有一横到三横不等的笔画，且竖笔不存在简省现象，但是 C 却没有这一竖笔。因此对字所从的部件和戈字变体仅仅是形体相似，它们渊源有自，两者属于形近关系。楚简中的从言 C 声的字所从之声符就是戈字变体，🔲这种形体可以看作是言和戈字变体的借笔现象。②

在以往的研究过程当中，有相当一部分学者把这些从 C 得声字和龏相联系。龏字见于《说文》，小篆写作🔲，古文写作🔲。《说文》："龏：渎龏也，从丵从廾，廾亦声。"徐铉注："渎，读为烦渎之渎。一本注云：丵，众多也。两手奉之，是烦渎也。"段玉裁注："渎龏，迭韵字。渎，烦渎也。龏，如《孟子》书之'仆仆'，赵云'烦猥貌'。"许慎及后来学者的解释都过于牵强，并不可信。龏作为单字并未在古文字中出现，金文中出现的一些龏形，从具体的文例来看应

---

① 在文字的考释过程当中，往往有部分学者会利用已确认的古文字字形来释读一些形近字，例如苏杰就曾结合对字小篆的写法，将从言 C 声的字认为是对字异体。苏杰：《释包山楚简中的"对"字》，《古汉语研究》2000年第3期。

② 🔲字构形尚存在其它可能性，例如上博简中有🔲（上博·凡甲24）、🔲（上博六·孔24）两个字，在具体简文中也可读为察，它们似乎和🔲也有一定的联系。

该读为对，有学者认为是对的省变体，也有可能是另一个字借用为对①。有学者认为依字形来看是手持辛类工具以表达扑击之意。② 甲骨文中有一个🗆字，唐兰释为璞③，汉字中从羍之字多有扑击之意。也有学者认为羍为仆之省文，《说文》中有关羍字的解释就是由仆引申而来④。

仆甲骨时期写作🗆（合17961）是一个象形字，头上部着辛，双手持箕，臀后有尾，奴仆之形宛然。⑤ 后来形体逐渐发生变化，人身移到左边演化为偏旁，箕形省略，箕中代表污秽之物也移到辛上面，如🗆（几父壶）。金文中有一部分仆所从的箕形讹变为甾，如🗆（静簋）🗆（史仆壶）。有学者认为战国时期由于文字的声化关系，辛形部件逐渐演变为丵。⑥ 战国时期楚文字仆写作：🗆（包16）、🗆（包135）、🗆（郭·老甲2）、🗆（郭·老甲13）；秦文字写作：🗆（睡·律113）、🗆（睡·日甲81背）、🗆（睡·杂12）、🗆（睡·杂13）、🗆（睡·杂34）。战国时期楚文字仆的丵形部件讹变为🗆，已经和楚文字中戈字变体上部同形了。楚文字中的仆一般都是添加臣旁，这也许是为了使意义表达得更加明确而添加的义符，当然所添加的臣旁也可以起别符作用。后世文字中的羍来源于秦系文字，即丵与廾形的结合。由🗆、🗆等字形来看，和 C 中的🗆具有一定的相似性，可能也正是这个原因，所以有部分学者将其和 C 混同起来，产生了一些不是很恰当的看法。从楚文字中的🗆（包16）、🗆（包135）、🗆（郭·老甲2）、🗆（郭·老甲13）等形体来看，所从之羍形下部明显从臣。因此，将 C 看作羍并不可信。从简文来看，那些从言 C 声的字读为察毫无问题，很难和羍建立起什么联系。总而言之，将 C 看作羍无论是在

---

① 李运富：《楚简"璞"字及相关诸字考辨》，2003年1月，简帛研究网（http://www.bamboosilk.org/showarticle.asp? articleid=181）。
② 季旭升：《说文新证》，福建人民出版社2010年版，第171页。
③ 唐兰：《殷虚文字记》，中华书局1981年版，第48页。
④ 季旭升：《说文新证》，福建人民出版社2010年版，第171页。黄德宽主编：《古文字谱系疏证》，商务印书馆2007年版，第1082页。
⑤ 季旭升：《说文新证》，福建人民出版社2010年版，第171页。
⑥ 同上。

字形,还是在具体简文释读方面,都不可信。[在以往的研究过程当中,也有相当一部分学者结合金文中以 P 为声符的字,即▨(逑盘)、▨(兮甲盘)、▨(应侯视工簋)、▨(胡钟)、▨(禹鼎)、▨(散氏盘)等字①,将其与 C 建立一定的联系,从而认为 C 来源于羍、辛。其实,C、P 两者也是一种同形关系。金文中的 P 应该是来源于羍。从形体上来看,▨(逑盘)、▨(兮甲盘)、▨(应侯视工簋)、▨(胡钟)、▨(禹鼎)、▨(散氏盘)等字和▨(郭·语一 68)所从部件具有一定的相似性,很容易将两者之间建立起一定的联系。但是▨(逑盘)、▨(兮甲盘)、▨(应侯视工簋)、▨(胡钟)、▨(禹鼎)、▨(散氏盘)等字所从部件来源于羍,而▨(郭·语一 68)则来源于戈字变体。这其中的道理,我们下文再说。]

在以往的研究过程当中,也有一些学者将 C 和业相联系。之所以出现这种意见,很大原因在于将▨、▨(郭·语四 8)和▨(包 157)相联系,从而将 C 看作业。同时,在以往的研究过程当中,还有学者将▨(上博二·容 30)和▨(包 157)建立起一定的联系,从而认为 C 来源于带。关于这两种观点所存在的问题,我们在下文当中再展开详细的讨论。至于 C 来源于辛、韧的观点,在以往的研究过程当中,早有学者进行了相关讨论,兹不赘述。

楚文字中戈字常见,主要有以下两种类型:①▨(郭·老甲 29)、▨(郭·缁 18)、▨(郭·性 53)、②▨(郭·成 34)、▨(上博一·性 23)。上述戈字和我们所说的 C 形体差别很大,一般不会将其与 C 建立联系。但是随着战国楚简的陆续公布,C 为戈字变体的观点逐渐明朗起来。我们在研读楚简的过程当中,发现了一点非常具有价值的线索。

▨(上博八·颜 9)戈不肖而远之,则民知禁矣。

通过上述材料,我们清楚地看到戈字所从的戈已经发生讹变,戈字上部和下部割裂分离,上部已经讹变为四个点了。由此我们认为 C 就是来源于戈,如▨、▨、▨、▨、▨、▨、▨等。▨这种形体左边戈的下

---

① 按:散氏盘所从之声符似乎和其他几例不同。

部笔画已经被省略掉了，仅仅保留上部的点；✦是在✦的基础上进一步
讹变的结果，戈的下部笔画进一步省讹为✦。✦进一步讹变为又，于是
就产生了✦这种形体，这也就是为什么有学者认为 C 下部从又的原因；
✦、✦应该是在✦这种形体的基础上讹变而来，下部所从的又、丌也是
戈下部笔画讹变的结果；✦、✦中的矢、刀旁皆为累增义符，大概是戈
字讹变之后为了表意的需要累增矢、刀为义符，刀、矢作为义符在古
文字中是可以换用的①。

楚简中从人 C 声的字，所从声符 C 也是戈字变体，只不过省讹现
象进一步加剧。古文字中从刀 C 声、从邑 C 声、从车 C 声、从水 C
声的字都可以看作是从戈得声的字。至于三体石经、燕王职器中的 C
也可以看作戈字的变体，对此董姗、陈剑曾经有所讨论。②

根据上文 C 为戈字变体的观点，我们将古文字中相关诸字隶定为
諓、俴、划、轒、浅。下面我们将要从文字学的角度讨论一下合
理性。

諓：諓是一个从言戈声的字，在相关出土资料中皆可读为察。戈
是精纽元部字；察是初纽月部字，两者音近自然可以读通。諓字见于
《说文》，小篆写作✦。《说文》："諓：善言也。从言戈声。一曰
谑也。"

俴：俴是一个从人戈声的字，在相关出土资料中皆可读为察。戈
是精纽元部字；察是初纽月部字，两者音近自然可以读通。俴字见于
《说文》，小篆写作✦。《说文》："俴：浅也。从人戈声。"

划：划是一个从刀戈声的字，在相关出土资料中可读为蔡。戈是
精纽元部字；蔡是清纽月部字，两者音近自然可以读通。划字见于
《广韵》，初限切，上产初。《广雅·释诂三》："划，消也。"《小尔
雅·广诂》："划，灭也。"

---

① 按：✦也可能如同窃字所从的 Y1 来源于业，业是疑纽叶部字，察是初纽月部字。✦
也可以理解为是一个从刀 C 声的字，作为一个二级声符和言组合形成一个形声字。

② 董姗、陈剑：《燕王职壶铭文研究》，北京大学中国古文献研究中心集刊 2002 年第
3 辑。按：燕王器中的 △ 省讹较大，从形体来看很可能是来源于戈。三体石经中践字古文的
声符，很可能来源于✦。

䡮：䡮是一个从车，戈声的字，在相关出土资料中读为察。戈是精纽元部字，察是初纽月部字，两者音近自然可以读通。䡮见于《广韵·谏韵》："䡮，卧车，又寝车。亦作輚。"

浅：浅是一个从水戈声的字，在相关出土资料中可读为浅或者察。戈是精纽元部字；浅是清纽月部字；察是初纽月部字，三者音近自然可以读通。浅字见于《说文》，小篆写作▨。《说文》："浅：不深也。从水戈声。"

由此来看，将楚文字中这些从 C 得声的字释为諓、俴、划、䡮、浅等字，不仅有字书中相关字对照，而且在具体简文中的释读问题也是文通字顺。因此，将 C 看作戈字变体可从。

在此我们讨论一下古文字中浅的构形和来源问题。我们认为▨可能就是古文字中的浅，▨是▨字讹变的结果。▨上部为戈字的省变体，下部为水形，构字理据很可能和金文中的▨字相似。① 金文中的▨字，吴振武认为金文中的▨很可能就是｛浅｝的会意写法，字形所表现的就是以手持箭测水之深浅，同时又兼用箭表示读音②。▨则可能是用戈字代替箭，它是一个从水戈声的字，▨字是在▨的基础上累增义符水所成。清华简有蔡子，字见▨（清华二·系69）、▨（清华二·系70）。郭店简中有一个从心祭声的字，该字可以读为察。例如：▨（郭·语一84）；▨、▨（郭·语一85）；▨（郭·语一86）。祭是精纽月部字，察是初纽月部字，戈是精纽元部字，三者音近自然可以读通。由此来看，吴振武将金文中的相关资料读为祭公是可信的。

第二节 以 Y 为声符的字

楚文字中以 Y 为声符的字可以读为窃、带，所从之声符来源不同，下文将区分为 Y1、Y2。Y1 见于：▨、▨（郭·语四8）、▨（上

---

① ▨也有可能就是▨字的省略形式，▨可能是箭的省略写法。可以参考沈培：《卜词雄众补释》，《语言学论丛》2002 年第 26 辑。

② 吴振武：《假设之上的假设——金文"▨公"的文字学解释》，载《吉林大学古籍研究所建所二十周年纪念文集》，吉林文史出版社 2003 年版，第 1—8 页。

博二·容 30)①。楚文字中还有一些可以读为窃的字，所从之声符也可以看作 Y1。例如：▨(包 120)、▨(包 121)、▨(清·楚 4)②。Y2 见于：▨(上博二·容 51)。我们认为 Y1 应该如同李运富所言来源于业③，Y2 来源于带。

楚简中的业可以写作▨(上博七·吴 7)，窃字所从的 Y1 应该就是来源于此。业小篆写作▨，古文写作▨。《说文》："大版也。所以饰县钟鼓。捷业如锯齿，以白画之。象其鉏铻相承也。从丵从巾。巾象版。《诗》曰：'巨业维枞'"业字最早见于金文当中，如▨(昶伯业鼎)，或增加去为声符▨(九年卫鼎)。有学者认为业从大从丵会盛大的出击之意④，也有学者认为是两个并立的铜人举笋上捷业如锯齿之大版⑤。楚文字中业字常见，一般写作▨(清三·琴 5)。Y1 所从之声符就是在▨的基础上演变而来。关于楚文字中 Y1 来源于业的问题，请参阅李运富相关文章。⑥ Y1 和 C 中的▨为偶然形近关系，在以往的研究过程中有部分学者将其与 C 混同一起，得出了一些不是很恰当的结论。

Y2 应该来源于带。带小篆写作▨，《说文》："绅也。男子鞶带，妇人带丝。象系佩之形。佩必有巾，从巾。"带字早在甲骨时期就已出现，如▨(合·13935)、▨(合·20502)、▨(合·35242)、▨(花东·451)等。战国时期带字或作复体或添加 纟 为义符，如▨(子犯编钟)、▨(古玺汇编·1834)、▨(古玺汇编·2871)等。战国楚简中缔字常见，往往写作以下之形：▨(包 219)、▨(包 231)、▨(九店 M56·13)。黄锡全认为▨是▨之省，从而认为楚简中的相关诸字

---

① 可读为质。
② 窃字又见于《清华简·系年》79 号简▨。
③ 详见李运富：《楚简"孼"字及相关诸字考辨》，2003 年 1 月，简帛研究网（http://www.bamboosilk.org/showarticle.asp?articleid=181）。
④ 季旭升：《说文新证》，福建人民出版社 2010 年版，第 168 页。
⑤ 黄德宽主编：《古文字谱系疏证》，商务印书馆 2007 年版，第 3987 页。
⑥ 李运富：《楚简"孼"字及相关诸字考辨》，2003 年 1 月，简帛研究网（http://www.bamboosilk.org）。

第七章　戈字变体及相关诸字辨析　205

皆从带。① 由上述绗字来看，所从带下部和楚文字中的内：㡀（郭·语20）形体相似，而楚文字中的内一般可以写作矢形，所以楚简中有些带字发生了讹变，例如：𢁉（上博二·容51）；𦃶（包270）。周凤五将𦃶与𢁉相联系，并认为楚简中的相关诸字皆从带。② 黄、周两位学者的这种观点并不可取，因为他们误把形近现象当作同一来源了。

文字的类化现象在古文字阶段十分常见，业、羑、带有时就会由于类化作用变得形体相似。例如：业，𢁉（上博七·吴7）；羑，𢁉（上博三·恒1）；带，𢁉（上博二·容51）。在以往的研究过程当中，很多学者往往看不到这种现象属于同形关系，所以产生的误解颇多。

楚文字中还有一些与△相似或相关的形体，在此一并列出。

𢁉（上博八·志1），该字原整理者隶定为叜，认为是对字。吉大、复旦读书会将其与察、窈、对、仆等字联系起来，认为从又辥省声③。此字构形问题应该存疑，待考。

𢁉（上博四·曹43），该字可以读为捷，在楚文字中又可以写作如下之形：𢁉（上博四·曹42）。关于该字的构形问题，学界对此一直争论不休。④ 各种说法当中，我们还是倾向于𢁉为声符的观点，所以我们认为该字和本书所讨论的戈字变体无关。

𢁉（郭·性34），该字又见于上博简、清华简等出土资料，如𢁉（上博一·孔4）、𢁉（清华一·程5）、𢁉（清华一·金2）。从用法来看，读为戚应该没有什么问题。⑤ 该字所从之声符为尗字，尗是古代

---

①　黄锡全：《楚简"䋗"字简释》，载《古文字与古货币文集》，文物出版社2009年版，第412—420页。
②　周凤五：《读郭店楚简〈成之闻之〉札记》，《古文字与古文献》1999年试刊号。
③　复旦、吉大古文字专业研究生联合读书会：《上博八〈王居〉、〈志书乃言〉校读》，2011年7月，复旦大学出土文献与古文字研究中心网站（http://www.gwz.fudan.edu.cn/SrcShow.asp? Src_ ID=1595）。
④　李学勤：《再谈甲骨金文中的"戈"》，《三代文明研究》，商务印书馆2011年版，第70—72页。
⑤　按：庞朴较早把郭店简和《礼记》对读。庞朴：《初读郭店楚简》，《历史研究》1998年第4期。

一种兵器，甲骨时期写作▨（屯2194）、▨（合31036）。甲骨文像斧钺有齿形扉棱之形，在以后文字演变过程当中逐渐发生变化，秦楚文字逐渐用戈代替斧钺之形，两侧扉棱相连为▨、▨、▨。① 戚为清纽觉部字，戈为精纽元部字，两者语音联系甚远。故该字所从之声符和戈字变体无关，两者为同形关系。

▨（上博五·融6）。上博整理者将其隶定为羮，读为蹼。② 该字应存疑，待考。

▨（包135）。在以往的研究过程当中往往认为是并或佥字，后来裘锡圭认为是戈字变体。③ 该字似乎和戈字变体无关，应该存疑。

此外，楚文字中还有一个字，形体较为丰富，写作▨（上博七·凡乙10）、▨（上博七·凡甲24）、▨（上博七·凡甲20）等形。关于此字的考释，上博简整理者将其隶定为戠，认为是识字异体，构形是在戠的基础上加注音符少。④ 在以后的研究过程当中，学者们提出了一些不同的释读意见。何有祖将其与楚文字中从言 C 声的字联系在一起，认为可读为察。⑤ 但是关丁此字的构形和相关释读问题，学界一直存有争议，尚未形成统一的意见。但是，从▨（上博七·凡乙10）、▨（上博七·凡甲24）、▨（上博七·凡甲20）等字左上角所从的部件来看，明显从少，其为音符的可能性较大。楚文字中从言 C 声的字多次出现，均未出现此种从少的形体。因此，两者为一字的可能性不大。关于▨（上博七·凡乙10）、▨（上博七·凡甲24）、▨（上博七·凡甲20）等字的结构和释读问题，仍待进一步的

---

① 黄德宽主编：《古文字谱系疏证》，商务印书馆2007年版，第654页。
② 马承源主编：《上海博物馆藏战国楚竹书（五）》，上海古籍出版社2005年版，第324页。
③ 湖北省荆沙铁路考古队：《包山楚简》，文物出版社1991年版，第49页。周凤五：《厓羃〈命案文书〉笺释——包山楚简司法文书研究之一》，《文史哲学报》第41期。李零：《读〈楚系简帛文字编〉》，《出土文献研究》1999年第5辑。裘锡圭：《〈太一生水〉"名字"章解释——兼论〈太一生水〉的分章问题》，《古文字研究》2000年第22辑。
④ 马承源主编：《上海博物馆藏战国楚竹书（七）》，上海古籍出版社2008年版，第250页。
⑤ 何有祖：《〈凡物流形〉札记》，2009年1月，简帛网（http://www.bsm.org.cn/show_article.php?id=925）。

研究。

综上所述，我们认为△所包括的众多形体来源不一。C来源于戈字变体；Y来源于业、带；P来源于羹。同时由于古文字中类化现象十分常见，所以一些不相干的字形会变得形体相同或相似，对于这些形体我们应该追根溯源，进行必要的辨析。

第八章　卿字省变体及相关字辨析[*]

第一节　楚文字中的⿳字

在新近公布的楚简中有这样一个字，写作⿳（清华三·说上 1）、⿳（上博九·举 7）、⿳（上博九·举 9）等形，相关简文如下：

唯殷王赐说于天，庸为失仲使人。王命厥百工⿳，以货徇求说于邑人。（清华三·说上 1）

惟道有所修，非天之所⿳，莫之能得，当退而思之，其唯贤民呼。（上博九·举 7）

天之所⿳若，或举之；天之背若，拒之。（上博九·举 9）

关于⿳（清华三·说上 1）字的考释，清华简整理者认为"原作䆴，楚文字中习见，读为像，指画像"[①]。关于⿳（上博九·举 7）、⿳（上博九·举 9）二字的考释，上博简整理者将其读为向，但是于字形无说。[②] 从相关简文来看，将⿳（清华三·说上 1）、⿳（上博九·举 7）、⿳（上博九·举 9）读为像、向文通字顺，没有什么问题。此外，清华简中还有一个⿳（清华三·良 5）字，相关简文为"晋文公有子犯，有子余，有咎犯，后有叔⿳"。清华简整理者将其释

---

[*] 该部分内容，我们曾整理成文刊发在《江汉考古》。谭生力：《说⿳》，《江汉考古》2014 年第 6 期。

[①] 清华大学出土文献研究与保护中心：《清华大学藏战国竹简（叁）》，中西书局 2012 年版，第 122 页。

[②] 马承源主编：《上海博物馆藏战国楚竹书（九）》，上海古籍出版社 2013 年版，第 202、205 页。

为向，认为："叔向，晋平公臣羊舌肸之字。"① 从具体简文来看，有传世文献对照，将 ◎（清华三·良 5）读为向没有什么问题。在后面的字表当中，清华简整理者将 ◎（清华三·说上 1）、◎（清华三·良 5）同放在向字头下。② 从形体来看，◎（清华三·良 5）的确有可能是在 ◎（清华三·说上 1）这种形体的基础上进一步省略而成。但是，◎（清华三·说上 1）、◎（清华三·良 5）两者也可能是渊源有自（详细情况我们下文再说）。

楚文字中与 ◎（清华三·说上 1）、◎（上博九·举 7）、◎（上博九·举 9）相似的形体多次出现，相关释读问题已经基本得到了解决。但是在字形解释方面则众说纷纭，莫衷一是。因此，该字仍有继续讨论的必要。为了方便问题的讨论，现将相关字形和简文罗列如下：

包山简：◎（包 99）

邸阳之造箬箬公遱、教令苞讼其佔人番蘆、番◎、番期，以其叛官自属于新大厩之故。

九店简：①◎（M56·27）②◎（M56·44）

①以祭门、行，卻（飨）之。②君卻（飨）受某之聂币芳粮，使某来归食故口。

郭店简：①◎（鲁·3）②◎（尊·28）③◎（六·3）④◎（语四·11）⑤◎（老乙·17）⑥◎（老乙·18）⑦◎（缁·43）

①卻（向）者吾问忠臣于子思。②为古率民卻（向）方者，唯德可。③作礼、乐，制刑法，教此民尔使之有卻（向）也，非圣智者莫之能也。④不知其卻（乡）之小人、君子。⑤修之卻（乡），其德乃长。⑥以卻（乡）观（乡），以邦观邦。⑦故君子之友也有卻（向），其恶也有方。

上博简：①◎（缁·12）②◎（彭·8）③◎（柬·1）④◎

---

① 清华大学出土文献研究与保护中心：《清华大学藏战国竹简（叁）》，中西书局 2012 年版，第 160 页。

② 同上书，第 205 页。

（竟·7）⑤🝑（容·7）⑥🝑（慎·6）

①勿以小谋败大图，勿以嬖御塞庄后，勿以嬖士塞大夫卿（卿）士。②毋怙富，勿苟贤，勿卿（向）斗。③王自临卜，王卿（向）日而立，王汗至带。④近臣不谏，远臣不谤，则修诸卿（乡）里。⑤于是乎坴板正立，四卿（向）陕禾，怀以来天下之民。⑥是以君子卿（向）方知道。

从上述情况来看，楚文字中的🝑除了包山简作为人名用字不能确定外，其他诸例读为像、向、飨、向、乡、卿等皆可读通。🝑较早出现在包山简中，囿于形体和词例的限制，当时学界对其认识不够。在随后陆续公布的九店、郭店、上博等楚简中该字频频出现，由于形体和词例都极为丰富，所以学界对该字的认识也在不断加深。关于🝑的构形问题，学界有释向、昔、皿等不同的说法。① 但是到目前为止，学界对该问题尚有不同的意见，因此仍有讨论的必要。本书谈谈我们对这一问题上的一些看法，我们认为🝑字构形存在两种可能性：一是卿字的省变体；二是卯（卿字所从）字经过人、卩同义偏旁替换，添加羡符口所致。鉴于以上两种认识，我们将其隶定为卿，这其中的道理我们后文再说。

第二节　以往有关🝑字的解释及所存在的问题

🝑最早出现在包山简中，由于是人名用字且缺乏相关形体的参照，所以学界对其意见不同。包山整理者没有对其隶定，也没有进行解释。周凤五将其释为岳，何琳仪将其释为𠮷。② 在随后公布的九店

---

① 请参阅荆门市博物馆《郭店楚墓竹简》，文物出版社1998年版，第120页。湖北省文物考古研究所、北京大学中文系：《九店楚简》，中华书局2000年版，第48、50页。冀小军：《释楚文字中的🝑》，2002年1月，简帛网（http://www.jianbo.org/Wssf/2002/jixiaojun01.htm）。王宁：《申论楚简中的"向"字》，2002年8月，简帛研究网（http://www.bamboosilk.org/）。

② 请参阅湖北省荆沙铁路考古队《包山楚简》，文物出版社1991年版，第24页。周凤五：《包山楚简〈集箸〉、〈集箸言〉析论》，《中国文字》1996年新21期。何琳仪：《战国古文字典》，中华书局1998年版，第1510页。

简中，罗两次出现，限于当时材料的缺乏，整理者将其作为不同的字进行处理。李家浩将 27 号简的罗释为亯，把 44 号简的罗释为昔。李家浩认为 44 号简中的罗是昔字的省变体，同时又认为包山简中的罗也是昔字的省变体。释为昔的主要理由是古文字有一些昔字写法与此相似。在释为昔的基础上将其读为"夕"，训为"夜"。① 李家浩释为昔的这种意见，林清源、滕壬生持赞同意见。② 虽然现在看来释为昔的观点存在一些问题，但是这在当时却是一种较为合理的解释，且为以后学界对罗的进一步考释在音读方面产生了积极的影响。郭店简公布之后，由于形体和词例都极为丰富，学界对罗字的认识也在不断加深。裘锡圭对郭店《老子乙》17 号简加注按语："简文此字是'向'之讹体，读为'乡'。此字又见本书《缁衣》四三号、《鲁穆公问子思》三号、《尊德义》二八号、《语丛四》一五号（笔者按：冀小军早已指出十五应为十一）等简，后三者的字形与'向'较近。'向'本从'∧（宀）'，变从二'∧'。简文'轮'字所从的'仑'旁上部或变从ᐱᐱ（《语丛四》20 号简），与此相类。"③ 裘锡圭的这种说法在当时无论是字形还是释读方面都是较为合理的，所以产生极大的影响。例如，汤余惠、吴良宝也将罗释为向，并根据相关的古文字材料对罗字的形体演变进行了推测，演变顺序如下：⟨图⟩——⟨图⟩——⟨图⟩——⟨图⟩——⟨图⟩。④ 滕壬生也改变了以前将罗字放在昔字头下面的做法，从而放在向字头下。⑤ 释罗为向的这种观点，学界也有人怀疑。例如陈松长注意到罗和战国时期的向字有所差别，所以并不主张为向字。陈松长怀疑罗似乎为丘字，同时认为下部所从的口并非口，而是丘字下

---

① 湖北省文物考古研究所、北京大学中文系：《九店楚简》，中华书局 2000 年版，第 109、110、139 页。又可参阅《九店楚简"告武夷"研究》，《著名语言学家自选集（李家浩卷）》，安徽教育出版社 2002 年版，第 318—338 页。

② 林清源：《楚国文字构形演变研究》，博士学位论文，私立东海大学，1997 年，第 67 页。滕壬生：《楚系简帛文字编》，湖北教育出版社 1995 年版，第 567 页。

③ 荆门市博物馆：《郭店楚墓竹简》，文物出版社 1998 年版，第 120 页。

④ 汤余惠、吴良宝：《战国文字编》，福建人民出版社 2001 年版，第 495 页。汤余惠、吴良宝：《郭店楚简文字拾零（四篇）》，《简帛研究》2001 年。

⑤ 滕壬生：《楚系简帛文字编（增订本）》，湖北教育出版社 2008 年版，第 682 页。

部的两横，只是第二横较为弯曲变形而已。① 冀小军并不赞同裘锡圭、汤余惠、吴良宝、陈松长等人的观点，他认为习来源于皿。② 王宁认为习实际上是来源于甲骨文中的 ⿱，演变过程如下： ⿱ （⿱）——⿱（⿱）——⿱（⿱）。③ 李守奎也将习放在向字头下，但从《上海博物馆藏战国楚竹书（1—5）文字编》所加注按语来看，他对该字的构形是持怀疑态度的。几年之后又在《包山楚墓文字全编》中加注按语，认为是卿字省变体。④ 近来赵平安指出习可能来源于甲骨资料中的⿱、⿱。⑤

　　通过上文的陈述，我们可以看出学界对习的考释主要有以下几种意见：一认为习为岳、呒字；二认为习是昔字的省变体；三认为习是向字变体；四认为习是丘字省变体；五认为习由皿字演变而来；六认为习由甲骨文中的⿱演变而来；七认为习是卿字省变体；八认为习来源于甲骨资料中的⿱、⿱。从相关资料来看，除包山简人名用字不确定外，习读为向、卿、乡、飨等是没有什么问题的。目前来看，学界对习字的音读已经得到确认，但构形认识不同。关于释为岳、呒、丘、向、皿、⿱字变体所存在的问题，早有学者作出一定的说明，兹不赘述。下面，我们准备谈谈释为昔所存在的问题。

　　李家浩认为⿱（九店M56·27）是昔字省变，主要依据是战国文字中昔字写作⿱、⿱等形，以及包山简中的⿱（包215）、⿱（包200）。李家浩当年释为昔的时候，由于相关资料并不丰富，可供比较的字形较少，所以难以确定究竟为何字。现在，由于有大量相关字形的比较，可以肯定⿱（九店M56·27）为昔字变体的说法恐怕难以

---

① 陈松长：《郭店楚简〈语丛〉小识（八则）》，《古文字研究》2000年第22辑。
② 冀小军：《释楚文字中的⿱》，2002年1月，简帛网（http：//www. jianbo. org/Wssf/2002/jixiaojun01. htm）。
③ 王宁：《申论楚简中的"向"字》，2002年8月，简帛研究网（http：//www. bamboosilk. org）。
④ 李守奎：《楚文字编》，华东师范大学出版社2003年版，第450页。李守奎、曲冰、孙伟龙：《上海博物馆藏战国楚竹书（1—5）文字编》，作家出版社2007年版，第365页。李守奎、贾连翔、马楠：《包山楚墓文字全编》，上海古籍出版社2012年版，第313页。
⑤ 赵平安：《战国文字⿱的来源考》，《深圳大学学报》2013年第1期。

第八章　卿字省变体及相关字辨析　213

成立。

　　昔字见于《说文》，小篆写作🔣。《说文》："昔：干肉也。从残肉，日以晞之。与俎同意。籀文作🔣。"昔字出现时间较早，甲骨时期就已经出现。甲骨资料中的昔字一般写作🔣（合137反）、🔣（合302）、🔣（合4111反）等形。关于昔字的构形问题，学界存有一定的争议。一般认为昔字早期的写法是从日从巛，会远古洪水成灾之意。[①] 西周时期金文中的昔字传承甲骨时期的写法，但是字形有所变化，一般写作🔣（何尊·西周早期·集成11.6014）、🔣（卯簋盖·西周中期·集成08.4327）、🔣（大克鼎·西周晚期·集成05.2836）等形。西周时期的昔字同甲骨时期的昔字相比，最大的特点是日上部的巛发生了断裂，这种现象为后世文字所本。战国时期楚文字中的昔一般写作🔣（郭·缁37）、🔣（郭·成6）、🔣（上博二·容49）、🔣（清华二·系1）、🔣（清华三·说下8）等形。同西周时期金文中的昔字相比，战国时期楚文字中的昔字所从之巛也是保持了断开这一书写特征。此外，日旁讹变为了田形。三晋文字中昔字一般写作🔣（中山王鼎·战国晚期·铭文选二880）、🔣（螢壶·铭文选二882）。秦文字中昔字写作🔣（睡·日乙120）、🔣（睡·日甲29背）、🔣（诅楚文）等形。从楚、三晋、秦文字来看，楚文字中昔字下部从田已经呈现常态化，三晋文字中则有从田、日两种写法，秦文字中的昔字则依然保持日旁。从楚文字中的相关昔字形体来看，和習字最大的不同是下部从田，而習字下部从口或者口内添加一横笔为饰。三晋、秦文字中的昔字可以写作从日，但是日旁和楚文字中習下部所从部件也是区别明显。因此，将習释为昔在字形方面说不过去。虽然李家浩将習释为昔的观点在字形方面说不过去。但是却为習字的考释在语音方面找到了突破口。从后来大量的習字来看，可以读为像、向、飨、向、乡、卿等。从音韵学角度来看，昔是心纽铎部字，像是邪纽阳部字，向、飨、向、乡、卿是溪纽阳部字，语音关系甚近。因此，習应该是一个和昔读音相同或者相似的字。

[①] 黄德宽主编：《古文字谱系疏证》，商务印书馆2007年版，第1630页。

在以往有关舀字的各种解释当中，我们认为李守奎的说法可信，试为之申论。

第三节　我们有关舀字构形的新解释

在以往的学习过程当中，我们曾结合舀字的用法对其形体结构作过一些猜测，当时有一种想法认为舀与古文字中的卯（卿字所从）字有关，口可能只是一个羡符。在讨论舀字的构形问题之前，我们准备先梳理一下嚮、卿、飨、乡、響等字之间的关系。

向小篆写作向，许慎认为："北出牖也。从宀从口。诗曰：'塞向墐户。'"许慎这种说法，学界对此意见并不统一。向在甲骨文中写作向、向等形，金文继承甲骨时期的写法作向、向等形，一般用为人名或地名。罗振玉认为口像北出牖，或从廿，乃由口而讹，口、廿古文往往不别；李孝定认为古室宅多南北向，宀像正视之形，口像牖形，罗说是也；赵诚认为窗户有一点像窗子的凵，所以用廿形来代表，这和现代还有人把窗户叫窗口的想法差不多。向从宀像房屋，下面的廿像窗户与《说文》作向形近，当即向字。《说文》释向为"北出牖也"，似即向的本义。[①] 何琳仪认为从宀像房屋侧面之形，口为分化符号。宀，明纽；向，晓纽，晓、明通转。向为宀之准声首。向，典籍或作尚、乡。疑《尔雅·释宫》"西阶间谓之乡"与向之本义有关。[②] 裘锡圭认为："'向'字的本义究竟是不是北出牖，其实还是个问题。'向'的字形可能表示在屋子里用口发出声音产生回响，也许本是'响'（響）的初义。（马王堆帛书《经法·名理》'加向之隋声'，当读为如'响之随声'，这个'向'字所表示的可能正是本义）"又云"过去不少文字学者，如段玉裁、朱骏声等人，都认为'向'字的方向之义是'北出牖'这个本义的引申义。但是，用

[①] 按：以上各家说法请参阅于省吾《甲骨文字诂林》，中华书局1999年版，第1984页。

[②] 何琳仪：《战国古文字典》，中华书局1998年版，第621页。

第八章　卿字省变体及相关字辨析　215

'向'字表示方向之义，是相当晚的事，段、朱之说实不可信。方向之｛向｝，甲骨、金文都用'飨'（飨）的初文'卿'字表示，古书多用'乡'字表示"。裘锡圭认为❸是方向之｛向｝的本字，由于后来❸废弃不用，于是借"向"这个字来表示这个意义，人们就误以为方向之义是北出牖之义的引申义了。① 结合相关古文字资料来看，裘说是较为合理的，并且古文字中一些所谓的向字和本书所讨论的䜩似乎也没有多大联系。

卿小篆写作🖋，许慎认为："章也。六卿：天官冢宰、地官司徒、春官宗伯、夏官司马、秋官司寇、冬官司空。从卯皀声。"② 许说并不可信，学界一般认为卿是飨之初文。卿甲骨文写作🖋、🖋，金文写作🖋、🖋等形，字形所表达的意思是两人相向对簋而食。③ 在古文字阶段，卿一般可以读为飨、乡、向等，至于后来表示"卿大夫"的卿当属文字假借现象。

乡小篆写作🖋，许慎认为："国离邑，民所封乡也。啬夫别治。封圻之内六乡，六乡治之。从㘃皀声。"许说并不可信，学界一般认为乡为卿的分化字。战国以后卿所从的卯逐渐演变为㘃，《说文》依据讹形分析结构，其结果当然并不可信。④ 后来随着文字的不断演变，又在乡的基础上添加食、向、音等部件分化出飨、向、响等字。

通过上文的陈述，我们可以看出古文字中一些所谓的向字和本书所要讨论的䜩字似乎没有多大关系。此外，卿、飨、乡、向等字之间是同源分化关系。那么䜩究竟为何字呢？近些年来随着郭店、上博简的陆续公布，我们有更多的机会来对䜩的字形和用例加以研究，其中一个较为有价值的线索是䜩在《缁衣》中的用法。我们知道出土资料中《缁衣》有郭店、上博简两个版本，两个本子的一些内容是可以

---

① 裘锡圭：《文字学概要》，商务印书馆2006年版，第148—149页。
② 许慎：《说文解字》，中华书局2006年版，第187页。
③ 请参阅季旭升《说文新证》，福建人民出版社2010年版，第739页。黄德宽主编：《古文字谱系疏证》，商务印书馆2007年版，第1714页。何琳仪：《战国古文字典》，中华书局1998年版，第619页。
④ 请参阅季旭升《说文新证》，福建人民出版社2010年版，第545页。

对读的。

上博简：❦（缁·12）毋以小谋败大图，毋以嬖御塞庄后，毋以嬖士塞大夫、卿士。

郭店简：❦（缁·23）毋以小谋败大图，毋以嬖御塞庄后，毋以嬖士塞大夫、卿士。

在郭店本《缁衣》中与卿对读的地方写作卿，字形为❦。传世本《缁衣》与郭店本《缁衣》一样也是用卿来记录。把上博本《缁衣》中的卿读为卿，不仅可以和郭店、传世本《缁衣》对读，而且在释读方面也是文通字顺，毫无问题的。也正是这个原因，上博简整理者将《缁衣》中的卿读为卿。① 关于这种释读意见冀小军持赞同态度，并且在此基础上加以阐释：

"卿"是"飨"字的初文，本义为"飨食"，引申指"朝向"。"朝向"之义，殷墟甲骨文及西周金文均用"卿"字表示，如《小屯南地甲骨》2426："其东卿。"善夫山鼎："立中廷，北卿。"古书中则"乡"、"飨"、"向"三字通用，如《礼记·月令》："雁北乡。"《初学记·岁时部》所引"乡"作"飨"，《逸周书·时训》"乡"作"向"。简文中这个被释为"向"的字，既然在郭店简中可以读为"乡"或"飨"，当然也可读为"卿"；所以"向使"可读为"卿事"。②

通过上文我们可以看出冀小军的意见是基本可取的，但是令人遗憾的是他没有看到卿和卿在形体方面的联系（按：这其中的道理，我们后文再说），从而认为卿来源于皿。此外，将卿读为向、乡、飨等在相关文字资料中皆可读通。

明确了向、卿、乡、飨、飨等字之间的关系及卿在相关材料中的释读以后，我们准备讨论一下卿的构形问题。从字形来看，卿字由上下两部分组成。上部形体变化多端，可以写作❦、❦、❦、❦等形；

---

① 请参阅马承源主编《上海博物馆藏战国楚竹书（一）》，上海古籍出版社2001年版，第188页。

② 冀小军：《释楚文字中的❦》，2002年1月，简帛网（http：//www.jianbo.org/Wssf/2002/jixiaojun01.htm）。

第八章　卿字省变体及相关字辨析　217

下部从口，口中或添加一笔作为饰符。要想弄清楚卽字的结构问题，就需要解决上、下两部分所从的部件是什么。单从字形来看，将其上部所从部件视为两个宀、昔字所从的省形、丘上部所从皆有道理，并且⺀既可以看作是楚文字中及字上部所从的部件，也可以看作是夃、死等字所从的部件。① 但是文字的考释需要考虑形音义等诸多方面的因素，同时在文字的演变的过程当中一些来源不同的字，由于省形、讹变等因素会出现局部或全部形体相似或相同的现象。对于这些同形现象，我们应该加以特别关注，不仅要作横向的系联，也应该进行纵向的溯源。

　　文字是记录语言的书写符号系统，它需要遵循准确、经济的原则。有时候一些笔画的稍微变化都可能造成相关字形所表示的是不同的字，例如古文字中的视与见、足与疋等；有时候两字的差别只争一笔之有无，如古文字中女与安。同时在文字的演变过程当中，趋简求易是一个总的趋势，尤其是当简化之后并不会造成讹混的时候，文字会尽量追求简化以至于写的不成字。例如，战国文字中的车、马、为、易等字，它们就是采用了截取特征的省略方式。所谓的截取特征是指：音义完整且无法再行分解的偏旁或单字，在书写时只截取其中一部分形体作为代表，其余部分则省略不写。② 同时在文字的演变过程当中，一次性简省多个部件的现象也是存在的，例如楚文字中的❀字，起初大家对该字结构并不了解，后来陈炜湛认为该字从竹省、从缄省③，现在看来陈说可从。

　　顺着上面所讲的思路，再结合卽在楚文字中的使用情况来看，我们认为卽就是卿的省变体。楚文字中的卿可以写作❀、❀等形体，卽字上部所从的部件就是截取卿字所从的卯部分笔画而成，下部所从的

---

　　① 按：详细情况可以参阅赵平安《关于夃的形义来源》，《新出简帛与古文字古文献研究》，商务印书馆2009年版，第97—105页。侯乃峰：《楚竹书〈周易〉释"溢"之字申说》，《周易研究》2009年第1期。
　　② 林清源：《楚国文字构形演变研究》，博士学位论文，私立东海大学，1997年，第47页。
　　③ 陈炜湛：《包山楚简研究（七篇）》，载《容庚先生百年诞辰纪念文集》，广东人民出版社1998年版，第573—591页。

口旁是截取了皀的部分笔画所成。① 有一部分卲字上部所从的形体写的类似两个人，这也许是因为文字简化之后以求表意更加明显所致。卲是卿的省变体，卿、飨、乡、向又是同源分化关系，所以它们在古书中可以互作。卲这种形体的出现一方面可能与文字追求简省有关；另一方面可能与文字间的分化与合并现象有关，在形体方面逐渐与向接近，并逐渐归并入向字。清华简中的◎（清华三·良5）字，可能来源于早期的向，也可能是卲字进一步简省的结果。如果◎（清华三·良5）是卲字进一步简省的结果，那么可以看作是卲并入向字的实证。

关于卲字的构形，还有可能是在卯的基础上经过同义偏旁替换、添加饰符口所致。古文字中形体的通用现象并不少见，人、卩换用的现象也是存在的。② 正如上文所言，趋简求易是汉字发展的一个总的趋势，所以为了追求简易是可以把两个跪人写作两个立人。同时古文字中添加饰符口的现象也是十分常见的。当卩被人旁替换之后，上部所从部件变成了 ⺈⺈，这样以来又容易造成与古文字中皆字的讹混。因此就需要把上部所从的两个人进一步变形，于是就有了 ⺍、⺍、ㄨ 等这样的形体。古文字中这种通过变形以求区别的现象也是十分常见的。

楚文字中还有一个与✿形体相似的字，即✦字。古文字中经常会发生一定的借笔现象，✦和✿相比中间所从横笔可以看作是后者所从两个笔画的借笔。但是，✦、✿二字并非一字，两者渊源有自。下面，我们准备谈论一下楚文字中的✦字，并且对相关字形展开一定的辨析。

第四节　✦及相关诸字辨析

清华简《系年》中齐顷公三见，晋顷公一见，顷字相关形体和简

---

① 按：值得注意的是汉代草书卿的写法极为简省，可以写作 ⺍、⌒、⌒ 等。请参阅王梦鸥《汉简文字类编》，艺文印书馆1973年版，第17页。又可参阅裘锡圭《文字学概要》，商务印书馆2006年版，第87—88页。

② 请参阅刘钊《古文字构形学》，福建人民出版社2011年版，第41、42页。

文如下：

　　❂齐冋（顷）公使其女子自房中观驹之克。（清华二·系 67）

　　❂齐冋（顷）公围鲁，鲁臧孙许适晋求援。（清华二·系 70）。

　　❂齐冋（顷）公朝于晋景公。（清华二·系 72）

　　❂晋庄平公即世，昭公、冋（顷）公皆早世，简公即位。（清华二·系 99）

　　关于清华简中的❂字，整理者释为冋，读为顷。① 由于有相关传世文献对照，将相关简文读为顷公毫无问题。但是，在字形方面整理者则没有进行说明。从❂字形体来看，分析为冂、口两个部件当无问题。冂字见于《说文》，小篆写作冋。《说文》：＂冂邑外谓之郊，郊外谓之野，野外谓之林，林外谓之冂。象远界也。冋，古文冂，从口，象国邑。坰，冂或从土。凡冂之属皆从冂。＂从小篆冋来看，❂字所从之冂与之相同。冂字古文从口，也可以和❂相对应。可能也正是鉴于这方面的考虑，整理者将其释为冋。学界有关冂的构字本义存有一定的争议。杨树达认为冂乃扃之初文，左右两画像门左右柱，横画像门扃之形。② 金文中有冋（郹簋·西周晚期·集成 08.4297）字，有学者怀疑读为苘。③《玉篇·艹部》：＂苘，草名。＂《集韵·迥韵》：＂苘，枲属。＂《天工开物·乃服》：＂属草木者为枲、麻、苘、葛。＂《汉语大字典》：＂苘麻，又名青麻、白麻。锦葵科。一年生草本。茎直，叶互生，圆心形，密生绒毛开黄花。茎皮纤维可织麻布、做绳子，种子供药用。＂④ 从❂相关形体来看，将其释为冋并没有什么问题。从音韵学角度来看，顷是溪纽耕部字，冋是见纽耕部字，两者音近自可读通。因此，整理者将❂释为冋，读为顷的这种意见可从。

　　楚文字中冋作为构字部件又见于❂（信阳 14）、❂（包 265）二

---

　　① 清华大学出土文献研究与保护中心：《清华大学藏战国竹简（贰）》，中西书局 2011 年版，第 167 页。

　　② 转引自《说文解字考证》第 209 页。董莲池：《说文解字考证》，华东师范大学出版社 2005 年版。

　　③ 请参阅张士超等编撰《金文形义通释》，中文出版社 1996 年版，第 1356 页。

　　④ 汉语大字典工作委员会：《汉语大字典》，四川辞书出版社、湖北辞书出版社 1990 年版，第 3192 页。

字。信阳简中的〇，整理者将其转写为鉶，于字形无说。① 李家浩认为右部所从当为同，与齐洹子孟姜壶中的"用铸尔羞銅"銅字当为一字，读为鉶，《说文·金部》"鉶，似钟而长颈"②。包山简中的〇，整理者将其隶定为銄，读为筩，即椁室内一对深腹高脚瓶。③ 李家浩认为〇"二鉼（瓶）銄（銅）"和〇（包252）"二鉼（瓶）鍂（鉶）当为一物即瓶鉶"④。从音韵学角度来看，开是见纽元部字，同是见纽耕部字，两者音近可以读通。从〇右部所从部件来看，同旁所从的口形中间添加一横笔为饰。

　　从现在的材料和研究成果来看，楚文字中的同字相关问题已经基本得到了解决。但是在过去很长一段时间，大家对楚文字中的同字难以确释。同作为单字和构字部件在以往公布的楚简中曾多次出现，在相关字形的解释及简文的释读方面众说纷纭，莫衷一是。楚文字中同字较早见于楚帛书中，写作〇，相关词例为"星辰不〇"。在随后公布的上博简中，同字再次出现，相关字形和简文为"九三：艮其限，列其夤，厉，〇心"。（上博三·周49）同时，上博简中还有一个以同作为构字部件的字，即〇（上博四·君）字，相关简文为"肩毋废、毋〇、身毋偃、毋岑、行毋蹶、毋摇"。在以往的研究过程当中，由于受到相关材料的限制，大家对楚文字中的同及从同之字产生了一定的误释。

　　楚帛书中的〇字，由于字形漫漶不清且缺乏相关资料可供比较，所以当时大家对该字认识不够。在以往的研究过程当中，有关〇字的构形及释读问题分歧较大，有释弋读为忒的，有释为同的，有释为也的，有释为公的。但也有学者认为〇当释为同字。⑤ 上博简公布之后，

---

① 河南省文物研究所：《信阳楚墓》，文物出版社1986年版，第129页。
② 李家浩：《信阳楚简"浍"字及从"羊"之字》，《著名中年语言学家自选集·李家浩卷》，安徽教育出版社2002年版，第199页。
③ 湖北省荆沙铁路考古队：《包山楚简》，文物出版社1991年版，第63页。
④ 李家浩：《包山266号简所记木器研究》，《著名中年语言学家自选集·李家浩卷》，安徽教育出版社2002年版，第239页。
⑤ 有关楚帛书中同字的考释问题，可以参阅徐在国《楚帛书诂林》，安徽大学出版社2010年版，第390—393页。

第八章　卿字省变体及相关字辨析　221

张新俊将✚与《周易》中的✦相联系，怀疑可能是谷字。① 现在来看，除了释为囘之外，其他各种观点均存在一定的问题。将✚释为囘，相关简文读为"星辰不焑"，文通字顺，没有什么问题。

　　上博三《周易》中的✦字，整理者将其释为同，读为痌。② 李守奎认为✦字应该存疑待考。③ 徐在国认为此字和"同"有别，怀疑应该释为谷。《说文》："谷，读若沇州之沇。"《说文》中"沇"字古文作"✦"，从水从谷。"沇"字从允声，上古音"允"为匣纽文部字，"熏"为晓纽文部字。所以"谷"可读为"熏"。④ 黄锡全认为此字比同少一横，若释为谷，与熏音近可通。但比谷又多一横。相互比较，也不排除此字是"囘"的可能。囘，匣母耕部字。熏，晓母文部。熏，指火焰上出。熏心，义指烧心。焑也指火光。如《说文》："焑，光也。"《广韵》："焑，火明貌"。唐诗中有"焑心如凝丹"句。⑤ 陈惠玲认为同、谷、囘和简文✦字似乎皆无形音吻合。⑥ 季旭升怀疑✦字上部所从是关，✦可隶定为卷。卷字从口关声与熏声韵俱近，可通。⑦ 现在有清华简相关字形和简文对照，将✦释为囘，读为熏没有什么问题。囘是见纽耕部字，熏是晓纽文部字。传世文献、出土材料中皆有文耕二部相通之例⑧，牙、喉二音关系密切，有见、晓相谐之例。因此，囘、熏音近可通。

　　上博简《君子为礼》简7中的✦，整理者将其隶定为同，读为痌

---

① 张新俊：《释上博简周易中的"谷"》，《平顶山学院学报》2007年第4期。
② 马承源主编：《上海博物馆藏战国楚竹书（三）》，上海古籍出版社2003年版，第202页。
③ 李守奎、贾连翔、马楠：《包山楚墓文字全编》，上海古籍出版社2012年版，第681页。
④ 徐在国：《上博竹书（三）〈周易〉释文补正》，载《新出楚简文字考》，安徽大学出版社2007年版，第208页。
⑤ 黄锡全：《读上博〈战国楚竹书（三）〉札记数则》，2004年6月，简帛研究网（http://www.bamboosilk.org）。
⑥ 季旭升：《上海博物馆藏战国楚竹书（三）读本》，万卷楼图书股份有限公司2005年版，第138页。
⑦ 同上书，第138—139页。
⑧ 详细情况可参阅刘波《出土楚文献语音通转现象整理与研究》，博士学位论文，吉林大学，2013年，第189页。

或痛。① 季旭升将其与上博简《周易》49 中的㕣相联系。季旭升认为"痝"或"痛"都不是一般人仪容方面所能自主控制的。此字下半所从，又见《上博三·周易》简 49《艮卦》，主要有释"同"、"冋"、"㕣"（"铅"字所从）、"卷"（"卷"字所从）四说。我们做《上博三读本》时配合今本《周易》做"熏"，因此采用了释"卷"的说法。于《君子为礼》则四种说法都可以通读，"同"读为"动（摇晃）"、"冋"读为"竦"（高耸）、"㕣"读为"袒"（露肩）、"卷"读为"蜷"（缩肩）。由于《上博三·周易》有传世文献的佐证，所以在本篇我们也会优先释为"卷"字。待考。② 苏建州认为㕣释为同比较好，所以他将𰀁隶定为同。同字"冋"声（见纽耕部）疑读作"擎"（群纽耕部），二者迭韵，声纽同为见系。③ 苏建洲的观点后来又有所改变，认为《君子为礼》的"𰀁"与《周易》的"㕣"恐怕存在同形字的关系。前者应隶作"𠨮"，字形从"尚"；后者则应隶作"冋"。"𰀁"与"仄"同从"厂"，说不定"同"就是楚文字中为"倾仄"意之"倾"所造的本字。④ 刘钊认为"𰀁"字应该释为"詹"，读为"檐"。⑤ 现在有清华简相关字形和简文对照，将𰀁看作从同得声，读为倾，文通字顺没有什么问题。同是见纽耕部字，倾是溪纽耕部字，两者音近可通。

通过上面的陈述，我们可以看出在清华简公布之前，由于受到材料的限制，大家对㕣及相关字的释读存在一定的误解。在以往的研究过程当中有关㕣字的考释主要有以下几种说法：一、"同"；二、

---

① 马承源主编：《上海博物馆藏战国楚竹书（五）》，上海古籍出版社 2005 年版，第 258 页。

② 季旭升：《上博五刍议（下）》，2006 年 2 月，简帛网（http://www.bsm.org.cn/）。

③ 苏建州：《〈上博（五）〉·柬释二》，2006 年 2 月，简帛网（http://www.bsm.org.cn/）。

④ 苏建州：《〈上博楚简（五）〉考释二则》，2006 年 12 月，简帛网（http://www.bsm.org.cn/）。

⑤ 刘钊：《〈上博五·君子为礼〉释字一则》，2007 年 7 月，简帛网（http://www.bsm.org.cn/）。

第八章　卿字省变体及相关字辨析　223

"冋"；三、"合"；四、卷。𦉢字的释读问题也较为复杂，除以上几种说法外，有学者认为当释为扃、詹。现在来看，𠔼当释为同字，𦉢也是一个从同得声的字，在相关简文中读为顷、炯、熏等皆无问题。下面，我们对楚文字中的同和相关诸字进行一定的辨析，并对释同之外的各种观点所存在的问题加以说明。

关于将楚文字中相关同字释为同所存在的问题，我们准备从字形和语音两个方面进行一定的说明。

首先，同在楚文字中较为常见，一般写作𠔼（包126）、𠔼（包220）、𠔼（望一88）、𠔼（新蔡·甲三3）、𠔼（郭·老甲28）、𠔼（郭·性57）、𠔼（上博一·缁20）、𠔼（上博三·亘2）、𠔼（清华二·系39）、𠔼（清华三·良7）等形。从上述形体来看，楚文字中的同和同形体相似。但是楚文字中的同都是两横，和𠔼一横并不相同。也就是说，当时楚人区分同、𠔼主要在于是一横还是两横。𠔼在楚帛书、上博简、清华简中多次出现，均作一横。在不同的材料中多次出现，书手也并非一人，因此𠔼是同省略一横的可能性并不大。同字出现时间较早，甲骨时期就已经出现。甲骨资料中的同一般写作𠔼（英1926）、𠔼（合31680）、𠔼（合28019）等形。同字见于《说文》，小篆写作𠔼。《说文》："同：合会也。从𠔼从口。"许慎是依据已经讹变了的小篆进行解说字形的，其说并不可信。关于同的构字本义，学界一般认为从凡、口，凡为抬盘、肩舆类工具，一定要两人以上才能抬得动，加口以示同心协力之意。① 西周时期金文资料中的同继承甲骨时期的写法，一般写作𠔼（沈子它簋·西周早期·集成08.4330）、𠔼（同簋·西周中期·集成08.4271）、𠔼（师同鼎·西周晚期·集成05.2779）等形。战国时期三晋文字中同写作𠔼（中山王方壶·铭文选二881），齐文字中同写作𠔼（祈室铜柱·周金文存·06.132），秦文字中的同写作𠔼（睡·效35）。从甲骨文字到战国文字，同字写法一脉相承，皆有两横。因此，在字形方面𠔼和同差异明显，将𠔼释为同并不可信。在清华简公布之前，由于受到相关材料的限制，在字形方

---

① 季旭升：《说文新证》，福建人民出版社2008年版，第634页。

面难以比较。此外，🔣的相关词义也难以确定。清华简中的🔣明显是记录｛顷｝这个词，且可以和传世文献对照，释为同读为顷文通字顺，没有什么问题。同时，将楚文字中的相关字释为同及从同之字，在楚帛书、上博简中读为炯、熏、倾等也皆可读通。

其次，在语音方面同是定纽东部字，同是见纽耕部字，顷是溪纽耕部字。出土材料中东、耕二部虽然有相通之例，但同是定纽，顷是溪纽，两者声母有一定的间隔。此外，熏是晓纽文部字，同是定纽东部字，两者语音有隔。如果将🔣释为同，那么也难以和传世文献对读。也就是说，在语音方面同不如冋和顷关系密切。

因此，无论是从字形方面，还是语音方面来考虑，将楚文字中相关冋字释为同都存在一定的问题。

在以往的研究过程当中，由于相关材料的阙如，🔣被误释为允。将🔣释为允，和允字相联系，在读通简文方面没有什么问题。从音韵学角度来看，允是匣纽文部，熏是晓纽文部字，自然可以读通。顷是溪纽耕部字，允是匣纽文部。从相关资料来看，文、耕二部关系密切，有相通之例。① 此外，牙、喉二音关系也较为密切。因此将楚文字中相关冋字释为允，上博简、清华简中的相关诸字似乎也皆可读通。但是允和熏、顷、炯等字之间的语音关系不如冋和它们之间的关系密切。

在字形方面，🔣和允相比明显多了一横。因此，在字形方面明显不合。古文字中多一笔少一笔往往不影响表达功能，有时候两字之间则只争一笔之有无。🔣在楚文字中多次出现，形体都保留了一横，说明这一横很可能具有一定的区别作用。正如🔣和同相比少了一横一样，🔣比允多了一横也具有区别作用。正是横笔的多少及有无，才使冋、同、允三者之间在形体方面有效地区别开来。因此，将🔣释为允，在字形方面并不可信。

楚文字中关作为构字部件较为常见，如🔣（包193）、🔣（包3）、

---

① 详细情况可参阅刘波《出土楚文献语音通转现象整理与研究》，博士学位论文，吉林大学，2013年，第189页。

㭁（上博二·从 12）等。在以往的研究过程当中，由于相关材料的阙如，有学者认为 ᙈ 当隶定为卷。从音韵学角度来看，将 ᙈ 释为卷在相关简文释读方面存在一定的合理性。卷是见纽元部字，顷是溪纽耕部字，两者可以读通。此外，卷是见纽元部字，熏是晓纽文部字，两者语音关系密切。因此也可解释简文用 ᙈ，传世文献用熏的问题。将 ᙈ 释为卷问题在于关和 ᙈ 上部所从并不相同，只是形近现象。从相关形体来看，关明显是从两横，但是 ᙈ 只有一横。将 ᙈ 上部所从看作关，在字形方面并不密合。因此，将 ᙈ 释为卷虽然在语音方面能够讲通，但在字形方面却难以密合。

  在以往的研究过程当中，有学者将 ᙈ 释为扃、詹。将 ᙈ 释为尚，是误把 ᙈ 认为尚了。尚在楚文字中较为常见，一般写作 ᙈ（包 90）、ᙈ（包 232）、ᙈ（郭·缁 35）、ᙈ（上博四·柬 3）、ᙈ（清华三·芮 5）等形。尚字见于《说文》，小篆写作 ᙈ。《说文》："尚：曾也。庶几也。从八向声。"从相关古文字字形来看，许慎是依据讹变了的小篆解说字形的，其说并不可信。尚字出现时间较早，甲骨时期就已经出现。甲骨资料中的尚字一般写作 ᙈ（H11：2）、ᙈ（H11：23）。关于尚的构字本义，学界一直有不同的意见。何琳仪认为尚字从八从冂，会分开覆冒之物而显露之意。口形为装饰性部件，疑为敞之初文。① 陈剑认为尚是在冂（堂）的基础上添加分化符号八而形成的分化字，或添加口旁为饰。② 西周、春秋时期金文资料中的尚字继承甲骨时期的写法，但字形略有变化。西周、春秋时期尚字一般写作 ᙈ（尚方鼎·西周早期·集成 04.1769）、ᙈ（智鼎·西周中期·集成 05.2838）、ᙈ（丰伯车父簋·西周晚期·集成 07.4107）、ᙈ（者咸钟·春秋·集成 01.195）等形。战国时期三晋文字中尚字写作 ᙈ（中山王方壶·铭文选二 881），齐系文字中尚字写作 ᙈ（陈侯因𬼀敦·战国晚期·集成 05.4649），秦文字中尚字写作 ᙈ（睡·效 24）、ᙈ

---

① 何琳仪：《战国古文字典》，中华书局 1998 年版，第 678 页。
② 陈剑：《金文零释四则》，2008 年 2 月，复旦大学出土文献与古文字研究中心网站（http：//www.gwz.fudan.edu.cn/srcshow.asp？src_id=335）。

(睡·杂35)、▨(睡·律165)等形。从相关尚字形体来看，从甲骨到战国文字一脉相承，但略有变化。变化主要表现在八形和冂之间逐渐添加横笔为饰，且横笔逐渐变为竖笔。但是不论尚字形体怎么变化，所从基本部件八、冂并没有发生变化。从形体来看，尚和合字存在的差异在于尚字有冂形，而合没有冂形。因此，将合释为尚在字形方面说不过去。

从音韵学角度来看，尚是禅纽阳部字，顷是溪纽耕部字，阳、耕二部可以相通。但是尚是舌音，顷是牙音，古音中牙舌二音虽然关系密切，但是禅、溪二音毕竟有一定的间隔。熏是晓纽文部字，尚是禅纽阳部字，两者之间存在一定的语音间隔。因此，不能解释简文用合，传世文献用熏的问题。如果将合释为同，则相关问题皆可解决。

詹在楚文字中作为构字部件也较为常见，一般写作▨(包174)、▨(包86)、▨(包147)等形。从字形来看，詹和合的区别在于从言和从口。古文字中口、言作为同义偏旁可以互换，因此如果将合释为詹，在字形方面可以讲通。但是从相关古文字资料来看，并没有詹字将言省为口，也没有见到合字将口旁替换为言。从音韵学角度来看，詹是章纽谈部字，顷是溪纽耕部字，两者在语音方面有一定的距离。因此，将合释为詹无论是在字形还是语音方面都难以讲通。

总之，将楚文字中的相关同字释为同、合、卷、尚、詹等，在字形、语音方面都存在一定的问题。但是，如果将其释为同字，则一切问题都可得到解决。

回顾一下楚文字中相关同字的考释过程，我们不难发现，在以往的研究过程当中之所以产生这样多的误释，很大原因在于相关资料的缺乏，遂导致没有相关字形可资比较。同时，同在相关简文中具体词例也难以确定。在此种情况下，大家往往根据楚文字一些相近形体进行解说字形。这些观点虽然在语音方面有一定的依据，但是在字形方面却难以密合。在字形方面，大家往往忽视了楚文字中同字比较稳定的书写特征。同时，对同及相关诸字之间的细微差异也没有引起足够的重视，所以导致了一些误释。因此，在文字的考释过程当中，我们一定要结合文字间的细微差异去综合考虑问题。同时，一些相关研究成果也要用新的材料去不断证明。只有这样，才能产生较为可信的考释结果。

第九章　楚文字中的勿形部件及相关字

从出土文字资料来看，楚文字中有大量的勿形部件，它们大都渊源有自。这些勿形部件，有的是从甲骨、西周金文中传承而来，有的是楚文字内部特有的现象。从这些勿形部件的成因来看，主要是讹混和讹变所导致。在文字的发展演变过程中，文字间的讹混现象十分常见。所谓讹混是指一个文字构形因素与另一个与其形体接近的构形因素之间产生的混用现象。发生讹混的构形因素既可以是单独存在的字，也可以是构成字的偏旁。① 同时，在文字的发展演变过程中讹变也是一种常见现象，文字讹变现象在古文字阶段尤为常见。所谓古文字的形体讹变，指的是古文字演变过程中，由于使用文字的人误解了字形与原义的关系，而将它的某些部件误写成与它意义不同的其他部件，以致造成字形结构上的错误现象。② 虽然楚文字中的勿形部件来源不一，但基本有源可寻，所以一般不会造成文字释读方面的困难。但是，有时候由于大家对一些勿形部件的来源并不清楚，遂导致文字误释现象的发生。文字中发生讹混、讹变的结果有可能造成积非成是，常常会导致我们对一些字的误解。在讨论楚文字中的勿形部件之前，我们准备首先简单介绍一下《说文》及古文字材料中的勿及与勿有关的字。

---

① 刘钊：《古文字构形学》，福建人民出版社2011年版，第139页。
② 张桂光：《古文字中的形体讹变》，《古文字研究》1986年第15辑。

第一节 《说文》及古文字中的勿

勿字见于《说文》，小篆写作勿。《说文》：" 勿：州里所建旗。象其柄，有三游。杂帛，幅半异。所以趣民，故遽称勿勿。凡勿之属皆从勿。㫃或从认。"《说文》中勿部字下收一昜字，小篆写作昜。《说文》：" 昜：开也。从日、一、勿。一曰：飞扬。一曰：长也。一曰：强者众貌。"《说文》易部还有一个易字，小篆写作易。《说文》：" 易：蜥易，蝘蜓，守宫也。象形。《祕书》说：日月为易，象阴阳也。一曰：从勿。凡易之属皆从易。"从相关古文字资料来看，许慎对勿字的解释是错误的，且昜、易并非从勿。《说文》对勿字及勿形部件的认识存在一定的问题，这说明在许慎时代人们对勿字的本义已经无从考据，并且对汉字中一些勿形部件的来源也搞不清楚了。

勿字出现时间比较早，甲骨文中就已出现。甲骨资料中的勿一般写作（合938）、（合15090）、（怀914）、（合34504）等形。西周时期金文资料中的勿传承甲骨时期的写法，但字形稍有变化。西周时期的勿一般写作（西周早期·大盂鼎·集成05.2837）、（西周早期·量侯簋·集成07.3908）、（西周中期·师酉簋·集成08.4288）等形。战国时期楚文字中的勿一般写作（上博五·三14）、（郭·语一1）、（郭·性2）等形。秦文字中的勿一般写作（睡·效30）、（睡·杂38）、（睡·答107）等形。三晋文字中的勿一般写作（侯马八五：三五）、（中山王礜鼎·集成05.2840）、（哀成叔鼎·集成05.2782）等形。齐文字中勿一般写作（黏镈·集成01.271）、（公典盘·文物1998.9）、（鲍子鼎·中国历史文物2009.2）等形。

在以往的研究过程当中，大家对勿字本义的解释众说纷纭。近代以来学者们将其与物、犁、刎等字联系在一起，产生了三种比较有影响力的观点。一是王国维等学者认为甲骨中的"勿牛"乃"物牛"

之省，物的本义是杂色牛；① 二是郭沫若等学者认为勿是犁之初文，勿、勿、勿字从刀，其点乃像起土之形；② 三是裘锡圭认为勿字从刀，旁边的小点代表切割之物，本义是｛分割｝、｛切断｝。裘锡圭认为在古书中，从刀勿声的刎字正好具有这种意义，刎应该就是表示勿字本义的后起加旁字。③ 相比较而言，裘锡圭的说法较为合理、可信。甲骨文中的勿主要有以下三种用法：一是用作否定副词；二是当作毛色讲，且指较次的毛色；三是用作动词。前两种用法应该属于假借，后一种用法则是勿字本义及引申义。裘锡圭认为甲骨中有些动词勿可能用作刎牛马之｛刎｝或物色之｛物｝。从牛勿声的物在后世文献中有辨别物色之义，就是勿的｛分割｝、｛切断｝之义的进一步引申。刘桓认为做名词物的毛色义正由动词物色义相因而来，勿牛的意义就是为了祭祀而物色合适的牛。④

甲骨文中有一个经常用为否定副词的字（常作勿、勿、勿等形），裘锡圭将其释为发（发）。勿、发两者在语音方面联系密切，裘锡圭认为甲骨资料中的勿、发用为否定副词可能是语言里同一个词的不同假借字。商承祚也曾对甲骨中勿和勿的关系有所讨论，商承祚认为：勿、勿确为勿字，乃物之省，物从此，乃牛色之专用字，与不之勿有别。后世合勿、勿为一，而以勿为物，以勿为勿矣。⑤ 虽然商承祚的观点存在一定的问题，却为我们理解后世文字中否定副词勿的来源提供了一种新的视角。勿、发两者语音相近，且发（勿、勿、勿）字从弓，在文字演变过程中人、弓、刀经常会出现讹混的情况，所以后世文字中的否定副词勿也有可能一部分来源于发（勿、勿、勿）。

从目前出土材料来看，甲骨、金文、简帛材料中勿参与构字并不多见。物、在甲骨中常见，以前大家一直认为它是从牛勿声的物字。

---

① 王国维：《观堂集林》，河北教育出版社2003年版，第141页。
② 郭沫若：《释勿、勿》，《甲骨文字研究》，人民出版社1952年版，第83—92页。
③ 裘锡圭：《释"勿"、"发"》，载《古文字论集》，中华书局1992年版，第70—84页。在下文的写作过程当中，凡是提到裘先生的观点皆来源于此。
④ 刘桓：《卜辞勿牛说》，《殷都学刊》1990年第4期。
⑤ 商承祚：《殷契佚存考释》，《甲骨文献集成》，四川大学出版社2001年版，第455页。

第九章　楚文字中的勿形部件及相关字　231

物字见于《说文》，小篆写作󰀀。《说文》："物：万物也。牛为大物，天地之数起于牵牛，故从牛勿声。"许慎这种说法属于牵强附会，并没有认清物字的构字本义。传世文献中的物多为假借、引申义，一直以来大家对物字的构字本义没有搞清楚，造成的误解、附会之说颇多。金祥恒指出甲骨文中的󰀀、󰀀应该是勿、牛二字的合文。① 裘锡圭认同此说，认为从牛勿声的物就是由此合文演变而来，并指出甲骨时期的一部分󰀀、󰀀已经可以读为｛物｝了。勿和牛合在一起形成合文，后世文字中的物就是由其发展而来。甲骨资料中还有󰀀（合 2857）这样一个形体，词例为"卜……󰀀中妇"，构字不明。

　　在金文、简帛资料中勿参与的构字数量也是有限的，如忽、物等字。忽见于󰀀（中山王𰯼鼎·集成 05.2840）；物见于󰀀（睡·效 44）、󰀀（睡·律 69）、󰀀（睡·律 174）、󰀀（关简 228）等。

　　战国文字阶段从勿之字并不多见，但是一些勿形部件却大量出现。这些勿形部件来源十分复杂，且在一定程度上保存在后世文字之中。秦汉以后由于隶变等诸多因素，这些勿形部件已经被转写成勿字了，所以在后世的汉字体系中勿旁来源十分复杂。这些勿旁大部分来源于甲骨时期的󰀀，同时也有一部分勿旁另有来源。正如上文所说，刀旁和勿旁在古文字阶段经常会出现讹混的情况，这种讹混的结果也在一定程度上保留在后世的汉字体系当中。例如：黎、黎中的勿、勿就是勿、刀讹混后在汉字体系中的残留。金文中有一曶字，字见󰀀（曶作旅鼎）、󰀀（曶尊）、󰀀（克钟）等资料。曶字金文从爪，秦汉隶变之后变为勿形。② 汉字中还有一些勿形部件是汉字形体讹变的结果。例如：遹，一般认为遹就是󰀀；与其情况相类似的还有䎃字，一般认为就是古文肆。这样说来遹、䎃字中的勿形应该就是聿字下部讹变的产物。再如：耇，耇或写作󰀀。耇字见于《说文》："耇，老人行才相逮。从老省，易省。象形。读若树。"󰀀字见于《广韵·遇部》：

---

① 金祥恒：《释󰀀》，《中国文字》1968 年第 30 辑。
② 《说文》小篆写作󰀀，籀文󰀀。有学者认为小篆、籀文上部所从乃爪形之伪，隶变之后又伪作勿形。详见黄德宽主编：《古文字谱系疏证》，商务印书馆 2007 年版，第 3300 页。

"耄，老人行貌。"又见《康熙字典·老部》："耄同耋。"耄、耋当中的勿形，也并非易省，应该是讹变的结果。

汉字中还有一些勿形部件我们暂时搞不清楚，例如：㹛。《五音集韵·仙韵》："㹛，犬肉。"臡《说文》："肰：犬肉也。从犬、肉。读若然。🐕古文肰。🐕亦古文肰。"㹛、臡两字中的勿，来源就不明确。

第二节　楚文字中的勿形部件

楚文字中一些勿形部件来源于甲骨、西周金文，由于这些勿形部件基本有源可寻，一般不会导致误释现象的发生。例如，则：🐕（曾侯乙钟），利：🐕（上博一·孔 17）、🐕（上博三·周 1）等。从楚文字中的利字来看，并非从刀而是从勿。由于勿字从刀，从刀、勿之字均有 ｛切割｝、｛分裂｝ 之义，所以古文字中刀、勿作为偏旁经常可以换用。① 这种换用现象在甲骨文中就已十分常见，例如：物🐕（合 23218）、🐕（合 24541）；利🐕（合 33401）、🐕（合 7044）；刚🐕（屯 2869）、🐕（合 34682）；宜🐕（合 32697）、🐕（合 32547）；等等。

楚文字中的易一般可以写作🐕（包 2）、🐕（郭·大 2）、🐕（上博五·三 3）等形；昜字一般可以写作🐕（上博三·周 55）、🐕（上博三·彭 2）、🐕（清华一·保 6）等形。从楚文字中的易、昜二字相关形体来看，所从部件为勿形部件。但是，楚文字中的易、昜二字所从部件和勿无关，渊源有自。《说文》认为易、昜等字从勿，这说明人们在许慎时代就已经对一些勿形部件的来源搞不清楚了。易、昜这种由于讹混、讹变造成的勿形部件在西周金文中就已出现，例如：易🐕（五年师旋簋·西周晚期·集成 08.4216）、昜🐕（颂鼎·西周晚期·集成 05.2829）。易甲骨时期写作🐕（合 7411），构形不明。有学者认

---

① 按：古文字中的刀旁、勿旁经常讹混，但是两者混用是否有一定的条件限制还有待进一步研究。因为有些从刀之字却从不曾出现讹混情况。

为从日从示，会日出祭坛之意，为旸之初文；① 有学者认为从日在丂（柯）上，会旭日初升之意。② 西周以后丂形逐渐添加饰笔讹变为勿，演变过程大致如下：㠯（集成 08.4216）、㠯（集成 05.2679）、㠯（集成 17.11289）。易甲骨时期常作㿫（合 6174）、㿫（合 32226）、㿫（怀 1611）等形体。有学者认为易是截取甲骨文中的㿫字部分部件而成，易、益、赐三字都由㿫演变而来。③ 西周以后逐渐变形、添加饰笔，下部逐渐演变为勿，演变过程大致如下：㿫（合 32226）、㿫（集成 07.4097）、㿫（集成 07.2785）、㿫（集成 05.2836）、㿫（集成 15.9718）、㿫（集成 05.2840）。易、易这种讹变的结果一直保留在后世文字中，这也就是《说文》误认为从勿的原因所在。

楚文字中这种由于讹变造成的勿形部件较为常见。例如㿫（郭·语三 51）、㿫（上博一·淄 15）二字，所从之勿形部件是由乇讹变而来。楚文字中我写作㿫（郭·老甲 32）、㿫（郭·成 29）、㿫（郭·六 15）等形，所从之勿形部件也是一种讹变的结果。我字早期写作㿫（合 21249）、㿫（合 9689）、㿫（合 26039）、㿫（夸甲盘）、㿫（命瓜君壶）等形，本义是一种有锯齿的长柄兵器。楚文字中我字所从的勿形部件就是由类似锯齿之形讹变而来。勿是明纽物部字，我是疑纽歌部字。从出土楚文字资料来看，物、歌两部可以通转，唇、牙二音也有通转之例④。因此，两者音近可通。我字古文字中类似锯齿之形讹变为勿，应该是一种变形音化。楚文字中的户一般写作㿫，从户的字也出现了此种类化现象，如房㿫、启㿫、所㿫。户在甲骨时期写作㿫、㿫，是一个象形字，本义为单扇门。楚文字中户往往添加木旁作为义符，勿形也是一种讹变的结果。楚文字中爪和勿形体相近，所以在楚文字中有一些从爪的字也变得类似勿。例如：㿫（郭·五 36）、㿫

---

① 何琳仪：《战国古文字典》，中华书局 2007 年，第 661 页。
② 李孝定：《甲骨文字集释》，台湾历史语言研究所 1965 年版，第 2973 页。
③ 董莲池：《说文解字考证》，作家出版社 2005 年版，第 381 页。王蕴智：《益、易同源嬗变探析》，《说文解字研究》1991 年第 1 辑。
④ 详细情况请参阅刘波《出土楚文献语音通转现象整理与研究》，博士学位论文，吉林大学，2013 年。

(郭·老乙4)、❍(包246);兴❍(郭·唐21);革❍(上博三·周47);豐❍(郭·语一34);叙❍(郭·成34);等等。楚文字中矛也发生了一定的讹变,如❍、❍、❍。矛在早期阶段是个象形字,金文写作❍,像矛锋、矛骸、右矛系之形①。楚文字中矛锋、矛系逐渐发生讹变,变为刀旁或者勿旁。

通过上文的陈述,我们可以看出楚文字中的勿形部件较为丰富,来源复杂。正因如此,有时候大家对一些勿形部件的来源看法不一致,遂导致对一些字的结构看法不同。

楚文字中有一❍(郭·老甲34)字,相关简文为"未知牝牡之合❍怒,精之至也"。学界一般认为❍读为脧。从具体简文来看,❍读为脧文通字顺,没有什么问题。但是关于❍字的构形问题,历来众说纷纭,莫衷一是。以往有关该字构形方面的解释,主要有以下几种意见。黄德宽、徐在国认为❍可分析为从士勿声,古音勿属明纽物部,脧属清纽文部,物文对转,两字音近。② 郭永秉认为❍是㞋字变体。③ 张崇礼认为该字可分析为从士彡声,脧是清纽文部;彡是尼纽真部,读音相近。④ 从❍(郭·老甲34)形体来看,下部所从为勿、彡皆有可能。诸说当中,我们比较倾向于将❍(郭·老甲34)分析为从亠彡(飞)声。战国文字阶段彡、彡(飞)和勿形体相近,所以两者容易讹混成勿,如秦文中的轸❍、诊❍、瘆❍。彡小篆写作❍,《说文》中有"稠发也,从彡从人。《诗》曰:彡发如云"。彡(飞)小篆写作❍,《说文》中有"新生羽而飞也。从凤从彡"。彡、彡(飞)来源不同,后世文字混为一谈。从小篆来看,两者是有区别的,这也可以从相关秦系文字资料来印证。例如,瘆写作❍、❍,眕写作❍,诊写作❍、❍,通过上述字形的比较,我们不难发现两者是

---

① 黄德宽主编:《古文字谱系疏证》,商务印书馆2007年版,第726页。

② 黄德宽、徐在国:《郭店楚简文字考释》,《新出楚简文字考》,安徽大学出版社2007年版。

③ 郭永秉:《古文字与古文献论集》,上海古籍出版社2011年版,第83—86页。

④ 张崇礼:《释"彡"及相关的一些字》,2008年6月,复旦大学出土文献与古文字研究中心网站(http://www.gwz.fudan.edu.cn/SrcShow.asp? Src_ID=464)。

有所区别的。战国楚简有一🔲（包122）字，从字形来看可以隶定为䜌，从楚简中相关诸字来看为慎字异体。该字所从之勿乃㐱之误，㐱为声符（㐱是章纽文部字，慎是禅纽真部字）。战国楚简中还有一个🔲字，见于包山84号简，具体简文为"郘黧"。包山简的整理者将其隶定为黧，刘钊认为此字从水从䡅，白于蓝也认为此字从水䡅声为渐字异构。① 李守奎认为该字为讹形，隶定为黧。② 包山简中的黧用为人名，从水䡅声为渐字异构，这种说法从音韵学来讲是可以说通的，所从之勿很可能就是㐱字的讹变。从车从勿之字又见于上博简🔲（上博四·曹63），有学者也认为勿旁是㐱的讹形。但是楚简中的这两个䡅字，是否为一字尚待研究。上博简中的䡅究竟为何字目前也尚难定论，一般认为䡅武当如陈剑所说是个诸如忽芒、忽恍之类的连绵词。③（清华简《说命》篇中渐字两见，具体情况如下：🔲武丁曰：来格汝说，听戒朕言渐之于乃心。《说命·中2》；🔲王曰：说，昔在太戊，克渐五祀，天章之用九德，弗易百姓。《说命·下8》此两处的🔲字，整理者将其隶定为渐，认为渐应即渐字，改从斤为从刀。关于此二字的释读问题，整理者分别引用《书·禹贡》孔传中"渐，入也"、《公羊传》隐公元年："渐，进也"来加以解释。从文意来看，将其训为"入也"、"进也"都是文通字顺，没有什么问题。但是从字形来看，将其隶定为渐，似乎有些不妥之处。所从类似勿形的部件，很可能是㐱字的讹变。）

通过上文的陈述，我们不难发现楚文字中勿、㐱存在讹混的情况，那么🔲（郭·老甲34）下部所从部件为㐱在字形方面也就说得过去。在以往的研究过程当中，刘钊认为🔲指小儿的生殖器④。关于🔲

---

① 湖北荆沙铁路考古队：《包山楚简》，文物出版社1991年版，第22页。刘钊：《包山楚简文字考释》，台湾古籍出版有限公司2004年版，第3—30页。白于蓝：《〈包山楚简文字编〉校订》，《中国文字》1999年新廿五期。

② 李守奎：《楚文字编》，华东师范大学出版社2003年版，第635页。

③ 陈剑《上博竹书〈曹沫之陈〉（新编释文）》，2005年2月，复旦大学出土文献与古文字研究中心网站（http://www.gwz.fudan.edu.cn/Default.asp）。

④ 刘钊：《郭店楚简校释》，福建人民出版社2003年版，第24页。

(郭·老甲34) 指男性生殖器的说法。黄德宽、徐在国也有类似的看法。① 由于有传世文献对照，我们认为将 𡴆（郭·老甲34）看作男性生殖器的说法可信。关于 𡴆（郭·老甲34）字的构形，可以分析为上部从"⊥"，下部从彡（飌），中间一横笔可以看作饰符。所谓的"⊥"和牡字所从之"土"一样皆为雄性生殖器。甲骨资料中牡字可以写作 𤘅（合23151）、𤘆（华东446）、𤘇（英1953）等形，右部所从之部件即为雄性生殖器的象形。牡字见于《说文》，小篆写作牡。《说文》："牡：畜父也，从牛土声。"从音韵学角度来看，牡是明母幽部字，土是透母鱼部字。从目前出土的楚文字资料来看，鱼、幽二部可以通转②。同时，楚文字中也有唇、舌相谐相通之例③。因此，牡字从土可以看作是变形音化。在上文当中，我们已经说过战国文字阶段彡、彡（飌）和勿形体相近，容易讹混。从早期相关文字资料来看，彡、彡（飌）二字虽然有别，但是形体相似。在后来的文字演变过程中，彡、彡（飌）二字逐渐合并。彡（飌）小篆写作彡，《说文》"新生羽而飞也。从飌从彡"。从《说文》相关解释来看，彡（飌）有新生的意思，在后世文字中一些从彡的字具有一定小、少的意思。例如㾕，㾕字见于《释名·释疾》："㾕，诊也，有结聚可得诊见也。"《玉篇·疒部》："㾕，瘾㾕，皮外小起也。"㾕字见于《广韵·轸韵》："㾕，瘾㾕，皮外小起。"袗字见于《玉篇·衣部》："袗，单也。"珍字见于《说文》："珍，宝也，从玉彡声。"因此，𡴆（郭·老甲34）字所从之勿形可能就是"新生羽而飞也"的彡（飌）形讹变。𡴆（郭·老甲34）可以分析为上部从"⊥"，下部从"彡"（飌），是一个会意字，是一个专门为小男孩生殖器而造的一个字。关于 𡴆（郭·老甲34）字的释读问题，裘锡圭已经指出相当于朘字。朘字见于

---

① 黄德宽、徐在国：《郭店楚简文字考释》，《新出楚简文字考》，安徽大学出版社2007年版。
② 关于楚文字资料中鱼、幽二部相通情况，可以参阅刘波《出土楚文献语音通转现象整理与研究》，博士学位论文，吉林大学，2013年。
③ 刘波：《出土楚文献语音通转现象整理与研究》，博士学位论文，吉林大学，2013年，第228页。

第九章　楚文字中的勿形部件及相关字　　237

《说文》新附字："朘：赤子之阴也。"因此，如果将 ▲（郭·老甲34）分析为上部从"宀"，下部从"㕣"（𠙴），是一个会意字，是一个专门为小男孩生殖器而造的一个字。那么，▲（郭·老甲34）正好可以和"赤子之阴也"的朘相对应。此外，▲（郭·老甲34）下部所从之"㕣"（𠙴）有可能具有一定的表音作用。朘，清纽文部；㕣（𠙴），泥纽真部。文、真两部可通，齿音和舌音也具有一定的联系。从目前出土的楚文字资料来看，齿音和舌音有相通相谐之例。① 因此，▲（郭·老甲34）读为朘没有什么问题。

廷在楚文字中的异体较多，除极个别情况外一般可以隶定为𡈼②。相关字形如下：▲（包7）、▲（包19）、▲（包21）、▲（上博二·容22）、▲（上博四·昭1）、▲（清华一·程1）、▲（清华一·皇5）等。从楚文字中廷字相关形体来看，右部所从为勿形部件。

廷在金文中常见写法是▲（毛公鼎）、▲（何尊）、▲（卫簋）、▲（休盘）等形。关于廷字的构形问题，长期以来也是众说纷纭。有学者认为廷字从人、从土，匚像廷隅或阶前曲地。至于人形及小点，有学者认为代表洒扫之意，有学者认为人旁及小点乃是声符㐱（㐱是章纽文部字，廷是定纽耕部字）。楚文字中廷所谓的勿形部件应当是在廷字早期写法中的人形和小点的基础上演变而来。楚文字中人、刀、尸、弓由于形体相近，所以这些部件经常出现讹混的情况。③ 楚文字中人由两笔写成，但由于起笔顺序及书写弧度不同，所以字形也略有差异，如▲（上博一·孔8）、▲（上博一·缁23）。有时也会出现两笔不连笔的现象，如▲（上博五·鲍2）、▲（上博五·季20）。楚文字中的刀也是由两笔写成，常见写法如下：▲（包144）、▲（包254）。楚文字中刀的标准写法由两笔构成，起笔为右边弧度较大的一笔，然

---

① 刘波：《出土楚文献语音通转现象整理与研究》，博士学位论文，吉林大学，2013年，第233页。
② 有些廷字从刃，如▲（清华二·系51）。
③ 详见李守奎、蔡丽利：《楚简中尸与人的区别与讹混——释楚简中"作"与"居"的异体》，《中国文字研究》2011年第15辑。方勇：《战国楚文字中的偏旁形近混同现象释例》，硕士学位论文，吉林大学，2004年，第1页。

后再是弧度较小的一笔。楚文字中标准的人、刀二字写法是有明显差异的,两者的差异主要表现在两点。首先,表现在起笔的弧度不一样。人字保留了人体的站立之形,弧度较小;刀字保留了刀的外观形态,弧度较大。其次,两者的差异主要表现在第二笔的位置上。人字第二笔象征人的手臂之形,故位置靠上;相比较而言,刀字第二笔则靠下一些。在正常情况下,楚文字中的人、刀二字是有显著差异的。但是在具体的使用过程当中,两者则容易发生讹混。造成这种讹混的原因有多种,或由于书手的识字水平不高,在他们心里刀、人二字已经无别。或者由于刀在作为偏旁的时候,由于书写空间的限制所以起笔弧度过小,遂导致人、刀二字讹混现象的发生。还有就是个人书写习惯问题,有些书手把人形的第二笔写的位置靠下一些,起笔弧度大一些,这样也会出现人、刀讹混的现象。人、刀发生讹混的例子有:❀(郭·性49)、❀(郭·性28)。

楚文字中廷字所从的勿形部件就是来源于金文中的人形及小点。廷中所谓的勿形应该是这样演变而来的。首先,人形与刀形发生了讹混。其次,在人、刀讹混的基础上小点和刀组成"勿"。由于小点的位置和数量的多少不同,于是廷字就有了诸多异体。在绝大多数情况下,廷字所从的勿形部件和楚文字中的勿还是有差别的。至于❀、❀(清华一·程1)、❀(清华一·皇5)这种写法则是在勿形部件的基础上进一步发生讹变,遂导致和勿混同。

新近公布的楚简中有一❀(清华三·芮15)字,在具体简文中读为弱。同时,又有一个❀(清华三·祝1)字,在具体简文中读为弱。从相关形体来看,❀(清华三·芮15)、❀(清华三·祝1)为一字之异体。该字在以往公布的楚文字资料中多次出现,形体较为丰富。在以往的研究过程当中,大家对该字的构形问题众说纷纭,莫衷一是。后来张世超认为该字所谓的勿形部件来源于尿。我们也曾写过一篇《说尿》对该字进行解释,并将该字重新隶定为㞙。我们认为❀为尿的最初写法,休是尿的异体字。㞙与尿密切相关,但构形尚存几种可能性。现将原文附录于此。

第三节 说尿[1]

尿在古代有溲、小便、轮回酒、还元汤等诸多称谓。文献中记录{尿}这个词的字有两个，即尿、溺二字。例如：《慧琳音义》卷五"厌尿"；《一切经音义》卷十七引《通俗文》"出脬曰尿"；《庄子·人世间》"夫爱马者，以筐盛矢（屎），以蜄盛溺（尿）"；《史记·扁鹊仓公列传》"中热，故溺（尿）赤也"；《汉书·郦食其传》"沛公则解其冠，溺（尿）其中"。尿小篆写作㞙，为了行文方便我们将其严格隶定为㞙。《说文》："尿，人小便也，从尾从水。"《集韵》："㞙，亦作溺。"溺小篆写作㵽，《说文》："水。自张掖删丹西，至酒泉合黎，余波入于流沙。从水弱声。"《广韵》："溺，水名，出龙道山其水不胜鸿毛。又奴历切。"章太炎："弱声之溺，或以为尿，音奴吊切。"[2] 尿是泥纽宵部字，弱是日纽药部字，溺从弱声，两者音近自然可通。一般学者认为两者是同音假借，很少有人从字形源流上深入考虑。同时古文字中的尿字很长时间都在困惑着学者，古文字中究竟有无尿字？如果有，那么最初形态及演变过程又是什么？

甲骨文中有一字，唐兰将其释为尿。关于此说学界有支持者，但也有意见不同者。例如：胡厚宣认为"尿字原作，唐兰先生释尿，是也。字盖像人遗尿之形，此贞是否有尿疾也"[3]；李孝定认为"从人从水点，像人遗溺形。唐氏释尿是也，杨说非是"[4]；徐中舒认为"从亻（人）前加水点，像人遗溺形"[5]。但有些学者并不主张释为尿，

---

[1] 原文刊发在《中国文字研究》。《说尿》，《中国文字研究》2014年第10辑。
[2] 章太炎：《古音娘日二母归泥说》，载《国故论衡》，上海古籍出版社2003年版，第25—28页。
[3] 胡厚宣：《殷人疾病考》，《甲骨学商史论丛初集》，齐鲁大学国学研究所1944年版，第417—446页。
[4] 李孝定编述：《甲骨文字集释》，中研院历史语言研究所专刊之五十，第2755页。
[5] 徐中舒主编：《甲骨文字编》，四川辞书出版社2006年版，第945页。

240 楚文字形近、同形现象源流考

而是将其释为彡、勿、次等。① 近些年来随着古文字学研究的不断深入，💧为尿字的主张逐渐为学界所接受。②

💧为尿字最初的写法，但是从💧到㞙的演变却缺乏中间的过渡环节。从甲骨文到小篆这一漫长的历史时期有没有尿字？战国楚文字资料为我们提供了进一步探讨的线索。

战国楚简中有一伱字，💧（郭・语二 36—37）："䛊〈伱〉（弱）生于性，疑生于伱（弱），北生于疑。"裘锡圭对其加注按语："简文此字读为'弱'，上条从'心''强'声之字，当读为'强'，'强''弱'相对。"③ 伱字见于传世字书，如《说文》："伱，没也，从水从人。"《古文四声韵》，收在弱字条下引自古《老子》，形体写作💧。伱是泥纽药部字，弱是日纽药部字，两者音近自然可通。在以往的研究过程当中，学界一般认为伱为溺的古字。例如，段玉裁认为"此沈溺之本字也，今人多用溺水水名字为之。古今异字耳。《玉篇》引孔子曰：'君子伱于口，小人伱于水。'顾希冯所见《礼记》尚作伱"④。在古文字阶段伱、㞙不仅在语音方面关系密切，形体也十分相似，两者的差别在于人与尾的区别。我们知道古文字中尸、尾作为偏旁经常可以互换，人、尸讹混的情况也十分常见。⑤ 那么伱、㞙二字是否可能为一字之异写呢？我们认为是有可能的，同时应该注意伱这种形体的出现可能与汉字分化有关。伱为尿字异体，古籍中尿、溺关系密切，所以伱、溺互作的情况在传世文献中并不少见，《玉篇・水部》："伱，孔子曰：'君子伱于口，小人伱于水。'今作溺。"《礼记・缁衣》："小人溺于水，君子溺于口。"伱（尿）读为弱、溺，可以看作

---

① 请参阅松丸道雄、高岛谦一《甲骨文字字释综览》，《东洋文化研究所丛刊》第 13 辑。
② 请参阅刘钊《金文字词考释（三则）》，《古文字考释丛稿》，岳麓出版社 2005 年版，第 132—139 页。
③ 荆门市博物馆：《郭店楚墓竹简》，文物出版社 2005 年版，第 206 页。
④ 段玉裁：《说文解字注》，浙江古籍出版社 2004 年版，第 557 页。
⑤ 请参看黄甜甜《〈系年〉第三章"成王屎伐商邑"之"屎"字补论》，《深圳大学学报》2012 年第 29 卷第 2 期。李守奎、蔡丽利：《楚简中"尸"与"人"的区别与讹混——释楚简中"作"与"居"的异体》，《中国文字研究》2011 年第 15 辑。

是一种通假现象。

尿在传世字书中还有几种异体，如㳙，《改并四声篇海·水部》引《搜真玉镜》："㳙，音尿。"《字汇补·水部》："㳙，与尿同。"毦，《改并四声篇海·毛部》引《川篇》："毦，古文尿字。"甲骨等出土资料中的尿字并不从尾，其实从尾，从尸在表达臀部这个功能上是一样的[①]。

王孙遗者钟中有一◇字，在以后陆续公布的楚简中频频出现一些与之形体类似的字，早有学者指出这些字当为一字。[②] 从其形体来看这些字一般从尸从勿从水，同时由于该字尸、勿旁变化多端，所以形成众多异体，学界一般将其隶定为"㞞"、"㞙"或"㞕"。根据其构字理据我们隶定为㞙，这其中的道理我们下文再说。据我们的统计，㞙除了出现在王孙遗者钟（龢㞙民人）外，还出现在以下楚简之中。

包山简：①◇、◇（包7）②◇（包172）③◇（包177）④◇（包246）

①鄂令大莫敖屈阳为命邦人纳其㞙典，臧王之墨以纳其臣之㞙典。

②需易阳人盐㞙。③大室酷尹㞙。④使攻解于水上与㞙人。

郭店简：①◇（老甲·8）②◇（老甲·33）③◇（老甲·37）④◇（太·9）

①古之善为士者必微㞙玄达，深不可识。②骨㞙筋柔而捉固。③㞙也者，道之用也。④天下贵㞙，削成者以益生者。

上博简：①◇（孔·19）②◇（容·36）③◇（姑·10）④◇、◇（武·8）

[①] 张世超认为△字左部所从之人形看作"尸"（按：△即本书所讨论的㞙），其右部所从之类似"勿"形之字（实际上是"尿"字初文的讹形）便讹为"尾"字的倒毛形，连下部的"水"字，便产生了"从尾从水"的"尿"字。张世超：《释"溺"及相关诸字》，第三届中国文字发展论坛——"古汉字研究与汉字书写"学术研讨会论文，2011年。按：结合古文字中的屎来看，把尾、尸看作通用似乎更为合理。

[②] 廖名春：《楚文字考释三则》，载《吉林大学古籍整理研究所建所十五周年纪念文集》，吉林大学出版社1998年版，第87—97页。

①霸志。②当是时,强霸不治謌,众寡不听讼。③三郤既亡,公家乃霸。④与其霸于人,宁霸于渊。

除上述资料外,楚简中还有两个以霸或以霸省为声符的字,即 ❋（上博五·鲍3）、❋（包5）。①

在包山、郭店、上博简等材料公布之前,限于相关资料的缺乏,学界对王孙遗者钟中的霸字构形认识不足,相关铭文的释读也存在一定的问题。② 包山楚简公布之后,大家开始对霸的构形和释读有了进一步的了解。包山整理者将 ❋ 隶定为厚,将 ❋ 隶定为殁。他们认为厚、殁应该读为没,且引用相关典籍材料认为殁典当是"隐匿名籍"。③ 汤余惠认为殁字从休勿声,即古溺字。殁之为没,犹《说文》殳或体作殁。④ 黄盛璋认为殁即《说文》之休字,同时他认为此字即楚文字中的"溺",读"溺"不读"没",楚文字自有"没"字。⑤ 虽然这些考释成果存在一定的问题,但是学者们将其与休及溺相联系,这无疑是一种重大发现,为以后学界对霸字的进一步考释奠定了基础。

后来随着郭店简、上博简等材料的陆续公布,大家认为应该将其读为溺、弱。特别是廖名春认为王孙遗者钟 ❋ 和楚简中相关字为一字,并且将其与尿、弱、溺、休等相关诸字联系在一起考虑,这些观点为认清霸的构形提供了极有价值的线索。⑥ 从用法来看,霸读为弱或者溺当无疑问。问题的关键在于霸究竟为何字? 其结构究竟为何?

---

① 按：包山简 ❋ 用法和包山 7 中的霸一样, ❋ 应该是一个从霸省声的字,陈伟认为其为"弱冠"之弱的本字。李守奎认为上博简中的 ❋ 疑是弱小之弱。详见陈伟:《关于包山楚简中的"弱典"》,《简帛研究》2001 年。李守奎、曲冰、孙伟龙:《上海博物馆藏战国楚竹书（1—5）文字编》,华东师范大学出版 2007 年版,第 614 页。

② 请参阅廖名春《楚文字考释三则》,载《吉林大学古籍整理研究所建所十五周年纪念文集》,吉林大学出版社 1998 年版,第 87—97 页。

③ 湖北省荆沙铁路考古队:《包山楚简》,文物出版社 1991 年版,第 40 页。

④ 汤余惠:《包山楚简读后记》,《考古与文物》1993 年第 2 期,第 69—79 页。

⑤ 黄盛璋:《包山楚简中若干重要制度发覆与争论未决诸关键词解难、决疑》,《湖南考古辑刊》第 6 辑,岳麓书社 1994 年版,第 186—199 页。何琳仪对此有相同的意见,他将其隶定为㲻、㲻,认为㲻即汤之繁文。详见何琳仪:《战国古文字典》,中华书局 1998 年版,第 1306 页。

⑥ 廖名春:《楚文字考释三则》,载《吉林大学古籍整理研究所建所十五周年纪念文集》,吉林大学出版社 1998 年版,第 87—97 页。

第九章　楚文字中的勿形部件及相关字　243

　　张世超认为△（按：△即本书⿰氵丩）字中类似勿旁的部件来源于甲骨文中的⿰氵丩，即尿字。△的字形结构可以理解为在"休"字上加标"⿰氵丩"为声符，也可以解释为在"⿰氵丩"字上加标"休"为声符。① 张先生的这种说法基本解决了⿰氵丩字的构形问题，但是我们认为关于⿰氵丩字的构形问题尚有可商之处。按照汉字发展的一般规律及上文所认为的休为尿字异体的观点，我们认为⿰氵丩的构形还有两种可能：一、表意字逐渐类增意符所致；二、同字合并所致。综合考虑该字构形的各种可能性，我们将其隶定为⿰氵丩。

　　⿰氵丩字中的勿形部件的确可以看作是由⿰氵丩的草率写法造成的，也可以看作是讹变。张先生的这种说法不仅符合战国楚文字⿰氵丩的实际情况，也可以通过其他材料来印证。⿰氵丩还出现在战国古玺中，如🔲（珍秦斋藏印·99）、🔲（珍秦斋藏印·266），刘钊将其释为溺。② 从其形体来看，上引两字和本书所讨论的⿰氵丩无疑为一字，并且其所从的勿形部件显然来源于甲骨文中的⿰氵丩。在汉字的演变过程当中，追求雅观是其中一个重要因素。屎在甲骨时期写作🔲、🔲，同尿一样也是个会意字。随着文字的演变，人们对该形体逐渐不熟悉，于是把小面的小点变形音化为矢③。屎可以写作㞃，也可以写作屜。后世文字中多以矢代替屎，例如🔲（关324）、🔲（睡·日甲27背）。结合屎在汉字中的发展演变来看，古人在用字过程中确实会有避讳、追求雅观的心理。由此我们推测随着文字的不断演变，⿰氵丩这种象形写法逐渐发生讹变以至于接近于勿旁，在这种情况下为了增加文字的区别度从而添加尸、水旁以求区别明显。在文字的演变过程当中，这种逐渐累增意符的现象十分常见。

---

　　① 张世超：《释"溺"及相关诸字》，第三届中国文字发展论坛——"古汉字研究与汉字书写"学术研讨会论文，2011年。
　　② 刘钊：《金文字词考释（三则）》，《古文字考释丛稿》，岳麓出版社2005年版，第132—139页。
　　③ 李春桃：《古文考释八篇》，2011年4月，简帛网（http://www.bsm.org.cn/show_article.php? id=1447）。学界也有人指出古文字中一些所谓的"屎"字是从尸沙省声的字。请参阅黄甜甜《〈系年〉第三章"成王屎伐商邑"之"屎"字补论》，《深圳大学学报》（人文社会科学版）2012年第29卷第2期。

244　楚文字形近、同形现象源流考

　　在文字的演变过程当中同字合并现象也并不少见。例如，双音符字师在早期的文字阶段写作𠂤或帀，后来逐渐组合在一起写作师。按照上文所认为的㳄为尿字异写、𡰥字所从的勿形部件来源于甲骨文中𣥂（尿）的观点，𡰥为同字合并的可能性也是存在的。

　　在解决了古文字中尿字的相关问题之后，我们谈一谈本书开头提到的尿和溺在形体方面的联系。汉字中尿、弱、溺三者的关系学界早有讨论，但是一些问题尚未形成统一的意见，我们准备在学界相关研究成果的基础上谈谈我们对这一问题的一些看法。

　　弱小篆写作𢏺，《说文》："桡也。上象桡曲，彡象毛牦桡弱也。弱物并，故从二弓。"许慎这种说法属于牵强附会，并不可信。长期以来由于缺乏相关材料的论证，弱字构形及本义一直得不到合理的解释，例如清代段玉裁还认为弱字从弓。近些年来随着相关资料的不断出现，学界对其认识也在不断加深。廖名春认为所谓弓形乃人形的讹变，彡乃尿水之形。弱字见于秦简之中，如𢏺（睡·律184）、𢏺（关·315）、𢏺（睡·封66）等。秦简中的𢏺和楚简中的𡰥字所从的勿形部件（尿）形体相近，弱就是在其基础上发展而来。弱字就其形体而言，如同𡰥字构形一样，也是由两个尿组合而成。① 古文字中人、尸、弓经常出现讹混的情况，𢏺由甲骨文中的𣥂（尿）讹变而来。𢏺进一步讹变就会变成秦简中弱字所从𢏺，弱字小篆所从的𢏺就是来源于秦简中的𢏺。汉字中表示｛强弱｝之弱是一种假借的用法。弱采用尿字复合体的形式可能与汉字的分化有关。

　　溺是由弱加水繁化而成的，即泥纽药部字之溺。溺在古代溺又可以是河流的专用名词，即日纽药部字之溺。溺是在弱字基础上添加水繁化而成，大概是因为弱在后世文字中经常表达｛强弱｝之弱，所以弱加水繁化从而分化出溺字。

　　综上所述，我们认为甲骨中的𣥂即尿的最初写法，㳄为尿字的异

---

　　① 张世超认为弱字是在△的基础上类化而成（按：△即本书所讨论的𡰥）。张世超：《释"溺"及相关诸字》，第三届中国文字发展论坛——"古汉字研究与汉字书写"学术研讨会论文，2011年。

写。战国文字中屄字的构形问题，除张世超所言之外还可能是由表意字逐渐累增意符所致，也有可能是同字合并所致。弱就其形体而言也是屄字的复写形式，也来源于甲骨文中的𠂆，秦简、楚简中的相关形体尚存古意。溺是在弱的基础上添加水旁从而分化出来的字。

由屄来看，屄在战国时期可以讹变为勿形部件。那么这种勿形部件是否又在后世文字之中被保留下来呢？我们对字书中的一些勿形部件进行了大致的梳理，从而证实了我们的猜测。

汹字见于《广韵·质韵》："汹，潜藏也。"又《广韵·质韵》："汹，尘浊。"《史记·屈原贾生列传》："袭九渊之神龙兮，汹深潜以自珍。"司马贞索隐："汹，音密，又音勿也。"《文选·刘安〈招隐士〉》："'罔兮汹'。吕延济注：失志貌。"《玉篇·水部》："汹，没也。"汹字又见于马王堆汉墓帛书中的《老子》。从汹字的用法来看，和溺字相当，那么汹所从之勿可能来源于𠂆。

后世字书当中有一窎或写作宨、宨，一般认为同寂字。《龙龛手鉴·穴部》："窎，俗，音寂。"《字汇补·穴部》："窎，与寂音义同。"宨见于《字汇补·宀部》："宨，与寂同。见汉《张纳碑》。"《玉篇·宀部》："宋，无声也。寂、宨并同上。"《集韵·锡韵》："宋，无人声。或作寂、宨。"窎、宨、宨中类似勿形的部件，也当来源于甲骨中的𠂆。尗是书纽觉部字，屄是泥纽药部字，两者音近自然可通。《说文》中有一愵字，小篆写作愵。《说文·心部》："愵，忧貌。从心弱声。读如恧同。"《方言》："愵，忧也。自关而西，秦晋之间或曰恧。"由此可见愵、恧可以互作，可以看作窎、宨、宨中类似勿形的部件来源于𠂆的旁证。廖名春看到了溺、淑之间的关系，所以他把王孙钟的𠂆字读为淑，从而解决了王孙钟相关语句的释读难题。愁《改并四声篇海》引《奚韵》于谨切："愁，疾人忧也。"《玉篇·口部》："㖑，忧也。"《集韵·没韵》："㖑，或从忽。"愁、㖑所从之忽或来源于愵，在文字演变过程当中愵所从之屄讹变为勿。愵、愁、㖑音近属于微文部通转。

伆《方言》中"伆，离也。楚谓之越，或谓之远，吴越曰伆"，郭璞注："谓乖离也。"《玉篇·人部》中"伆，《博雅》云：断也。

迯《广雅·释诂一》："迯，远也。"王念孙疏证："《方言》：伆、邈，离也。楚谓之越，或谓之远，吴越曰伆。……迯与伆同。《玉篇》：迯，音勿；又音忽。《楚辞·九歌》云：平原忽兮路迢远。《荀子·赋篇》：忽兮其极之远也。迯、忽，古亦通用。"伆、迯中的勿或即来源于屄字，屄读为邈。屄是泥纽宵部字，邈是明纽药部字。

圽《广韵·没韵》："圽，埋也。"《正字通·土部》："圽，殁（没）同。终也。"《史记·白起王翦列传》："偷合取容，以至圽身。"裴骃集解引徐广曰："圽，音没。"元张养浩《济南龙洞山记》："其为戒，讵止圽不敢忘。"勿为明纽物部字，屄是泥纽宵部字，弱是日纽药部字，溺是泥、日纽药部字。圽字构字理据可能和汨相同，不同的是圽字从土，汨字从水，其勿旁可能来源于弱。

第十章 楚文字中的目形部件及相关字

第一节 楚文字中标准的目字及目旁

目在楚文字中无论是作为单字还是偏旁都较为常见，且同秦、齐、三晋文字相比具有一定的地域特色。楚文字中目作为单字时，一般写作如下之形：✍（郭·语一50）、✍（郭·性43）、✍（上博二·民6）、✍（上博五·鬼5）、✍（清华二·系137）、✍（清华三·芮4）。由上述形体来看，楚文字中的目是从左边起笔，右边收笔。先勾画出眼框的轮廓，眼睛中的黑眼珠则用两短横表示，两短横略有倾斜。一般来说，楚文字中的目字显著特点是起笔和收笔时形成一个尖角。楚文字中目作为构字部件时也基本都是保持上述基本特征，如✍（包171）、✍（包277）、✍（郭·性12）、✍（上博三·彭3）、✍（清华二·系19）、✍（清华三·说下3）等。

同楚文字相比，秦、齐、三晋文字中的目字则有自己的地域特色。秦文字中目及目旁一般写作目（睡·语11）、目（关简368）、相（睡·效44）、✍（睡·杂17）、✍（睡·效16）等形。齐文字中目及目旁一般写作✍（图录2.463.3）、✍（叔夷镈·集成01.285）、✍（庚壶·集成15.9733）等形。三晋文字中的目和目旁一般写作目（玺汇3135）、✍（玺汇0378）、✍（三十五年鼎·集成05.2611）、✍（玺汇1647）、✍（新出·温县WT4 K6∶6∶160）等形。秦、三晋文字中也有一部分目旁呈现出尖角，它们和楚文字中的目相似，如目

（睡·日甲70背）、▨（睡·日甲82背）、▨（中山王方壶）、▨（侯马九二：三九）等，但是这种带尖角的目在秦、三晋文字中并不多见，且其尖角和楚文字相比也有一定的差异。虽然楚文字中的目和其他文字相比具有一定的地域特色，但是这种差异或许是由书写材质的差异造成的。就目前来看，三晋文字资料主要是铜器、玺印等，这些材质的文字材料很难刻画那种比较流畅的线条。但是▨（楚屈子赤目臣盖·集成09.4612）虽然也是铜器材料，却仍然比较完整地保留了楚系文字目字的书写特征。秦、楚文字则有相当一部分同为竹简材料，秦文字由于受到隶变的影响圆转的线条已经被拉直了，后世文字中的目即来源于秦文字。综合来看，楚文字中目的写法具有地域特色的观点应该可信。

由上述楚、秦、三晋、齐文字中的目及目旁来看，存在的差异较为明显，但也仍具有一定的一致性。这说明它们有共同的来源，只是在文字发展演变过程当中出现了一些地域特色。目字早在甲骨时期就已出现，甲骨文中目一般写作▨（合6946正）、▨（合13622）等形，为眼睛的象形。有时候代表瞳孔的黑点又可省略，写作▨（合4091）、▨（合14787正）等形。西周时期金文中的目旁传承甲骨文的写法，一般写作▨（永盂·西周中期·集成16.10322）、▨（左册旗尊·西周早期·集成11.6002）、▨（吴方彝盖·西周中期·集成16.9898A）、▨（豆闭簋·西周中期·集成08.4276）、▨（臣卿簋·西周早期·集成07.3948）等形。古文字中有些字一般横、竖或正、反无别，所以有时候目或目旁竖立写作▨（合13627）、▨（燮仲鼎·西周早期·新收1074页）。古文字中那种带尖角的目应该就是来源于这中竖立的目，明显保留了甲骨、金文中目字的眼角。只是在文字的演变过程当中，代表黑眼珠的圆圈被简省成两小横，且表示眼眶的轮廓线条更加流畅。楚文字中的目基本都是竖写，这可能与当时为了追求书写速度、美观有一定的联系。

楚文字中有一▨（上博一·缁19）字，相关简文为"故君子多闻，齐而守之，多訾（志），齐而亲之"。将▨隶定为訾，读为志，无论是从字形还是文意来看都是十分恰当的。▨所从的目旁和楚文字中标准的目具有明显的差异，它和三晋、齐文字中的目相似。再比如 🝔 （郭·唐26），该字和楚文字中的目也有一定的差异。由《古文四声韵》中的 ⊕ 来看，🝔、⊕ 应该有共同的来源。冯胜君认为《缁衣》、《唐虞之道》具有明显的齐系文字风格。①

古文字中有些部件写的和目极为相似，如贝、鼎的简写。如果对这些目形部件不加以区分，在释读相关出土文献时可能就会发生误释现象。从楚文字来看，目和这些贝、鼎等所从的部件具有一定的区别特征。在下文当中，我们详细谈谈楚文字中各种目形部件，并对其来源进行一定的分析。

第二节 楚文字中的目形部件

从现有的楚文字资料来看，存在大量的目形部件，这些目形部件有的是传承于商周文字（和其他系文字相比具有一定的共性），有的则是楚文字在自身的演变过程当中形成的。下面我们根据这些目形部件的来源，将其分为不同的类别并加以说明。

一 由鸟、马、虫的头部演变而来

在文字的演变过程当中，为了书写的方便常常发生简省现象。对于鸟、马、虫而言，勾画它们的头部是非常烦琐的，所以在文字的演变过程当中就直接将头部简省为类似目旁的部件了。

1 鸟的头部被简省成了目形。楚文字中的鸟无论是作为单字还是构字部件都较为常见，一般写作 𩿏（郭·老甲33）、𩿏（上博二·容21）、𩿏（上博三·周56）、𩿏（清华三·说上2）、𩿏（清华三·赤1）等形。由上述形体来看，楚文字中鸟所从的目形部件和目在形体方面存在一定的区别特征，鸟所从的目形并没有和目字一样的尖角，上部显得比较平直。也正是这一区别特征，所以应该将它与目字区别对待。鸟字所从的目形和具字所从极为相似，楚文字中的具可以写作 𩾏

---

① 冯胜君：《郭店简与上博简对比研究》，线装书局2008年版，第15—16页。

（上博一·缁9），上部所从目形为鼎的省写，突出特点也是上部平直，它和楚文字中那种带有尖角的标准目字写法并不相同。由于鸟字所从的目形和具字所从有一定的相似性，所以它在作为构字部件组成字的时候会发生误释现象。楚文字中有一🐦（包258）字，该字又见于楚帛书丙篇。从形体来看，该字下部从木当无疑问。在以往的研究过程当中，有学者即将其隶定为枭，读为棋。随着新材料的陆续公布，相关研究的不断加深，大家逐渐认为该字即枭字。① 同楚文字中的鸟相比，秦文字也出现了类似的简化方式，秦文字中鸟写作🐦（睡·日甲31背）、🐦（睡·日甲49背）。通过秦、楚文字中鸟字的比较，我们可以看出鸟字在简化方式方面存在一致性，但是秦文字中的鸟字则一般具有象征鸟嘴部的一撇。齐、三晋文字中鸟则仍然较为保守地保留了殷周文字风格，如🐦（鹏公剑·集成18.11651）、🐦（齐鲍氏钟·集成01.142）、🐦（玺汇0404）等。

2 马的头部被简省成了目形。楚文字中马一般可以写作🐴（包22）、🐴（郭·尊7）、🐴（上博三·周22）、🐴（清华二·系77）等形。从这些形体来看，马字明显从目，很好地保留了楚文字中目字的写法特征，这是因为古文中的马头很早就已经和目发生了讹混。此外，马头用目来替代也具有表示头部的含义。目长在头部，自然也可以用目来代替头部。古文字中的马虽然也是采取了简化头部的方式，但是演变过程和鸟并不一样。在上文当中，我们已经指出甲骨文中的目一般写作🐴（合6946正）、🐴（合13622）、🐴（合4091）、🐴（合14787正）等形。甲骨文中马写作🐴（合19813正）、🐴（合10405正）等形，是马的象形字。但是从商代甲骨开始就有一部分马字发生了简省现象，写作🐴（合27966）、🐴（合27945）等形，突出特点是马头部分比较流畅的线条被平直的笔画所代替，表示眼睛的部分则用两个小竖笔来代替。由🐴（合27966）、🐴（合27945）来看，马头部分和甲骨文中的一部分目极为相似（如🐴合20173、🐴合29285），但

---

① 关于该字的考释，可以参阅林志强《字说三则》，《古文字研究》2012年第29辑。

第十章　楚文字中的目形部件及相关字　251

是两者之间仍有一定的差异。① 西周金文当中马头和目逐渐发生了讹混，如▨（令鼎·西周早期·集成05.2803）、▨（驹簋·西周早期·集成07.3750）等，但是金文当中为了使两者区别，表示马鬃毛的笔画却很少省略，这种区别特征也很好地被保留在了后世文字当中。楚文字当中的马头部分是由目和表示鬃毛的笔画组成，这是因为在文字的早期阶段马头和目已经讹混，所以楚文字中的马头已经演变成了那种带尖角的目旁。三晋文字中的马头和目也已经发生了讹混，如三晋文字中的目旁可以写作▨（玺汇1859）、▨（玺汇1647）等形，而三晋文字中的马可以写作▨（侯马92：7）、▨（侯马77：1）等形。但是从秦文字来看，马和目则区分较为明显。秦文字中的马写作▨（睡·律18）、▨（睡·封22）等形，而目或目旁则写作▨（睡·日甲70背）、▨（睡·日甲82背）等形。齐文字中的马可以写作▨（走马薛仲赤簠·集成09.4556）、▨（玺汇0024）、▨（玺汇5542）等形。

3 由虫头部演变而来。学界中有关蜀字的构形问题尚存争议，一般认为蜀即蠋虫之象形，目象其首。② 楚文字中的蜀一般写作▨（郭·老甲21）、▨（郭·性7）、▨（上博一·孔1）、▨（上博五·君9）、▨（清华三·说下10）等形。从形体来看，楚文字中的蜀从目当无疑问。蜀字出现的时间比较早，甲骨文中有▨（H11：68）字，但是学界当中关于此字是否为蜀尚有争议。③ 蜀字又见于金文资料当中，写作▨（班簋·西周中期·集成08.4341）、▨（蜀西工戈·战国晚期·集成17.11008）等形。从蜀字早期相关形体来看，虫头部分已经和目讹混，所以战国时期楚文字中蜀字所从演变成了那种带尖角的标准目字。秦文字中的蜀写作▨（睡·封47）、▨（睡·封46）、▨（睡·语3）等形，三晋文字中蜀写作▨（玺汇3302），从这些形体来看也是从目。

楚文字中有些蜀字写的和金文中的䍜形体相近，如▨（清华三·

---

① 具体字形可参照刘钊、洪扬、张新俊：《新甲骨文编》，福建人民出版社2009年版，第213、539页。
② 张世超、孙凌安等：《金文形义通解》，中文出版社1996年版，第3117页。
③ 请参阅季旭升《说文新证》，福建人民出版社2010年版，第932页。

说下 10）。由⬚来看，该字当由蜀讹变而来。金文中眾字写作⬚（吴方彝盖·西周中期·集成 16.9898A），古文字中的水点有时候会发生笔画连接现象，如楚文字中的浅，写作⬚（郭·五 37）、⬚（郭·五 39）。因此⬚和金文中的眾字有一定的相似之处。关于眾字的构形问题，历来也是学界中的一个疑难问题。现在学界一般认为，眾即泣字的初文。① 郭店简中有一"泣"或"泣"的通用字，写作⬚（郭·五 17）。郭店简整理者将其隶定为㵿，关于此字的构形问题，陈斯鹏已经进行了很好的解释。整理者之所以将⬚右部隶定为具，恐怕就是因为对楚文字中的目形部件并未加以区分的缘故。此外，与⬚右下部所从的水讹变的类似卝也有一定的关系。有时候楚文字中的蜀、眾二字形体相近，两者比较容易发生误释。下面，我们简单举两例加以说明。

楚帛书中有一⬚（楚帛书乙 9）字，相关词例为"建恒⬚民"。在以往的研究过程当中该字往往被隶定为襄，后来大家逐渐认识到该字当隶定为襡。② 通过对楚文字中的眾、蜀两字相关形体的比较，⬚释为襡可信，相关帛文读为"建恒襡（属）民"义通字顺。

上博简中有一⬚（上博五·鲍 5）字，相关简文为"日盛于纵，弗顾前后，百姓皆怨嗔。焉然将亡，公弗诘；⬚臣虽欲谏，或不得见"。关于此字的考释问题，历来有较大的争议。在字形方面，主要有从蜀还是从眾之争。在断句方面，也有⬚属上读和下读之争。上博简整理者将⬚隶定为罿，属上读，读为诘独，诘独是单独责问的意思。③ 李天虹将⬚看作是一个从蜀从止的字，怀疑是躅字。在具体简文中读为逐。④ 在以后的研究过程当中也有相当一部分学者认为⬚从蜀，

---

① 陈斯鹏：《"眾"为"泣"之初文说》，《古文字研究》2004 年第 25 辑。
② 有关该字考释的过程，可以参阅徐在国《楚帛书诂林》，安徽大学出版社 2010 年版，第 524—527 页。
③ 马承源主编：《上海博物馆藏战国楚竹书（五）》，上海古籍出版社 2005 年版，第 187 页。
④ 李天虹：《上博五〈竞〉、〈鲍〉篇校读四则》，2006 年 2 月，简帛网（http：//www.bsm.org.cn/show_ article.php? id = 203）。

第十章　楚文字中的目形部件及相关字　253

但是读法有所不同，例如：禤健聪认为可读为触，取直臣触谏之义①；何有祖读为属②；苏建洲结合古文字中的相关罙字，认为▇从之罙声，可读为及。③ 除了认为▇从蜀从罙两种说法之外，还有一些其他的解释。例如：李守奎认为▇可释为畏，畏臣是使君主有所畏惧的诤臣④；范常喜认为▇可分析为从视五声，读为悟。⑤ 其实单从字形来看，▇看作从蜀、罙皆有一定的道理，看作畏也说得过去。但是结合文意来看，还是以从蜀为好。从▇形体来看，上部所从和楚文字中的蜀字有一定的差异。楚文字中蜀字代表虫身的部分，竖笔一般向右倾斜。但是从▇（清华三·说下10）来看，下部明显向左倾斜。▇字的字形结构可如李天虹所言，分析为从止蜀声，即躅字异体。从▇字形体来看，止形和蜀字有一定的借笔现象。▇在简文中可读为独，属下读，读为"独臣"。

二　楚文字中胃字所从之目及相关诸字

楚文字中的胃字较早见于楚帛书，如▇（楚帛书乙），具体词例为"是胃李岁"。在早期的研究过程当中，大家对其字形结构认识不够充分，发生了一定的误释。例如，饶宗颐认为▇字上部所从之目是月，怀疑是冐字。在以后的研究过程当中，商承祚认为▇上部所从是囟之讹变。但是，商承祚的这种说法在当时没有引起足够的重视，该字的正确释读经历了一个漫长的过程。⑥ 随着新材料的陆续公布，楚

---

① 禤健聪：《上博楚简（五）零札（一）》，2006年2月，简帛网（http://www.bsm.org.cn/show_article.php?id=226）。
② 何有祖：《上博五释读三则》，2006年3月，简帛网（http://www.bsm.org.cn/show_article.php?id=276）。
③ 苏建洲：《上博（五）柬释（一）》，2006年2月，简帛网（http://www.bsm.org.cn/show_article.php?id=242）。
④ 李守奎：《〈鲍叔牙与隰朋之谏〉补释》，载《楚地简帛思想研究（三）》，湖北教育出版社2007年版，第37—38页。
⑤ 范常喜：《〈上博五·鲍叔牙与隰朋之谏〉简5"悟"字试解》，2006年7月，简帛网（http://www.bsm.org.cn/show_article.php?id=377）。
⑥ 关于楚帛书中的胃字，可以参阅徐在国《楚帛书诂林》，安徽大学出版社2010年版，第331—333页。

文字中胃字的释读问题已经基本得到了解决，但是胃字构形问题则一直没有达成一致性的意见。

胃在楚文字中，无论是作为单字还是构字部件都较为常见。楚文字中胃作为单字一般写作❀（包95）、❀（包135）、❀（上博二·民5）、❀（上博二·鲁1）、❀（清华三·赤3）、❀（上博三·恒6）等形。楚文字中胃作为构字部件也较为常见，如❀（包120）、❀（包171）、❀（郭·性26）等。从楚文字中胃字相关形体来看，字形较为丰富，肉旁上部所从的部件主要有❀、❀、❀三种形体。楚文字中囟可以写作❀（包23），西可以写作❀（包166）。因此，楚文字中的胃字上部所从的部件和田、囟同形，和西有一定的相似性。胃字不仅见于战国时期的楚文字，在其他系文字中也是较为常见。例如，秦系文字中的胃写作❀（睡·日甲137背）、渭❀（睡·封71）。从秦文字相关胃字来看，胃上部所从部件为田。战国时期三晋文字中胃作为构字部件见于❀（中山王壶）。从目前出土的文字资料来看，胃字较早见于❀（少虞剑·春秋晚期·集成18.1169）。

胃见于《说文》，小篆写作❀。《说文》："胃：谷府也。从肉；囟，象形。"《说文》当中与胃字密切相关的一个字是蒀，小篆写作❀。许慎认为："蒀，粪也。从艸胃省。"蒀也见于后世字书中，如《玉篇·艸部》："蒀，粪也。亦作矢，俗为屎"；《集韵·旨韵》："蒀，或作戻、屆、屎、㞘，通矢。"蒀又见于秦简、汉简等出土资料。关于胃字的最初源头及构字本义，学界一直存有争议。

甲骨资料中有些字写作❀（合5596）、❀（合1441）、❀（合19497）、❀（合21428）等形。从这些形体来看，它们和❀（少虞剑）上部所从部件形体一致。关于此字的考释问题，历来众说纷纭。罗振玉、池田释为邕，Chang Tsung-tung 释为胃，严一萍、徐中舒释为卤。①徐中舒认为关于上述甲骨中的诸字，由金文及战国简帛中的相关诸字来看释为卤应该不会存有什么问题，且从甲骨中相关用法来看

---

① 以上各家观点见于于省吾主编：《甲骨文字诂林》，中华书局2014年版。

第十章　楚文字中的目形部件及相关字　255

可能是荐卤之祭。① 近年来所编纂的一些大型辞书也是对其存有争议，如《新甲骨文编》、《说文新证》将其放在卤字头下，而《古文字谱系疏证》则将其放在图字头下。②《古文字谱系疏证》放在图字头下，认为该字构形待考，并且引用《说文》菌字加以说明。③ 由甲骨资料中❀（合5596）、❀（合1441）、❀（合19497）、❀（合21428）等字的具体用法来看，很难和胃字产生联系。也就是说，其和❀（少虞剑）字上部所从可能仅为同形关系。

在以往的研究过程当中，也有学者结合早期金文材料和战国时期的文字对胃字的构形进行说明。林义光援引石鼓文中的胃字加以说明，认为❀像榖在胃中；高田忠周认为❀即最古的胃字，△为象形中有粒榖而溃化之意。从米小变也，后世❀字是也。又从肉以会意，唯菌字从图。饶宗颐认为字依肉画胃形，由物形❀生意，故为肠胃之胃。④ 关于胃字的构形，何琳仪认为是从肉、从图，会胃藏脏藏污之意，图亦声⑤。从目前的研究状况来看，何琳仪的这种观点为学界所广泛接受。关于菌字的构形问题，何琳仪认为《说文》中的"粪也，从艹胃省"不准确，应该改为"从艹，从图，图亦声"。当然也有些学者怀疑菌字从胃省的说法并不正确，认为图是由甲骨文中❀字所从的❀讹变而来。⑥

通过上文的陈述，我们可以看出有关胃字的构形问题，学界尚未达成统一的意见。但是，从早期的胃字来看，并不从目。楚文字中胃字所从之目形是发生讹变的结果。首先，❀字上部所从之❀内部的四个

---

① 徐中舒主编：《甲骨文字典》，四川辞书出版社1988年版，第1278—1279页。
② 刘钊、洪扬、张新俊：《新甲骨文编》，福建人民出版社2009年版，第644页。季旭升：《说文新证》，福建人民出版社2010年版，第866页。黄德宽主编：《古文字谱系疏证》，商务印书馆2007年版，第3025页。
③ 黄德宽主编：《古文字谱系疏证》，商务印书馆2007年版，第3025页。
④ 以上各家的说法转引自周法高主编《金文诂林》，香港中文大学出版社1974年版，第0542条。
⑤ 何琳仪：《战国文字通论》，中华书局1989年版，第1220页。
⑥ 苏建洲：《〈郭店·语丛三〉简15"菌"字考》，2011年7月，复旦大学出土文献与古文字研究网站（http：//www.gwz.fudan.edu.cn/SrcShow.asp？Src_ID=1589）。

点被省略掉，遂导致和囟变为同形。其次，在囟的基础上进一步演变为目。楚文字中有相当一部分囟形部件容易和目发生讹混。因此，胃字上部所从演变为目并不奇怪。古文字中囻、卤作为构字部件会出现讹混现象，囟、卤、目之间作为构字部件也经常出现讹混。因此，囻、卤、囟、目之间的关系较为复杂，这种现象在楚文字中更是常见。下面，我们准备针对古文字中卤、囻、囟、目之间的关系，谈谈我们对于一些字的看法。

卤见于《说文》，小篆写作卤。《说文》："卤：西方咸地也。从西省，象盐形。安定有卤县。东方谓之㡿，西方谓之卤。凡卤之属皆从卤。"从出土材料来看，大家一般认为较早的卤字写作卤（免簋・西周中期・集成 16.10161）。关于卤的构字本义，学界一般认为是盛盐卤器之象形①。古文字中的卤字，较早是从战国时期楚材料中得以确释。楚文字中的卤作为构字部件常见，形体也较为丰富。由于形体多变，在以往的研究过程当中发生了一定程度的误释。这些误释当中，很大原因在于将楚文字中的卤和囟、西讹混。下面，我们谈谈楚文字中与卤有关的字。

包山简中有一盬（包147）字，词例为"煮盬（盐）于洢（海）"。由于当时可供比较的材料有限，所以当时对该简文中的盬、洢二字未能准确释出，对整支简的释读也不尽如人意。② 后来随着相关材料的不断公布和研究力度的不断加深，学者们逐渐认为该支简文就是有关古代煮盬（盐）于洢（海）的较早记载。③ 在以后公布的上博简中，盬字再次出现，字见盬（上博二・容3）。上博简整理者李零将其释为盐，把相关简文读为"癃者者盐"，这种释读意见得到了学

---

① 何琳仪：《战国古文字典》，中华书局1998年版，第564页。
② 整理者对其中的盬并不确释，将洢释为泯。湖北省荆沙铁路考古队：《包山楚简》，文物出版社1991年版，第25页。
③ 林澐：《读包山楚简札记七则》，载《林澐学术文集》，中国大百科出版社1998年版，第19—21页。刘钊：《包山楚简文字考释》，载《出土简帛文字丛考》，台湾古籍出版有限公司2004年版，第3—32页。

第十章　楚文字中的目形部件及相关字　257

者们的认同。① 上博简中也有一些盐字异体，字见◇（上博二·从甲8）、◇（上博五·鲍5）。在以往的研究过程当中，由于大家对其所从的卤旁认识不够，遂导致一定程度上的误解。

　　上博二《从政》甲篇中的◇字，相关简文为"◇则失众"。关于此字，历来颇有争议。原整理者认为该字从水，其右旁有异于西，暂阙释。② 后来何琳仪将其径直释为洒，训为"散"或"播"，亦作"洒"。③ 何琳仪的这种隶定，学者们多从之，但是在释读方面则不尽相同。④ 后来周凤五根据楚文字中的相关字形提出了一种新的解释，认为◇右部从舟，可以训为"诞"。⑤ 上述各家的观点均具有一定的道理，但是于简文的释读则有不尽如人意之处。该字得以正确释出还是从黄锡全开始的，黄锡全结合古文字中卤、西经常讹混的情况认为◇即《集韵》中的卤字。⑥ 陈剑则认为◇和《集韵》的卤字并非一字，两者是同形字的关系。⑦ 陈剑指出◇实际就是盐字异体，在简文中可以读为"严"。将◇认为是盐字异体，不仅符合古文字中的实际情况，并且盐、严又可相通，将相关简文释为"严则失众"，对于整支简文的释读所存在的一些问题也就涣然冰释了。上博五《季康子问于孔子》中有一◇字，词例为"◇则失众"。关于此◇字的考释，整

---

① 马承源主编：《上海博物馆藏战国楚竹书（二）》，上海古籍出版社2002年版，第253页。
② 同上书，第222页。
③ 何琳仪：《第二批沪简选释》，《学术界》2003年第1期。
④ 例如陈秉新认为洒当训为"高峻"。陈秉新：《上海博物馆藏战国楚竹书（二）补释》，《江汉考古》2004年第2期。李守奎将其放在洒字头下，将其训为迅。李守奎、曲冰、孙伟龙：《上海博物馆藏战国楚竹书（1—5）文字编》，作家出版社2007年版，第510、793页。
⑤ 周凤五：《读上博楚竹书〈从政〉甲篇札记》，2003年1月，简帛研究网站（http://www.bambooslk.org/Wssf/2003/zhoufengwu01.htm）。
⑥ 黄锡全：《读上博楚简（二）札记（壹）》，2003年2月，简帛研究网站（http://www.bambooslk.org/）。
⑦ 陈剑：《上海博物馆藏战国楚竹书〈从政〉篇研究（三题）》，《简帛研究》2005年。

理者将其隶定为俞读为偷，取轻视、鄙薄之义。① 整理者将其隶定为俞恐怕与周凤五认为上博二《从政》中的⿰右部是舟有关。上博五公布以后，关于《季康子问于孔子》篇中的⿰一直没有得到很好的解决，李守奎在编订字编时也是径直将其隶定为宙，读为迅。② 禤健聪将其与《从政》篇相关语句进行对读，认为应当训为"讯"。③ 杨泽生则在禤文的基础上结合古文字中的盐将⿰隶定为盙。④ 在以后的研究过程当中，有学者指出应该和上博五《从政》中的"⿰则失众"一起考虑，看作盐字异体。⑤ 从具体简文来看，⿰、⿰属于一字之异体，二字皆从卤当无疑问。战国楚文字中有一些卤写法特别，字见⿰（曾13）、⿰（曾16）、⿰（曾69）、⿰（曾176）等简。又有一个以其为偏旁的字，字见⿰（曾31）、⿰（曾37）、⿰（曾60）、⿰（曾80）等简。关于这些写法特殊的卤字，由于当时相关研究力度不够，所以学者们对其认识存在一定的问题。后来随着新材料的陆续公布，相关研究力度的加深，白于蓝认为该字就是卤字。至于下部所从的一横，白于蓝提出了两种解释：其一，盐、鰝等字所从之卤虽然未见一横，但可能是由于卤和下部的皿发生了借笔现象；其二，古文字中西、卤二字形近易混讹，所以卤字下面的一横是为了有意和西字区别而添加的区别符号。⑥ 由于白说符合文字形体本身的实际情况，又符合具体简文中的实际运用情况，所以学者们多从之。⑦ 通过上述曾侯

---

① 马承源主编：《上海博物馆藏战国楚竹书（五）》，上海古籍出版社2005年版，第216页。
② 李守奎、曲冰、孙伟龙：《上海博物馆藏战国楚竹书（1—5）文字编》，作家出版社2007年版，第373页。
③ 禤健聪：《上博楚简（五）零札（一）》，2006年2月，简帛网（http://www.bsm.org.cn/show_article.php?id=226）。
④ 杨泽生：《〈上博五〉零释十二则》，2006年3月，简帛网（http://www.bsm.org.cn/show_article.php?id=296）。
⑤ 侯乃峰：《上博竹书儒学文献（1—8）整理与研究》，博士后出站报告，复旦大学，2012年，第250页。
⑥ 白于蓝：《曾侯乙墓竹简中的"卤"和"櫓"》，《中国文字》2003年新廿九期。
⑦ 萧圣中：《曾侯乙墓竹简——释文补正暨车马制度研究》，科学出版社2011年版，第65页。方稚松：《甲骨文字考释四则》，2009年5月，复旦大学出土文献与古文字研究网站（http://www.gwz.fudan.edu.cn/SrcShow.asp?Src_ID=778）。

乙墓简中的相关卤字，我们不难发现🔲字宀下所从之部件只不过是将曾简中的卤字拉得比较扁平，且在横下又添加一短横为饰。

关于🔲（上博五·鲍5）字，整理者将其隶定为瀒，相关简文读为"洒然将亡"。① 季旭升认为此字是从水盐声，读为奄，认为奄然即奄奄一息的样子。② 李守奎则将其隶定为瀒，作为盐字异体收在字编当中。③ 从相关形体和简文来看，将🔲（上博五·鲍5）看作盐字异体可信，右上部所从部件为卤也没有什么问题。

包山简中有一鹽字，异体写作醓、醟，字见🔲（包171）、🔲（包212）、🔲（包194）、🔲（包278）、🔲（包238）等。在包山简发布之前，由于学界对古文字中的卤字认识不够，所以当时整理者将其隶定为醓。④ 后来随着学界对古文字中卤字认识的不断加深，鹽字的构形也就逐渐明朗起来了。刘钊认为该字应当隶定为醓，醓即《说文》中的鹽字异体。⑤ 何琳仪也认为该字所谓的西其实是卤之省，是一个从盥古声的字。⑥ 当然也有学者认为🔲可隶作醯，醯即罨字，古文字借罨为盐，故鹽可写作醓。⑦ 从鹽字相关形体来看，所从之卤形体较为丰富，并且与西、囟混同。新蔡简中有一齸字，字见🔲（新蔡·甲三8）、🔲（新蔡·乙四35）、🔲（新蔡·乙四44）等。从形体来看从敢从卤，宋华强怀疑该字是盐字异体。宋华强认为"盐"余母谈部字，"敢"见母谈部字，楚简中余母和见母关系密切。⑧ 从具体简文和相

---

① 马承源主编：《上海博物馆藏战国楚竹书（五）》，上海古籍出版社2005年版，第187页。

② 季旭升：《上博五刍议（上）》，2006年2月，简帛网（http://www.bsm.org.cn/）。

③ 李守奎、曲冰、孙伟龙：《上海博物馆藏战国楚竹书（1—5）文字编》，作家出版社2007年版，第514页。

④ 湖北省荆沙铁路考古队：《包山楚简》，文物出版社1991年版，第29页。

⑤ 刘钊：《包山楚简文字考释》，《出土简帛文字丛考》，台湾古籍出版有限公司2004年版，第3—32页。

⑥ 何琳仪：《战国古文字典》，中华书局1998年版，第477页。

⑦ 汤余惠：《包山楚简读后记》，《考古与文物》1993年第2期；《战国铭文选》，吉林大学出版社1993年版，第154页。

⑧ 宋华强：《新蔡葛陵楚简初探》，武汉大学出版社2010年版，第368页。

关字形来看，宋华强的这种观点可信。从齹字相关形体来看，有的齹字所从之卤形写法较古，即所从之象征盐粒的点没有被省略掉。但是，有的齹字所从之卤则讹变成了囟。

曾侯乙墓简中有一🔲（曾214）字。关于该字的隶定及释读问题历来有所争议，曾简整理者将其隶定为盥，疑是盥（盟）字的变体。关于这种隶定及释读意见，学者们多从之。其实关于此字的考释，赵平安曾指出它和古文字中🔲相似，应当释为盐，并且将相关简文读为"新田之盐"。萧圣中同意赵说，并在赵说的基础上对该简文作了进一步的说明。① 综合来看，🔲（曾214）可能就是盬字。但是，上部所从之卤和楚文字中一般的卤字写法不同，上部已经讹变成了田形。关于古文字中卤讹变为田形的问题，可以从秦文字中得以旁证。盐也见于秦系文字，字见🔲（睡·律182）、🔲（里简J195）、🔲（里简J195）等。从秦文字中盐字所从之卤形来看，已经演变为了田形。

通过上文的陈述，我们可以看出楚文字中卤作为一个构字部件较为常见，形体也较为丰富。就楚文字中的相关卤字而言，它们和囟、西、田三者形体相近，容易讹混。

在望山简中有一🔲（望二31）字。学界一般认为是卤字，在具体简文中可读为鑪②。从形体来看，🔲（望二31）和古文字西字早期写法存在一致性。甲骨资料中西字可以写作🔲（合22294）、🔲（合26762）、🔲（合28093）等形。西周时期的金文资料中西字可以写作🔲（小臣𧊒鼎·西周早期·集成05.2581）、🔲（师酉簋·西周中期·集成08.4289）、🔲（吴虎鼎·西周晚期·考古与文物·98.3）等形。关于西字的构形，学界有不同的意见。但是学界对西字可能来源于囟字假借的说法则有较为一致的看法。③ 通过对楚文字相关卤字形体的考察，我们不难发现楚文字中有些卤字和西字形体相近，甚至完全同形。关于汉字中西、卤二者之间的关系，季旭升认为西、卤可

---

① 萧圣中：《曾侯乙墓竹简——释文补正暨车马制度研究》，科学出版社2011年版，第130页。
② 何琳仪：《战国古文字典》，中华书局1998年版，第564页。
③ 季旭升：《说文新证》，福建人民出版社2008年版，第866页。

以视为同源同形字，本作西形，与女、母同形一例。其后分化，则以加盐点者为卤，不加者为西。① 通过对汉字中相关字的考察，我们认为季旭升的这种观点可信。

战国时期楚文字中西字常见，一般写作 ❦（包 153）、❦（郭·大 13）、❦（上博三·周 57）、❦（新蔡·甲三 213）等形。通过对楚文字中西字相关形体的考察，我们不难发现西和楚文字中的卤形体相似。两者主要的差异是西字有一横笔，而卤字则一般没有。关于西字的这一横笔，可以看作是饰符或者是区别符号。当然，楚文字中的卤字有时候也是有一横笔，如❦（曾 16）。曾简中的卤字虽然有一横笔，和西字同形。但是，曾简卤字下部则还有一个横笔。通过上文的陈述我们可以看出，一般来说楚文字中的西、卤二字是可以进行区分的。但是，有时候楚文字中西、卤二字则难以区分，并且演变为了同形关系。

上博简中有一❦（上博四·相 4）字，所在的相关简文如下：

……孔子退告子贡曰：吾见于君，不问有邦之道而问相邦之道，不亦欤乎！子贡曰：吾子之答也何如？孔子曰：如❦……

上博简整理者将其隶定为詶，并谓从言从卤，卤形与《说文》古文"西"近同，故字可隶作"詶"。"詶"，字书未见，字既从言，应与语词相关。"女詶"，于此疑或读为"如斯"。"西"，古音属心纽脂部字，"斯"为心纽支部，两者音近可通。② 孟蓬生认为"詶"即"讯"字。《说文·言部》："讯，问也。从言，卂声。❦古文讯从卤。"古音西声与卂声同属心纽，而韵部真文相近，故可相通。"如詶（讯）"的意思是说，君问我以相邦之道，我即以相邦之道来回答他。③ 上博简中还有一个结构与之相同的字，即❦（上博五·姑 1）。该字具体词例为："苦成家父事厉公，为士㐭，行正（政）詶（迅）

---

① 季旭升：《说文新证》，福建人民出版社 2008 年版，第 867 页。
② 马承源主编：《上海博物馆藏战国楚竹书（四）》，上海古籍出版社 2004 年版，第 237 页。
③ 孟蓬生：《上博（四）间诂》，2005 年 2 月，简帛研究网（http://www.jianbo.org/admin3/2005/mengpengsheng001.htm）。

强，以见恶于厉公。"整理者将其隶定为诇，断句为"为士㠯行，正（征）诇强"①。沈培认为此字当与《上博四·相4》中的㠯为一字，赞同孟蓬生的意见释为讯字。沈培认为"诇"与"强"连用，可能应读为"迅强"，意思跟"讯圉"近似。②除上述几种意见之外，董珊主张诇读为"哂笑"之"哂"，孔子是说就像哂笑一样回答了他，其讽刺之语如何，从残余简文已经难以看出。③浅野裕一释"女诇"为"汝察（让你想吧）"。韵部方面，"西"为段玉裁"古十七谐声表"第十三部（文部），"察"为第十五部（脂部）；在声母方面，"西"为上古齿头音之心母，"察"为上古齿头音之清母。二字音韵俱近，有通用假借之关系。④

关于㠯（上博四·相4）的字形结构问题，结合楚文字中卤字，我们认为上博四整理者分析为从言从卤的观点可信，在相关的具体词例中可读为讯。

郭店简中有一㠯（郭·语三15）字，整理者将其隶定为蒽，对于该字的构形及释读并未进行说明。⑤何琳仪将其隶定为蕙，并与《说文》中的蔺字相联系。⑥在何琳仪的基础上，李零、徐在国、刘钊等也对此字进行了相关的说明。⑦后来苏建洲又对该字进行了重新隶定，认为该字从菡、从心。⑧刘云赞同苏建洲的隶定，并且认为㠯或可读为

---

① 马承源主编：《上海博物馆藏战国楚竹书（五）》，上海古籍出版社2005年版，第240页。
② 沈培：《上博简〈姑成家父〉一个编联组位置的调整》，2006年2月，简帛网（http://www.bsm.org.cn/show_article.php?id=219）。
③ 董珊：《读〈上博藏战国楚竹书（四）〉杂记》，2005年2月，简帛研究网（http://www.jianbo.org/admin3/2005/dongshan001.htm）。
④ 浅野裕一：《上博楚简〈相邦之道〉的整体结构》，载林庆彰主编《新出土文献与先秦思想重构》，台湾书房出版社2007年版，第473—484页。
⑤ 荆门市博物馆：《郭店楚墓竹简》，文物出版社1998年版，第209页。
⑥ 何琳仪：《郭店竹简选释》，《简帛研究》2001年。
⑦ 李零：《郭店楚简校读记》（增订本），中国人民大学出版社2009年版，第199页。徐在国：《郭店楚简文字三考》，《简帛研究》2001年。刘钊：《郭店楚简校释》，福建人民出版社2003年版，第213页。
⑧ 苏建洲：《〈郭店·语丛三〉简15"蔺"字考》，2011年7月，复旦大学出土文献与古文字研究网站（http://www.gwz.fudan.edu.cn/SrcShow.asp?Src_ID=1589）。

第十章　楚文字中的目形部件及相关字　263

虑（可能该字就是虑字异体）。① 单育辰认为▆下部所从是思字之变体，应该隶定为蒽。② 单育辰认为蒽读为思，并且认为游思、崇志、存心、思、志、心词类完全一致。从具体简文来看，将▆释为蒽可信。由此，我们得到了楚文字中囧、囟有时候会出现讹混的一条证据。

古文字中囧和卤有时候会发生一定的讹变，卤和囟、目之间也容易发生讹混。这种现象正好可以旁证楚文字中胃字的目形部件来源问题。金文中有些不从口的周字，如▆（周免爵·商·集成 13.8155）。在以往的研究过程当中，有些学者往往将其与卤字相联系，因此有关周字的构形也就被解说成了上部从卤。③ 后来随着相关研究的不断深入，这种说法逐渐不被承认。这种写法的周字和后来秦汉文字中的菡字所从之图形体相似。关于秦汉文字中的这些菡字，大家往往也有一定的争议。

睡虎地秦简中有一▆（睡·封 36）字，词例为"有失伍及▆不来者"。整理者将其隶定为菡，读为迟。④ 张家山汉简也有一个与之结构相同的字，为地名用字，字见▆（二年律令·秩律 451），整理者将其隶定为菡。⑤《二年律令·金布令》436 号简中有一▆字，从用法来看显然用作卤。上举三例，第一例和第三例用法较为明显，第二例为地名用字则难以确定。但是第二例和第三例同出于《张家山汉简·二年律布令》中，为一字的可能性很大。《张家山汉简·金布律》中的▆字，整理者隶定为菡，读为卤。关于这其中的矛盾，周波早已指出。周波认为菡、卤音义皆不同，所以推测菡为菡的讹字。⑥ 其实关于上述三例，我们认为可以进行不同的对待。睡简中的▆字的确可以看作是《说文》中的菡，将▆读为迟也是文通字顺。至于张家山汉简中的两例，由于前者为地名用字，故难以确定。但是后者则明显用为

---

① 刘云的观点见于复旦网苏建洲文章下面的评论。
② 单育辰的说法见于复旦网苏建洲文章下面的评论。
③ 周法高：《金文诂林》，香港中文大学出版社 1974 年版，第 0122 号。
④ 睡虎地秦墓竹简整理小组：《睡虎地秦墓竹简》，文物出版社 1997 年版，第 258 页。
⑤ 张家山二四七号汉墓竹简整理小组：《张家山汉墓竹简（二四七号墓）》，文物出版社 2001 年版，第 44 页。
⑥ 周波：《读张家山汉简〈二年律令〉札记》，《古籍整理研究学刊》2007 年第 2 期。

卤，因此下部看作卤字变体应该是没有多大问题的。我们知道秦统一之后，虽然六国文字被废除，但是在后世文字中仍有所保留。例如，西汉前期的一些汉简当中仍有一部分六国文字的遗留。① 张家山作为楚国故地，汉简中有楚文字遗留并不奇怪。楚文字中从卤的字可以写作▨（新蔡·甲三8）、▨（新蔡·乙四35）、▨（新蔡·乙四44），只要将其所从的卤加以隶变，自然就可以得到▨所从的卤这种形体。这种观点又可以从马王堆汉简中得以旁证，如▨（马王堆·五十二病方315），词例为"蒸▨土，裹以熨之"。此处的▨字，近来学界比较倾向于释为卤字。② 从上述情况来看，卤、囟本来形体不同，在文字的演变过程当中逐渐变为同形。上文当中我们已经交代，有学者认为胃字上部所从部件为囟。从▨（马王堆·五十二病方315）来看，囟和卤变为了同形。古文字中，卤和囟、目、田之间经常发生讹混（此种情况，我们下文再说）。因此，楚文字中胃字从目，秦文字胃从田的缘由，也就得到了很好的解释。

楚文字中还有一些可能与卤有关的字，但是由于受到相关词例的限制，究竟是否从卤尚待进一步的证明。

包山简中有一▨（包103）字，相关简文为"王娄逯职之，匿夏、匿▨为李"。整理者将其隶定为箅③，李守奎也将其放在箅字头下面④。朱晓雪怀疑▨可释为箇，后来李守奎在《包山楚墓文字全编》中也将▨放在箇字头下。⑤ 从字形来看将▨释为箇显然有不妥之处，楚文字中的甬一般写作▨（上博一·孔4）、▨（上博四·曹56）、▨（上博三·亘13）、▨（清华三·琴5）等形。新蔡简中有一▨字，可隶定为甫。从楚文字中相关甬字来看，和▨（包103）所从明显不同。▨下部

---

① 详细情况请参阅周波《战国时代各系文字间的用字差异现象研究》，博士学位论文，复旦大学，2008年，第11页。
② 魏启鹏、胡翔骅：《马王堆医书校释（壹）》，成都出版社1992年版，第124页。
③ 湖北省荆沙铁路考古队：《包山楚简》，文物出版社1991年版，第24页。
④ 李守奎：《楚文字编》，华东师范大学出版社2003年版，第277页。
⑤ 朱晓雪：《包山楚墓文书简、卜筮祭祷简集释及相关问题研究》，博士学位论文，吉林大学，2011年，第225页。李守奎、贾连翔、马楠：《包山楚墓文字全编》，上海古籍出版社2012年版，第180页。

第十章　楚文字中的目形部件及相关字　265

所从的部件和楚文字中的卤形体相近，如🔲（上博二·从甲 8）。但是仔细审查🔲下部所从，和楚文字中的卤还是存在一定的差异。由于该字为人名用字，所以很难从词例方面确定究竟为何字。

新蔡简中有一🔲（新蔡·甲三 322）字，相关简文为"沈余毅之述旬于🔲父、鸼二囗"。从形体来看，此字右上部从目，且呈现出楚文字典型的目字写法。新蔡简整理者将其释为温①，大西克也认为此字右部从盅②。大西克也认为此字右部从盅的主要证据是何琳仪《战国古文字典》所列的字形，早有学者指出何琳仪所列盅字头下面的字可能释为盐。因此，认为此字右部从盅的这种说法并不可靠。张胜波将其隶定为温，宋华强则没有隶定直接将其作为不识字处理。③ 楚文字中盅往往省略皿旁写作🔲（包 260），再如愠写作🔲（上博二·从乙 4）、🔲（上博二·昔 3）。由此来看，楚文字中的盅上部内部所从为人形。楚文字中卤有时候会和囟发生讹混，囟、目又会发生一定程度的讹混。因此，🔲（新蔡·甲三 322）右上所从为卤的可能性是存在的。但是由于🔲（新蔡·甲三 322）是人名用字，所以很难从文意方面确定为何字。我们为了谨慎起见，采取张胜波将其隶定为温的意见。

古文字中卤、盐二字既已得到确释，覃字的构形也就逐渐明了起来。覃小篆写作🔲。《说文》："长味也。从𪊷、咸省声。《诗》曰：'实覃实吁。'🔲：古文覃。🔲：篆文覃省。"《说文》中关于覃字的解释有不甚明了之处，历来学者们对覃字的构形多有争议。④ 以往诸说当中，唐兰的说法最贴近覃字的实际构字情况。唐兰认为覃字下部所从的𪊷是装酒的器具，但是由于当时学界对古文字中的卤、盐认识不够，所以唐兰误认为覃字上部所从是惠。于是，唐兰认为覃字构形是

---

① 河南省文物考古研究所：《新蔡葛陵楚墓》，大象出版社 2003 年版，第 198 页。
② 大西克也：《试论新蔡楚简的述（遂）字》，《古文字研究》2006 年第 26 辑。
③ 张胜波：《新蔡葛陵楚简文字编》，硕士学位论文，吉林大学，2005 年，第 121 页。宋华强：《新蔡葛陵楚简初探》，武汉大学出版社 2010 年版，第 447 页。
④ 以往学界对覃字的考释，请参阅季旭升《谈覃盐》，2009 年 3 月，复旦大学出土文献与古文字研究中心网站（http://www.gwz.fudan.edu.cn/SrcShow.asp?Src_ID=732）。

"盛蕙于𢍌，以蕙和酒"。近年来，随着学界对古文字中卤、盐相关研究力度的不断加大，大家逐渐认识到盬和覃同字。季旭升由此认为覃字上部从卤，下部𢍌当即盛盐的容器。① 季旭升认为："覃"字《说文》解为"长味也"，基本不错。它作名词用时，就是"盐"；作形容词用时，则解为"长味也"。"长味也"的意义来自"覃"字上部的"卤"，与下部的"𢍌"无关。"𢍌"只是放盐的坛子。关于覃字的构形问题，又可比照厚字。古文字中厚字的构形问题，历来也是存有争议。林澐曾有所讨论，认为厚字所从的𢍌也是一种容器。覃字表明它可以用来腌制食品，其实也可以用来造酒和盛酒。厚的构字是个会意字，是于厂内装酒器会酒醇厚之意。②

三　鬼、畏所从目形

楚文字中有一部分鬼、畏上部的鬼头部分讹变成了目形，如 ❦（上博五·季18）、❦（郭·成5）。楚文字中的鬼、畏一般写作如下之形：

鬼：❦（上博三·恒3）❦（上博四·柬6）❦（郭·老乙5）

畏：❦（郭·五34）❦（上博二·容50）❦（上博四·曹48）

楚文字中的鬼、畏二字和商周文字一脉相承，但也有所变化。甲骨、西周金文中鬼、畏二字作如下之形，甲骨：鬼❦（合7153正）、❦（合14289）畏❦（合19484）、❦（合2832反）；西周金文：鬼❦（鬼作父丙壶·西周中期·集成15.9584）畏❦（毛公鼎·西周晚期·铭文选一447）。

古文字中鬼、畏关系密切，《说文》将鬼作为一个部首，而将畏放在甶部之下。关于畏字的归部问题，早有学者对其提出疑问。如董莲池认为畏字实际从鬼并不从甶，许慎将其隶此部不确。③ 关于鬼字的构形问题，学界历来存有争议。何琳仪认为："从人，从甶，会

---

① 季旭升：《谈覃盐》，2009 年 3 月，复旦大学出土文献与古文字研究中心网站（http://www.gwz.fudan.edu.cn/SrcShow.asp? Src_ID=732）。
② 林澐：《说厚》，《简帛》2010 年第 5 辑。
③ 董莲池：《说文部首形义新证》，作家出版社 2007 年版，第 254 页。

人死魂气由甶门上出之意。"① 由此来看，何琳仪是将鬼字所从的甶看作是脑门。也有一些学者认为鬼字像人站立或跽坐而头戴面具之形。② 楚文字中的鬼、畏二字基本上继承了商周文字的书写风格，但略有变化。楚文字中鬼、畏二字上部所从的甶起笔和收笔时形成一个尖角，且甶字中间的笔画也出现了交叉现象。此外，楚文字中的鬼字添意符示较为常见，畏下部所从的卜也逐渐讹变成了止形。楚文字中的鬼、畏二字所从的甶和胃、盐等字所从本来是渊源有自，在文字的演变过程当中，它们逐渐变得形体相似，以至于出现同形现象。因此，有些鬼、畏所从的甶和胃字所从一样也被类化成了目形，如 _象（上博二·鲁2）、_鬼（新蔡·甲二40）。这些鬼、畏所从的甶变成目之后，遂导致和视字同形，因此在释读过程中也就往往会出现一些误释。_象（上博二·鲁2）字的考释，上博简整理者将其隶定为视，相关简文读为"孔子曰：庶民知说之事，视也，不知刑与德"。黄德宽指出"视"字释文可商，被隶作见的部分，就形而言自然也有道理，但读"视也"，文词不通。黄德宽认为此字应该分析为从示、鬼声，即鬼之异文。③ 陈伟在释为鬼的基础上主张"事鬼"连读，"事鬼"即奉侍鬼神。④ _鬼（新蔡·甲二40）整理者将其隶定为禔⑤，徐在国认为应该分析为从示畏声，释为鬼。⑥ 黄、陈、徐三说可从，楚文字中鬼、畏二字从目的原因我们已经在上文中有所陈述。_象（上博二·鲁2）、_鬼（新蔡·甲二40）字也在一定程度上反映出了古文字鬼、畏关系密切。上文已经指出有学者认为畏字从鬼，从大量的甲骨、金文、简帛文字来看两者形体关系密切。在语音方面鬼是见纽微部字，畏是影纽微部字，两者音近。从目前大量出土楚文字资料来看，楚文字中有相当一部分畏字可读为鬼。

---

① 何琳仪：《战国古文字典》，中华书局1998年版，第1184页。
② 董莲池：《说文部首形义新证》，作家出版社2007年版，第252页。
③ 黄德宽：《〈战国楚竹书（二）〉释文补正》，《学术界》2003年第1期。
④ 陈伟：《读〈鲁邦大旱〉札记》，2003年1月，简帛研究网（http://www.bamboosilk.org/Wssf/2003/chenwei02.htm）。
⑤ 河南省文物考古研究所：《新蔡葛陵楚墓》，大象出版社2003年版，第188页。
⑥ 徐在国：《新蔡葛陵楚简札记》，《中国文字研究》2004年第5辑。

上博简中有一个从鬼的字，即▇（上博二·子11），在过去很长一段时间未能正确释出。▇（上博二·子11）字，相关简文为"禹之母，有莘氏之女也，观于伊而得之，▇三年而画于背而生，生而能言，是禹也"。相同的字形在11号简中再次出现，相关简文为："契之母，有娀氏之女也。游于央台之上，有燕衔卵而措诸其前，取而吞之。▇三年而画于膺……"关于此字的考释，整理者直接转写为▇，认为"▇厽"义未详，待考。① 徐在国结合战国文字中的目、目旁加以分析，认为可以隶定为"眡"，与《说文》中"视"字古文同，释为"视"。② 徐在国将▇与战国文字中的目、目旁结合考虑，是一种极有启发性的意见，为该字的释读提供了一种正确的思路，可惜忽略了楚文字中目形来源十分复杂的情况，与该字的正确释读失之交臂。陈剑将▇隶定为䛘，读为娠。陈剑认为▇所从的䛘，上部作尖头与囟相似之形，并举古文字中从䛘的字加以证明。③ 李守奎将之隶定为室，并加注按语："《说文》烟之古文，简文中读为娠。"④ 烟，《说文》古文写作▇，《古文四声韵》写作▇。金文中也有烟字，写作▇（哀成叔鼎·集成.2782）。烟是影纽真部字，娠是书纽文部字。由此来看，将▇隶定为室，读为娠无论是从字形还是从语音方面都是一种较为恰当的解释。也有一部分学者认为▇字从鬼，如李学勤将之隶定为㥍，读为"怀"。⑤ 季旭升将▇隶定为宼，上从宀，中为鬼声，鬼形下部的人形繁化为壬形，鬼可读为怀。⑥ 随着新材料的陆续公布，从鬼之说

---

① 马承源主编：《上海博物馆藏战国楚竹书（二）》，上海古籍出版社2002年版，第195页。

② 徐在国：《上博竹书〈子羔〉琐记》，载黄德宽、何琳仪、徐在国主编《新出楚简文字考》，安徽大学出版社2007年版，第191页。

③ 陈说见于季旭升：《上海博物馆藏战国楚竹书（二）读本》，万卷楼图书股份有限公司2003年版，第37页。

④ 李守奎、曲冰、孙伟龙：《上海博物馆藏战国楚竹书（1—5）文字编》，作家出版社2007年版，第376页。

⑤ 李学勤：《楚简〈子羔〉研究》，上海大学古代文明研究中心、清华大学思想文化研究所编：《上博馆藏战国楚竹书研究续编》，上海书店出版社2004年版，第14页。

⑥ 季旭升：《上海博物馆藏战国楚竹书（二）读本》，万卷楼图书股份有限公司2003年版，第37页。

逐渐为大家所普遍接受。在新近公布的清华简中有一🔲（清华一·金12），在具体简文中可以释为鬼，读为威。相比较而言，将🔲隶定为寇更为可信。但是，细审🔲、🔲两字形，下部所从仍有一定的差异。我们认为这也是可以解释的。《子羔》篇中有一🔲（上博二·子4）字，上部所从和🔲下部相似。昏字在楚文字中既可以写作🔲（郭·老乙9）、🔲（郭·唐23），又可以写作🔲（郭·鲁3）、🔲（郭·唐23）。尤其是🔲（郭·唐23）、🔲（郭·唐23）在同一支简中，更能说明两者可以互作。

四　🔲、🔲所从之目形部件

在上文当中，我们已经说过楚文字中有种目字的写法较为特别，如🔲（上博一·缁19）、🔲（郭·唐26）。郭店、上博简中有🔲（郭·缁15）、🔲（上博一·缁9）二字。从形体来看，所从之部件和楚文字中这种写法的目相似。但是，二字所从之部件和目在形体方面也存在一定的差异，即没有尖角。从具体情况来看，🔲（郭·缁15）、🔲（上博一·缁9）二字并非从目。

郭店简中的🔲（郭·缁15）字，相关简文为"故上之好恶不可不慎也，民之🔲（表）也"。上博简中与之相对应的字写作🔲（上博一·缁9），相关简文为"上之好恶不可不慎也，民之🔲（表）也"。从形体和相关简文来看，🔲、🔲当为一字，前者是后者的省写。由于有传世本《缁衣》与之相对照，将其读为表没有什么问题。关于此字的构形则有一定的争议，郭店简整理者将其释为萗，读为柬。《说文》中有"柬，分别择之也"。今文作表。① 孟蓬生也认为可释为萗，但是主张将萗读为宪。孟蓬生认为萗、宪古音同部，声母相近，宪在相关典籍中可训为法、表。② 李零认为圆圈内是少，似应释标或票。③ 上博简整理者将其隶定为藥，并解释说从䕺从木，《说文》所无。郭店简省火

---

① 荆门市博物馆：《郭店楚墓竹简》，文物出版社1998年版，第133页。
② 孟蓬生：《郭店楚简字词考释（续）》，《简帛语言文字研究》2002年第1辑。
③ 李零：《郭店楚简校读记》，《道家文化研究》1999年第17辑。

作藇，今本作表。① 李零认为原从木从藇，应该释为标，读为表。郭店本相应的字也应释为藇，而不是朿字。② 李零释为从木从藇的这种观点，刘钊、徐在国、黄德宽等也提出了与之相似的看法。③ 徐在国、黄德宽引用了剽、彰二字的古文加以证明，认为▓所从的▓即票字。古音票为滂纽宵部字，表为帮纽宵部字，故简文可读为表。李零在后来出版的《郭店楚简校读记》（增订本）中认为▓从艹从覀省从木，并且改变了以前所认为的圆圈中间从少的观点。李零认为从上博简的这个字来看，它的这一部分与黑字的上部更接近，圆圈内并非少字。④ 侯乃峰在李零的基础上作了进一步的说明，认为假如▓字形火上确为囟的话，则火焰上出囟而飞升，当可会得票（火飞也）之意。⑤

按：藇、▓二字有传世文献对照，将其读为表，文通字顺没有问题，但在字形方面仍需进一步的研究。将藇隶定为藇，从字形角度来看存在一定的问题。楚文字中朿字常见，一般写作 ▓（望一·28）、▓（望一·108）、▓（新蔡·甲一 21）、▓（上博二·容 19）等形。古文字中借笔现象较为常见，但是朿作▓形则未出现，且有上博简▓作为旁证，因此将藇隶定为藇在字形方面很难说通。从语音角度来看，朿是见纽元部字、表是帮纽宵部字，两者语音相隔甚远。李零认为藇、▓与黑字上部所从相似，但是楚文字中黑及从黑之字多次出现。一般写作 ▓（曾 174）、繹▓（上博五·鲍 3）、黻▓（黻钟）、▓（曾 164）、墨▓（新蔡·零 213）、▓（包 7）、▓（包 192）等形。由上述形体来看，楚文字中黑字和藇、▓所从有一定的差异。此外，新蔡简中有▓

---

① 马承源主编：《上海博物馆藏战国楚竹书（一）》，上海古籍出版社 2001 年版，第 183 页。
② 李零：《上博楚简三篇校读记》，中国人民大学出版社 2009 年版，第 42 页。
③ 刘钊：《读上海博物馆藏战国楚竹书（一）札记（一）》，2002 年 1 月，简帛研究网（http：//www.bamboosilk.org/wssf/2002/liuzhao01.htm）。徐在国、黄德宽：《上海博物馆藏战国楚竹书（一）〈缁衣〉〈性情论〉释文补正》，载《新出楚简文字考》，安徽大学出版社 2007 年版，第 100—117 页。
④ 李零：《郭店楚简校读记》，中国人民大学出版社 2009 年版，第 84—85 页。
⑤ 侯乃峰：《上博竹书（1—8）儒学文献整理与研究》，博士后出站报告，复旦大学，2012 年，第 61 页。

（新蔡·乙四149）字，新蔡简整理者将其隶定为盈①，邴尚白怀疑此字即墨字，邴说得到了宋华强的认同。② 宋华强认为该字应该是人名用字，新蔡葛陵简零213、212中有人名周墨，或即此人。我们在上文已经提到，楚文字中一些部件往往讹变得与目形相似，所以 🀄（新蔡·乙四149）为墨字的可能性是存在的。如果 🀄（新蔡·乙四149）释为墨字不误，那么 ▨、▨ 二字所从与黑有关的可能性也是存在的。但是仔细比对 ▨、▨ 所从和墨字所从，我们可以发现一点重要的差异，即墨字所从上部呈现出明显的尖角，而 ▨、▨ 二字所从则并无这种尖角。因此，关于此字字形方面的解释，仍需进一步的研究。

五　䄆字所从目形来源

上博简中有一 䄆（上博五·姑3）字，相关简文为"……于君，幸则晋邦之社䄆可得而事也，不幸则取免而出"。从 䄆 形体来看，左部所从部件为目形。但是，和目字写法最大的不同在于尖角朝下。上博简整理者将其隶定为祖，认为"祖"字左为目，右从示，疑是"禝"字的省体。《集韵·职韵》："禝，通作稷。"战国金文的禝字作 ▨（子禾子釜）、作 ▨（中山王鼎），从示、从田、从女。"祖"字之"目"疑为"田"字之别写。③ 陈伟将其与 ▨（郭·六22）"上共下之义，以奉社稷，谓之孝"相联系，认为对于楚简中禝字的由来仍需要进一步研究。④ 苏建洲认为 ▨ 可能是则字，䄆 可分析为从示则声，读作稷。⑤ 何有祖在赞同苏建洲观点的基础上，又提出了一些补充

---

① 河南省文物考古研究所：《新蔡葛陵楚墓》，大象出版社2003年版，第209页。
② 宋华强：《新蔡葛陵楚简初探》，武汉大学出版社2010年版，第409页。
③ 马承源主编：《上海博物馆藏战国楚竹书（五）》，上海古籍出版社2005年版，第242页。
④ 陈伟：《郭店竹书〈六德〉"以奉社稷"说》，2006年2月，简帛网（http://www.bsm.org.cn/show_article.php?id=241）。
⑤ 苏建洲：《〈上博（五）·姑成家父〉简3"禝"字考释》，2006年3月，简帛网（http://www.bsm.org.cn/show_article.php?id=305）。

意见。①

楚文字中禝、稷多次出现，相关字形和简文如下：

(1) 禝

1 ■（上博二·子6）2 ■、■（上博二·容28）3 ■（上博四·柬18）4 ■（上博七·吴5）5 ■（清华一·祭13）6 ■（清华一·程2）7 ■（清华一·程3）8 ■（郭·唐10）9 ■（郭·尊7）10 ■（新蔡·甲三271）11 ■（新蔡·甲三335）12 ■（新蔡·甲三341）13 ■（新蔡·乙四90）14 ■（新蔡·零163）15 ■（新蔡·零338）

1 故能治天下，平万邦，使无有小大肥脆，使皆得其社稷百姓而奉守之。2 后稷既已受命，食于野，宿于野。3 邦家以轩轾，社稷以危欤？4 余必攻丧尔社稷，以广东海之表。5 广戡方邦，丕唯周之旁，丕唯后稷之受命是永厚，唯我后嗣，方建宗子，丕唯周之厚屏。6 币告宗祊社稷，祈于六末山川，攻于商神，望、烝，占于明堂。7 币告宗祊社稷，祈于六末山川，攻于商神，望、烝，占于明堂。8 禹治水，益治火，后稷治土，足民养也。9 圣人之治民，民之道也，禹之行水，水之道也，造父之御马，马之道也，后稷之艺地，地之道也。10 坪夜之楚禝（稷）11 一禝（稷）一牛 12 一禝（稷）一牛 13 一禝（稷）一牛 14 社禝（稷）15 社禝（稷）

(2) 稷

1 ■（上博一·孔24）2 ■（上博二·子12）3 ■（上博二·子13）4 ■（上博六·用8）■（清华二·系121）

1 后稷之见贵也，则以文武之德也。2 后稷之母，有邰氏之女也，游于玄丘之内，冬见芙，寡而荐之，乃见人武，屦以禋。3 是后稷之母也。三王者之作也如是。4 树惠蓄，定保之极，非稷之种，而可饮食。5 越公与齐侯贷、鲁侯显盟于鲁稷门之外。

稷字见于《说文》，小篆写作■。《说文》："稷：斋也。五谷之长。从禾畟声。■，古文稷省。"由■（新蔡·甲三271）、■（新

---

① 何有祖：《币文"即"与楚简"稷"字探疑》，2007年1月，简帛网（http://www.bsm.org.cn/show_article.php? id=500）。

蔡·甲三335）、❍（新蔡·甲三341）、❍（新蔡·乙四90）、❍（新蔡·零163）等形来看，《说文》古文当源于此。关于禝、稷二字的构形问题历来存有争议，有学者认为从鬼。如何琳仪利用中山王鼎中的❍字、《汗简》中的❍字作为例证，认为畟为鬼之繁文。① 由❍（清华一·祭13）来看，右部所从和鬼相似。关于稷字从鬼的说法所存在的问题，徐在国已经对此有所论述。② 徐在国认为古文字中常常在人形下加止，止形上移遂与女形近而讹。禝（稷）字从示从田，会田主或谷主之意。因是田主所以加人旁会意。也有另外一种可能，此字从田从人，会田正、田官之意。禝（稷）可以分析为从示或从禾，从田或从田、人，或从田、人、止。从目前的研究水平来看，徐在国的观点可能最为贴近禝（稷）字构形的实际情况。因此，❍（上博五·姑3）字所从之目形部件很可能是在田形部件的基础上讹变而来。陈伟将❍与❍联系在一起考虑是很有见地的。❍在以往的研究过程当中，有时被误释为禋。③ ❍左上所从可以看作是田字的讹变，进一步省讹就会变成目形。

六　众所从目旁来源

楚文字中众字一般写作❍（郭·成25）、❍（郭·尊35）、❍（上博二·容42）、❍（上博五·弟10）、❍（清华三·赤7）等形。由上述形体来看，楚文字中众字上部所从明显从目。

众小篆写作❍，《说文》："多也。从乑、目，众意。"许慎认为众字从目，这种说法是依据已经讹变了的小篆分析字形，其说自然并不可信。众字出现时间甚早，甲骨时期就已经出现。甲骨资料中众字一般写作❍（合67正）、❍（合31992）、❍（合26904）等形。从众字早期形体来看，众字并非从目，有学者认为众字像人立于日下之形，日

---

① 何琳仪：《战国古文字典》，中华书局1998年版，第98页。
② 徐在国：《上博五禝（稷）字补说》，《清华简研究》2013年第1辑。
③ 何琳仪：《郭店竹简选释》，载《新出楚简文字考》，安徽大学出版社2007年版，第65页。

下作三人者与二人者同义。① 西周时期众字继承甲骨时期的写法，但有所变化。同甲骨时期的众字相比，西周时期的众字所从之日旁演变为目，一般写作🅰️（智鼎·西周中期·集成02.1330）、🅱️（应侯簋·西周晚期·首阳105页）。由于西周时期众字所从之日旁已经讹变为目，所以战国时期楚文字中的众字上部所从已经变成了那种标准的带尖角的目字写法了。同战国时期楚文字中的众字相比，其他系文字中的众字所从之日也演变成了目。战国时期三晋文字中的众字写作🅰️（侯马105）、🅱️（中山王鼎·战国晚期·铭文选二880）、🅲️（玺汇4341）等形；秦文字中众写作🅰️（睡·答52）、🅱️（睡·律78）。

从众字演变过程来看，楚文字中众字所从的目旁由日旁讹变而来。众字所从的目旁由日旁讹变而来这一现象，在其他系文字中也是如此。后世文字中的众字继承了从目这一写法。

七　其他目形来源

楚文字中还有一些目形，它们另有来源，如🅰️（包266）。从形体来看当隶定为綮，是祖字异体，该形体又可简写成🅰️、🅱️（上博五·亮2）。楚文字中的祖一般写作🅰️（上博六·景10）、🅱️（上博三·彭22）。由上述形体来看，楚文字中祖字右部所从的"且"已经讹变成了目。

甲骨文中的"祖"皆以"且"代替。"且"甲骨时期写作🅰️（合903）、🅱️（合27155）、🅲️（合22094）等形。两周金文传承殷商时期的写法，写作🅰️（彔作辛公簋·西周中期·集成08.4122），或添加意符示写作🅰️（遵邡钟·春秋·文物89）、🅱️（中山王鼎·战国晚期·铭文选二880）。"且"字见于《说文》，小篆写作🅰️。《说文》："且：荐也。从几，足有二横，一其下地也。凡且之属皆从且。🅰️，古文以为且，又以为几字。"关于"且"字的考释问题，历来众说纷纭。有学者认为"且"是"俎"的初文，有学者认为"且"是男性

---

① 张世超、孙凌安、金国泰等：《金文形义通解》，中文出版社1996年版，第2051页。

第十章 楚文字中的目形部件及相关字 275

生殖器的象形。① 从汉字的实际情况来看，汉字中的"且"形部件来源并非一个，例如助字所从"且"即来源于肉。战国时期的楚简材料中，助字写作 ▨（清华一·皇 3）。后世文字中的助字是在 ▨ 的基础上省略掉了 ▨ 演变而来。由此来看，助字所从之"且"来源于肉。关于古文字中"且"、"肉"、"目"形部件之间的关系，又可参照俎、宜二字。清华简中有一 ▨（清华一·皇 13）字，整理者将其释为俎读为祖。从形体来看，▨ 左上明显从目。上文已经说过，楚文字中的肉旁和目、且之间的关系密切。因此，将 ▨ 释为俎在字形方面可以讲通。上博简中有一 ▨（上博五·弟 10）字，张振谦指出此字又见于 ▨（望二 45）。从上述俎字形体来看，俎所从之"且"在楚文字中是从肉的。上博六中有用为俎的且字，即 ▨（上博六·天甲 10），相关简文为"樽俎不制事"。俎和祖所从之"且"来源并不一样，在后世的文字演变过程当中逐渐合并为"且"。▨ 字所从的部件和"且"字合并又可以和宜相互参照。关于宜字的来源和构形问题，历来存有争议，有学者认为是且（俎）上有二肉，会肴俎之意。② 楚文字中的宜写作 ▨（上博三·亘 7）、▨（上博一·性 33）、▨（上博四·曹 28）等形。由上述形体来看，楚文字中的宜从一肉或两肉，肉下或加一横画。秦文字中宜写作 ▨（睡·律 185）、▨（睡·日甲 23 背）、▨（里简 J191）等形。在后世的文字演变过程当中，宜字下部所从逐渐演变为"且"，如 ▨（东汉·孔彪碑）。祖字所从的"且"可能是男性生殖器的象形演变而来。楚国金文中的祖字可以写作 ▨（鄝陵君豆）、▨（书也缶）。从楚国金文来看，祖字所从和殷周文字一脉相承。但和楚简文字相比则有一定的差异，楚简文字中的"且"基本讹变成了那种带尖角的目形。

由于楚文字的"且"有时候会讹变成目，所以容易导致一部分字难以确释。长沙仰天湖竹简中有一 ▨（仰 8）字，相关简文为"綎布

---

① 季旭升：《说文新证》，福建人民出版社 2010 年版，第 970 页。
② 同上书，第 617 页。

之▨二偶"。关于▨字的考释,整理者将其隶定为緷,认为从糸尹声。①何琳仪隶定为䰜,认为是䰜组合文。何琳仪以仰天湖简中的组字作为证据,认为▨右下合文符号兼有组右下笔画的功能,不过=更像是表示合文。②朱德熙、裘锡圭、李家浩隶定为緝,读为帽。③上文已经说过,楚文字中的祖可以写作▨(上博六·景10)、▨(上博三·彭22),因此将▨隶定为䰜具有一定的道理。但是从相关简文来看,将其隶定为緝似乎更加合理。

楚文字中有些鼎字发生了一定程度的讹变,上部所从演变成了目形。但是,鼎字所从的目形和楚文字标准的目字写法相比差异明显。例如楚文字中的鼎可以写作▨(信阳14)、▨(君夫人鼎)、▨(包254)等形。从这些鼎字形体来看,所从部件和目相似。但是,同楚文字中的目字相比明显没有尖角,显得较为平直。由于楚文字中这部分鼎字所从和目相似,所以有时候会发生误释,例如▨(新蔡·甲三323)字。新蔡简整理者将其隶定为䵋。④何琳仪认为下部从鼎,上从开声。⑤宋华强指出▨中间从目,和鼎字上部写法实不相同。宋华强认为▨上部所从即▨(包120),▨当如新蔡整理者隶定为䵋。⑥关于▨(包120)字的考释,历来也有不同的意见,主要有从开、䀠两种比较有影响的意见。一般认为▨当如何琳仪所言,即《说文》中的盱。⑦从▨(新蔡·甲三323)的字形来看,中间所从目形部件有明显的尖角,符合楚文字中目字的特征。因此,▨(新蔡·甲三323)火上所从并非鼎,▨和▨(包120)很可能是一字异体。

---

① 湖南省博物馆、湖南省文物考古研究所、长沙市博物馆、长沙市文物考古研究所:《长沙楚墓》,文物出版社2000年版,第422页。
② 何琳仪:《仰天湖竹简选释》,载《新出楚简文字考》,安徽大学出版社2007年版,第375页。
③ 朱德熙、裘锡圭、李家浩:《望山一、二号墓竹简释文与考释》,《江陵望山沙冢楚墓》,文物出版社1996年版,第285页。
④ 河南省文物考古研究所:《新蔡葛陵楚墓》,大象出版社2003年版,第198页。
⑤ 何琳仪:《新蔡竹简选释》,《安徽大学学报》2004年第3期。
⑥ 宋华强:《新蔡葛陵楚简初探》,武汉大学出版社2010年版,第453页。
⑦ 何琳仪:《包山楚简选释》,《江汉考古》1993年第4期。

第十章　楚文字中的目形部件及相关字　277

　　楚文字中的贞和鼎字一样，也发生了一定的讹变。楚文字中有些贞字可以写作❍（上博四·柬1）、❍（上博三·周2）、❍（包20）、❍（望一3）、❍（上博二·容5）、❍（新蔡·乙四100）等形，所从部件也类似目形。关于古文字中贞字的构形问题，学界一般认为是假借鼎字而为之，或添加义符卜。在后来的文字演变过程当中，鼎逐渐讹变得类似贝形（如❍），或省略鼎足（如❍）。楚文字中有些贞字下部所从讹变得类似田形，这在一定程度上体现出了古文字中田、目两形相讹混的情况。楚文字中占字可以写作❍（上博二·从乙2）、❍（包247）等形，也可以写作❍（天卜）、❍（新蔡·甲三45）。宋华强认为后一种类型的占字和鼎形近易混，因此❍（新蔡·甲三63）当为占字，以往释为贞的说法不确切。宋华强认为以往认为贞、占词义可通的说法不是很恰当，贞表示贞问，占表示占断，词义不同。①

　　楚文字中的具可以写作❍（上博一·缁9），上部所从和目形相似。但是同楚文字中标准的目字相比差异较为明显，即没有尖角。楚文字中的具又可以写作❍（郭·缁16）、❍（清华三·芮15）。关于具字构形问题，历来众说纷纭，主要有从贝和从鼎两种说法。在楚文字中贝、鼎都省讹成类似目形。

　　楚文字中的福可以写作❍（包206）、❍（郭·老甲38）、❍（上博三·彭5）、❍（清华三·琴16）等形，所从之酉旁的下部省讹成类似目形。酉甲骨文写作❍（合17578正）、❍（合30381）、❍（合补114）等形。酉是一个象形字，像酒坛之形。金文写作❍（酉作旅卣·西周早期·集成10.5042）、❍（员方鼎·西周中期·集成05.2695）、❍（亞叔之仲子平钟·春秋晚期·集成01.172）、❍（春秋·国差𫊻·集成16.10361）。楚文字中的酉在❍、❍的基础上进一步省讹，酉的下部遂成目形部件。

　　楚文字中重可以写作❍（郭·成10）、❍（郭·唐19）。由上述形体来看，重字中间所从的部件也演变成了目形部件。重在甲骨文中写作❍（合39465）、❍（合17950）、❍（合17949）等形。金文写作❍

---

① 宋华强：《新蔡葛陵楚简初探》，武汉大学出版社2010年版，第388页。

(重鼎·商·集成 03.1003)、🜚（安邑下官壶·战国晚期·集成 15.9707)、🜚（宜安戈·战国·文物 96.4) 等形。关于重字的构形，学者们的意见历来不统一。有学者认为重字是从人背负束囊，以此会意；有学者认为甲骨文中无重字，但是从量字来看是在东字的基础上加一横画，作为指示字的标志，以别于东，而仍以东字为声符。[①] 在文字的演变过程当中，人形和东形逐渐结合在一起。战国楚文字中重字中间的田形部件逐渐讹变为目形，遂有了🜚（郭·成 10)、🜚（郭·唐 19) 这种形体。

楚文字中贝一般写作🜚（包 274)、🜚（上博四·逸 4)、🜚（曾 80) 等形。由上述形体来看，贝字上部类似目形。但是，所从目形和目字差异明显，即没有尖角。贝字甲骨时期就已出现，一般写作🜚（合 20576 正)、🜚（合 19895)、🜚（合 11428) 等形，是象形字。金文传承甲骨时期的写法，但略有变化。西周金文中的贝一般写作🜚（献侯鼎·西周早期·集成 05.2626)、🜚（剌鼎·西周中期·集成 05.2776)、🜚（六年琱生簋·西周中期·集成 08.4293) 等形。楚简文字中，贝字上部所从线条更加流畅，讹变成目形部件。楚文字中一些从贝的字，贝旁下部笔画往往被省略。例如，楚文字中㝵（㝵）一般写作🜚（包 6)、🜚（上博一·缁 10)、🜚（上博三·周 53) 等形。由上述形体来看，㝵（㝵）上部所从的贝已经被简省成目形，但是目形下部仍保留一笔画作为区别标志。楚文字中的㝵（㝵）有时候则连这一区别特征也被省略，写作🜚（上博二·民 13)、🜚（上博五·竞 8)。关于楚文字中贝、目的区别，苏建洲认为"目"字上尖，"贝"字上圆平，两者区别甚严。在文字的考释过程当中，如果对目和贝字省写稍不注意就有可能发生误释，如🜚（望一 7)。整理者将其隶定为㮌，认为㮌家是一种蓍草的名称。[②] 袁国华将其改释为相。[③] 楚文字

[①] 季旭升：《说文新证》，福建人民出版社 2010 年版，第 680 页。

[②] 湖北省文物考古研究所、北京大学中文系：《望山楚简》，中华书局 1995 年版，第 89 页。

[③] 袁国华：《〈包山楚简〉文字考释》，第二届国际中国古文字学会研讨会论文，1993 年，第 425—444 页。

第十章　楚文字中的目形部件及相关字　279

中相字有时候可以添加又形，写作🗚（包149）、🗚（郭·穷6）、🗚（上博五·弟18）。如果对楚文字中的目和贝省形不加以区分，那么就很容易将其误释为㮇。

上博六《天子建州》甲、乙两本中有一字，字形分别写作🗚（上博六·天甲6）、🗚（上博六·天乙5），相关词例为"日月得其辅，△之以玉斗"。上博简整理者将其隶定为根，释为根基、本源。① 苏建洲在肯定整理者释为根的基础上对字形作了进一步说明，认为🗚中的止旁是由人形演变而来。② 范常喜认为🗚是相之繁构，可隶定为椢。范常喜认为🗚所从的止形是在🗚这种形体的基础上演变而来的，并以楚文字中的"作"相关形体作为例证。范常喜认为"日月得其辅，相之以玉斗"的意思是"以日月为辅，以玉斗为相"。③ 楚文字中艮一般写作🗚（上博三·周48）、🗚（上博三·周49），🗚所从的之形的确可能如同苏建洲所言是由"反人"演变而来。但是楚文字中的{根}曾多次出现，一般是用堇来记录的。例如：天道云云，各复其堇（根）（郭·老甲24）；如械柞无堇（根）（清华一·程6）；既本既堇（根），奚后之奚先（上博七·凡甲1）? 郭永秉认为除了战国秦文字以外，其他古文字未见根字，堇有可能就是根的本字。④ 因此，有关🗚（上博六·天甲6）、🗚（上博六·天乙5）字的构形问题仍待进一步的讨论。

楚文字中实一般写作🗚（郭·忠8）、🗚（郭·六27）、🗚（上博五·弟23）等形，西周、春秋时期金文写作🗚（胡簋·西周晚期·集成08.4317）、🗚（散氏盘·西周晚期·集成16.10176）、🗚（国差𦉢·春秋·集成16.10361）等形。实小篆写作🗚，《说文》："富也。从宀从贯。贯，货贝也。"有学者认为散氏盘中的实字最接近初文，

---

① 马承源主编：《上海博物馆藏战国楚竹书（六）》，上海古籍出版社2007年版，第318页。
② 苏建洲：《〈读上博六·天子建州〉笔记》，2007年7月，简帛网（http://www.bsm.org.cn）。
③ 范常喜：《读〈上博六〉札记六则》，2007年7月，简帛网（http://www.bsm.org.cn）。
④ 郭永秉《上博简〈容成氏〉所记桀纣故事考释两篇》，《简帛》2010年第5辑。

字本为象意，取意与宝之初文近似而写词有别，宝之象意初文像屋内有贝、玉之属。实字则像屋内有贝及雕琢之玉，▨即▨（周），▨即琱之象文，像雕琢之玉。屋内充满玉、贝之属，故富贯之意也。① 由金文来看，实字贝旁上部并非从目形，战国楚文字中由于受到贝形影响类化成类似目形。秦文字中实字写作▨（睡·日乙37）、▨（睡·律124）、▨（睡·答210）等形。由上述形体来看，秦文字中实字贝上部所从逐渐演变为毌形，遂为后世所本。

八 ▨及相关诸字

上博简中有一▨（上博二·容37）字，相关简文为"于是乎又、喑、聋、跛、▨、瘻、寐、偻始起"。由具体简文来看，▨和喑、聋、跛、瘻等字连用，表明▨所表达的也是一类和残疾相关或相近的名称。但是，目前学界对此字的认识并不统一。从形体上来看，▨和楚文字中的目有一定的相似性，但绝非目字。楚文字中标准的目字一般写作▨（郭·语一50）、▨（郭·性43）、▨（上博二·民6）、▨（上博五·鬼5）、▨（清华二·系137）、▨（清华三·芮4）等形。有时候由于受到其他系文字的影响，可以写作▨（上博一·缁19）、▨（郭·唐26）。从▨（上博二·容37）的形体来看，虽然它有一个明显的尖角。但是，它的内部结构和上举两类目字的写法都存在明显的差异。因此，在本书的写作过程当中，我们把▨当作目形部件来处理。为了行文方便，下文将以 X 代替▨。

楚文字中还有一些与 X 形体相似的部件，它们和木组合在一起形成了新的字。为行文方便，下文将以 Y 代替。现将相关字形及词例罗列如下：

1 ▨（邾并戈）② 2 ▨（信阳一·23）3 ▨（上博三·周15）4 ▨

---

① 张世超、孙凌安、金国泰、马如森：《金文形义通释》，中文出版社1996年版，第1836页。

② 图片采自刘彬徽、刘长武的《楚系金文汇编》。刘彬徽、刘长武：《楚系金文汇编》，湖北教育出版社2009年版，第473页。

（上博五·三19）5 ▦（清华三·祝2）

1 洀（兹）并（方）▦之造戈。2 州，昊昊▦有胥日。3 上六：▦豫，成有渝，无咎。4 毋曰：▦上天有下政，昼▢。5 诣五夷，绝明▦，兹我赢。

从近几年的研究成果来看，将 Y3、Y4、Y5 读为冥，已经得到了学界的普遍认同。从相关简文来看，将 Y3、Y4、Y5 读为冥，文通字顺，没有什么问题。从 Y2 的相关用法来看，和 Y4、Y5 一样，皆为重文，且将其读为冥，在简文中也可读通。因此，将 Y2 读为冥，也没有什么问题。至于 Y1，则由于受到相关词例限制，很难确定究竟代表的是什么词。

从 Y 的相关形体来看，字形较为丰富。从整体来看，除了 Y1 以外，其他诸例上部所从部件明显带有一个尖角。因此，Y1 和其他诸例是否为一字值得商榷。但是，如果 Y1 的确和其他诸例为一字，那么 Y1 没有尖角的原因也可以得到合理的解释。从 Y1 的材质来看属于铜器，在铜器上刻画这种尖角较为不易。在这种情况下，尖角很可能就会被圆转的笔画所取代。由于 Y1 具体词例不明，所以在本书的写作过程当中，我们只简单介绍一下学界有关该字的研究情况，并不会对其展开深入的探讨。从 Y 的相关形体来看，▦（清华三·祝2）上部所从部件的写法较为特别。通过▦和其他形体的比较，我们不难发现▦中间所从的竖笔被有意歪写。书手之所以这样书写，很可能在于刻意将▦中间所从之竖笔和木所从之竖笔错开，以表明▦是由▦和木两个部件所构成的。因此，有关 Y 的字形结构可以分析为▦和木两个部件。只是书手在书写过程当中，为了书写的方便将▦所从之竖笔和木所从之竖笔发生了借笔。在研究过程当中，大家往往将 Y3 和 X 相联系，认为 Y3 上部所从和 X 为一字。由此，Y 和 X 在形体方面得以建立起一定的联系。我们认为将 X 和 Y 相联系，是可取的（详细情况，我们下文再说。此外，楚文字中还有▦（上博五·三德1）这样一个字，左部所从之部件和 X、Y 也可以建立起一定的联系。）

在楚文字中，Y 又可以作为二级构字部件和其他部件组成新的字。Y 可以和邑结合在一起组成新的字，如鄝䣄磝敔▦君（包143）、黄●豻驭❐君之一乘畋车（曾乙65）、❐君之畋车，丽两黄（曾201）。Y也可以和衣、糹结合在一起组成新的字，例如：□轩❐索綌之里□（天策）；绢緅联縢之❐，丹緅之里，丹厚緅之纯（望二2）；一桯，一霄，约❐，纺屋，绝垄，柱易马，禺纯，虎□（望二15）。Y也可以和网形部件组合在一起，组成新的字，例如："监川之都，❐涧之邑，百乘之家，十室之❐，宫室污池，各慎其度，毋失其道"。（上博五·三12）

  楚文字中 X 究竟为何字？X 的构形为何？Y 上部所从之部件和 X 究竟是什么关系？从目前的研究成果来看，这些问题都没有得到彻底的解决。大家往往对此也是众说纷纭，莫衷一是。下面，我们在学界相关研究成果基础之上，谈谈我们对这些问题的一些看法。在展开讨论之前，为了从整体上把握学界对该问题的一些认识，我们首先对已有的相关研究成果进行一下介绍。

  关于 Y1 的考释，孙稚雏认为应该释为果，果为人名。① 何琳仪改释为杲，杲为人名，杲所从日旁较为特殊，可以和❐（信阳一·23）相互参照。② 李守奎将其放在果字头下。③ 刘彬徽、刘长武认为是杲字。由上述各位学者的观点来看，❐主要有释果、杲两种意见。关于这两种释读意见所存在的问题，有学者早已指出。例如，王辉认为楚文字中果写作❐（郭·老甲7）、❐（郭·五34），所以孙说不可信。④ 至于释杲说，张崇礼认为也是难以成立的。⑤

---

① 孙稚雏：《邲并果戈铭释文》，《古文字研究》1982 年第 7 辑。
② 何琳仪：《新蔡竹简地名偶释——兼释次井戈》，《中国历史文物》2003 年第 6 期。按：何琳仪在《战国古文字典》中已经将邲并戈、❐（信阳一·23）放在杲字头下。何琳仪：《战国古文字典》，中华书局 1998 年版，第 297 页。
③ 李守奎：《楚文字编》，华东师范大学出版社 2003 年版，第 245 页。
④ 王辉：《楚文字柬释二则》，《高山鼓乘集——王辉学术文存二》，中华书局 2008 年版，第 237—241 页。
⑤ 张崇礼：《释楚文字中的"冥"》，2012 年 4 月，复旦大学出土文献与古文字研究中心网站（http://www.gwz.fudan.edu.cn）。

第十章　楚文字中的目形部件及相关字　283

关于 Y2 的考释，刘雨认为是杲。① 汤余惠将其放在附录里面②，何琳仪将其放在杲字头下面③。李零认为是冥字，像果实在树上，应即榠的本字，楚简多用为冥。④

关于 Y3 的考释，上博简整理者将其隶定为杲，认为可能就是《说文》中的杲。《说文·木部》："杲，明也，从日在木上。"马王堆汉墓帛书《周易》、今本《周易》均作"冥"，则日当在木下，为"杳"字。《说文·木部》："杳，冥也，从日在木下。"疑"冥"当读为"明"，如此则与简文合。⑤ 由此来看，上博简整理者对 Y3 的考释并不明确，释为杲、杳二字皆有可能。徐在国将其分析为从木冥声，释为榠。⑥ 廖名春认为 🔾 上部所从非日，怀疑和 🔾（上博二·容37）为一字。廖名春在刘钊将 🔾（上博二·容37）释为眇的基础上，认为 🔾 或可隶定为㮈。廖文在最后又加注按语指出李零很早就已经将包山简中的 🔾 字右部所从分析为从木冥声，释为榠。廖名春认为徐在国、李零将 🔾 分析为从木冥声，释为榠的观点颇具卓识。⑦ 陈伟一方面赞同李零将 🔾 分析为从木冥声，释为榠的观点；另一方面认为可能是某字异体字，并引用 🔾（包 12）、🔾（包 13）、🔾（包 255）等字作为旁证。陈伟认为 🔾 在竹书本《周易》中读为"晦"，与"冥"字词义相同。⑧ 黄德宽认为 🔾 可能是杳字异文，是用涂黑方式而造出的一个异体字。黄德宽在文章后面也是很谨慎地提到，"楚简中从 C⑨ 的

---

① 刘雨：《信阳楚简释文与考释》，河南省文化研究所：《信阳楚墓》，文物出版社1986年版，第125页。

② 汤余惠：《战国文字编》，福建人民出版社2000年版，第1056页。

③ 何琳仪：《战国古文字典》，中华书局1998年版，第297页。

④ 李零：《长台关楚简〈申徒狄〉研究》，载《简帛古书与学术源流》，三联书店2007年版，第197页。

⑤ 马承源主编：《上海博物馆藏战国楚竹书（三）》，上海古籍出版社2003年版，第158页。

⑥ 徐在国：《上博竹书（三）〈周易〉释文补正》，2004年4月，简帛研究网（http://www.jianbo.org/ADMIN3/HTML/xuzaiguo04）。

⑦ 廖名春：《楚简〈周易·豫〉卦再释》，《出土文献研究》1999年第5辑。

⑧ 陈伟：《楚竹书〈周易〉文字试释》，2004年4月，简帛研究网（http://www.bamboosilk.org/admin3/list.asp?id=1143）。

⑨ 按：C 即 🔾（㫑并戈）、🔾（信阳一·23）等上部未涂黑之字。

另外三个字到底如何解释还难以确定，这关系到整篇文章观点是否成立，尚需进一步研究"①。

陈伟认为❋是某字异体，在竹书本《周易》中读为"晦"，与"冥"字词义相同。陈伟的这种观点对于讲解简文来说，可以说是文通字顺，但是在字形解释方面则尚有可商之处。陈伟在论证过程当中以❋（包12）、❋（包13）、❋（包255）等字作为旁证，从上述三例形体来看上部明显从口，而❋（上博三·周15）、❋（沇并戈）、❋（信阳23）等字上部所从明显非口。❋、❋、❋等字上部所从是一环形，且有些形体呈现出明显的尖角形。就目前所见的大量楚文字来看，楚文字中的口和圆圈具有一定的区别特征，两者混用的情况极为少见。例如，楚文字中的足、疋。楚文字中，足一般写作❋（包112）、❋（包167）、❋（郭·老丙1）、❋（郭·成13）等形；疋一般写作❋（包36）、❋（包84）、❋（郭·五43）等形。因此，我们认为陈伟将❋分析为某字异体的可能性不是很大。

黄德宽认为❋可能是杳字异文。但是，正如黄德宽自己所言，该结论是建立在❋（沇并戈）为杲的基础上。上文当中已经说过，❋（沇并戈）字的具体词例难以确定，因此❋和其他诸例是否为一字难以确定。❋（沇并戈）上部所从之部件和日也存在一定的差异，很可能是由于受到特殊材质的限制，遂导致没有尖角。因此，黄德宽的这种说法可信度也不大。

关于Y4的考释，整理者将其隶定为杲，读为冥冥。② 从具体简文来看，将Y4释为冥没有什么问题。但是，将Y4隶定为杲，则忽略了上部所从部件有尖角这一特征。

关于Y5的考释，整理者直接将其释为冥，但认为字形暂不能

---

① 黄德宽：《楚简周易❋字说》，《新出楚简文字考》，安徽大学出版社2007年版，第193—201页。
② 马承源主编：《上海博物馆藏战国楚竹书（五）》，上海古籍出版社2005年版，第302页。

第十章 楚文字中的目形部件及相关字　285

分析。①

关于❍（包143）、❍（曾65）、❍（曾201）三字的考释。包山简整理者将其转写为❍，没有作出解释。② 滕壬生将其放在郳字头下③，李零认为字作❍，所从❍乃"楳"字。"楳"即"楳櫨"之"楳"，见《玉篇》、《广韵》、《集韵》。楳櫨是木瓜类植物（参见《本草纲目》）。其字正像瓜在木上。④ 何琳仪认为可以和曾侯乙65、201简中的"楳（❍）君"互证，在以后编写的《战国古文字典》中也是将其放在郳字头下，分析为从邑柤声。⑤ 刘信芳将其与曾侯乙简中的相关诸字一起考虑，也认为应该分析为从邑柤声，读为"杞"。⑥ 李运富认为❍字所从乃叶字异体。⑦ 从❍（包143）、❍（曾65）、❍（曾201）形体来看，和目并不相同。楚文字中目一般写作❍（上博五·三16）、❍（上博五·鬼1）、❍（清华三·芮11）等形。上文中已经说过，楚文字中的Y上部所从部件呈现明显的尖角。曾侯乙简中的❍（曾65）、❍（曾201）右上所从部件写法夸张（由❍所从之邑旁写法可证），遂导致尖角部分变形。但是，从❍（曾65）、❍（曾201）右上部所从部件来看，和楚文字中的目差异仍然明显，两者只是形近关系。因此，将❍（包143）、❍（曾65）、❍（曾201）隶定为郳不可信。此外，李运富认为❍字所从乃叶字异体的观点，结合楚文字中Y的相关形体来看，可信度也不是很大。

关于❍（天策）的考释，滕壬生将其放在里字头下，但是在以后修订的《楚系简帛文字编》中里字头下并未见到❍字，可见滕壬生已

---

① 清华大学出土文献研究与保护中心：《清华大学藏战国竹简（叁）》，中西书局2012年版，第165页。
② 湖北省荆沙铁路考古队：《包山楚简》，文物出版社1991年版，第27页。
③ 滕壬生：《楚系简帛文字编》，湖北教育出版社1995年版，第550页。按：滕壬生这种处理方式可能受到曾侯乙简释文的影响。裘锡圭、李家浩将曾侯乙简中的相关字隶定为郳。湖北省博物馆：《曾侯乙墓》，文物出版社1989年版，第518页。
④ 李零：《读〈楚系简帛文字编〉》，《出土文献研究》1999年第5辑。
⑤ 何琳仪：《包山楚简选释》，《江汉考古》1993年第4期；《战国古文字典》，中华书局1998年版，第59页。
⑥ 刘信芳：《包山楚简解诂》，艺文印书馆2003年版，第142页。
⑦ 李运富：《楚国简帛文字构形系统研究》，岳麓书社1997年版，第121页。

经认识到将⿱衣果释为果有不妥之处。①李零认为应该分析为从衣从果，释为裸。②关于♣字的考释，望山简整理者将其转写为綐，并结合曾侯乙墓简中的相关字进行了说明。③滕壬生将其放在緤字头下④，李零认为应释为緤⑤。将⿱衣果（天策）释为果，在字形方面说不过去，这种说法就连滕壬生自己也放弃了。关于将♣释为緤的问题，上文中已经说过，其所从部件和目只是形体相近。因此，将♣释为緤并不可信。

关于♦（上博五·三12）字的考释，整理者将其隶定为罠，从网从果。果见于上博楚竹书《周易·豫卦》上六，今本作冥，疑即古书楸字（楸是木瓜）。这里疑读为凭。⑥王辉将其隶定为罬，《玉篇》中有罬字，罠、罬读音相近，玄与县通。因此，王辉将♦读为县。⑦王晨曦在学界将果释为冥的基础上，认为♦当读为密，冥是明纽耕部字，密是明纽质部字。冥、密读音辗转可通。密有靠近之意，多与迩近义连用。♦涧之邑就是靠近山涧的城邑。⑧从相关简文"监川之都，♦涧之邑，百乘之家，十室之♣，宫室污池，各慎其度，毋失其道"来看，♦字的具体用法似乎可以和临相呼应。王辉将♦隶定为罬读为悬，在简文理解方面有一定的道理，但是也存在一定的问题（详见下文）。

通过上文的陈述，我们不难发现楚文字中一部分Y可以读为冥，一部分则由于受到相关简文的限制用法不明。虽然一部分Y可以读为

---

① 滕壬生：《楚系简帛文字编》，湖北教育出版社1995年版，第684页；《楚系简帛文字编》（修订本），湖北教育出版社2008年版，第769页。
② 李零：《读〈楚系简帛文字编〉》，《出土文献研究》1999年第5辑。
③ 湖北省文物考古研究所、北京大学中文系：《望山楚简》，中华书局1995年版，第116页。
④ 滕壬生：《楚系简帛文字编》，湖北教育出版社1995年版，第936页。
⑤ 李零：《读〈楚系简帛文字编〉》，《出土文献研究》1999年第5辑。
⑥ 马承源主编：《上海博物馆藏战国楚竹书（五）》，上海古籍出版社2005年版，第296页。
⑦ 王辉：《楚文字柬释二则》，《高山鼓乘集——王辉学术文存二》，中华书局2008年版，第237—241页。
⑧ 王晨曦：《上海博物馆藏战国竹书〈三德〉研究》，硕士学位论文，复旦大学，2008年，第72页。

冥，但是关于构形问题则一直没有得到很好的解释。

在字形方面，王辉曾提出一种较为新颖的意见，即⊙为玄字之省。㮇是一个从木玄声的字。① 楚文字中的玄字较为常见，一般可以写作🜄（包67）、🜄（郭·老甲8）、🜄（郭·老甲28）、🜄（上博二·子12）、🜄（上博五·季21）等形。由上述形体来看，楚文字中的玄主要有两种写法，即中间有无竖笔的差别，两种写法的玄字起笔和收笔都呈现出明显的尖角。单从玄字形体来看，它可以和㮇（信阳一·23）、㮇（上博三·周15）、㮇（上博五·三19）、㮇（清华三·祝2）等字上部所从部件存在一定的对应关系。可能也正是这种原因，王辉认为⊙是玄的省写，㮇（信阳一·23）、㮇（上博三·周15）、㮇（上博五·三19）、㮇（清华三·祝2）等字可以分析为从木玄声。

王辉的说法具有一定的道理。上文已经说过，楚文字中的玄可以按照中间有无竖笔分为两种。因此，㮇（信阳一·23）、㮇（上博三·周15）、㮇（上博五·三19）、㮇（清华三·祝2）等字可以看作是从木玄省声的字，上部所从的竖笔既可以看作是玄字省体中的竖笔和木上部笔画发生借笔现象，又可以看作是那种不带竖笔的玄和木发生套用现象。由㮇（清华三·祝2）来看，上部⊙中所从的竖笔明显发生了倾斜现象，这也许是书手为了明确上部所从中间为竖笔故意而为之。由此来看，㮇（信阳一·23）、㮇（上博三·周15）、㮇（上博五·三19）、㮇（清华三·祝2）字的构形当属于前一类情况。

从㮇（信阳一·23）、㮇（上博三·周15）、㮇（上博五·三19）、㮇（清华三·祝2）等字的相关词例来看，读为冥都是文通字顺。王辉认为玄是匣纽真部字，冥是明纽耕部字，真、耕通转，玄、冥可以通用。真、耕两个韵部音近，两者可以相通。楚文字中明纽和匣纽关系也较为密切，例如楚文字中有一部分厚字写作㮇，当分析为从石毛声。（按：楚文字中一些可以读为厚的字，下部形体变化多端，有时候像毛、戈、倒矢之形，李守奎认为楚简"厚"字下面所从的¥及各

---

① 王辉：《楚文字柬释二则》，《高山鼓乘集——王辉学术文存二》，中华书局2008年版，第237—241页。

种变形，当即"亶"字的省形。①）从玄、冥二字的相关词义来看，两者也有重合之处。《说文》："冥，幽也。从日从六，冖声。日数十。十六日而月始亏幽也。凡冥之属皆从冥。""玄，幽远也。黑而有赤色者为玄。象幽而入覆之也。凡玄之属皆从玄。丮，古文玄。"从相关典籍来看，冥有昏暗、夜晚、幽深之意。如《诗·小雅·斯干》："哙哙其正，哕哕其冥。"《鹦鹉赋》："言无往而不复，似探幽而测冥。"玄也有黑、幽远之意。如《诗·豳风·七月》："载玄载黄，我朱孔阳。"毛传："玄，黑而有赤也。"《庄子·天地》："玄古之君天下，无为也，天德而已矣。"

通过上文的分析，我们可以看出将楚文字中 🅐（信阳一·23）、🅑（上博三·周15）、🅒（上博五·三19）、🅓（清华三·祝2）等字分析为从木玄省声无论是从字形结构还是相关用法来看都可以讲通。但是，我们也应该注意到 🅐 字已经出现多次，且参与构形的字也不在少数，均未出现玄字不省的情况。同时，就目前所见的大量出土楚文字来看，玄作此种省略的情况也并未出现。此外，🅑（上博三·周15）上部所从的肥笔应该如何解释？王辉认为只是由于当时书手下手较重，偶然而为之。这种解释恐怕并不可信，楚文字中的肥笔、填实等现象皆有一定特殊含义（详见下文）。鉴于上述情况的存在，我们对玄省声的看法持一种保守的态度。🅐 等字所从或许并非玄字省写，而是一个与玄省形体相似，与冥音或者义相近的一个字。（在楚文字中有种弦字写法较为奇特，字见 🅔（上博五·三1），从形体来看所从的两个部件呈现明显的尖角。古文字中的弦或从"纟"旁或写作"幺"，如（上博六·用曰12）弦字写作 🅕。②）

其实，类似 🅐（信阳一·23）、🅑（上博三·周15）、🅒（上博五·三19）、🅓（清华三·祝2）上部所从的部件，楚文字中并不少见，例如夬字所从。楚文字中的夬，无论是作为单字还是构字部件都

---

① 李守奎：《楚简文字四考》，《中国文字研究》2002年第3辑。
② 关于古文字中弦的相关问题，可以参阅单育辰《楚地战国简帛与传世文献对读之研究》，博士学位论文，吉林大学，2009年，第98页。

第十章　楚文字中的目形部件及相关字　289

较为常见，一般写作如下之形：

夬：⿻（包260）。

快：⿻（包82）、⿻（包172）、⿻（包190）、⿻（郭·尊35）、⿻（郭·语一·107）。

翠：⿻（包49）、⿻（包138）、⿻（包194）、⿻（包150）。

决：⿻（上博二·容24）

鼓：⿻（包74）。

由上述夬字及夬旁来看，楚文字中的夬主要有两种写法，即⿻（包260）、⿻（包82），两种写法主要差异在于有尖和无尖。

在以往的研究过程当中，已经有学者指出应该将⿻（上博三·周15）和⿻（上博二·容37）放在一起考虑，这种看法得到了相当一部分学者的认同。下面，我们谈谈两者之间究竟有无联系。

关于⿻字的考释问题历来众说纷纭，莫衷一是。整理者认为从位置来看，似相当上文"罣"字，但字形难以隶定，也可能是写坏的字。[①] 何琳仪认为⿻以黑白相间表示迷惑之意，疑为"幻"之异体。何琳仪认为幻字古文⿻、⿻与⿻近似，"幻"通作"眩"，简文"幻"（眩）应指神经系统的疾病。[②] 刘钊认为⿻是个会意字，即"眇"字的本字，本就像"目"，一边明亮一边暗昧形，"眇"则为后起的形声字。"眇"本义为"一目小"或"一目失明"，一目失明则自然比正常之目要小。刘钊在论证过程中援引了一些典籍，典籍中有眇、跛、聋等疾病共现的情况。由于刘说在字形方面具有一定的可信性，将⿻释眇不仅可以读通简文，而且又有相关典籍为佐证，所以刘说多为学者们从之。[③] 徐在国认为⿻与⿻（上博三·周15）上部所从一样，当释为冥字。⿻（上博三·周15）字马王堆汉墓帛书、今本均写作

---

① 马承源主编：《上海博物馆藏战国楚竹书（二）》，上海古籍出版社2002年版，第279页。
② 何琳仪：《第二批沪简选释》，《学术界》2003年总第98期。
③ 刘钊：《容成氏释读一则》（二），2003年4月，简帛研究网（http://www.bsm.org.cn/show_article.php?id=278）。

冥，因此徐在国将🆎分析为从木冥声。① 刘信芳认为🔲字黑的这一半并未完全涂黑，而是在黑的这一半的中间有一竖笔，明显是"月"形。刘信芳将🔲摹写作🔲，认为🔲可能是昌字，读为张。② 黄德宽认为徐在国将🆎、🔲放在一起考虑是很合理的，认为🆎可能就是杳字异文，🔲可能是🆎的省文，读为眇。③ 范常喜认为🔲（上博五·三德1）从月冥声当即瞑字之异体。范常喜认为🔲与🔲相较，差别主要在于前者中竖两边用了两个大黑竖点，书者未用两个竖划，显然是有意用点来填充之意。这两个黑竖点也是成为此字同上列战国文字中"目"字的主要区别。④ 关于🔲（上博五·三1）字的考释，历来众说纷纭，莫衷一是。刘洪涛提出了一种极有启发性的看法，认为🔲字从月从黑省声，"黑"、"晦"古音极密切，此字应即"晦"字异体。⑤ 🔲字在具体简文中的词例为"平旦毋哭，🔲毋歌，弦望斋宿，是谓顺天之常"。因此，将🔲读为晦在简文释读方面并没有什么问题。至此，不仅🆎（上博三·周15）和🔲（上博二·容37）两者之间可能存在关系，和🔲（上博五·三1）可能也存在一定的联系。因此，将🆎（上博三·周15）和🔲（上博二·容37）、🔲（上博五·三德1）放在一起考虑，或许会找到解决问题的方案。

楚文字中这种笔画填实现象往往表示一些特定的含义，比如🔲。楚文字中以🔲为构字部件的字较为常见，如🔲（郭·尊17）、🔲（上博五·君10）、🔲（上博三·周40）、🔲（上博三·周2）等。关于🔲字的构形问题，黄锡全曾有讨论。黄锡全怀疑🔲当是藏匿之匿的专字或

---

① 徐在国：《上博竹书（三）〈周易〉释补正》，2004年4月，简帛研究网（http://www.jianbo.org/ADMIN3/HTML/xuzaiguo04.htm）。
② 刘信芳：《楚简〈容成氏〉官废疾者文字丛考》，《古文字研究》2004年第25辑。
③ 黄德宽：《楚简周易🆎字说》，《新出楚简文字考》，安徽大学出版社2007年版，第193—201页。
④ 范常喜：《试说〈上博五·三德〉简1中的"瞑"——兼谈楚简中的相关诸字》，2006年3月，简帛网（http://www.bsm.org.cn/show_article.php?id=278）。
⑤ 刘说见程少轩《读北大简〈周训〉首简小札》注3。程少轩：《读北大简〈周训〉首简小札》，2010年7月，复旦大学出土文献与古文字研究中心网站（http://www.gwz.fudan.edu.cn/SrcShow.asp?Src_ID=1226）。

第十章　楚文字中的目形部件及相关字　291

者古体，后来根据🅰（上博三·周40）认为匚是尼的省形。① 宋华强在黄锡全观点的基础上进行了一定的补充、论证。宋华强认为匚字构形之意与"匚"字类似，像曲框中有物藏匿，所以匚更可能是战国时期楚人为藏匿之匿造的表义专字。② 上博简中有一🅰（上博二·民8）字，整理者将其隶定为迊，读为迟，并且引用楚文字中的相关尼字加以论证。③ 有学者认为🅰当分析为辵从耳，隶定为迌。④ 黄德宽认为匚与耳字形区分明确，匚可能是匿的省写（加点以表示）。⑤ 综合各家的观点，匚可能就是为藏匿之匿造的表义专字，加黑点就是为了突出藏匿之意。🅰（郭·尊17）和🅰（上博二·民8）当为一字，后者所添加的指示符号不是黑点而是一斜笔且居下方。楚文字中这种通过笔画填实的方式表达意义的现象又可参照巳旁，如🅰（上博二·容49）、🅰（上博五·季18）、🅰（清华二·系102）。⑥ ［按：🅰（上博一·缁衣10）所从之巳当为讹形，郭店本此字写作🅰。邹浚智认为🅰是在🅰的基础上省略又，右上部件墨笔拉长而形成的。⑦］

在上文当中，我们已经说过将🅰（上博三·周15）和🅰（上博二·容37）、🅰（上博五·三德1）放在一起考虑，或许会找到解决问题的方案。此外，楚文字中的肥笔或者文字填实现象，皆有一定的特殊含义。关于🅰（上博五·三1）字的考释，刘洪涛认为🅰从月从黑

---

① 黄锡全：《读上博楚竹书（三）札记六则》，2004年4月，简帛研究网站（http：//www. jianbo. org/admin3/html/huangxiquan01. htm）。
② 宋华强：《郭店简拾遗（二则）》，2004年6月，简帛网（http：//www. bamboosilk. org/）。
③ 马承源主编：《上海博物馆藏战国楚竹书（二）》，上海古籍出版社2002年版，第165页。
④ 季旭升主编：《上海博物馆藏战国楚竹书（二）读本》，万卷楼图书股份有限公司2003年版，第12页。
⑤ 黄德宽：《〈战国楚竹书〉（二）释文补证》，载《新出楚简文字研究》，安徽大学出版社2007年版，第143—154页。
⑥ 陈剑曾就古文字中的相关字展开讨论。陈剑：《释〈忠信之道〉的"配"字》，2008年2月，复旦大学出土文献与古文字研究中心网站（http：//www. gwz. fudan. edu. cn/SrcShow. asp？Src_ID=343）。
⑦ 季旭升：《上海博物馆藏战国楚竹书（一）读本》，北京大学出版社2009年版，第118页。

省声。综合考虑之后，我们认为刘洪涛的观点基本可信，且本书中所讨论的 X、Y 皆与黑有关。为了方便问题的讨论，我们首先将古文字中黑字的相关情况作一大致的介绍。

黑字见于《说文》，小篆写作🀰。《说文》：" 黑：火所熏之色也。从炎，上出囱。囱，古窻字。凡黑之属皆从黑。" 从黑字的早期写法来看，黑字并非从囱。黑字出现时间较早，甲骨时期就已经出现。甲骨资料中黑字一般写作🀰（合 10182）、🀰（合 29516）、🀰（合 20305）、🀰（合 29544）等形。学界当中，有关黑字的构形认识并不统一。甲骨文中的🀰，以往有多种不同的解释，后来于省吾改释为黑，学界多从之。① 关于黑字的本义，历来存有争议，如黑乃火所熏之色、黔首黎民之像、墨刑之墨的初文。② 西周、春秋时期的黑字传承甲骨时期的写法，但是字形有所变化，如🀰（羣伯𣪘簋·西周早期·集成 08.4169）、🀰（铸子叔黑臣盨·春秋早期·集成 09.4570）、🀰（儠匜·集成 16.10285）、🀰（𤔔·焭伯鬲·集成 03.632）等。从上述形体来看，西周时期黑字在宁形首部中竖两边和大形外侧加装饰点划，遂为篆、隶黑字所本。③ 由🀰（铸子叔黑臣盨·集成 09.4570）来看，黑字上部所从已经讹变得和🀰（少虞剑·春秋晚期·集成 18.11696）所从同形了。由🀰（儠匜·集成 16.10285）、🀰（焭伯鬲·集成 03.632）二字所从的黑来看，黑旁仍保留了甲骨时期的写法。我们认为出现这种现象的原因可以用单字和构字偏旁发展的不一致性来解释，文字在发展的过程中有些构字偏旁和单字发展并不同步。④ 楼文字中黑字也较为常见，一般写作：🀰（曾 174）、🀰（上博五·鲍 3）、🀰（𤔔钟）、🀰（曾 164）、墨🀰（新蔡·零 213）、🀰（包 7）、🀰（包 192）、🀰（新蔡·乙四 149）等形。由上述形体来看，楚文字中的黑

---

① 有关🀰字的考释，可参阅于省吾主编《甲骨文字诂林》，中华书局 1996 年版，第 289—292 页。于省吾：《释黑》，《甲骨文字释林》，中华书局 2009 年版，第 227—230 页。
② 董莲池：《说文解字考证》，作家出版社 2005 年版，第 402 页。黄德宽主编：《古文字谱系疏证》，商务印书馆 2007 年版，第 15 页。
③ 黄德宽主编：《古文字谱系疏证》，商务印书馆 2007 年版，第 15 页。
④ 关于这种现象，李轶曾撰文讨论过。李轶：《文字与构字偏旁发展的不一致性与文字理据的丧失——以夕月肉偏旁的演变为例》，《中国文字研究》2012 年第 1 期。

字上部所从部件形体丰富，主要有以下几种讹变形体：⟨图⟩、⟨图⟩、⟨图⟩、⟨图⟩、⟨图⟩、⟨图⟩、⟨图⟩。其中，黑字上部所从之⟨图⟩形尤为重要，和⟨图⟩（上博五·三 1）字左部所从可以直接对应。

⟨图⟩（上博五·三 1）所从之⟨图⟩可以看作是黑字的截除式省略。从音韵学角度来看，黑是晓纽职部字，晦是晓纽之部字，两者可以通读。从⟨图⟩（上博二·容 37）形体来看，和⟨图⟩（上博五·三 1）所从之⟨图⟩也具有一定的联系。⟨图⟩（上博二·容 37）和⟨图⟩（上博五·三 1）所从之⟨图⟩相比，⟨图⟩左部空白。关于⟨图⟩（上博二·容 37）字的形体，或以为右部完全填实，或以为没有填实只是一竖笔。结合⟨图⟩（上博三·周 15）字来看，无论⟨图⟩（上博二·容 37）右部是完全填实还是一竖笔，都可能具有一定的特殊含义。张崇礼认为⟨图⟩（上博二·容 37）在具体简文中可读为瞑，晦、瞑音近义通①。但是从音韵学角度来看，黑是晓纽职部字，瞑是明纽耕部字，两者语音有间隔。在以往的研究过程当中，大家往往认为⟨图⟩（上博二·容 37）与眼疾有关，所以将其往瞑、眇等方面考虑。如果将⟨图⟩（上博二·容 37）看作与黑有关的字，那么很可能和古代的墨刑有关。学界中有关黑字的构形，一直存有争议，有一种说法即与墨刑有关②。金文资料中的⟨图⟩（儵匜·集成 16.10285）字，大家普遍认为是一个与墨刑有关的字。③ 从⟨图⟩（上博二·容 37）相关简文"于是乎又、喑、聋、跛、⟨图⟩、瘿、宎、僂始起"来看，它们所表达的都是残疾及相关的名称。如果一个人被施加墨刑之后，也就可以归为残疾之类了。《尚书·吕刑》："苗民弗用灵，制以刑，唯作五虐之刑曰法。杀戮无辜，爰始淫为劓、刖、椓、黥。"此处的黥即与墨刑有关，《说文》："黥：墨刑在面也。从黑京声。"从劓、刖、椓来看，结果都是致残的，黥与前三者并列出现，

---

① 张崇礼：《释楚文字中的"冥"》，2012 年 4 月，复旦大学出土文献与古文字研究中心网站（http：//www.gwz.fudan.edu.cn/SrcShow.asp?Src_ID=1848）。
② 董莲池：《说文解字考证》，作家出版社 2005 年版，第 402 页。黄德宽主编：《古文字谱系疏证证》，商务印书馆 2007 年版，第 15 页。
③ 关于甲骨、金文中与墨刑有关的字，请参阅周忠兵《从甲骨金文材料看商周时的墨刑》，《出土文献与古文字研究》2011 年第 4 辑。

294　楚文字形近、同形现象源流考

也有与之相似的性质。因此,将▲(上博二·容37)看作与墨刑有关的黥字,在简文中也是可以讲通的。

至于🐾(信阳一·23)、🐾(上博三·周15)、🐾(上博五·三19)、🐾(清华三·祝2)等字可以读为冥的问题,存在两种可能。首先,它们可以分析为从木▲声。▲(上博二·容37)即为黥而造的一个字。黥是群纽阳部字,冥是明纽耕部字,两者语音关系很近。耕、阳二部关系相近,可以通转。冥是唇音,黥是牙音,两者语音关系不远。从目前楚地出土材料来看,唇、牙有相谐之例①。因此,将▲(上博二·容37)释为黥,将Y看作从木黥声读为冥没有什么问题。其次,张崇礼曾依据《同源字典》认为:"冒"、"冥"为同源字,"冒"与"墨"为同源字。"冥"、"晦"和"黑"之间也可以建立起比较完整的证据链。②关于🐾(信阳一·23)、🐾(上博三·周15)、🐾(上博五·三19)、🐾(清华三·祝2)等字的来源问题,很可能来源于甲骨文中🐾(合29516)这类写法的黑字。关于甲骨材料中这类写法的黑字,丁省吾曾有所说明,请参看。③总之,无论是将🐾(信阳一·23)、🐾(上博三·周15)、🐾(上博五·三19)、🐾(清华三·祝2)等字分析为从木黥声,还是将其释为黑,皆可读为冥。

楚文字中的Y,往往表达的是冥这个词。楚文字中的一些从Y得声的字,皆可以看作从冥得声。从邑冥声的字可如学者们所言读为鄍、从衣冥声的字可读为禠,从纟冥声的字可读为幎。④至于🐾(上博五·三12)字的考释,可读为凭。上文已经说过,从简文"监川之都,🐾涧之邑,百乘之家,十室之🐾,宫室污汕,各慎其度,毋失其道"来看,🐾所表达的意思应该和监差不多。从音韵学角度来看,冥

---

① 刘波:《出土楚文献语音通转现象整理与研究》,博士学位论文,吉林大学,2013年,第229页。
② 张崇礼:《释楚文字中的"冥"》,2012年4月,复旦大学出土文献与古文字研究中心网站(http://www.gwz.fudan.edu.cn/SrcShow.asp?Src_ID=1848)。
③ 于省吾主编:《甲骨文字诂林》,中华书局1999年版,第0235条。
④ 详细情况可参阅张崇礼《释楚文字中的"冥"》,2012年4月,复旦大学出土文献与古文字研究中心网站(http://www.gwz.fudan.edu.cn/SrcShow.asp?Src_ID=1848)。

第十章　楚文字中的目形部件及相关字　295

是明纽耕部字，凭是并纽蒸部字，两者皆属于唇音。从楚地出土材料来看，耕、蒸二部可以通转。①

楚文字中的｛冥｝这个词都是用❋来表示的，那么古文字中的冥字究竟是什么时候产生的呢？冥字见于《说文》，小篆写作❋。《说文》："幽也。从日从六，冖声。日数十。十六日而月始亏幽也。凡冥之属皆从冥。"在《说文》中冥作为构字也较为常见，但是在先秦古文字中冥字并不多见。从《说文》有关冥字的解释来看，许慎是依据讹变了的小篆，牵强附会，其说并不可信。甲骨资料中有些字写作如下之形：❋（合454 正）、❋（合13943）、❋（合14049）。在以往的研究过程当中，大家往往将其释为冥②。关于其中所存在的问题，赵平安已经有所指明③。在包山简中有一些写为❋（255）、❋（255）、❋（256）、❋（256）、❋（256）等形的字，赵平安认为是冥字，后来李守奎进行了改释④。李守奎认为可隶作"罩"，释为"羃"。从相关字形和简文来看，当以李守奎的观点为是。侯马盟书中有一❋字，整理者将其作为不识字，李守奎认为是冥字。汉代文字中一些可以确释为冥的字，一般写作❋、❋、❋、❋等形⑤。诅楚文中有一❋字，学界一般也认为是冥字，且从文意来看读为"冥室"也是文通字顺。从侯马盟书和汉代文字中的冥字来看，下部所从和楚文字中的❋（信阳一·23）、❋（上博三·周15）、❋（上博五·三19）、❋（清华三·祝2）字一脉相承，所从之日旁很可能就是来源楚文字中象征人被施加墨刑的头部。冖是明纽锡部字，冥是明纽耕部字，因此后世文字中的冥字是追加了冖作为声符。至于后世文字中冥字所从之六，应该就是来源于战国楚文字、汉代文字中冥字所从的木形，也就是说后世文

---

① 关于耕、蒸二部通转问题，可参阅刘波《出土楚文献语音通转现象整理与研究》，博士学位论文，吉林大学，2013年，第154页。
② 详细情况请参阅于省吾主编《甲骨文字诂林》，中华书局1999年版，第2152条。
③ 赵平安：《从楚简"娩"的释读谈到甲骨文的"娩幼"——附释古文字中的"冥"》，《新出简帛与古文字古文献研究》，商务印书馆2009年版，第47—55页。
④ 李守奎：《释楚文字中的"羃"》，《出土文献》2012年第3辑。
⑤ 陈松长编著，郑曙斌、喻燕姣协编：《马王堆简帛文字编》，文物出版社2001年版，第279页。

字冥所从的六形为木形的讹变。战国时期秦文字中的六字一般写作 ☆ （睡·杂31）、☆ （睡·日甲115正）、☆ （放·日甲73）等形，和 ☒、☒、☒、☒所从之木旁很容易发生讹混。（从诅楚文中的☒来看，下部所从是一个正面的人形，和战国时期的楚文字冥从木不同。诅楚文冥字下部从正面人形，上部为象征一个人被施加黥刑的头部，最上面是追加的声符宀。☒字用正面人形的大字，这种字形结构要比楚文字中的冥字从木合理。因此，楚文字中冥字所从之木来源是什么？究竟在整个字形结构中扮演什么角色？和☒所从之大形有无关系？这些都需要进一步的讨论。此外，关于后世文字中冥所从之六形，也很有可能来源于☒所从之大形。）

第十一章 楚文字中的占形部件及相关字

楚文字中占字较为常见，一般写作占（包197）、占（上博二·从乙2）、占（清华一·程3）等形。古文字中占字出现时间较早，甲骨时期就已出现，一般写作占（合19886）、占（合20333）、占（合28170）、占（合7139）等形。战国秦汉文字中的占字本于此。① 楚文字中的占字有时候则在口形部件内添加一横笔为饰，如占（包201）、占（清华一·程2）。此外，楚文字中贞字有时候会讹变得和这种占形部件同形，如占（包201）。上述两种情况和本书所要讨论的占形部件并无联系，它们仅为同形关系。本书中所谓的占形部件主要是指妻、贵、弁、史、粤、巢等字所从的部件。

楚文字中占形部件较为常见，且形体极为丰富。在很多情况下，占形部件有为数不等的斜笔为饰，有时候则没有饰笔。有时候占形部件则发生一定的讹变，和古、由同形。由于这些占形部件形体多变，且有的占形部件来源不明。因此，在研究过程当中，大家对这些占形部件及相关诸字的认识并不一致。下面，我们就楚文字中的这些占形部件进行一番梳理。

第一节 楚文字中的妻字

楚文字中妻字较为常见，根据形体的不同，我们将其分为以下

---

① 季旭升：《说文新证》，福建人民出版社2008年版，第253页。

几类：

A：▲（郭·语一34）礼妻（齐）乐灵则戚。

B：1 ▲（包91）2 ▲（清华二·系5）3 ▲、▲（清华二·系23）4 ▲（清华二·系24）5 ▲（清华二·系27）6 ▲（清华二·系35）7 ▲（清华二·系74）8 ▲、▲（清华二·系78）9 ▲、▲（九店 M56·43）

1 瑤、敛与雁成，唯周贎之妻葬焉。2 周幽王取妻于西申，生平王。3 蔡哀侯取妻于陈，息侯亦取妻于陈是息妫。4 息妫乃入于蔡，蔡哀侯妻之。5 息侯之妻甚美，君必命见之。6 惠公焉以其子怀公为质于秦，秦穆公以其子妻之。7 陈公子征舒取妻于郑穆公。8 申公曰："是余受妻也。"取以为妻。9 某敢以其妻□妻女。

C：1 ▲（包97）2 ▲（上博五·姑9）3 ▲（清华三·赤2）4 ▲（清华一·皇10）5 ▲（九店 M56·41）

1 中阳古盘邑人沈繁以讼平阳之枸里人文适，以其夺妻。2 因之，告成家父缚长鱼矫，梏诸廷，与其妻，与其母。3 汤后妻纴荒谓小臣曰："尝我于尔羹。4 譬如梏夫之有媚妻，曰"余独服在寝"，以自露厥家。5 凡成日，利以娶妻，嫁女，冠。

D：1 ▲（九店 M56·13 下）2 ▲（九店 M56·17 下）3 ▲（九店 M56·21 下）4 ▲（九店 M56·29）5 ▲（郭·老甲18）6 ▲（郭·六德28）7 ▲、▲（郭·六德29）8 ▲（清华一·楚3）

1 大吉，利以娶妻。2 利以娶妻，入人。3 大吉，利以结言，娶妻，嫁子，入人，成言。4 利以为室家，祭，娶妻，嫁女，入货，古。5 道恒无名，朴虽妻（细），天地弗敢臣，侯王如能守之，万物将自宾。6 疏衰齐牡麻绖，为昆弟也，为妻亦然。7 为昆弟绝妻，不为妻绝昆弟。8 厥状聂耳，乃妻之，生佢叔、丽季。

妻字出现时间较早，甲骨时期就已经出现。甲骨文中妻字一般写作 ▲（合 691 正）、▲（合 18016）、▲（合 8350）等形，学界一般认为妻字从又，持女髮，会夺女为妻之意①。西周、春秋时期金文中的妻

---

① 何琳仪：《战国古文字典》，中华书局1998年版，第1266页。

第十一章　楚文字中的彐形部件及相关字　299

字传承甲骨时期的写法，字形稍有变化，手形和头发逐渐结合。《新金文编》中收有以下几例：▨（▨父丁罍·西周早期·集成15.9811）、▨（王妻簋·西周早期·新收696页）、▨（农卣·西周中期·集成10.5424）、▨（铸吊皮父簋·春秋早期·集成08.4127）、▨（淮伯鼎·西周中期·古二十四229页）。①

战国时期，妻字在继承商、西周时期文字风格的基础上发生了一定的讹变现象。何琳仪认为妻字上部逐渐声化为凷。妻，清纽；凷，精纽。精、清均属齿音，妻为凷之准声首。②季旭升认为又与女子髪形结合，再讹成农卣之甾形、楚文字之弁形。③战国时期楚文字中妻字的写法，上文当中我们已经有所列举，同时期的齐、三晋文字中妻字也发生了与之类似的演变现象。例如：齐系文字中，妻字写作▨（贾孙叔子犀盘·山东金文集成675页）；三晋文字中，妻字写作▨（陶汇7·19·4）。同一时期的战国秦文字中妻字则自成一系，呈现出与东土文字不同的演变系列。秦文字中妻字一般写作▨（睡·日乙86）、▨（睡·答14）、▨（睡·律142）等形。秦文字中这种写法的妻字为小篆所本，后世文字妻字来源于此。妻，小篆写作▨。《说文》认为："妻：妇与夫齐者也。从女从中从又。又，持事，妻职也。▨，古文妻。从𠚻，女。𠚻，古文贵字。"《说文》是依据已经讹变了的小篆作为字形依据进行解说，其说自然并不可信。上文中已经说过，妻字早期的构形是手持女子头发，反映出当时的抢婚制度。至于《说文》中妻字古文▨上部所从之𠚻，学界有不同的认识。在其他传世文献中也保存了一些与《说文》古文相近的形体，如《汗简》、《古文四声韵》收有▨▨▨等字形。关于这些妻字古文所从之𠚻，有学者认为即古文贵字④，也有学者指出其并非贵字，而是▨、▨部分所讹而成⑤。从上述楚、齐、三晋、秦文字中的妻字来看，秦系文字中妻字

---

① 董莲池：《新金文编》，作家出版社2011年版，第1640—1641页。
② 何琳仪：《战国古文字典》，中华书局1998年版，第1266页。
③ 季旭升：《说文新证》，福建人民出版社2008年版，第886页。
④ 请参阅丁福保《说文解字诂林》，中华书局2014年版，第12041—12043页。
⑤ 董莲池：《说文解字考证》，作家出版社2005年版，第487页。

自成一系，和东土文字不同。楚文字中妻字女旁上部所从是一个类似占形的部件，占所从口形部件有时候两边各有一对称的斜笔，两斜笔位置有时稍有不同，例如 ▓（包91）、▓（郭·语一34）。这种省略掉了斜笔的占形部件和楚文字中添加横笔为饰的占字同形，如▓（包217）。从古文字中妻、占演变过程来看，妻字所从部件和占渊源有自，两者在战国楚文字中逐渐同形。占是章纽侵部字，妻是清纽脂部字，两者语音关系甚远，不存在变形音化的可能性。李守奎认为妻字上部演变为"▓"可能是变形音化，"妻"、"贵"同在脂部。[①]

第二节　楚文字中的贵字

楚文字中贵字较为常见，根据形体的差异，我们将其分为以下几类：

A：1 ▓（郭·老甲29）2 ▓（郭·老乙5）3 ▓（郭·五35）4 ▓（上博四·曹24）5 ▓（上博五·弟6）

1 不可得而贵，亦不可得而贱。2 人宠辱若惊，贵大患若身。3 贵贵，其等尊贤，义也。4 凡贵人使处前位一行，后则见亡。5 富贵而不骄者，吾闻而未见也。

B：1 ▓（郭·老甲38）2 ▓（郭·尊14）3 ▓（郭·成16）4 ▓（信阳26）

1 金玉盈室莫能守也，贵富骄自遗咎也。2 教以辩说，则民慭陵长贵以妄。3 古君子不贵庶物，而贵民有同也。4 退器词而欲贵。

C：1 ▓（郭·缁20）2 ▓（郭·缁44）

1 子曰：大臣之不亲也，则忠敬不足，而富贵已过也。2 子曰：轻绝贫贱，而重绝富贵，则好仁不坚，恶恶不着也。

D：1 ▓（曾124）2 ▓（曾137）3 ▓（曾138）

1 乘马黄金贵。2 乘马黄金之贵。3 乘马黄金之贵。

楚文字中贵作为构字部件也较为常见，如 ▓（清华三·芮3）、

[①] 李守奎：《〈说文〉古文与楚文字互证三则》，《古文字研究》2002年第24辑。

第十章 楚文字中的🌀形部件及相关字　301

🌀（清华三·赤5）、🌀（包3）、🌀（包205）、🌀（包149）等。贵小篆写作🌀，《说文》："贵：物不贱也。从贝臾声。臾，古文蒉。"臾小篆写作🌀，《说文》："臾：束缚捽抴为臾。从申从乙。"蒉小篆写作🌀，《说文》："蒉：艸器也。从艸贵声。🌀，古文蒉。"遗小篆写作🌀，《说文》："遗：亡也。从辵贵声。"由《说文》中有关贵、遗的解释来看，比较难以理解。徐宝贵认为古文字中贵字有两种写法，较早出现于西周金文的，写作🌀、🌀等形。春秋、战国东土诸国写作🌀、🌀、🌀、🌀、🌀等形，西土秦系文字写作🌀、🌀等形。以上贵字所从的偏旁🌀、🌀、🌀与🌀、🌀、🌀是形体不同、来源不同的两个字。① 徐宝贵认为东土文字中贵字所从的部件是来源于畐，畐为盛土盛石一类的盛具象形字。徐宝贵的这种说法，虽然具有一定的合理性，但是学界对贵字构形问题仍没有达成统一意见。钟柏生认为 "🌀" 与 "🌀" 存在一字分化的可能。② 贵字在早期文字材料中较为少见，战国文字材料中贵字常见，例如，🌀 "不择贵贱"（鸟书箴铭带钩·集成16.10407）。战国时期秦文字材料中贵字较为常见，一般写作🌀（睡·日乙237）、🌀（睡·答153）、🌀（睡·日甲151）等形。近些年来，随着相关研究力度的不断加深，贵、遗两字的构形问题逐渐得到了进一步的解决。李守奎对贵、遗二字之间的关系进行了较为详细的说明。李守奎认为：

"🌀" 来源甚古，西周金文 "遗" 字所从作：

🌀旂作父戊鼎《集成》2555 🌀禹鼎《集成》2833

何琳仪先生以为 "从小，从臼，会小物易弃之意，臼亦声"③。就现在所确切释读的词例而言，从 "🌀" 的 "遗" 均作 "遗留" 解。

"贵" 字所从的 "🌀" 形，在楚文字许多字形中出现，如 "使"、"弁"、"妻"、"粤" 等。"🌀" 与 "油"、"䔲" 等字所从又相混。我们怀疑 "🌀" 是某种器物，即 "有荷臾而过孔氏之门" 之 "臾" 的

---

① 徐宝贵：《金文研究五则》，《古文字学论稿》，安徽大学出版社2008年版。
② 钟柏生：《释 "🌀" "🌀" 及其相关问题》，《中国文字》1998年新24期。
③ 何琳仪：《战国古文字典》，中华书局1998年版，第1192页。

本字。此物未必就限定为艹器。"𦉢"有可能是一个从贝、从𦉢、𦉢亦声的会意兼形声之字，是贵贱之"贵"的本字。楚简中的"𦉢"均是此义。

"𦉢"是"遗弃"之"遗"的本字，"𦉢"是某种器物"蒉"的本字。二字本不同形，只是同音。在用作"贵"的声旁时，二者可以互换。故"𦉢"、"𦉢"皆可释为"贵"。"𦉢"与"𦉢"也可以互相通假。传抄古文中"贵"字的两类形体当是由此而来。

上述 D 类贵字，即𦉢（曾 124）、𦉢（曾 137）、𦉢（曾 138）。这种写法的贵字，只是将声符"𦉢"换成了"𦉢"。曾简整理者将其与中山王器中的𦉢（摹本𦉢）字相联系，认为应该释为贵。萧圣中将其与包山简中的𦉢（包 276）相联系，释读为鞼。① （其实𦉢（包 276）并非遗字，仔细审阅𦉢右上所从和与非常接近，李守奎认为𦉢右上所从为与省②。）

由此我们可以看出，在战国时期的楚文字中贵字可以从贝"𦉢"声，也可以从贝"𦉢"声。"𦉢"是一种盛具，和妻字所从之部件渊源有自，妻字所从之部件本来是手形和髮形结合，后来由于声化影响变得和"𦉢"同形。"𦉢"和"𦉢"两者作为声符可以互换，如𦉢（郭·语一 10）、𦉢（郭·残 20）。东土文字一般写作从贝"𦉢"声，秦系文字则一般写作从贝"𦉢"声。关于《说文》小篆及后世文字中贵字上部所从部件的演变，陈斯鹏曾有所讨论，请参看。③

𦉢（曾 124）这种写法的贵字所从之"𦉢"来源甚古。学者们对"𦉢"的理解也存在一定的争议，目前大家比较赞同何琳仪的观点。何琳仪认为"𦉢"是从"小"从"臼"，会小物易弃之意。"臼"亦声。④ 钟柏生则根据相关古文字字形认为"𦉢"可能是一种简写方

---

① 萧圣中：《曾侯乙墓竹简释文补证暨车马制度研究》，科学出版社 2011 年版，第 102 页。
② 李守奎、贾连翔、马楠：《包山楚墓文字全编》，上海古籍出版社 2012 年版，第 82 页。
③ 陈斯鹏：《说出及相关诸字》，《中国文字》2002 年新廿八期。
④ 何琳仪：《战国古文字典》，中华书局 1998 年版，第 1192 页。

式。在论证过程当中，钟柏生结合楚文字中的铸字加以说明：

"铸"在金文中频繁出现，其字形可分为两种形式："㲹"（大保鼎）与"㲴"（左册大鼎）、"㲵"（筍伯盨）；这是西周时期的写法，一者不加"㇇"一者加"㇇"。到了东周楚字系统，则演变成了："㲷"（铸客鼎）、"㲸"（酓忎鼎）及"㲺"（铸客鼎）两种写法，前者将西周部分偏旁"㠱"、"㠲"变成"人"，后者写成了"丨"。"㠱"与"㠲"在"铸"字中，代表盛金属溶液的器具，到了战国时期楚系字中则变成"人'"与"丨"，这种演变途径与"贵"相似。

楚文字中，这种"㠳"形部件来源不一，经过一定的省讹之后，变为同形。例如：楚文字中的与字可以写作㣩（郭·五 32）、㣪（郭·语四 12）；迁字可以写作㣭（郭·五 32）。与、迁所从的"㠳"形部件和贵字所从渊源有自。汉字在演变的过程当中，一些本来不相干的字或偏旁会逐渐变得形体相似或同形，这种现象并不少见。

此外，㣯（郭·缁 20）、㣰（郭·缁 44）这种写法的贵字上部所从和楚文字中有些古、由同形。楚文字中古、由之间的关系，张峰曾有所论述，请参看。① 贵是见纽物部字，古是见纽鱼部字，由是喻纽幽部字。因此，㣱所从和古、由渊源有自，属于同形关系。

明白了楚文字中贵字构形问题之后，我们谈谈㣲（包 165）字的考释问题。此字作为人名用字，具体简文为"郊寑㣲喜"，因此难以在词例方面进行比较。以隶、楷来看，㣲隶定为遗并无问题。但是，楚文字中确切无疑的遗字写作㣳，"富贵骄，自遗咎也"。（郭店·老甲 38）㣴其古之遗言欤？（郭·缁 46）㣵于后，周公乃遗王志曰《雕鸮》。（清华一·金 8）可能也正是由于楚文字中自有遗字，所以在以往的研究过程当中大家对㣲（包 165）有不同的释读意见。例如，包山简整理者将其隶定为遯②，何琳仪将其隶定为遣③。之所以出现这种释读意见，主要原因还在于㣲右上所从和楚文字中所谓的"弁"形相

---

① 张峰：《楚系简帛文字讹书研究》，博士学位论文，吉林大学，2012 年，第 156—171 页。
② 湖北省荆沙铁路考古队：《包山楚简》，文物出版社 1991 年版，第 29 页。
③ 何琳仪：《战国古文字典》，中华书局 1998 年版，第 1068 页。

同。其实，从楚文字中相关贵字形体来看，🔲右上所从和🔲（上博五·弟6）形体一致。再考虑到楚文字中贵字有🔲（曾124）这种形体，遗可以写作🔲（清华一·金8）。因此，将🔲释为遗也是具有一定的可信性。

第三节　楚文字中的弁字

楚文字中弁字较为常见，根据形体的差异，我们将其分为以下几种类型：

A：1 🔲（包240）2 🔲（包245）3 🔲（上博八·有4）

1 占之，恒贞吉，疾弁（变），有续，迟瘥。2 占之：恒贞吉，疾弁（变），病窔。3 有不善心耳今兮，莫不弁（变）改今兮。

B：🔲（上博四·内7）君子曰："孝子不🔲，若在腹中巧弁（变），故父母安。"

C：🔲（清华一·保6）舜既得中，言不易实弁（变）名

D：1 🔲（信阳7）2 🔲（上博一·孔22）3 🔲（清华三·芮7）4 🔲（郭·五21）5 🔲（郭·五32）6 🔲（上博五·三5）7 🔲（上博五·三10）

1 一繻囗衣，锦緅之夹，纯𢆶，组繼，弁（辬）繻。一素绳带，有囗钩，黄金与白金之错。2《猗嗟》曰："四矢弁，以御乱，吾喜之。"3 毋自纵于逸以邀，不图难，弁（变）改常术，而无有纪纲。4 不弁（变）不悦，不悦不戚，不戚不亲，不亲不爱，不爱不仁。5 颜色容貌𢆶弁（变）也。6 小邦则残，大邦过伤。弁（变）常易礼，土地乃坼，民乃嚣死。7 毋弁（变）事，毋烦姑嫂。

E：1 🔲、🔲（郭·性32）2 🔲（上博四·柬6）3 🔲（上博四·柬21）

1 其声弁（变）则心从之，其心弁（变），则其声亦然。2 厘尹为楚邦之鬼神主，不敢以君王之身弁（变）乱鬼神之常故。3 太宰曰："君王元君，不以其身弁（变）厘尹之常故。"

F：1 🔲（上博一·性20）2 🔲（上博五·竞1）

1其声弁（变）则心从之，其心弁（变），则其声亦然。2鲍叔牙答曰："星弁（变），灾。"

弁也可以作为构字部件参与构字，例如：

䋣：1▨（集成02.287）2▨（集成02.288）3▨（集成02.288）4▨（集成02.289）5▨（集成02.289）6▨（集成02.291）

1文王之䋣（变）商。2为穆音䋣（变）商。3为坪皇䋣（变）商。4䣄钟之䋣（变）宫。5为剌音䋣（变）商。6为剌音䋣（变）征。

筭：1▨（信阳9）2▨、▨（信阳13）3▨（包256）4▨（包259）5▨（包259）6▨（包264）7▨（包牍）

1□之器：一篹（筭），其实。2一阳篹（筭）绳紝。3四篹食。4一繀篹（筭），六繀。5一篹（筭），一横枳，有繢紵，缟宫。6□一栗，有篹（筭）。7繀篹（筭）。

除上述形体外，楚文字中还有一种写法的筭字，如▨、▨、▨、▨桃脯一篹（筭），僻修一篹（筭），庶鸡一篹（筭），一篹（筭）修。（包258）与之构形相似的字又见于天策简，写作▨"一小阳▨"、▨"二▨"、▨"二马之▨"等。①

欻：1▨（望一17）2▨（望一37）3▨（望一38）4▨（望一39）

1□魏豹以保鼉为悼固贞：既心闷以塞，善欻（爒）□。2□以不能食，以心闷，以欻（爒），胸胁疾，尚□。3□以心闷，不能食，以聚欻（爒），足骨疾□。4□聚欻（爒），足骨疾，尚毋死。占之恒贞吉，不死□。

望山简整理者认为：此字右旁与简文"既"字右旁相同。古文"次"、"欠"二字作为偏旁往往不分，释文暂且隶定为"欠"旁。此字左旁似从古文"弁"字。三体石经《无逸》篇"变"字古文作▨，侯马盟书"变改"之"变"作▨、▨等形（《侯马盟书》三二八页），此字原书未释，1978年随县曾侯乙墓新出编钟铭文"变商"、"变征"

---

① 滕壬生：《楚系简帛文字编》（修订本），湖北教育出版社2008年版，第440页。

之"变"作"襲","弁"、"变"音近,"叀"、"叀"应为"弁"字古体。《说文》中"弁"字籀文作㝸,似与此形有关。简文此字所从之叀,应亦"弁"字(看《古文字研究》第一辑李家浩《释弁》)。简文"欤"字指一种症状,疑当读为"歔"。《说文·欠部》:"歔,欠貌。""善"是多次、频繁的意思,此种用法医书习见。……简文"善歔"与"数欠"同意。①

綪: 1 ▨一貂旗,白旄之首,羊须之纰,綪(絣)常。(曾乙69) 整理者认为此字所从之弁见于155号、156号简。……《说文》以"絣"为"緐"的异体。田河认为从简文看,"常"应该为旗幅,"絣"在简文中主要有两种用法:一同"弁",意为帽子;一同"緐"。《说文·糸部》:"緐,马髦饰也。从糸每声。"《春秋传》曰:"可以称旌緐乎?"段注:"緐,盖集丝条下垂为装饰曰緐。""緐常"大概就是指这种有集丝垂饰的旗。②

2 ▨子曰:大人不亲其所贤,而亲其所贱,教此以失,民此以綪。(郭·缁18)此简文中的▨字,传世本中与之对应的字是烦字。郭店简整理者将其隶定为綪,认为从"糸"、"叀"(弁)声,读作变。③在以后的研究过程当中,学者们逐渐将其读为烦,如刘信芳结合緐字籀文作㝸,认为緐、烦古音同在元部帮母,依旧本读烦为是。④

3 ▨定有纪,而亦不可厳,民道綪多,而亦不可沽。(上博六·用19)上博简整理者认为:"綪多",读为"繁多"或"烦多"皆可。⑤

由楚文字中的弁字相关形体来看,上部所从基本部件是由 ▨ 和几个装饰性的笔画组成。一般来说,装饰性的笔画分居 ▨ 两旁,呈现左

---

① 湖北省文物考古研究所、北京大学中文系:《望山楚简》,中华书局1995年版,第91—92页。
② 田河:《出土战国遣册所记名物分类汇释》,博士学位论文,吉林大学,2007年,第145页。
③ 荆门市博物馆:《郭店楚墓竹简》,文物出版社1998年版,第134页。
④ 刘信芳:《郭店简〈缁衣〉解诂》,载武汉大学中国文化研究院:《郭店楚简国际学术研讨会论文集》,湖北人民出版社2000年版,第165—181页。
⑤ 马承源主编:《上海博物馆藏战国楚竹书(六)》,上海古籍出版社2007年版,第305页。

第十一章 楚文字中的⿱形部件及相关字　307

右对称分布，但是位置并不固定，如▨（包240）、▨（信阳7）、▨（上博四·内7）、▨（上博五·三5）、▨（郭·五32）。有时候，装饰性的笔画会发生简省现象，只保留一个甚至完全简省掉，如▨（郭·性32）、▨（上博五·竞1）。有时候⿱形也会发生一定的省讹现象，如▨（郭·缁18）。虽然楚文字中弁字形体极为丰富，但在过去很长一段时间，大家对弁字构形并不十分了解。

觅小篆写作▨，《说文》认为"冕也。周曰觅，殷曰吁，夏曰收。从兒，象形。▨籀文从廾上象形，▨或觅字"。《说文》的这种解释是以已经讹变了的小篆进行解释，其说自然并不可信。

古文字中的觅字，最初是由朱德熙和李家浩释出的。天星观楚简中有一▨字，朱德熙认为此字下方像人戴冠冕之形，即《说文》训为"冠冕"的"觅"字。李家浩在朱德熙观点的基础上，结合侯马盟书、楚简等文字资料，将相关文字释为弁。① 赵平安在李家浩观点的基础上，将觅字形体演变过程又进行了一番梳理。赵平安认为⿱很可能是箄的本字，觅字有两个演变系列：▨——▨——▨——▨；▨——▨——▨——▨。赵平安的这种观点，在以后又有所继续说明：

我们曾考证，觅字的源头是甲骨文中的▨。本从⿱从廾，"廾"省作"又"，"又"伪变为"人"。字上部分⿱很可能是箄的本字。箄是一种盛物的竹器，有提梁。这样看来，觅的构形本来和帽子无关。觅字当帽子讲，应当属于假借。……当觅字下面变为"人"、"兀"或"元"以后，很容易引导人们从象形的角度来理解整个字形，把字上理解为帽子之形。若参照这类觅字的形体，我们认为，《说文》对小篆觅的形义的解释，也是有它一定的理据的。②

在以后的研究过程当中，董莲池认为师酉簋里的▨和侯马盟书所见的▨不是源和流的关系，二者根本不是一字，▨仍应释作从廾甾声的

---

① 李家浩：《释弁》，《古文字研究》1979年第1辑。
② 赵平安：《上博简释字四篇》，《简帛》2009年第4辑。

卑而不是弁。①

在以往的研究过程当中，学者们往往认为籀文❋上部所从是来源于甲骨资料中的❋，囗中间填写以交叉斜线。② 其实，籀文❋或许另有来源。迁字构形问题，经过学者们的努力已经基本清晰了。古文字材料中，所见到的迁字较早见于❋（何尊），❋左部所从和籀文❋相比，形体相似，只是前者比后者多了两个手形。迁是清纽元部字，弁是并纽元部字，两者语音关系相近，存在通假的可能性。楚简材料中，有部分弁字可以读为变。汉语中｛变迁｝一词在一定程度上对弁、迁二字之间的音义关系有所反映。楚文字中的迁字有时候写作❋（郭·五32）。楚文字中迁字多次出现，可以写作❋（清华二·系14）、❋（清华二·系17）、❋（清华二·系22），也可以写作❋（上博三·中8）、❋（郭·五32）、❋（望一13）。从楚文字中上述两种迁字来看，前者和金文中的❋一脉相承，后者则发生了一定的省变。从❋（上博三·中8）、❋（郭·五32）、❋（望一13）形体来看，该类迁字写法和楚文字中的与字形体相近甚至混同。《说文·巢部》有一甹字，小篆写作❋，《说文》："甹：倾覆也。从寸，臼覆之。寸，人手也。从巢省。杜林说：以为贬损之贬。"在以往的研究过程当中，大家对其有较多不同的看法③。后来，赵平安结合古文字中相关弁字，认为甹来源于弁。赵平安构拟的演变过程为：❋——❋——❋——❋。④ 如果赵平安的说法可信，那么甹和楚文字中❋（郭·五32）这种写法的迁字可能也存在千丝万缕的联系。楚文字中❋（上博三·中8）、❋（郭·五32）、❋（望一13）这类写法的迁字可能并非和与相讹混这么简单。

---

① 董莲池：《谈谈师酉簋❋字的释读》，《中国文字研究》2011年第14辑。
② 季旭升：《说文新证》，福建人民出版社2008年版，第717页。
③ 请参阅丁福保《说文解字诂林》，中华书局2014年版，第6385—6388页。
④ 赵平安：《新出简帛与古文字古文献研究》，商务印书馆2009年版，第32页。

第四节 楚文字中的史字

楚文字中与弁形体相似的字是史字，有时候两者形体混同。史、弁两字在楚文字中关系复杂，比较容易发生误释。楚文字中确定无疑的史字写作：

A：1 ■（上博二·子8）2 ■（清华二·系46）3 ■（清华二·系58）4 ■（清华二·系86）5 ■（上博五·季15）6 ■（上博二·子12）7 ■（上博四·内1）8 ■（上博四·内2）9 ■（上博四·内5）

1 故夫舜之德诚贤矣，擢诸畎亩之中而使君天下而称。2 秦之成人使归告曰："我既得郑之门管矣，来袭之。"3 穆公即世，庄王即位，使申伯无畏聘于齐。4 共王使郧公聘于晋，且许成。5 先人之所恶勿使，先人之所废勿起。6 曰：帝之武，尚使……7 故为君者，言人之君不能使其臣者，不与言人之臣之不能事其君者。8 为人臣者，言人之臣之不能事其君者，不与言人之君之不能使其臣者。9 故曰：与君言，言使臣；与臣言，言事君。

B：1 ■（包54）2 ■（包102）3 ■（包138）4 ■（包158）5 ■、■（包159）6 ■、■（上博二·从甲17）7 ■、■（上博二·从甲18）8 ■（上博三·中1）9 ■（上博三·中4）10 ■（上博三·中6）11 ■、■、■、■（上博四·曹39）12 ■、■（上博六·竞2）13 ■（上博六·竞5）14 ■、■（上博六·竞7）15 ■、■（上博六·竞8）16 ■（上博六·郑4）17 ■、■（上博七·吴4）18 ■（上博七·吴4）19 ■（上博四·曹40）20 ■（上博五·鲍7）21 ■（上博五·季12）22 ■（上博五·鲍1）23 ■（上博五·鲍2）24 ■（上博四·曹33）

1 九月辛亥之日，彭君司败史善受期，丙辰之日，不察长陵邑之死，隍门有败。秀履。2 上新都人蔡㒫讼新都南陵大宰䌛忧、右司寇正陈得、正史赤，以其为其兄蔡瘝断不法。3 阴人舒姪命证，阴人御君子陈旦、陈龙、陈无正、陈慧、与其戠客百宜君、大史连中、左关尹黄惕、沈佐蔡惑、平舆公蔡冒、大谍尹连虞、大厨尹公宿必与敔三十。4 罩得睱为右史于莫敖之军,死病甚。5 毕绅命以夏路史、迤史为告于少师,鄝公嘉之告言之攻尹。6 是以曰君子难得而易使也。其使人,器之。7 是以曰小人易得而难使也。其使人必求备焉。8 季桓子使仲弓为宰,仲弓以告孔子。9……使雍也从于宰夫之侯后。10 小人之至者,教而使之。11 人使士,我使大夫;人使大夫,我使将军。12……公疥且疟,逾岁不已,是吾无良祝、史也。吾欲诛诸祝、史。13 其祝、史之为其君祝敓也。14 如顺言弇恶乎,则恐后诛于史者。故其祝、史制蔑端折祝之,多堉言……15 今薪蒸使虞守之;泽梁使敛守之;山林使衡守之。16 寿告有疾,不史(事)。17 孤使一介使。18 故使其三臣。19 人使将军,我君身进。20 鲍叔牙答曰:齐邦至恶死而上穆其刑,至欲食而上厚其敛,止恶苛而上不时使。21 先人之所善亦善之,先人之所使亦使之。22 乃命百有司曰:"有夏氏,观其容以使。及其亡也,皆为其容。"23 周人之所以代之,观其容,听言,迥㑥者使。24 使人不亲则不敦,不和则不辑,不义则不服。

C:1 ᔈ(包161)2 ᔈ(上博一·性4)3 ᔈ(上博 ,性30)4 ᔈ(上博三·中14)5 ᔈ(上博三·中25)6 ᔈ(上博五·竞6)7 ᔈ(上博六·竞3)8 ᔈ(上博六·竞9)9 ᔈ(上博七·武15)10 ᔈ(清华一·金2)11 ᔈ(清华三·说上1)12 ᔈ(包168)13 ᔈ(清华二·系24)

1 睱仿司马洛臣、睱仿史娄佗、諍事命以王命属之正。2 其用心各异,教使然也。3 凡交毋烈,必使有末。4 早史(使)不行,委蛇……5 仲弓曰:今之君子,使人不尽其器……6 公曰:"甚哉,吾不厉。二三子不谪诲寡人,至于使日食。7 是信百无良祝史。8 公退武夫,恶圣人,播盈藏笃,使……9 使民不逆而顺成。10 史乃册祝告先王曰:尔元孙发也,遘害虐疾。11 唯殷王赐说于天,庸为失仲使人。12 辛亥,姜妇监、史怪、鄀人秦赤。13 息侯弗顺,乃使人于楚文王曰:"君来伐我,我将求救于蔡,君焉败之。"

D:1 ᔈ(清华三·良1)2 ᔈ(清华三·良8)

1 尧之相舜,舜有禹,禹有伯夷,有益,有史皇,有咎囚。2 郑桓公与周之遗老：史伯、管仲、虢叔、杜伯。

由楚文字中相关史字来看，史字上部所从的基本部件是🔲，有时候会在左右两旁添加对称的两笔作为装饰性笔画，如🔲（清华二·系46）。有时候对称的装饰性笔画和🔲上部、中间横笔相接，例如，🔲（上博四·曹36）能治百人使长百人；🔲（上博四·曹29）。曹沫曰：三军出，君自率，必招邦之贵人及邦之奇士，御卒使兵，毋复前常。有时候则只有一个装饰性笔画，如🔲（上博五·鲍7）。有时候则无装饰性笔画，如🔲（清华三·说上1）。有时候史字所从部件🔲也会发生一定的省讹现象，如🔲（清华三·良8）。同一书手在书写过程当中，也会写一些异体，例如🔲、🔲使无有小大肥瘠，使皆得其社稷百姓而奉守之。（上博二·子1）🔲、🔲、🔲、🔲文子答曰："夫子使其私吏听狱于晋邦，溥情而不逾，使其私祝、史进……"（上博六·竞4）🔲、🔲、🔲景公使㪇之茷聘于楚，且修成，未还，景公卒，厉公即位。共王使王子辰聘于晋，又修成，王又使宋右师华孙元行晋楚之成。（清华二·系87—88）

史字小篆写作🔲，《说文》："记事者也。从又持中。中，正也。凡史之属皆从史。"关于此种字形解释，学界早已指出其存在不当之处。史字出现时间甚早，甲骨时期就已经出现。甲骨资料中史字一般写作🔲（合20088）、🔲（27333）、🔲（合20576正）等形。西周时期的金文资料中，史字继承甲骨时期的写法但稍有变化。西周时期的史字一般写作🔲（燹作周公簋·西周早期·集成08.4241）、🔲（𢦒方鼎·西周中期·集成05.2789）、🔲（鄂簋·西周晚期·集成08.4297）等形。西周时期的史字和甲骨资料中的史字相比，"又"基本处于"中"形部件之下，且"中"形部件竖笔下端缩短。关于古文字中史字的构形，学界一直存有不同的看法。但是，史字构形并非"从又持中"，"中"形部件和中形体有别。[①] 战国时期楚文字中的史字所从之中形部件已经发生讹变，遂有上举诸形。

楚文字中弁、史二字关系复杂，学者们对此曾多有讨论。张桂光

[①] 详细情况请参阅于省吾《甲骨文字诂林》，中华书局1996年版，第2933条。

认为弁、史二字的主要区别在于弁字上部有向左右伸出的对称短笔，而史则没有。① 陈斯鹏在张桂光观点的基础上有所补充，并对造成这种差异的原因进行了说明。② 张峰结合各家的观点也提出了一些见解。张峰认为："史"和"弁"的区别特征有以下三点。③

第一，"占"右侧有一撇的或者两侧均无撇的为"史"字，如 🗎（《上二·从甲》18）、🗎（《上六·竞》3）。

第二，"占"两侧均有笔画的（每侧可以是一笔，也可以是两笔，但必须都是对称的），为"弁"字，如 🗎（《上一·孔》8）、🗎（包240）。④

第三，凡冠冕形下从人的，且不管具备上面二条与否，均为"弁"字。如 🗎（《清壹·金》10）、🗎（天卜，"笲"字所从）。

从史字来源看，楚文字中史字也是受到了相关字形的影响，上部所从演变成了占形部件。但是，楚文字中的占形部件同妻、贵、弁等字所从之部件仅为同形关系，它们渊源有自。

第五节　楚文字中的粤字

楚文字中粤字较为常见，根据形体的差异，我们将其分为以下几种类型：

A：1 🗎（包197）2 🗎（包199）3 🗎（清华一·皇1）4 🗎（清华二·系18）5 🗎（清华二·系88）

---

① 张桂光曾多次对史弁二字之间的关系展开讨论。张桂光：《楚简文字考释二则》，《江汉考古》1994年第2期。张桂光：《〈郭店楚墓竹简·老子〉释注商榷》，《江汉考古》1999年第2期。张桂光：《〈郭店楚墓竹简〉释注续商榷》，《简帛研究》2001年。
② 陈斯鹏：《楚简"史"、"弁"续辨》，《古文字研究》2008年第27辑。
③ 张峰：《楚系简帛文字讹书研究》，博士学位论文，吉林大学，2012年，第143页。
④ 《上一·孔》8严格来说是最标准的"弁"字，上部由🗎变来曹锦炎则认为🗎是否由🗎之省变，尚难确定。见曹锦炎：《从竹简本〈老子〉、〈缁衣〉、〈五行〉谈楚简文字构形》，载《揖芬集·张政烺先生九十华诞纪念文集》，社会科学文献出版社2002年版，第324页。对称的笔画在上部。而🗎(《上五·三》10)明显是将两侧的对称笔画下移了，但跟"史"字形比较的话，还是"弁"字无疑。但《上四·曹》简33等的"🗎"有点儿特殊，详见下文。

1 宋客盛公边聘于楚之岁。2 宋客盛公边聘于楚之岁。3 公若曰："呜呼！朕寡邑小邦，蔑有耆耇虑事屏朕位。" 4 周成王、周公既迁殷民于洛邑，乃追念夏商之亡由，旁设出宗子，以作周厚屏，乃先建卫叔封于康丘，以侯殷之余民。5 共王使王子辰聘于晋，又修成，王又使宋右师华孙元行晋楚之成。

B：𠃬（上博八·命4）外臣而居吾左右，不称贤，进何以屏辅我？

C：1 𠃬（天卜）2 𠃬（秦九九15）3 𠃬（清华一·楚2）

1 左师虐聘于楚之岁。2 秦客公孙鞅聘于楚之岁。

3 季连闻其有聘，从，及之泮，爰生絟伯、远仲。

粤又可以作为构字部件，例如𠃬（包125）："宋客盛公边聘于楚之岁。"粤小篆写作𠃬，《说文》："粤：亏词也。从亏从由。或曰粤，侠也。三辅谓轻财者为粤。"在以往研究《说文》过程当中，学者们或者在《说文》"从亏从由"的基础上进行阐释，或者对其提出一些疑议。例如《文源》认为亏、由非义，粤为儵之古文，使也，古作𠃬。粤应该分析为从亏由，由缶也。① 但是，学界关于该字的构形问题一直没有形成统一的意见。甲骨资料中有𠃬（合18842）、𠃬（合18841），《新甲骨文编》将其放在粤字头下②。从字形来看将其隶定为粤可从，但是由于刻词残损，究竟是不是粤字尚有疑问。《新金文编》粤字头下收有如下几例：

1 𠃬（癭钟·西周中期·集成01.251）2 𠃬（班簋·西周中期·集成08.4341）3 𠃬（史墙盘·西周中期·集成16.10175）4 𠃬（逆钟·西周晚期·集成01.63）5 𠃬（毛公鼎·西周晚期·集成05.2841A）6 𠃬（粤孝子壶·战国·集成15.9516）③

1 上帝将懿德大粤抚有四方 2 王令毛伯更虢公服粤王位 3 上帝将懿德大粤抚有上下 4 敬乃夙夜用粤朕身 5 粤朕之位 6 粤孝子壶

---

① 请参阅丁福保《说文解字诂林》，中华书局1988年版，第2047—2048页。
② 刘钊、洪扬、张新俊：《新甲骨文编》，福建人民出版社2009年版，第284页。
③ 董莲池：《新金文编》，作家出版社2011年版，第552—553页。

近年来，随着新材料的不断公布，相关研究力度的不断加深，学者们又提出了一些看法。例如：何琳仪认为甲骨文作 ☒（京津 2652），从凷从丂，会意不明。金文作 ☒（班簋），从二凷。或作 ☒（毛公鼎），加口旁为饰。战国文字承袭金文。① 钟柏生认为：查金文"粤"字字形作"☒"（樊生簋）、"☒"（毛公鼎），小篆作"粤"，由西周金文"☒"、"☒"演变成楚简"粤"字的"古"，其演变之迹应可追寻。"☒"字字形单独出现在甲骨文中，也出现在甲文、金文偏旁中，如"☒"（《丙》356），"☒"（嬴霝惪簋），它可以像盛物之编织器。② 在以后的研究过程当中，苏建洲认为粤是个形声字，其上部所从的甾形实际上是声符畣。③

第六节　楚文字中的巢字

楚文字中有一桌（望一89）字，相关简文为"□己未之日賽祷王孙桌"。望山简整理者将其释为巢，并将其与119号简中的"王孙桌"相联系，认为两者为一人。④ 在以后公布的上博简中又出现了一个以之为构字部件的字，即☒（上博一·孔10）、☒（上博一·孔11）、☒（上博一·孔13）。关于这个从木桌声的字，上博简整理者将其隶定为樔，并指出与今本中的"鹊巢"相对应，"桌"可能是"卓"的繁笔，为声符。⑤ 在以后的研究过程当中，学者们逐渐认识到楚文字中自有卓字，两者存在明显的不同，应该将其释为巢。例如，胡平生结合相关字形认为"巢"字头部笔画正体作☒，或省作☒，又省作☒，此

---

① 何琳仪：《战国古文字典》，中华书局1998年版，第826页。
② 钟柏生：《释"☒""☒"及其相关问题》，《中国文字》1998年新24期。
③ 苏建洲：《〈楚居〉简9"畠"及相关诸字考释》，《楚文字论集》，万卷楼图书股份有限公司2011年版。
④ 湖北省文物考古研究所、北京大学中文系：《望山楚简》，中华书局1995年版，第98页。
⑤ 马承源主编：《上海博物馆藏战国楚竹书（一）》，上海古籍出版社2001年版，第140页。

处即省写。①

巢小篆写作▨,《说文》:"鸟在木上曰巢,在穴曰窠。从木,象形。凡巢之属皆从巢。"在以往的研究过程当中,学者们一般认为⑾像鸟形,ㅌㅋ像鸟巢形②。诸说皆以讹变了的小篆为依据,进行解说字形,其说并不可信。

甲骨文中有一▨(H11:110)字,《新甲骨文编》将其列在巢字头下③。此外,甲骨文中还有一个字写作▨(合28095)、▨(合28096)、▨(屯667)、▨(屯765)、▨(合28298)、▨(28737)、▨(合31771)等形。《新甲骨文编》将其隶定为澡,放在澡字头下。④关于甲骨文中的澡字,于省吾曾有所论述,请参看。⑤金文中有些字写作▨(班簋·西周中期·集成08.4341)、▨(陵贾钟·西周中期·集成07.4047),学者们也大都将其认为是巢字。⑥黄德宽认为金文巢字上面出头三画稍弯折,为战国文字及小篆所本。⑦从相关甲骨、金文资料来看,战国时期楚文字中的巢字渊源有自,木旁上部之所以写作▨是因为发生了一系列的省讹现象。《五十二病方》中有一▨字,学者们大都将其释为巢字,认为后世汉字中的巢字来源于此⑧。

第七节　楚文字中的克字

楚文字中有种写法的克字和贵字上部所从的▨同形,例如:▨是谓不克,不克则莫知其极,莫知其极可以有国。(郭·老乙2)曾侯乙墓简中也有一个人名用字克,写作▨(曾45)。由此来看,楚文字

---

① 胡平生:《读上博战国楚竹书〈诗论〉札记》,2002年6月,简帛研究网(http://www.bamboosilk.org/Zzwk/2002/H/hupingsheng01.htm)。
② 丁福保:《说文解字诂林》,中华书局1988年版,第6384—6385页。
③ 刘钊、洪飏、张新俊:《新甲骨文编》,福建人民出版社2009年版,第370页。
④ 同上书,第606页。
⑤ 于省吾主编:《甲骨文字诂林》,中华书局1996年版,第1280页。
⑥ 董莲池:《新金文编》,作家出版社2011年版,第788页。
⑦ 黄德宽主编:《古文字谱系疏证》,商务印书馆2007年版,第883页。
⑧ 季旭升:《说文新证》,福建人民出版社2008年版,第525—526页。

中有些克字上部所从已经和贵字所从之🔲混同了。但是，这种讹变的克字并不常见。楚文字中克字一般写作：A 🔲（郭·缁19）🔲（上博一·缁11）；B 🔲（清华一·耆5）；C 🔲（上博四·曹14）、🔲（清华一·祭6）、🔲（清华一·祭19）等形。

从楚文字中的克字来看，楚文字中克字口形上部的竖笔一般是以圆点或者穿透的一短横作为装饰性笔画，像🔲（曾45）、🔲（郭·老乙2）这种竖笔右侧加一长横的现象并不多见。因此从概率来看，🔲（曾45）、🔲（郭·老乙2）这种克字很可能是发生了讹变，从而导致其和贵字所从之🔲同形。

克字出现时间甚早，甲骨时期就已出现。甲骨材料中克字一般写作🔲（合10368正）、🔲（合114）、🔲（合15190）、🔲（合16247）等形。西周金文传承甲骨时期的写法，一般写作🔲（沈子它簋盖·西周早期·集成08.4330）、🔲（师望鼎·西周中期·集成05.2812）、🔲（小克鼎·西周晚期·集成05.2796）等形。春秋以来，逐渐在口形部件上部的竖笔上添加一横为装饰性笔画，例如🔲（秦公镈·春秋早期·集成01.268）。战国时期，克字往往在口形部件内部添加一横笔为饰，例如🔲（中山王鼎·铭文选二880）。秦文字中克字一般写作🔲（龙简292），后世文字中的克字当来源于此。克小篆写作🔲，《说文》："克：肩也。象屋下刻木之形。凡克之属皆从克。🔲，古文克。🔲，亦古文克。"由相关古文字形来看，克字小篆是一种讹体。从《说文》相关解释来看，依据已经讹变了的小篆进行解说，其说并不可信。在传统研究《说文》过程当中，由于缺乏新材料的支撑，学者们大都是在《说文》基础上进行阐释。[①] 随着新材料的不断公布，大家逐渐对《说文》传统说法提出了质疑，并产生了一些新的解释。但是，关于克字构形问题，目前也是众说纷纭，难以形成统一的认识。李孝定认为下从🔲与古文🔲字相近，像人躬身以两手拊膝之形。上从口像所肩之物。朱芳圃认为字上像胄形，下从皮省。当为铠的初文，亦即甲胄之甲的本字。或以为从卩由会意。由乃胄之初文，克之从由，犹兵

---

① 详细情况请参阅丁福保《说文解字诂林》，中华书局2014年版，第7096—7105页。

之从斤，戎之从甲；从卩犹武之从止，却之从卩，以示退敌，而以战胜为本义。①

克字构形问题尚待进一步的研究，但是其上部所从之部件和贵字所从渊源有自。一般来说，楚文字中贵字所从有两笔为装饰性笔画，且口形部件的竖笔右旁有一横笔，如🔲（郭·五35）。克字上部所从的部件没有装饰性笔画，且口形部件上部竖笔以圆点或者穿透的一小短横为装饰性笔画，如🔲（清华一·耆5）、🔲（上博四·曹14）。楚文字中的贵字有时候会发生一定的讹变，如🔲（郭·缁44），和克字🔲（郭·缁19）所从已经混同。有时候克字上部所从也会发生一定讹变，如🔲（曾45）、🔲（郭·老乙2），和🔲（郭·老甲38）这种写法的贵字所从讹混。

第八节　其他与🔲形部件有关的字

楚文字中还有一些字也是由🔲形部件构成，关于这些字的考释问题，目前学界仍存有较大的争议。下面，我们准备把这部分与🔲形部件有关的字相关研究情况简单介绍一下。

1 🔲（信阳28）2 🔲（上博二·从甲17）3 🔲（上博五·三17）4 🔲（清华一·楚9）5 🔲（清华二·系29）

1 一🔲口口口。2 小人先人则🔲敬之，后人则暴毁之，是以曰小人易得而难使也。3 敬天之敌，兴地之䣒，恒道必🔲，天哉人哉，凭何亲哉，没其身哉。4 至皇（庄）敖自福丘徙袭都郢。5 是生堵敖及成王。

关于1的考释，信阳简整理者没有进行隶定，也没有作出解释。② 李零怀疑该字可能是填字。③ 由于🔲所处的简文已经残损，很难从文意

---

① 以上各家观点请参阅于省吾主编《甲骨文字诂林》，中华书局1996年版，第0739条。季旭升：《说文新证》，福建人民出版社2008年版，第588页。
② 河南省文物研究所：《信阳楚墓》，文物出版社1986年版，第130页。
③ 李零：《读〈楚系简帛文字编〉》，中国文物研究所编：《出土文献研究》1999年第5辑。

方面理解🀄具体为何字。

　　关于2的考释，上博简整理者将其作为不识字处理①。陈伟武认为🀄是弁字变体，在简文中或可读为樊。②周凤五认为🀄字从弁声，古音并纽元部，与帮纽元部的"绊"可以通假。绊，縶也，见《诗·小雅·白驹》毛《传》③。侯乃峰认为可能和楚文字中的古文"祇"有关系，并且以郭店简《老子》乙本中的🀄（郭·老乙12）作为例证。④侯乃峰认为如果和古文"祇"有关，那么在简文中可以读为"抵"。侯乃峰在论证过程当中，还将🀄与楚帛书中的🀄（楚帛书甲9）相联系。关于🀄（楚帛书甲9）字的考释问题，历来众说纷纭。🀄的具体词例为"女🀄"，在以往的研究过程当中，主要有释皇、堇、童、真等诸多说法⑤。现在大家一般认为🀄应该释为填，读为娴。但是🀄和🀄相比，存在一定的差异，两者是否为一字仍需要进一步的研究。

　　关于3的考释，上博简整理者将其作为不识字处理，与皇字相似⑥。陈剑认为从韵脚来看，应该是个鱼部字⑦。侯乃峰将其释为呈，读为"浧"（盈），后来认为呈亢须读为"温"（盈），呈可取义平易舒缓，指"恒道"不疾不厉，且"呈"字恰与"恒"字意义相因。"恒"训"常"，简文是说作为常道必定是平易舒缓、容易做到的⑧。

---

　　① 马承源主编：《上海博物馆藏战国楚竹书（二）》，上海古籍出版社2002年版，第230页。
　　② 陈伟武：《战国竹简与传世子书字词合证》，第四届国际中国古文字学研讨会论文，香港，2003年10月。
　　③ 周凤五：《读上博楚竹书〈从政（甲篇）〉札记》，2003年1月，简帛研究网（http://www.jianbo.org/Wssf/2003/zhoufengwu01.htm）。
　　④ 侯乃峰：《上博竹书（1—8）儒学文献整理与研究》，博士后出站报告，复旦大学，2012年，第153页。
　　⑤ 具体情况可以参阅徐在国《楚帛书诂林》，安徽大学出版社2010年版，第800—813页。
　　⑥ 马承源主编：《上海博物馆藏战国楚竹书（五）》，上海古籍出版社2005年版，第300页。
　　⑦ 陈剑：《〈三德〉竹简编联的一处补证》，2006年4月，简帛网（http://www.bsm.org.cn/show_article.php?id=311）。
　　⑧ 侯乃峰：《读简帛散札》，2006年11月，简帛网（http://www.bsm.org.cn/show_article.php?id=468）。

顾史考认为该字可能释为着字，此字构形不明，上部像是甘，亦或可能是曰或日之讹（或可理解为日出照地之象，然写法与日有别），而下部似为土（两旁垂笔下），可能当为声符①。在以往的研究过程当中，大家往往将其和 ![] 放在一起考虑，例如陈剑②。

从具体简文来看，4、5 记录的是同一个词，两者为同一个字，只是书写略有差异。两者存在的差异主要有两点：其一，两者上部所从的卜形部件写法略有差异；其二，前者所从的两个装饰性笔画较后者而言，略微靠下。关于4的考释，清华简整理者将其隶定为皇，认为 ![] 敖即传世文献中的堵敖熊囏。"皇"古书或作"堵"、"杜"、"壮"、"庄"等，古音皆近，当是所本不同。"皇"从土声，疑为"堵"字或体③。在以后的研究过程当中，学者们陆续提出了一些不同的意见。复旦读书会将其与上博简中的 ![]（上博二·从甲17）相联系④。读书会该文发表之后，有学者陆续在该文下面的帖子中提出了一些补充意见。例如：刘云认为 ![] 是个从土，以筐初文为声旁的一个字，苏建洲认为刘云的说法可溯源自"![]"、"![]"二形偏旁；钟柏生认为像盛物之编织器，是由金文"粤"作 ![]（班簋）、![]（番生簋）的上部分演变而来。关于5的考释，清华简整理者认为亦见于清华简《楚居》，即堵敖熊艰，典籍或作"壮敖"、"庄敖"、"杜敖"等。⑤

在以往公布的楚简材料中，与 ![] 相似的字作为构字部件也曾出现过，如 ![]（新蔡·甲三346—2、384）、![]（新蔡·乙四94），在具体

---

① 顾史考：《上博竹书〈三德〉篇逐章浅释》，屈万里先生百岁诞辰国际学术研讨会论文，台北，2006年9月，第269—310页。
② 陈剑的观点，见于苏建洲《〈楚居〉简9皇字及相关诸字考释》，《楚文字论集》，万卷楼图书股份有限公司2011年版。
③ 清华大学出土文献研究与保护中心：《清华大学藏战国竹简（壹）》，中西书局2010年版，第188页。
④ 复旦大学出土文献与古文字研究中心研究生读书会：《清华简〈楚居〉研读札记》，2011年1月5日，复旦大学出土文献与古文字研究中心网站（http://www.gwz.fudan.edu.cn/SrcShow.asp?Src_ID=1353）。
⑤ 清华大学出土文献研究与保护中心：《清华大学藏战国竹简（贰）》，中西书局2011年版。

简文中皆为地名用字。新蔡简整理者将其隶定为茻①，但并无解释。徐在国认为可分析为从"艹"，"弁"声，读为"繁"。《说文》中"繁"字或体从"糸"，"弁"声即可为证。"繁丘"，地名。见于包山简90："繁丘之南里信有龚酉。"《水经注·汝水》："汝水又东南，径繁邱城南。"杨守敬《疏》："《地形志》襄城郡襄城有繁工城，工为丘之误，当以此正之。在今襄城县南。"② 宋华强怀疑茻中间所从为贵省，"茻"疑是"荷蕢"之"蕢"的异体。"茻丘"又见于乙四94"茻丘之☐"。③ 何有祖也认为应该将茻分析为从艹弁声读作繁。何有祖在论证过程中结合上博简中的茻（上博二·从甲17）、茻（上博五·三17）和包山简中的茻（包牍）作为例证，从而认定茻从弁得声。宋华强在相关学者认为茻从弁的基础上，将其隶定为茻，分析为从艹坴声，并以《说文》中的坴字为例证。④ 坴字小篆写作𡊉，《说文》认为"坴：埽除也。从土弁声。读若粪"。《说文》中以弁为声符的字，还有䍃，小篆写作𣫑，"䍃：疾孰也。从西弁声"。昪，小篆写作𣊡，《说文》认为"昪：喜乐皃。从日弁声"。閞，小篆写作𨳆，《说文》认为"閞：门榍栌也。从门弁声"。抃，小篆写作𢪒，《说文》认为"抃：拊手也。从手弁声"。

综上所述，楚文字中这部分与茻形部件有关的字存在较大的争议。从具体简文来看，茻（清华一·楚9）、茻（清华二·系29）为一字之异写当无疑问。苏建洲认为茻、茻从畱土声，应该代表堵、杜这个词，后来杜因形近而讹变为壮，再音讹为庄。⑤ 在以往的研究过程当中，早有学者指出茻（清华一·楚9）、茻（清华二·系29）可能为

---

① 河南省文物考古研究所：《新蔡葛陵楚墓》，大象出版社2003年版，第199、208页。
② 徐在国：《新蔡葛陵楚简札记（二）》，2003年12月17日，简帛研究网（http://www.jianbo.org/showarticle.asp？articleid=813）。
③ 宋华强：《释新蔡简中的"述"和"丘"》，注释8，2007年1月9日。http://www.bsm.org.cn/show_article.php？id=501。
④ 宋华强：《新蔡葛陵楚简初探》，武汉大学出版社2010年版，第444页。
⑤ 苏建洲：《〈楚居〉简9"皇"及相关诸字考释》，《楚文字论集》，万卷楼图书股份有限公司2011年版。

堵字异体。堵字小篆写作🈳,《说文》认为"堵：垣也。五版为一堵。从土者声"。堵字在睡虎地秦墓竹简中多次出现，例如：🈳（睡·律116）未卒堵坏，司空将功及君子主堵者有罪；🈳（睡·杂40）成者城及补城，令嬄堵一岁，所城有坏者，县司空署君子将者，貲各一甲。从秦简材料来看，堵字相关用法和《说文》相互印证。《说文》中有一桩字，"橛杙也。从木舂声"。桩即后来的简化字桩，是木橛一类的东西。因此，堵、桩二字在字义方面有重合之处，只是各有偏重。舂是书纽东部字，庄是庄纽阳部字，东、阳二部关系密切。因此，堵、桩存在同义换用，桩、庄存在通假的可能性。此外，🈳、🈳所从𠂤形部件可能和🈳（趩亥鼎·春秋中期·集成05.2588）所从之🈳有密切联系，🈳记录的是宋庄公的庄字。🈳在楚文字中逐渐演变为𠂤，如🈳（郭·语三9）。🈳（信阳28）、🈳（上博二·从甲17）、🈳（上博五·三17）、🈳（新蔡·甲三346—2、384）、🈳（新蔡·乙四94）和🈳（清华一·楚9）、🈳（清华二·系29）之间是否存在联系，目前由于受到材料和研究水平的限制尚难下结论。关于堵敖之敖一称谓问题，我们在《也谈楚敖》一文中有较详细的讨论①。

第九节　也谈楚"敖"

楚"敖"不仅见于传世文献，也见于楚系出土文字资料。在楚文字中"敖"一般写作"嚣"，或添加戈、邑旁写作"戳"、"鄂"。敖、嚣二字音近可通，传世文献用"敖"，出土楚文字资料用"嚣"，或许是由秦、楚两系文字用字习惯差异所致。关于楚"敖"的研究自古以来都是楚史研究的一个难点，尤其是20世纪末随着包山、曾侯乙墓等楚文字资料的陆续公布，有关楚"敖"的研究更是成为楚史研究的热点话题。但学界对此各持己见，并未形成统一的认识。本书将在相关研究成果基础之上谈谈我们对这一问题的一些看法。

---

① 原文刊载在《华夏文化论坛》。谭生力：《也谈楚敖》，《华夏文化论坛》2013年第10辑。

有关楚"敖"的记载较早见于《左传》、《史记》、《楚辞》等传世文献中,主要有若敖、宵敖、堵敖、郏敖、訾敖、莫敖、閰敖、蔿敖等,但是文献中的相关记载却语焉不详。秦火之后人们对楚"敖"不甚了解,就连汉代以后的经学大家对此也是知之甚少,这种困惑一直延续到现代。以往有关楚"敖"的各种解释,唐嘉宏、许慭慧等学者曾有所归纳,请参看。①

《尚书今古文注疏·书序下》中有"西旅献獒",孙星衍注:马融作"豪",曰酋豪也;郑康成曰"獒,读若豪。西戎无君,名强大有政者为酋豪"。马、郑二家的观点往往被用来解释古书中的敖。传世文献中有一些与远古社会有关的"敖",例如:《庄子·人间世》"昔者尧攻丛林胥敖";《庄子·齐物论》"尧欲伐宗脍胥敖";《吕氏春秋·召类》"禹攻屈敖"等。学界一般认为人名用字或氏族部落。②罗运环认为"敖"和"豪"原本是部落酋长称号,当部落转变为国家后,一些国君称王称侯,一些国君仍然沿袭了这一传统称号。③

敖,见于《说文》卷四放部,又见十卷六出部,小篆写作𢾷。《说文》将其分别解释为"出游也,从出从放"、"游也,从出从放",许慎这种说法是依据小篆牵强附会,其说并不可信。从文字演变的一般规律来看,敖字所从之攵应该属于后来追加的意符。敖字早期形态应该是与𢾷左部所从相类似。甲骨文中有一𢾷字,过去大家往往对此有不同的看法,后来刘钊将其释为敖。④ 关于刘说,学界有赞同者,也有意见不同者。⑤ 不论𢾷为何字,我们认为敖字最初的形态应该与之相似,其所表示的是一个人头戴某物,以此来表达尊贵、首领等意。这可以从现在某些部落首领的头饰得以旁证。

---

① 唐嘉弘:《释"莫敖"》,《江汉论坛》1984年第8期。许慭慧:《战国时期楚国的"莫敖"考》,《理论界》2012年第5期。
② 唐嘉弘:《释"莫敖"》,《江汉论坛》1984年第8期。
③ 罗运环:《楚国八百年》,武汉大学出版社1992年版,第116页。
④ 刘钊:《释甲骨文糕、义、蟺、敖、裁诸字》,载《古文字考释丛稿》,岳麓出版社2005年版,第1—17页。
⑤ 赵平安:《从失字的释读谈到商代的佚侯》,载《新出简帛与古文字古文献研究》,商务印书馆2009年版,第56—64页。

学界有关楚"敖"的各种说法当中，我们认为唐、罗之说具有一定的道理。楚国历史上的若敖、宵敖等皆可以看作是某地的氏族首领，他们在楚国各部族当中享有至高无上的地位，其性质相当于楚君。① 莫敖、若敖、蒍敖等敖可以看作是某一族的首领，其应当是中国古代宗法制别子分立的产物。这部分社会团体也就相当于世族、公族，首领分别以莫敖、若敖等身份行世。随着中央集权的不断加强、楚国官制的不断完善，一部分楚"敖"逐渐演变为官职。楚为秦所灭之后，敖在楚国故地是否存在我们不得而知。但是从秦末反秦战争来看，那时的楚国故地是仍然存在敖这一类官职的。为了方便全文的讨论，我们将分两部分对楚"敖"加以分析，即：一、楚君称敖者；二、楚国部族首领及官制中的敖。

一 楚君称敖者

传世、出土文献中楚君称敖者共有六位，分别是若敖、蚡冒、宵敖、堵敖、郏敖、訾敖。② 在以往的研究过程当中，学界一般将其以武王称王为界分为两大类：一类敖即国君，若敖、宵敖、蚡冒当之；一类敖乃未得王谥之称号，堵敖、郏敖、訾敖当之。

若敖、蚡冒、宵敖既见于传世文献，又见于出土文献，两种文献可以相互印证，其中后者又可以订正前者不当之处。《史记·楚世家》若敖（熊仪）——宵敖（熊坎）——蚡冒（熊眴）；清华简《楚居》若嚣（酓义）——焚冒（酓帅）——宵嚣（酓鹿）。据《楚居》记载："若嚣酓仪徙居郢，至焚冒酓帅自郢徙居焚，至宵嚣酓鹿自焚徙居宵。"清华简整理者已经根据《楚居》对传世文献中这三位楚君

---

① 按：蔡靖全认为楚君称敖和原始社会的氏族首领本质有所不同，实质是君王。蔡靖全：《楚国的"莫敖"之官与"屈氏"之族》，《江汉论坛》1991 年第 2 期。刘信芳认为其为氏族首领在楚国称名遗迹。刘信芳：《楚国诸敖琐议》，《江汉论坛》1987 年第 6 期。

② 刘信芳怀疑"冒"乃与"敖"类似之称号。龙耀宏认为"莫敖"、"蚡冒"、"焚冒"、"粉冒"诸语，皆为先秦之汉语记楚音。又说"莫敖"与"蚡冒"实为一物。刘信芳认为其为氏族首领在楚国称名遗迹。刘信芳：《楚国诸敖琐议》，《江汉论坛》1987 年第 6 期。龙耀宏：《侗水语关于汉语"官"的称呼来源于楚语"莫敖"考》，《民族语文》1991 年第 4 期。

的顺序作出了调整,并认为"若、焚、宵皆先公所徙居之地"①。由《楚居》来看,若、焚、宵皆为地名当无疑问,由此看来过去那种认为若、焚、宵为谥号的观点是立不住的。若敖、蚡冒、宵敖皆可以看作是若、焚、宵三地的氏族首领,他们当时在楚国各个部族当中享有至高无上的地位,实际相当于楚国的君王。酓义、酓帅、酓鹿皆以若敖、蚡冒、宵敖身份行世,其子孙后代中的一支又各以其为族氏。

若敖。楚君若敖称为熊仪,其后代中的一支以若敖为氏。楚国历史上有名的斗、成两氏即来源于若敖一族。《楚居》中都的地望问题存有争议,整理者认为此即上鄀,即商密之鄀,也有学者指出其当为湖北宜城之若。②

蚡冒。蚡冒即酓帅,或作熊率、熊眴。蚡字古书多异写,可以写作焚、朌、梦、岔等。酓帅传世文献又记作熊率、熊眴,如《国语·郑语》韦注云:"蚡冒,楚季紃之孙,若敖之子熊率。"《史记·楚世家》:"宵敖六年,卒,子熊眴立,是为蚡冒。"刘信芳怀疑"冒"乃与"敖"类似之称号;龙耀宏认为"莫敖"、"蚡冒"、"焚冒"、"朌冒"诸语,皆为先秦之汉语记楚音;蔡靖全认为蚡冒实即莫敖,或因音近而字异。③ 以上各家的说法均有一定的道理,楚国历史上莫敖之族即来源于楚君蚡冒。

宵敖。宵敖或写作霄敖,即酓鹿,传世文献又记为熊坎。《史记·楚世家》云:"二十七年,若敖卒,子熊坎立,是为宵敖。"索隐云:"坎,苦感反。一作菌,又作钦。"《史记·十二诸侯年表》作"宁敖",索隐云:"'宁敖'恐是'霄'讹变为'宁'也。"清华简《楚居》中"宵敖(酓鹿)"的出现,揭开了历史上的一个疑团,现在学界一般认为宵敖即楚武王之前的楚厉王。包山简中有熊鹿氏,其

---

① 李学勤主编:《清华大学藏战国竹书(壹)》,中西书局2010年版,第186页。
② 李学勤主编:《清华大学藏战国竹书(壹)》,中西书局2010年版,第185页。子居:《清华简〈楚居〉解析》,2011年3月,简帛网(http://www.jianbo.org/admin3/2011/ziju001.htm)。
③ 刘信芳:《楚国诸敖琐议》,《江汉论坛》1987年第6期。龙耀宏:《侗水语关于汉语"官"的称呼来源于楚语"莫敖"考》,《民族语文》1991年第4期。蔡靖全:《楚国的"莫敖"之官与"屈氏"之族》,《江汉论坛》1991年第2期。

或即来源于宵敖,但也有学者指出其可能来源于楚先祖熊丽。①

历史上楚君称敖者还有三位,即堵敖、郏敖、訾敖。

堵敖。堵敖即传世文献中庄敖熊囏。堵字古书多异写,可以写作"堵"、"杜"、"壮"、"庄"等。例如:《史记·楚世家》作"熊囏立是为庄敖";《史记·十二年诸侯表》作"堵敖";《楚辞·天问》作"吾问堵敖以不长。何试上自予,忠名弥彰";《汉书·古今人表》作"杜敖"。刘信芳认为汉人避明帝讳而缺笔作"壮敖",遂讹为"杜敖"。"杜"、"堵"相通(古音皆为鱼部字,舌头音)。汉明帝以后,史家据明帝以前传本改回作"庄敖",然改又未尽,遂有"庄敖"、"堵敖"之异。② 堵敖又见于清华简《楚居》,写作"皇嚣"。由"皇嚣"来看,刘说似乎尚有可商之处。

郏敖。康王之子,名员,古书中又称公子麇、公子卷。《左传·昭公元年》:"葬王于郏,谓之郏敖。"清华简《楚居》、《系年》中有谷王,整理者认为其即康王之子郏敖。③

訾敖。楚共王之子,亦称公子比、子干,《史记》亦称初王比。《左传·昭公十三年》:"葬子干于訾,实訾敖。"

关于此三君称敖,历来都是楚史研究的一个疑难问题,存在的争议也比较大。例如孔颖达曰:"郏敖与訾敖皆不成君无号谥也。元年《传》云葬王于郏,谓之郏敖,此云葬子干于訾,实訾敖,并以地名冠敖,未知其故。又《世家》楚之先君有若敖、宵敖,皆在位多年,亦称敖,不知敖是何义?"清人易本烺《春秋楚地答问》:"若敖是地名,先君所葬,犹后世称某陵,而后以为族氏也。""窃疑敖为水名。""楚之未成君者曰敖,如堵敖、郏敖、訾敖,则别是一义。"

杨树达认为:"今按楚公子干名訾敖,诚然未成君矣。至若熊仪之为若敖,熊坎之为宵敖,不得为未成君也。此二君诚无号谥,然据《史记·楚世家》楚王之有号谥始于楚武王熊通,武王以前皆无谥

---

① 刘信芳:《楚系简帛释例》,安徽大学出版社2011年版,第342页。
② 刘信芳:《楚国诸敖琐议》,《江汉论坛》1987年第6期。
③ 关于谷王的释读可以参阅李家浩《甲骨文北方神名"勹"与战国文字从"勹"之字——谈古文字"勹"有读如"宛"的音》,《文史》2012年第3期。

也。庄敖熊囏之无谥，以见弑于成王也。郏敖麇之无谥，以见弑于灵王也。在成王、灵王或认为二人为未成君，然庄敖在位五年，郏敖在位四年。史家不得以为未成君也。此杜预之说不可信。"① 顾颉刚认为："仪与坎在有谥前，囏与员在有谥后，而囏为其弟恽所弑，其无谥宜也。仪与坎独异于列代之王而以'敖'名，何耶？""楚王之无谥而称敖者，盖即酋豪之义。二说孰是，当代讨论。"② 杨伯峻认为："楚君王之无谥者，多以葬地冠敖字，如《楚世家》有杜敖，僖二十八年有若敖，昭二年有郏敖。"又说："敖即豪，犹今之酋长。"③ 刘信芳认为纵观堵敖、郏敖、訾敖，其共同特点有：其一，均被其弟所弑。其二，在位时间不长，因而继立之君不承认其作为楚君的合法地位，仅得以称敖。其三，其称号与地名有关，郏、訾分别为所葬之地的地名，堵不可考，依例亦当为地名。因而可以推论：堵敖、郏敖、訾敖在得君之前，曾分别有自己的封地，故死后各归葬堵、郏、訾。④

按照若敖、宵敖、蚡冒三君与若、焚、宵三地密切相关，再联系到郏敖、訾敖各归葬于郏、訾，我们认为堵敖、郏敖、訾敖与堵、郏、訾三地密切相关。至于为什么楚武王称王之后还有楚君称敖，这恐怕是另有原因。马汝军认为："称被弑之君为敖——来维护其强夺而来的权力，从而否认被弑者作为楚君的合法地位，从而确立篡位者本人的合法权利。"⑤ 这种说法具有一定的道理，我们姑且从之。

二 楚国氏族首领及官制中的敖

中国古代宗法制的核心是嫡长子继承制，别子不能与长子同祖，必须分立自成一家。《左传·隐公八年》：无骇卒，羽父请谥与族。公问族于众仲。众仲对曰："天子建德，因生以赐姓，胙之土而命之

---

① 杨树达：《积微居金文说·乖伯簋再跋》，中华书局2004年版，第184页。
② 顾颉刚：《史林杂释·楚吴越之名号谥》，中华书局1963年版，第213—214页。
③ 杨伯峻：《春秋左传注》，中华书局2009年版，第1348页。
④ 刘信芳：《楚国诸敖琐议》，《江汉论坛》1987年第6期。
⑤ 马汝军：《楚君称敖新释——兼谈楚国的继承制》，《烟台师范学院学报》（哲学社会科学版）1995年第1期。

氏。诸侯以字为谥，因以为族，官有世功，则有官族，邑亦如之。"公命以字为展氏。从上面的一段话，我们可以管窥古代的族氏来源。楚国历史上的莫敖、若敖、蒍敖等族应该属于别子分立的产物，各族首领以莫敖、若敖、蒍敖等身份行世。① 随着中央集权的不断加强、楚国官制的不断完善，一部分楚"敖"逐渐演变为官职，如莫敖、连敖。但是也有一部分楚"敖"并未演变为官职，这或许由于相关资料的阙如我们尚未看到所致，或许另有原因。要想全面揭开这部分楚"敖"的面纱，我们期待更多的考古发现。

莫敖。莫敖在传世文献中有诸多不同的写法，例如：《左传》作"莫敖"；《汉书古今人表》作"郑敖"；《淮南子·修务训》、《汉书·五行志》作"莫嚣"。莫敖是对莫敖一族首领的称呼，其首领以"莫敖"身份行世。由若敖一族来源于若敖熊仪来看，莫敖一族当与之相似。学界一般认为莫敖一族来源于楚先君蚡冒，我们认为这一观点可信。当然对于莫敖之族来源于蚡冒之说，学界也有不同的意见。②

春秋时期的莫敖全部由屈氏成员担任，并且可以排一谱系：屈瑕——屈重——屈完——屈到——屈建——屈荡——屈申——屈生。③ 既然春秋时期的莫敖皆由屈氏成员担任，并且按照楚"敖"的一般性质来看，莫敖之族的来源应该与屈氏的起源关系密切，寻找到屈氏之族源也就基本找到了莫敖一族之来源。

《楚辞章句》："楚武王生子瑕，受屈为客卿，因以为氏。"郑樵《通志·氏族略三》："屈氏，楚之公族也。楚武王子瑕，食采于邑，因以为氏。屈原其后也。"何浩认为："始受封于屈的公子瑕，就成为屈氏家族的始祖了。"④ 但也有学者提出不同的意见，他们认为屈

---

① 刘信芳认为作为楚大夫的阎敖、莫敖、蒍敖则是氏族首领兼楚官。请参阅刘信芳《楚国诸敖琐议》，《江汉论坛》1987 年第 6 期。
② 请参阅田成方《东周时期楚国宗族研究》，博士学位论文，武汉大学，2011 年，第 36 页。
③ 刘信芳论证屈完为莫敖。刘信芳：《楚国诸敖琐议》，《江汉论坛》1987 年第 6 期。
④ 何浩：《春秋战国时期楚屈氏世系考述》，《中南民族学院学报》1984 年第 4 期。

瑕并非武王之子，而是武王之弟。① 关于屈氏的起源问题，学界争议较大，难以形成统一的意见。清华简《楚居》有"屈紃"，整理者指出其与楚武王后裔屈氏当无关系②，此说可信。同时，我们认为不论屈瑕为"武王子"还是"武王弟"，其祖先为楚君蚡冒的观点当属可信。

"莫敖"数见于《左传》等传世文献，但是其相关记载却语焉不详。前人学者很早就对"莫敖"产生了极大的兴趣，但是碍于相关研究材料的匮乏，该问题一直没有得到妥善的解决。通过相关文献的记载我们可以看出，莫敖既可以是军事首领，也可以是作为楚王使臣朝聘会盟，职掌王族事务。所以关于"莫敖"的性质问题，学界一直对此未形成统一的意见。例如：南宋孙逢吉《职官分纪》认为莫敖相当于司空，明董说《七国考》认为楚改司空为莫敖。姜亮夫认为莫敖即三闾大夫，即后世的宗正。③ 同时，也有学者注意到"莫敖"在楚国历史上的地位也曾发生过一系列变化。例如，清人顾栋高认为："楚自桓公六年，武王侵随，始见《左传》。其时斗伯比当国，主谋议，不着官称。十一年莫敖屈瑕盟贰轸，败郧师于蒲骚，时则莫敖为尊，宜亦未有令尹之号。至庄四年，武王伐随栖檀木之下。令尹斗祁、莫敖屈重除道梁溠，营军临随，令尹与莫敖并称，亦不知尊卑何别。嗣后莫敖之官，或设或不设，间与司马并列令尹之下。而令尹依次相授，至战国犹仍其名。其官大都以公子或嗣君为之，他人莫得与也。"④

我们认为《左传》中的莫敖就是莫敖一族的首领，其以莫敖身份行世。由于他们属于王室成员，所以可以充当很多重要的角色。至于莫敖地位的变化，可以从以下两个方面考虑：一、与当时整个社会的中央集权加强有关；二、与莫敖一族实力的变化密切相关。

---

① 田成方：《东周时期楚国宗族研究》，博士学位论文，武汉大学，2011年，第39页。
② 李学勤主编：《清华大学藏战国竹书（壹）》，中西书局2010年版，第184页。
③ 按：以上各家说法请参阅唐嘉弘《释"莫敖"》，《江汉论坛》1984年第8期。
④ （清）顾栋高：《春秋大事表·春秋令尹表叙》，中华书局1993年版，第1881页。

随着中央集权的不断加强、楚国官制的不断完善，莫敖逐渐演变为一种官职，这可以从相关楚地出土文字资料得到证明。包山简等出土文字资料中莫敖习见，其性质大多为地方官员。同时，我们应该注意到出土文献中不仅有莫敖，还有大莫敖。过去一般认为大莫敖属于中央官员，莫敖属于地方官员，我们认为这种观点是存在一定问题的。地方的莫敖的确可以看作地方官员，但是大莫敖却应该区别对待。大莫敖是莫敖一族首领，其为王室成员，所以在国家事务中充当很重要的角色。楚地出土文字资料中的大莫敖有时候可以简略记为莫敖，例如，曾侯乙墓 1 号、12 号简为"大莫嚻䲦嗓"[1]，新蔡简甲三·36 为"大莫嚻䲦为"，而清华简《系年》114、116 却记为"莫嚻阳为"。我们认为之所以出现这种省略是因为阳为是以莫敖一族的氏族首领行世，在当时来看这种省略并不会造成误解。类似省略方式也见于包山 159 号"莫敖之军"，我们认为从此处的莫敖拥有军队来看，此莫敖当非地方官员性质。《系年》所记"王命阳为率师"之师和包山 159"莫敖之军"是属于什么性质的军队呢？包山简中有这样一条纪年"大司马悼滑将楚邦之师徒以救巴之岁"，"楚邦之师"和"莫敖之军"、"王命阳为率师"之师当并非一类。我们认为"莫敖之军"当即如同"若敖六卒"一样，属于莫敖一族的族兵。

大莫敖又见于包山 7 号简"大莫敖屈阳为"，我们认为此处之"屈阳为"即见于清华简、新蔡简、曾侯乙墓中的"莫敖阳为"、"大莫敖阳为"。李学勤曾经指出阳为即出自楚穆王的阳氏，我们认为这种说法似乎有可商之处。莫敖乃莫敖一族的氏族首领，其一直由屈氏担任，此处却由阳氏担任于理不合。楚地出土文字资料中这种省略姓氏的现象并非少见，例如包山 116 号的"鄝莫敖昭疐"，在包山 105 号记作"鄝莫敖疐"。因此，我们认为包山简中的"大莫敖屈阳为"即清华简等出土资料中的"莫敖阳为"。但是清华简《系年》"莫敖阳为"之事迹约在公元前 425 年，这与包山简的下葬年限相差太大。我们认为这可以从包山简的《集箸》、《集箸言》的性质来考虑，李

---

[1] 此处之䲦嗓即阳为，请参阅李学勤《论葛陵楚简的年代》，《文物》2004 年第 7 期。

学勤在讨论"鲁阳公以楚师后城郑之岁"的时候认为其可能为追记。①包山简《集箸》、《集箸言》的性质问题极为复杂，现在看来其为追记的可能性是很大的。

若敖。学界一般认为若敖氏即来源于楚君若敖熊仪，有学者指出："楚先君若敖的后代一支继承王位，另一支则以'若敖'作为宗族名称。"②熊仪之后，若敖是对楚国若敖一族氏族首领的称呼，其首领以若敖身份行世。楚国历史上有名的斗氏、成氏即出自若敖一族。《通志·氏族略三》："斗氏，芈姓，若敖之后。按若敖名熊义，其先无字，斗者必邑也，其地未详。"郑樵这种"以邑为氏"的说法一般为学界所接受。但是学界对成氏得名的由来却众说纷纭，没有形成统一的认识。③也有学者指出："若敖氏如同鲁之三桓，郑之七穆，晋国的桓族、庄族，宋国的戴族等，是'某诸侯后裔组成的近缘氏集团'，并非独立的宗氏。"④

《左传·宣公四年》："初，若敖娶于䢵，若敖卒。从其母畜于䢵，淫于䢵子之女生子文焉。"此处之若敖非若敖熊仪，应该是若敖氏首领以若敖身份行世。⑤斗氏、成氏在楚国历史上曾经辉煌过很长一段时间，后为楚庄王所灭。楚国历史上比较有名的成氏、斗氏人物有成得臣、斗椒、斗韦龟、斗成然等。楚庄王灭若敖氏之事见《左传·宣公四年》："秋七月，戊戌，楚子与若敖氏战于皋浒。"又见《史记·楚世家》："九年，相若敖氏。人或谗之王，恐诛，反攻王，王击灭若敖氏之族。"

蔿敖。如同莫敖、若敖一样，蔿敖也应该是楚国对某一氏族首领

---

① 李学勤：《论包山楚简鲁阳公城郑》，《清华大学学报》（哲学社会科学版）2004年第3期。
② 王廷洽：《楚国诸敖考释》，《江汉论坛》1986年第6期。
③ 田成方：《东周时期楚国宗族研究》，博士学位论文，武汉大学，2011年，第67页。
④ 同上文，第63页。
⑤ 有学者认为此处之若敖可以理解为若敖氏，即以若"敖"代指楚君若敖某子。此公子即斗伯比之父、斗氏族之祖。请参阅田成方《东周时期楚国宗族研究》，博士学位论文，武汉大学，2011年，第64页。

的称呼,其首领以蔿敖身份行世。蔿敖见于传世文献,例如,《左传·宣公十二年》:"蔿敖为宰,择楚国之令典,百官象物而动,军政不戒而备,能用典矣。"早有学者指出此处之蔿敖当即大家所熟知的孙叔敖。20世纪末随着河南淅川下寺、和尚岭和徐家岭等墓地的发掘,有关蔿氏家族的研究逐渐成为楚史研究的热门话题。关于蔿氏家族的起源问题,前人曾有所讨论,例如:《潜夫论·志氏姓》:"蚡冒生蔿章者,王子无钩也。令尹孙叔敖者,蔿章之子也。"蔿章《左传·桓公六年》记作薳章。《通志·氏族略五》:"薳氏,亦作蔿,芈姓,楚蚡冒之后,薳章食邑于薳,故以命氏。"但是,到目前为止薳氏族源问题学界尚未形成统一的认识。例如:李零认为薳氏出自熊严之子叔熊,是楚国的叔孙氏。① 陈伟认为或出自蚡冒。② 田成方认为或出自《楚居》所记载的季连次子远仲。③ 包山楚简中有远氏,刘信芳认为其即为楚国之薳氏。④ 出土文献中的蔿氏,其有薳、蔿、伪、蘮等不同的写法。有学者认为蔿、伪的分立是薳氏宗族不断发展膨大的结果,其当为薳氏的小宗。⑤ 蔿氏家族在楚国历史上也是赫赫有名的,如蔿吕臣、蔿贾、蔿艾猎、蔿掩等人。薳氏家族也不乏赫赫有名的人物,如薳章、薳罢、薳射、薳泄等人。

连敖。由莫敖、若敖、蔿敖来看,连敖最初也应该是对楚国某一族氏族首领的称呼,其首领以连敖身份行世,后来逐渐演变为一种官职。连敖不见于先秦传世文献,楚地出土文字资料中数见。有学者指出,战国时期的连敖即春秋时期的连尹。⑥ 这种说法具有一定的道理,但两者是否为一物尚待进一步研究。因为连尹、连嚣皆见于楚地出土

---

① 李零:《楚国族源、世系的文字学证明》,《李零自选集》,广西师范大学出版社1998年版,第213—226页。
② 陈伟:《淅川下寺二号楚墓墓主及相关问题》,《江汉考古》1983年第1期。
③ 田成方:《东周时期楚国宗族研究》,博士学位论文,武汉大学,2011年,第17页。
④ 刘信芳:《楚系简帛释例》,《江汉论坛》1987年第6期。
⑤ 田成方:《东周时期楚国宗族研究》,博士学位论文,武汉大学,2011年,第28页。
⑥ 刘信芳:《楚系简帛释例》,《江汉论坛》1987年第6期。

文字资料，且清华简《系年》有"连尹襄老"和传世文献所记一致。由于相关资料的阙如，我们对连敖的起源并不清楚，要想解决这个问题我们只能期待更多的考古发现。

阎敖。从相关楚"敖"来看，阎敖也应该是对楚国某一氏族首领的称呼，氏族首领以阎敖身份行世。阎敖见于《左传·庄公十八年》："初，楚武王克权，使斗缗尹之。以叛，围而杀之。迁权于那处，使阎敖尹之。及文王即位，与巴人伐申而惊其师。巴人叛楚而伐那处，取之，遂门于楚。阎敖游涌而逸，楚子杀之，其族为乱。冬，巴人因之以伐楚。"由于相关资料的阙如，我们对阎敖一族所知甚少。但是从"楚子杀之，其族为乱"来看，阎敖当属一氏族并且具有一定的军事力量。

从相关典籍来看，秦末反秦斗争中楚国故地仍有一部分"敖"，其应当是楚敖在楚国故地的历史遗留。例如：《史记·曹相国世家》："参功：凡下二国，县一百二十二；得王二人，相三人，将军六人，人莫敖、郡守、司马、候、御史各一人。"《史记·项羽本纪》："义帝柱国共敖将兵击南郡，功多，因立敖为临江王。"《史记·淮阴侯列传》："汉王之入蜀，信亡楚归汉，未得知名，为连敖。"

综上所述，我们认为楚"敖"之敖来源于原始社会对氏族首领的一种称呼。莫敖、若敖等皆为楚国某一族的氏族首领，其首领以莫敖、若敖等身份行世。随着中央集权的加强、楚国官制的不断完善，一部分楚"敖"演变为官职。楚国灭亡之后，一部分楚"敖"在一定程度上仍然存在于楚国故地。

第十二章 楚文字中的火形部件及相关字

第一节 楚文字中的火及火形部件

楚文字中火无论是作为单字，还是构字部件都较为常见。楚文字中火一般写作火（郭·唐10）、火（上博四·曹63）、火（清华三·祝2）等形。火作为构字部件也较为常见，如火（上博三·周53）、火（上博二·容44）、火（清华三·芮21）等。从楚文字中相关火字及火旁来看，主要有两种写法，即有无横笔为饰。火字见于《说文》，小篆写作火。《说文》："火：毁也。南方之行，炎而上。象形。凡火之属皆从火。"火字出现时间较早，甲骨时期就已经出现。甲骨资料中的火一般写作火（合11503反）、火（合2874）、火（合30158）、火（合27317）、火（合30774）等形。学界一般认为火是火焰的象形字。从甲骨资料中的相关火字来看，后世文字中的火是在火这种形体的基础上截除式省略而来。西周时期金文中的火字一方面继承甲骨时期的写法，一方面字形略有变化。西周时期金文资料中的火作为构字部件较为常见，如火（裘卫盉·西周中期·集成15.9456）、火（五年琱生尊甲·西周中期·文物07.8）、火（多友鼎·西周晚期·集成05.2835）。在以后的文字演变过程当中，火字基本传承火这种形体，一直到隶、楷阶段都没发生多大变化。

古文字中火字及从火之字形体大都有例可循，所以在释读方面一般不会存在什么问题。但是，古文字中有些火形部件则并非来源于火，其来源十分复杂。例如，楚文字中亦字所从的人形有时候会写得上下分离，遂导致下部像火，如亦（郭·老乙5）、亦（上博五·鲍

8)、柰▨（天卜）等。有时候亦直接就和火发生了讹混，如▨（上博一·缁10）。鼎写作▨（包254），鱼写作▨（包259），鼎、鱼二字下部所从的部件均演变为火形部件。楚文字中黄字一般写作▨（包21）、▨（上博三·周47）、▨（清华二·系115）等形，下部逐渐演变为火形部件，遂导致和堇字所从形近。楚文字中堇作为构字部件较为常见，一般写作▨（郭·老甲24）、▨（上博一·缁4）、▨（上博二·容45）等形。

由于楚文字中火形部件来源复杂，所以有时候会造成释读的困难，如▨（郭·老乙5）、▨（郭·老乙6）。关于该字的构形问题，学界历来有不同的意见，大家一般将其隶定为鼎。关于该字上部所从的两个"贝"形，过去一般理解为贝或者鼎①。楚文字中鼎、贝二字有时候会发生讹混，冯胜君指出贝字下部笔画没有添加装饰性笔画点的情况，从而怀疑上部可能是鼎。其实仔细观察▨、▨上部所从的部件，我们不难发现其目形部件写法是标准的目字写法，即呈现出尖角，和楚文字中的鼎、贝省变体区别明显。白于蓝认为，▨、▨可分析为从昍紧声②。我们认为白于蓝的说法可信。

楚文字中的火形部件来源复杂，稍不注意就会导致误释现象的发生。下面结合楚文字中的罙、炅二字，谈谈我们对楚文字中一些火形部件的认识。

第二节　楚文字中的罙

上博简中有一▨（上博九·陈1）字，相关简文为"君王焉先居▨▨之上，以观帀徒焉"。同篇简文中又有一个以其为构字部件的字，写作▨（上博九·陈14），相关简文为"命帀徒杀取禽兽雉兔，帀徒

---

① 冯胜君：《试说东周文字中部分"婴"及从"婴"之字的声符——兼释甲骨文中的"瘿"和"颈"》，2009年7月，复旦大学出土文献与古文字研究中心网站（http://www.gwz.fudan.edu.cn/SrcShow.asp? Src_ ID = 860）。

② 白于蓝：《读郭店简琐记（三篇）》，《古文字研究》2006年第26辑。

乃阇，不【一】童之于后，以▆王卒，三鼓仍行；▆内王卒不歨，遂鼓仍行"。关于此二字的考释，上博简整理者将其分别释为灾、窒，读为灾①。整理者的这种释读意见，得到了一部分学者的认同。这种释读意见的主要依据是可以将▆分析为从宀从火，《说文》中有烖字异体，写作▆。在以后的研究过程当中，有学者认为该字并非烖字异体，主张将其释为罙。例如张崇礼认为：

▆可读为"堪"。罙，书母侵部；堪从甚声，甚，禅母侵部。二者音近可通。《说文》："堪，地突也。"段注："地之突出者曰堪。"▆，当分析为从土䜌声，疑应释为"峦"。䜌与䜌同属来母元部，音近可通。《楚辞·王逸〈九思·守志〉》："陟玉峦兮逍遥。"旧注："山脊曰峦。""君王焉先居堪峦之上，以观师徒焉"，君王于是先处在突出的山脊之上，来观看士卒。②

关于古文字中的罙字及其形体演变，赵平安曾经有所论证③。赵平安认为罙字形体演变如下：

▆（弜伯罙鼎）——▆（沁阳载书）——▆（石鼓文深字偏旁）——▆（中山王壶深字偏旁）——▆（马王堆医书养生方）——罙（嘉平石经仪礼）——罙（楷书）。④

赵平安认为罙字构意是火在穴中，本义当为微火。《说文》中有突字，小篆写作▆，许慎认为"突：深也。一曰灶突，从穴从火，从求省"。关于突字的构形，历来存有一定的争议，有学者认为从宀术声，或说从宀从又，会用手探宀之意⑤。

从字形上来看，将▆（上博九·陈1）、▆（上博九·陈14）释为灾、罙皆有一定的道理。楚文字中火作为构字部件较为常见，一般

---

① 马承源主编：《上海博物馆藏战国楚竹书（九）》，上海古籍出版社2013年版，第169、182页。
② 张崇礼：《读上博九〈陈公治兵〉札记》，2013年1月，复旦大学出土文献与古文字研究中心网站（http://www.gwz.fudan.edu.cn/SrcShow.asp? Src_ID=2009）。
③ 赵平安：《释"罙"》，《考古》1992年第10期。
④ 同上。
⑤ 黄德宽主编：《古文字谱系疏证》，商务印书馆2007年版，第3918页。

写作烧：▨（包186）、然：▨（郭·老乙15）、焚：▨（上博三·周53）等形。楚文字中往往有在竖笔上添加横画作为饰笔的现象，因此楚文字中的火又可以写作▨（上博四·曹63）、烛：▨（包·163）、焚：▨（清华三·芮21）等形。从▨（上博九·陈1）、▨（上博九·陈14）二字形体来看，将其分析为从宀从火似乎可信。但细审该二字所从的部件，我们不难发现和火存在一定的差异。一般来说，楚文字中火字所添加的装饰性横笔比较平直。▨、▨二字所从部件的横笔则呈现出弯曲现象，尤其是▨横笔弯曲现象更为明显。从简文来看，"先居灾乱之上"也并不好理解。

从▨（上博九·陈1）、▨（上博九·陈14）二字形体来看，和三晋文字相关罙字相似，主要区别在于从宀、穴的差异。古文字中宀、穴作为构字部件经常换用，所以将其释为罙和从罙的字皆有一定的道理。楚文字中罙字一般写作▨（清华三·芮26）、▨（清华三·芮11）、▨（上博五·季11）等形，从罙的字也基本写作此形，如深字写作▨（郭·老甲8）、▨（郭·尊19）、▨（郭·性23）、▨（上博五·柬4）等形。此外，罙还有一种写法，如深：▨（上博一·孔2）。从▨字形体来看，所从的罙和▨、▨二字存在一致性，两者的主要差别在于从宀和从穴。上文已经说过，古文中宀、穴作为构字部件可以换用。因此，将▨、▨释为罙在字形方面能够说通。此外，▨、▨火形部件所从的横笔弯曲和▨字一致。结合字形和相关简文来看，我们比较倾向于将其释为罙，相关释读问题可暂从张崇礼所言。

从相关古文字资料来看，汉字中的罙字来源可能有两个。一个当如赵平安所言是火在穴中，本义当为微火。一个是从穴从又，会用手探穴之意，如▨（上博五·柬4）字所从之罙。从▨字形体来看，可分析为▨、▨、▨这样三个部件。▨可以看作是又添加两点为饰。在文字的演变过程当中，从火从穴的罙和从又从穴的罙逐渐合并，到了隶楷阶段，已经讹变为罙了。▨字所从这种写法的罙可以看作是两者合并的中间阶段，形体为从火从穴和从又从穴罙的杂糅。在古文字阶段，文字的杂糅现象并不少见①。因此，⿰字所从这种写法的呆字并不奇怪。

综上所述，⿰（上博九·陈1）、⿰（上博九·陈14）所从之火形部件和楚文字中的火字相比较，两者存在一定的差异，主要表现在⿰、⿰所从火形部件横笔弯曲。因此，⿰、⿰所从火形部件并不能看作火，而应该看作是像⿰所从部件一样属于火、又的杂糅。

第三节　楚文字中的炅

楚文字中炅作为构字部件较为常见，例如⿰（楚帛书）、⿰（包85）、⿰（郭·六33）等。在以往的研究过程当中，大家对楚文字中的这些炅形认识并不统一。我们认为楚文字中的炅可能是鼎字省变体，我们将结合古文字中的相关炅字作出一定的探讨。我们认为古文字中的炅字可能有两个来源：一个是从火日声的炅；另一个是鼎字的省变体。

秦公钟有"锓静不廷"一句，同样的铭文又见于秦公簋，两处锓字分别写作⿰、⿰。类似的语句又见于秦公大墓石磬残铭，如"不廷锓囗"、"囗廷锓静"②。从上述诸器来看，锓字右部似乎从炅。③但是结合战国楚文字中从"炅"相关诸字来看，秦公钟锓所从似乎另有来源。④宋人吕大临、薛尚功依据文意将锓释为镇字，近人多从之，但对锓字构形却缺乏深入分析。刘乐贤、王辉等学者认为锓字从炅，炅

---

① 关于文字杂糅现象，孙伟龙曾有一定的讨论。孙伟龙：《也谈"文字杂糅"现象》，《古文字研究》2012年第29辑。

② 按：石磬残铭请参阅《秦文字集证》图版76、77。王辉：《秦文字集证》，艺文印书馆1999年版，第59—85页。

③ 按：刘乐贤、王辉皆认为秦公钟字形或摹写有误，请参阅刘乐贤《释〈说文〉古文慎字》，《考古与文物》1993年第4期。王辉：《秦文字集证》，艺文印书馆1999年版，第115页。

④ 按：即本书将要提到的古文字一些炅旁来源于鼎字省变。

是一个从火日声的字，所以䥽可以读为镇。① 国差𦉜中有一𤓯字，词例为"齐邦𤓯静安宁"，字形写作𤓯。在以往的研究过程当中，学界一般认为𤓯即《说文》中的𤓯，读为"谧"。我们认为䥽、𤓯二字的构形及相关铭文释读尚有可商之处，本书准备谈谈我们对这一问题的一些看法，遂成小文以就教于方家。

炅见于《说文》，小篆写作𤎅，许慎认为"炅，见也，从火、日"。《说文》关于炅字的解释，历来都是一个具有争议的问题，相关著作也曾作出讨论，文繁不一一俱引。关于古文字中炅的构形问题，学界一般认为是一个从火日声的字，为热字异体，和《说文》炅字并非一字。② 我们认为这种说法具有一定的可信性，但是对于古文字中"炅"旁来源问题，我们认为尚有可商之处。

楚帛书中有一𡨄字，当时大家对其认识不够，相关语句的释读也不尽如人意。随着出土资料的不断公布，古文字中的"炅"及相关诸字逐渐成为学界的一个热点话题，同时又是一个难点话题。据我们的统计，"炅"及相关诸字主要出现在以下材料当中。

（1）秦出土文字资料

䥽（秦公镈）䥽静不廷。𤓯（秦公簋）䥽静不廷。③

（2）楚出土文字资料

a 楚帛书：𤓯气仓气。b 天星观：𤓯□緐车二乘

c 包山简：𤓯酓相䵣（85）、𤓯邵䵣（82）、𤓯陵公䵣（103）、𤓯邗䵣（115）、𤓯黄䵣（124）、𤓯黄䵣（125）、𤓯郯畋尹䵣之人（194）、𤓯都緐（97）、𤓯大厨尹公𤓯必与戠三十（139）、𤓯鄟人邓苍（179）

d 新蔡简：𤓯麃贶（甲三 342—2）、𤓯鲧䵣（甲三 33）、𤓯与䵣同祟（甲三 3）、𤓯□䵣以龙䵣□（零 122）、𤓯□䵣□（乙四 118）、𤓯□

---

① 刘乐贤、王辉皆认为秦公钟字形或摹写有误，请参阅刘乐贤《释〈说文〉古文慎字》，《考古与文物》1993 年第 4 期。王辉：《秦文字集证》，艺文印书馆 1999 年版，第 115 页。

② 李零：《古文字杂识（五则）》，《国学研究》1995 年第 3 卷。

③ 按：石磬残铭请参阅《秦文字集证》图版 76、77。王辉：《秦文字集证》，艺文印书馆 1999 年版，第 59—85 页。

周墨习之以真黿☐（零213、212）

　　e 郭店简：❐昵之为言也，犹昵也，少而炅多者也。（郭·六33）

　　f 上博简：❐举天下之作，强者果天下之大作，其❐龙不自若作，庸有果与不果？两者不废。（上博三·恒11）

　　（3）马王堆汉墓帛书：❐静胜炅（德经19）、❐或炅或吹（道经151）

　　古义字中与炅相关诸字，较早引起学界关注是其在楚帛书中的用法。当时大家对寞字构形认识不同，相关语句的释读也不同。饶宗颐认为寞字从熏，这一观点当时在学界的影响颇大，学界多从之。① 后来严一萍结合相关金文认为寞字从寮，此观点在学界也产生了不小的影响。② 炅作为单字出现于马王堆汉墓帛书，与热字形成异文。整理者认为炅是从火日声，当即热之异体字，不读古回切或古惠切。③ 据此，饶宗颐又认为炅即热字，并且认为楚帛书中的㞒是从中从炅当为熏字之异构。④ 连劭名认为寞字从黄，读为寞。⑤ 曾宪通认为寞乃㞒字之繁体，㞒是从炅中声，炅即热之初文，寞乃燥字异构。⑥

　　包山简中有一些从炅的人名用字，如❐、❐、❐、❐等，同时又有戜、郑这样两个字。包山简公布之后，有些学者还是按照原来的观点认为这些从炅的字从寮。后来李零结合相关字形认为炅乃㞒之省，炅是热字省变的结果，炅和秦公簋铭字所从及《说文》炅字只不过是凑巧同形罢了。⑦ 刘信芳在肯定李零的基础上加以补充论证，认为包山简中的戜即炽字古文，㞒即戜之省。⑧ 关于李、刘两家的说法，周

---

① 饶宗颐：《长沙出土战国缯书新释》（选堂丛书之四），香港义友昌记印务公司1958年版，第7页。高明：《楚缯书研究》，《古文字研究》1985年第12辑。
② 详细情况可参阅徐在国《楚帛书诂林》，安徽大学出版社2010年版，第486页。
③ 国家文物局古文献研究室：《马王堆汉墓帛书（一）》，文物出版社1980年版，第3页。
④ 饶宗颐：《楚帛书新证》，《楚帛书》，中华书局香港分局1985年版，第17—18页。
⑤ 连劭名：《长沙楚帛书与中国古代的宇宙论》，《文物》1981年第2期。
⑥ 曾宪通：《楚帛书文字新订》，《中国古文字研究》1999年第1辑。
⑦ 李零：《古文字杂识（五则）》，《国学研究》1995年第3卷。
⑧ 刘信芳：《楚帛书解诂》，《中国文字》1996年新21期。

凤五持赞同意见。① 关于䣰字学界也有诸多不同的释读意见，吴良宝认为䣰从日为基本声符，䣰可能读为慎，并怀疑慎是楚县。②

炅旁作为人名用字又见于新蔡简中，因此新蔡简一经公布，学界对此又产生了浓厚的兴趣。③ 后来相继公布的上博简当中，炅作为构字偏旁也零星有所出现，学界对其也有所讨论。④

从相关研究成果来看，学界一般把炅、炅当作一个字来处理，一般认为前者是后者的简省，或者后者是前者的繁化。⑤ 学界在研究炅的时候，一般是利用相关古文材料对炅进行考释，主要有以下三种意见：一是认为炅即寮字；二是认为炅与炽字古文有关；三是认为炅与慎字古文有关。上述三种观点的优劣，李春桃已经做出了很好的评价。李春桃在分析戜、䣰二字构形的时候，主要是利用了以下两点证据，一、《郭店·六德》用"炅"，《马王堆帛书·五行》用"轸"的异文关系；二、震字古文写作𩆝。从李文来看，比较倾向于戜、䣰二字所从之炅是慎字古文的观点。⑥ 从相关古文字材料来看，李文将炅和轸，戜、䣰和震字古文相联系是正确的。这为我们认清炅字构形在读音方面提供了重要的价值线索，炅极有可能就是一个与真部字密切相关的字。由此出发，将天星观简"縶车二乘"读为"轸车两乘"应该是没有什么问题的。

从相关古文字资料来看，把炅看成炅的简化，或者认为炅是炅的繁化都有一定的道理。但是结合秦公簋等诸器来看，我们认为炅和炅

---

① 周凤五：《子弹库帛书"热气仓气"说》，《中国文字》1997年新23期。
② 吴良宝：《包山楚简"慎"地考》《中国文字》2007年新三十三期。
③ 何琳仪：《新蔡竹简选释》，《安徽大学学报》（哲学社会科学版）2004年第3期。沈培：《从战国楚简看古人占卜的"蔽志"——兼论"移祟"说》，《古文字与古代史》2007年第1辑。
④ 请参阅刘信芳《上博藏竹书〈恒先〉试解》，2004年5月，简帛研究网（http://www.bamboosilk.org/showarticle.asp?articleid=936）。孟蓬生：《上博竹书（四）间诂序》，2005年2月，简帛研究网（http://www.jianbo.org/admin3/2005/mengpengsheng002.htm）。
⑤ 按：徐在国即认为炅是炅字添加声符中。请参阅徐在国《楚帛书诂林》，安徽大学出版社2010年版，第492页。
⑥ 李春桃：《传抄古文综合研究》，博士学位论文，吉林大学，2012年，第239—244页。

的关系似乎并没这么简单，或者有不同的来源。按照上文所讲的炅与真部字密切相关的观点，再结合炅相关形体来看，我们认为炅及"炅"或许就是鼎字的省变体。《郭店·六德》中的炅写作🗌，中间所从似乎和楚文字常见日旁有一定的差距。楚文字的鼎可以写作🗌（包265）、🗌（包270）、🗌（包254）、🗌（畬🗌鼎）等形，我们认为炅为鼎字省变体的可能性是存在的。🗌上部所从的中可以看作是鼎字上部笔画的讹变，中间日形可以看作是鼎身的讹变，下部火形可以看作是鼎足的讹变。值得一提的是，楚文字中的火形有众多来源。炅为鼎字省变体的观点，也可以从战国楚简人名用字鼏中找到蛛丝马迹。鼏作为人名用字见于包山、新蔡简中，鼏在相关简文中又有诸多异体。我们知道古代鼎、匕作为器具经常成对出现，所以鼏字从匕很可能是在鼎字讹变成炅之后为了增加表意功能而追加的义符。至于楚简中的鼏字异体鼏、鼏，所从的斤、纟则很可能与古文字慎有关，可以看作是追加的声符。① 由以上相关人名用字来看，恐怕就连当时的一部分楚人也已经搞不清楚炅的来源了。

此外，炅为鼎字省变的观点也可以从以下诸字看出端倪。新蔡简中的🗌，原考释者隶定为寘，张胜波隶定为寅，袁金平隶定为寘，宋华强将寘读为缜。② 上博简《郑子家丧》中有一个读为颠的字，字形写作🗌、🗌，我们认为此二形所从之声符及新蔡简中的🗌和鼎字密切相关。③ 🗌、🗌二字所从之声符，后来逐渐演变为真字，古文字中真、鼎二字形体方面关系密切，楚文字中尤甚。裘锡圭、李家浩认为楚地

---

① 按：古文字慎相关解释请参阅陈剑《说慎》，《甲骨金文考释论集》，线装书局2007年版，第39—53页。萧毅：《楚简文字研究》，武汉大学出版社2010年版，第225—231页。

② 贾连敏：《新蔡葛陵楚墓》，大象出版社2003年版，第215页。张新俊、张胜波：《新蔡葛陵楚墓竹简文字编》，巴蜀书社2008年版，第91页。袁金平：《新蔡葛陵楚简字词研究》，博士学位论文，安徽大学，2007年，第21—23页。宋华强：《新蔡葛陵楚简初探》，武汉大学出版社2010年版，第411页。

③ 按：高佑仁也曾联系该字形和新蔡简相关字形考虑，请参阅赖怡璇《楚地出土战国简册（十四种）校订》，花木兰文化出版社2012年版，第227页。

真、耕两部音近。① 曾侯乙墓 125 号简有一🔲（摹本🔲）字，词例为"二🔲吴甲"。曾简整理者怀疑是真字，真当读为量词"领"，但又认为字音未能密切，待考。② 现在看来，🔲上部所从很可能就是鼎，鼎是端纽耕部字，领是来纽耕部字，两者音近自然可以读通。

郭店简中有一厇字，字形写作🔲，上博简中与之用法相同的字写作🔲。楚简中还有一些与之用法相似，字形相近的字，在此一并列出。

🔲允也君子，厇也大成。（郭·缁 36）🔲允也君子，厇也大成。（上博一·缁 18）

🔲征和：辗转之实。（上博四·采 3）🔲是故，君子玉其言而厇（慎）其行。（上博五·季 3）

🔲城郭必修，缮甲利兵，必有战心以守。（上博四·曹 18）

郭店、上博《缁衣》中的厇，由于有传世本对照，所以将其读为展应该没有什么问题。但是学界对厇的构形却有不同的意见，其中较为流行的意见是认可裘锡圭的说法。裘锡圭认为"似当释'廛'，'廛'、'展'音近可通"③。但是也有学者提出不同的意见，例如：杨泽生认为🔲从石省、从鼎、从土，其中鼎为声。④ 禤健聪认为"我们试提出另一种推测，即所谓的'鼎'可能是'炅'。古文字的'炅'是'热'的异体，热属日母月部，上古音娘、日归泥，故'炅'与端母元部的'展'古音应该也十分接近"⑤。我们认为杨、禤二家的说法具有一定的道理，但是关于厇的构形问题尚需进一步的考虑。我们认为要想解决厇的构形问题，可以联系古文字中的庶。庶字早在甲骨时期就已出现，字形写作🔲（合 4292）、🔲（合 22045）。战国楚文字中的庶可以写作🔲（包 258）、🔲（包 257）、🔲（上博四·内）。于省吾认为庶字"从火石、石亦声，是一个会意兼形声的字"，炪之本

---

① 裘锡圭、李家浩：《曾侯乙墓竹简释文与考释》，《曾侯乙墓》，文物出版社 1989 年版，注 72。
② 同上书，注 130。
③ 荆门市博物馆：《郭店楚墓竹简》，文物出版社 2005 年版，第 135 页。
④ 杨泽生：《战国竹书研究》，中山大学出版社 2009 年版，第 153 页。
⑤ 禤健聪：《上博楚简（五）零札（一）》，2006 年 2 月，简帛网（http://www.bsm.org.cn/show_article.php?id=226#_ftn2）。

义乃以火燃石而煮。① 从形体来看，壓、庶二字关系密切，只是两者的表意偏旁稍有区别。从上述列举壓字相关诸形来看，有两个系列：一个是火上从◯；一个火上从◯。结合古文字中则等相关形体来看，从火从◯之字可以看作是鼎之讹变。至于从火从◯之字则应该谨慎对待。可以将其看作是热字异体炅，也可以看作是鼎字省变体"炅"。战国楚文字中壓相关诸字的存在，也说明了古文字中"炅"旁来源之复杂。

《马王堆汉墓帛书》中的炅很有可能就是从火日声的热字异体。由于炅和鼎字省变体炅不但音近，而且两者字形也相似，所以在文字的演变过程当中炅、炅逐渐混用，以至于最后归为一字。战国楚简中的人名用字鼅、鼅即是其例。

鼎在楚文字中有一变体，字见◯（包129）。关于◯字的考释，历来存有争议。整理者认为是具字；张光裕、袁国华怀疑是贞字，读为"真"（慎）；白于蓝认为是煮字；刘钊认为是黄字；刘信芳将其隶定为贵，认为在简文中读为广；李守奎将其放在鼎字头。② 刘钊的观点在学界影响较大，学者们多从之。③ 近来又有学者指出◯为黄字，并加以补充论证。④ 从上述各家观点来看，◯字释读问题一直没有形成统一的认识。结合相关古文字资料来看，我们认为◯是鼎字的观点可信。

古文字中"炅"的构形既然存有两种可能，那么锓字所从的炅也存在两种可能。一种就是炅乃热字异体，从火日声。日是日纽真部字，镇是章纽真部字，两者音近自然可以通读。一种就是锓所从为鼎

---

① 于省吾：《释庶》，《甲骨文字释林》，中华书局1981年版，第431—435页。
② 湖北省荆沙铁路考古队：《包山楚简》，文物出版社1991年版，第48页。张光裕、袁国华：《读包山竹简札记》，《中国文字》1993年第17期。白于蓝：《包山楚简拾零》，《简帛研究》1996年第2辑。刘钊：《包山楚简文字考释》，《东方文化》1998年1、2期合刊。刘信芳：《包山楚简解诂》，艺文印书馆2003年版，第123页。李守奎：《楚文字编》，华东师范大学出版社2003年版，第438页。
③ 单育辰：《包山简案例研究两则》，《吉林大学社会科学学报》2012年第1期。
④ 赖怡璇：《楚地出土战国简册（十四种）校订》，花木兰文化出版社2012年版，第25、245页。

声,上文已经提及真、鼎关系密切,两者也自然可以读通。镇、静二字在古书中皆有安宁之义,"锒静不廷"可以理解为使不廷安宁。国差𦉥中的🅐,目前比较流行的看法是认为🅐就是《说文》中的鼐,将其读为"谧"。当然关于此字的考释,历来所存在的争议也是很大。例如阮元认为是貟字,刘心远认为是贮字,王国维认为是从贝凡声之字。但也有学者将其与秦公钟对读,如清人吴东发认为🅐当为镇字。①现在看来🅐下部从鼎当无疑问,但是否就是《说文》中的鼐却还有待进一步的探讨。不论🅐为何字,从鼎当无疑问,读为镇、鼐,训安宁之义当无大错。

---

① 请参阅刘庆柱《金文文献集成(十二册)·积古斋卷八》,线装书局2005年版,第12页。

参考文献

B

白于蓝：《包山楚简零拾》，《简帛研究》1996年第2辑。

白于蓝：《〈包山楚简文字编〉校订》，《中国文字》1999年新廿五期。

白于蓝：《包山楚简补释》，《中国文字》2002年新廿七期。

白于蓝：《曾侯乙墓竹简中的"卤"和"橹"》，《中国文字》2003年新廿九期。

白于蓝：《读郭店简琐记（三篇）》，《古文字研究》2006年第26辑。

邴尚白：《葛陵楚简研究》，博士学位论文，台湾大学，2007年。

C

蔡靖全：《楚国的"莫敖"之官与"屈氏"之族》，《江汉论坛》1991年第2期。

蔡哲茂：《读清华简〈祭公之顾命〉札记第三则》，2011年5月，简帛网（http：//www.bsm.org.cn/show_article.php? id=1473）。

曹方向：《上博九〈成王为城濮之行〉通释》，2013年1月，简帛网（http：//www.bsm.org.cn/show_article.php? id=1783#_edn14）。

曹方向：《上博简所见楚国故事类文献校释与研究》，博士学位论文，武汉大学，2013年。

曹锦炎：《从竹简本〈老子〉、〈缁衣〉、〈五行〉谈楚简文字构形》，第一届古文字与出土文献学术研讨会论文，2000 年 11 月。

陈伟：《淅川下寺二号楚墓墓主及相关问题》，《江汉考古》1983 年第 1 期。

陈伟：《包山楚简初探》，武汉大学出版社 1996 年版。

陈伟：《关于包山楚简中的"弱典"》，《简帛研究》2001 年。

陈伟：《上博、郭店二本〈缁衣〉对读》，2002 年 5 月，简帛网（http://www.jianbo.org/Wssf/2002/chenwei01.htm）。

陈伟：《郭店竹书别释》，湖北教育出版社 2003 年版。

陈伟：《读〈鲁邦大旱〉札记》，2003 年 1 月，简帛研究网（http://www.bamboosilk.org/Wssf/2003/chenwei02.htm）。

陈伟：《楚竹书〈周易〉文字试释》，2004 年 4 月，简帛研究网（http://www.bamboosilk.org/admin3/list.asp?id=1143）。

陈伟：《〈苦成家父〉通释》，2006 年 2 月，简帛网（http://www.bsm.org.cn/show_article.php?id=239）。

陈伟：《郭店竹书〈六德〉"以奉社稷"说》，2006 年 2 月，简帛网（http://www.bsm.org.cn/show_article.php?id=241）。

陈伟：《〈天子建州〉校读》，2007 年 7 月，简帛网（http://www.bsm.org.cn/show_article.php?id=616）。

陈伟：《〈郑子家丧〉初读》，2008 年 12 月，简帛网（http://www.bsm.org.cn/show_article.php?id=919）。

陈伟：《"刍"字试说》，2009 年 4 月，简帛网（http://www.bsm.org.cn/show_article.php?id=1026）。

陈伟主编：《楚地出土战国简册（十四种）》，经济科学出版社 2009 年版。

陈伟：《楚简中某些"外"字疑读作间试说》，2010 年 5 月，简帛网（http://www.bsm.org.cn/show_article.php?id=1257）。

陈伟、彭浩主编：《楚地出土战国简册合集·郭店楚墓竹书》，文物出版社 2011 年版。

陈伟：《读清华简〈系年〉札记》，2011 年 12 月，简帛网（http://www.bsm.org.cn/show_article.php?id=1598）。

陈伟武:《战国竹简与传世子书字词合证》,第四届国际中国古文字学研讨会论文,香港,2003年10月。

陈秉新:《上海博物馆藏战国楚竹书(二)补释》,《江汉考古》2004年第2期。

陈复华、何九盈:《古韵通晓》,中国社会科学出版社1987年版。

陈家宁:《"周秦之变"社会中的社会与文字》,2010年8月,复旦大学出土文献与古文字研究中心网站(http://www.gwz.fudan.edu.cn/)。

陈剑:《上海博物馆藏战国楚竹书〈从政〉篇研究(三题)》,《简帛研究》2005年。

陈剑:《上博竹书〈曹沫之陈〉(新编释文)》,2005年10月,简帛研究网(http://www.bamboosilk.org/admin3/2005/chenjian001.htm)。

陈剑:《谈谈〈上博(五)〉的竹简分篇、拼合与编联问题》,2006年2月,简帛网(http://www.bsm.org.cn)。

陈剑:《〈三德〉竹简编联的一处补证》,2006年4月,简帛网(http://www.bsm.org.cn/show_article.php?id=311)。

陈剑:《说慎》,载《甲骨金文考释论集》,线装书局2007年版。

陈剑:《读〈上博(六)〉短札五则》,2007年7月,简帛网(http://www.bsm.org.cn/show_article.php?id=643)。

陈剑:《金文零释四则》,2008年2月,复旦大学出土文献与古文字研究中心网站(http://www.gwz.fudan.edu.cn/srcshow.asp?src_id=335)。

陈剑:《释〈忠信之道〉的"配"字》,2008年2月,复旦大学出土文献与古文字研究中心网站(http://www.gwz.fudan.edu.cn/SrcShow.asp?Src_ID=343)。

陈剑:《清华简〈皇门〉"囂"字补说》,2011年2月,复旦大学出土文献与古文字研究中心网站(http://www.gwz.fudan.edu.cn/SrcShow.asp?Sc_ID=1397)。

陈斯鹏:《说凸及相关诸字》,《中国文字》2002年新廿八期。

陈斯鹏:《"眾"为"泣"之初文说》,《古文字研究》2004年第

25 辑。

陈斯鹏：《〈柬大王泊旱〉编联补议》，2005 年 3 月，简帛研究网（http://www.bamboosilk.org/admin3/2005/chensipeng002.htm）。

陈斯鹏：《楚简"史"、"弁"续辨》，《古文字研究》2008 年第 27 辑。

陈松长：《郭店楚简〈语丛〉小识（八则)》，《古文字研究》2000 年第 22 辑。

陈维礼：《〈晋书·夏侯湛传〉正误一则》，《文献》1995 年第 4 期。

陈炜湛、唐钰明：《古文字学纲要》，中山大学出版社 2009 年版。

陈炜湛：《包山楚简研究（七篇）》，纪念容庚先生百年诞辰暨中国古文字学国际研讨会论文，东莞，1994 年 10 月。

陈寅恪：《陈垣敦煌劫余录序》，《历史语言研究集刊》1930 年第 1 期。

陈媛媛：《〈楚帛书·乙篇〉集释》，硕士学位论文，吉林大学，2009 年。

程鹏万：《安徽寿县朱家集出土青铜器铭文集释》，黑龙江人民出版社 2009 年版。

程少轩：《读北大简〈周训〉首简小札》，2010 年 7 月，复旦大学出土文献与古文字研究中心网站（http://www.gwz.fudan.edu.cn/SrcShow.asp?Src_ID=1226）。

程燕：《读上博六札记》，2007 年 7 月，简帛网（http://www.bsm.org.cn/show_article.php?id=663）。

程燕：《上博七读后记》，2008 年 12 月，复旦大学出土文献与古文字研究网站（http://www.gwz.fudan.edu.cn/SrcShow.asp?Src_ID=586）。

仇雯、何明捷：《傻子?》，《咬文嚼字》2012 年第 8 期。

崔永东：《读郭店简〈成之闻之〉与〈老子〉札记》，《简帛研究》2001 年。

D

大西克也：《试论新蔡楚简的述（遂）字》，《古文字研究》2006年第26辑。

丁福保：《说文解字诂林》，中华书局1988年版。

丁四新：《楚竹书与汉帛书〈周易〉校注》，上海古籍出版社2011年版。

董莲池：《也说包山楚简中的"受期"》，《古籍整理研究学刊》1999年第4期。

董莲池：《说文解字考证》，作家出版社2005年版。

董莲池：《说文部首形义新证》，作家出版社2007年版。

董莲池：《新金文编》，作家出版社2011年版。

董莲池：《谈谈师酉簋字的释读》，《中国文字研究》2011年第14辑。

董姗、陈剑：《燕王职壶铭文研究》，《北京大学中国古文献研究中心集刊》2002年第3辑。

董珊：《读〈上博藏战国楚竹书（四）〉杂记》，2005年2月，简帛研究网（http：//www.jianbo.org/admin3/2005/dongshan001.htm）。

董珊：《读〈上博六〉杂记（续四）》，2007年7月，简帛网（http：//www.bsm.org.cn/show_article.php？id=649）。

董珊：《战国竹简中可能读为"说"的"心"字》，2008年5月，复旦大学出土文献与古文字研究中心网站（http：//www.gwz.fudan.edu.cn）。

段玉裁：《说文解字注》，浙江古籍出版社2004年版。

F

范常喜：《试说〈上博五·三德〉简1中的"瞑"——兼谈楚简中的相关诸字》，2006年3月，简帛网（http：//www.bsm.org.cn/show_article. php？id＝278）。

范常喜：《〈上博五·弟子问〉1、2号简残字补说》，2006年5月，简帛网（http：//www. bsm. org. cn/show_ article. php？id＝349）。

范常喜：《〈上博五·鲍叔牙与隰朋之谏〉简5"悟"字试解》，2006年7月，简帛网（http：//www. bsm. org. cn/show_ article. php？id＝377）。

范常喜：《读〈上博六〉札记六则》，2007年5月，简帛网（http：//www. bsm. org. cn/show_ article. php？id＝348）。

方勇：《战国楚文字中的偏旁形近混同现象释例》，硕士学位论文，吉林大学，2004年。

方稚松：《甲骨文字考释四则》，2009年5月，复旦大学出土文献与古文字研究中心网站（http：//www. gwz. fudan. edu. cn/SrcShow. asp？Src_ ID＝778）。

冯胜君：《论郭店简〈唐虞之道〉、〈忠信之道〉、〈语丛〉1—3以及上博简〈缁衣〉为具有齐系文字特点的抄本》，博士后研究工作报告，北京大学，2004年。

冯胜君：《郭店〈缁衣〉"渫"字补释——兼谈战国楚文字"枼"、"枽"、"枽"之间的形体区别》，中国简帛学国际论坛论文，台北，2007年。

冯胜君：《郭店简与上博简对比研究》，线装书局2007年版。

冯胜君：《试说东周文字中部分"婴"及从"婴"之字的声符——兼释甲骨文中的"瘿"和"颈"》，出土文献与传世典籍的诠释——纪念谭朴森先生逝世两周年国际学术研讨会论文，上海，2009年。

复旦大学出土文献与古文字研究中心研究生读书会：《〈上博七·吴命〉校读》，2008年12月，复旦大学出土文献与古文字研究中心网站（http：//www. gwz. fudan. edu. cn/SrcShow. asp？Src_ ID＝577）。

复旦大学出土文献与古文字研究中心研究生读书会：《〈上博七·郑子家丧〉校读》，2008年12月，复旦大学出土文献与古文字研究中心网站（http：//www. guwenzi. com/SrcShow. asp？Src_ ID＝

584）。

复旦大学出土文献与古文字研究中心研究生读书会：《清华简〈楚居〉研读札记》，2011年1月，复旦大学出土文献与古文字研究中心网站（http：//www.gwz.fudan.edu.cn/SrcShow.asp？Src_ID=1353）。

复旦大学出土文献与古文字研究中心研究生读书会：《清华简〈皇门〉研读札记》，复旦大学出土文献与古文字研究中心网站，2011年1月（http：//www.gwz.fudan.edu.cn/SrcShow.asp？Src_ID=1345）。

复旦、吉大古文字专业研究生联合读书会：《上博八〈王居〉、〈志书乃言〉校读》，2011年7月，复旦大学出土文献与古文字研究中心网站（http：//www.gwz.fudan.edu.cn/SrcShow.asp？Src_ID=1595）。

复旦大学出土文献与古文字研究中心研究生读书会：《〈清华大学藏战国竹简〉（贰）研读札记（一）》，2011年12月，复旦大学出土文献与古文字研究中心网站（http：//www.gwz.fudan.edu.cn/SrcShow.asp？Src_ID=1743#_edn1）。

G

高明：《楚缯书研究》，《古文字研究》1985年第12辑。

高明：《中国古文字学通论》，北京大学出版社1996年版。

高佑仁：《谈〈唐虞之道〉与〈曹沫之阵〉的"没"字》，2005年12月，简帛网（http：//www.bsm.org.cn/show_article.php？id=145）。

高佑仁：《释〈郑子家丧〉的"灭严"》，2009年1月，复旦大学出土文献与古文字研究中心网站（http：//www.gwz.fudan.edu.cn/SrcShow.asp？Src_ID=657）。

高佑仁：《〈上博九〉初读》，2013年1月，简帛网（http：//www.bsm.org.cn/show_article.php？id=1789）。

高至喜：《湖南楚墓中出土的天平与砝码》，《考古》1972年第4辑。

高智：《〈包山楚简〉文字校释十四则》，载《于省吾教授百年诞辰纪念文集》，吉林大学出版社1996年版。

葛英会：《〈包山〉简文释词两则》，《南方文物》1996年第3辑。

顾颉刚：《史林杂释·楚吴越之名号谥》，中华书局1963年版。

顾史考：《上博竹书〈三德〉篇逐章浅释》，屈万里先生百岁诞辰国际学术研讨会论文集，台北，2006年9月。

郭若愚：《长沙仰天湖战国竹简文字的摹写和考释》，《上海博物馆集刊》1986年第3期。

郭永秉：《说〈姑成家父〉简3的"取免"》，2006年4月，简帛网（http：//www.bsm.org.cn/show_article.php？id=329）。

郭永秉：《〈景公疟〉的"襄桓之言"》，2007年7月，简帛网（http：//www.bsm.org.cn/show_article.php？id=664）。

郭永秉：《帝系新研》，北京大学出版社2008年版。

郭永秉：《上博简〈容成氏〉所记桀纣故事考释两篇》，《简帛》2010年第5辑。

郭永秉：《古文字与古文献论集》，上海古籍出版社2011年版。

国家文物局古文献研究室：《马王堆汉墓帛书（1）》，文物出版社1980年版。

H

韩英：《〈昔者君老〉与〈内礼〉集释及相关问题研究》，硕士学位论文，吉林大学，2008年。

汉语大字典工作委员会：《汉语大字典》，四川辞书出版社、湖北辞书出版社1990年版。

何浩：《春秋战国时期楚屈氏世系考述》，《中南民族学院学报》1984年第4期。

何景成：《说"列"》，《中国文字研究》2008年第11辑。

何景成：《楚文字"契"的文字学解释》，《简帛语言文字研究》2010

年第 5 辑。

何琳仪:《战国文字通论》,中华书局 1989 年版。

何琳仪:《包山竹简选释》,《江汉考古》1993 年第 4 期。

何琳仪:《战国古文字典》,中华书局 1998 年版。

何琳仪:《新蔡竹简地名偶释——兼释次并戈》,《中国历史文物》2003 年第 6 期。

何琳仪:《第二批沪简选释》,载《新出楚简文字考》,安徽大学出版社 2007 年版。

何琳仪:《郭店竹简选释》,载《新出楚简文字考》,安徽大学出版社 2007 年版。

何琳仪:《上海博物馆藏战国楚竹书(一)孔子诗论释文补正》,载《新出楚简文字考》,安徽大学出版社 2007 版。

何琳仪:《新蔡竹简选释》,载《新出楚简文字考》,安徽大学出版社 2007 年版。

何琳仪:《仰天湖竹简选释》,载《新出楚简文字考》,安徽大学出版社 2007 年版。

何有祖:《慈利竹简试读》,2005 年 11 月,简帛网(http://www.bsm.org.cn/show_article.php? id=121)。

何有祖:《〈季康子问于孔子〉与〈姑成家父〉试读》,2006 年 2 月,简帛网(http://www.bsm.org.cn/show_article.php? id=202)。

何有祖:《上博五〈鲍叔牙与隰朋之谏〉试读》,2006 年 2 月,简帛网(http://www.bsm.org.cn/show_article.php? id=200)。

何有祖:《上博五〈三德〉试读》,2006 年 2 月,简帛网(http://www.bsm.org.cn/show_article.php? id=213)。

何有祖:《上博五释读三则》,2006 年 3 月,简帛网(http://www.bsm.org.cn/show_article.php? id=276)。

何有祖:《币文"即"与楚简"稷"字探疑》,2007 年 1 月,简帛网(http://www.bsm.org.cn/show_article.php? id=500)。

何有祖:《读〈上博六〉札记》,2007 年 7 月,简帛网(http://www.bsm.org.cn)。

何有祖：《释〈景公虐〉的"良翰"》，2007年7月，简帛网（http：//www.bsm.org.cn/show_article.php?id=665）。

何有祖：《上博七〈郑子家丧〉札记》，2008年12月，简帛网（http：//www.bsm.org.cn/show_article.php?id=917#_ftnref1）。

何有祖：《〈凡物流形〉札记》，2009年1月，简帛网（http：//www.bsm.org.cn/show_article.php?id=925）。

河南省文物研究所：《信阳楚墓》，文物出版社1986年版。

河南省文物考古研究所：《新蔡葛陵楚墓》，大象出版社2003年版。

侯乃峰：《读简帛散札》，2006年11月，简帛网（http：//www.bsm.org.cn/show_article.php?id=468）。

侯乃峰：《上博（七）字词杂记六则》，2009年1月，复旦大学出土文献与古文字研究中心网站（http：//www.gwz.fudan.edu.cn/SrcShow.asp?Src_ID=665）。

侯乃峰：《楚竹书〈周易〉释"溢"之字申说》，《周易研究》2009年总第93期。

侯乃峰：《卜博竹书（1—8）儒学文献整理与研究》，博士后研究工作报告，复旦大学，2012年。

胡平生：《包山楚简中的谍》，第三届国际中国古文字学研讨会论文，香港，1997年。

胡平生：《读上博战国楚竹书〈诗论〉札记》，2002年10月，简帛研究网（http：//www.bamboosilk.org/Zzwk/2002/H/hupingsheng01.htm）。

胡琼：《上博简〈鲍叔牙与隰朋之谏〉释读二则》，2007年5月，简帛网（http：//www.bsm.org.cn/show_article.php?id=563）。

湖北荆沙铁路考古队：《包山楚简》，文物出版社1991年版。

湖北省博物馆：《曾侯乙墓》，文物出版社1989年版。

湖北省文物考古研究所、北京大学中文系：《望山楚简》，中华书局1995年版。

湖北省文物考古研究所、北京大学中文系：《九店楚简》，中华书局2000年版。

湖南省博物馆、湖南省文物考古研究所、长沙市博物馆、长沙市文物考古研究所：《长沙楚墓》，文物出版社2000年版。

黄德宽、徐在国：《郭店楚简文字考释》，载《新出楚简文字考》，安徽大学出版社2007年版。

黄德宽、徐在国：《郭店楚简文字续考》，载《新出楚简文字考》，安徽大学出版社2007年版。

黄德宽、徐在国：《上海博物馆藏战国楚竹书（1）释文补正》，载《新出楚简文字考》，安徽大学出版社2007年版。

黄德宽：《〈战国楚竹书（二）〉释文补正》，载《新出楚简文字考》，安徽大学出版社2007年版。

黄德宽：《楚简周易释字说》，载《新出楚简文字考》，安徽大学出版社2007年版。

黄德宽主编：《古文字谱系疏证》，中华书局2007年版。

黄怀信：《利簋铭文再认识》，《历史研究》1998年第6期。

黄锦前：《楚系铜器铭文研究》，博士学位论文，安徽大学，2009年。

黄人二、赵思木：《读〈清华大学藏战国竹简（壹）〉书后（二）》，2011年1月，简帛网（http：//www.bsm.org.cn/show_article.php？id=1369）。

黄盛璋：《包山楚简中若干重要制度发复与争论未决诸关键词解难、决疑》，《湖南考古辑刊》1994年第6辑。

黄甜甜：《〈系年〉第三章"成王屎伐商邑"之"屎"字补论》，《深圳大学学报·人文社会科学版》2012年第2期。

黄锡全：《楚国黄金货币称量单位"半镒"》，《古文字研究》2000年第22辑。

黄锡全：《楚简"譖"字简释》，《简帛研究》2001年。

黄锡全：《尖足空手布新品"下虒"考》，载《先秦货币研究》，中华书局2001年版。

黄锡全：《读上博楚简（二）札记（壹）》，2003年6月，简帛研究网（http：//www.bamboosilk.org/Wssf/2003/huangxiquan01.htm）。

黄锡全：《读上博楚竹书（三）札记六则》，2004年4月，简帛研究网（http：//www.jianbo.org/admin3/html/huangxiquan01.htm）。

黄锡全：《〈包山楚简〉部分释文校释》，载《古文字与古货币文集》，文物出版社 2009 年版。

J

季旭升主编：《上海博物馆藏战国楚竹书（二）读本》，台北：万卷楼图书股份有限公司 2003 年版。

季旭升主编：《上海博物馆藏战国楚竹书（三）读本》，台北：万卷楼图书股份有限公司 2005 年版。

季旭升：《上博五刍议（上）》，2006 年 2 月，简帛网（http：//www.bsm.org.cn/show_article.php?id=195）。

季旭升：《上博五刍议（下）》，2006 年 2 月，简帛网（http：//www.bsm.org.cn/show_article.php?id=196）。

季旭升：《〈上博五·鲍叔牙与隰朋之谏〉"笃欢附忨"解——兼谈"钱器"》，2006 年 3 月，简帛网（http：//www.bsm.org.cn/show_article.php?id=267）。

季旭升：《上博五〈鲍叔牙与隰朋〉之谏》，载《楚地简帛思想研究（三）》，湖北教育出版社 2007 年版。

季旭升：《说文新证》，福建人民出版社 2008 年版。

季旭升主编：《上海博物馆藏战国楚竹书（一）读本》，北京大学出版社 2009 年版。

季旭升：《上博七刍议（二）：凡物流形》，2009 年 1 月，简帛网（http：//www.bsm.org.cn/show_article.php?id=934）。

季旭升：《谈覃盐》，2009 年 3 月，复旦大学出土文献与古文字研究中心网站（http：//www.gwz.fudan.edu.cn/SrcShow.asp?Src_ID=732）。

贾连敏：《新蔡葛陵楚墓》，大象出版社 2003 年版。

金祥恒：《释㪔》，《中国文字》1968 年第 30 辑。

荆门市博物馆：《郭店楚墓竹简》，文物出版社 2005 年版。

L

赖怡璇：《楚地出土战国简册（十四种）校订》，花木兰文化出版社 2012 年版。

李春桃：《古文考释八篇》，2011 年 4 月，简帛网（http://www.bsm.org.cn）。

李春桃：《传抄古文综合研究》，博士学位论文，吉林大学，2012 年。

李峰：《西周的政体——中国早期的官僚制度和国家》，三联书店 2010 年版。

李家浩：《释弁》，《古文字研究》1979 年第 1 辑。

李家浩：《包山 266 简所记木器研究》，载《著名中年语言学家自选集·李家浩卷》，安徽教育出版社 2002 年版。

李家浩：《九店楚简"告武夷"研究》，载《著名语言学家自选集·李家浩卷》，安徽教育出版社 2002 年版。

李家浩：《信阳楚简"浍"字及从"芥"之字》，载《著名中年语言学家自选集·李家浩卷》，安徽教育出版社 2002 年版。

李家浩：《读〈郭店楚墓竹简〉琐议》，《中国哲学》1999 年第 20 辑。

李家浩：《甲骨文北方神名"勹"与战国文字从"勹"之字——谈古文字"勹"有读如"宛"的音》，《文史》2012 年第 3 期。

李零：《古文字杂识（五则）》，《国学研究》1995 年第 3 卷。

李零：《李零自选集》，广西师范大学出版社 1998 年版。

李零：《楚国族源、世系的文字学证明》，载《李零自选集》，广西师范大学出版社 1998 年版。

李零：《读〈楚系简帛文字编〉》，载中国文物研究所编：《出土文献研究》1999 年第 5 辑。

李零：《长台关楚简〈申徒狄〉研究》，载《简帛古书与学术源流》，三联书店 2007 年版。

李零：《郭店楚简校读记（增订本）》，中国人民大学出版社 2009

年版。

李零：《郭店楚简研究中的两个问题》，载《郭店楚简校读记》，中国人民大学出版社2009年版。

李零：《上博楚简三篇校读记》，中国人民大学出版社2009年版。

李锐：《读〈保训〉札记》，2009年6月，简帛研究网（http://www.confucius2000.com）。

李守奎：《〈说文〉古文与楚文字互证三则》，《古文字研究》2002年第24辑。

李守奎：《楚简文字四考》，《中国文字研究》2002年第3辑。

李守奎：《出土楚文献文字研究综述》，《古籍整理研究学刊》2003年第1期。

李守奎：《楚文字编》，华东师范大学出版社2003年版。

李守奎：《〈九店简〉相宅篇残简补释》，载《新出土文献与古代文明研究》，上海大学出版社2004年版。

李守奎：《〈鲍叔牙与隰朋之谏〉补释》，载《楚地简帛思想研究（三）》，湖北教育出版社2007年版。

李守奎、曲冰、孙伟龙：《上海博物馆藏战国楚竹书（1—5）文字编》，作家出版社2007年版。

李守奎：《出土楚文献姓氏用字异写现象初探》，中国文字博物馆第二届文字发展论坛会议论文，安阳，2010年。

李守奎、蔡丽利：《楚简中尸与人的区别与讹混——兼释楚简中"作"与"居"的异体》，《中国文字研究》2011年第15辑。

李守奎、贾连翔、马楠：《包山楚墓文字全编》，上海古籍出版社2012年版。

李守奎、刘波：《续论薩字构形与薩声字的音义》，《古文字研究》2012年第29辑。

李守奎、肖攀：《清华简〈系年〉中的"自"字及"自"之构形》，《华夏文化论坛》2012年第2辑。

李守奎、张峰：《说楚文字中的"桀"与"杰"》，《简帛》2012年第7辑。

李守奎：《释楚文字中的"羣"》，《出土文献》2012年第3辑。

李守奎：《小臣单觯"叞"字补说》，中国文字学会第七届学术年会会议论文，长春，2013年10月。

李守奎：《清华简〈系年〉中的&字与陈氏》，《中国文字研究》2013年第2辑。

李守奎：《释惡距末与楚帛书中的"方"字》，纪念何琳仪先生诞辰七十周年暨古文字学国际学术研讨会论文，合肥，2013年。

李守奎：《清华简〈系年〉"也"字用法与攻吾王光剑、緣书缶的释读》，《古文字研究》2014年第30辑。

李松儒：《〈郑子家丧〉甲乙本字迹研究》，《中国文字》2011年新三十六期。

李松儒：《战国简帛字迹研究——以上博简为中心》，博士学位论文，吉林大学，2012年。

李天虹：《〈包山楚简〉释文补正》，《江汉考古》1993年第3期。

李天虹：《上博五〈竞〉、〈鲍〉篇校读四则》，2006年2月，简帛网（http：//www.bsm.org.cn/show_article.php？id=203）。

李天虹：《〈鲍叔牙与隰朋之谏〉5—6号简再读》，《简帛》2007年第2辑。

李天虹：《〈景公疟〉市字小记》，2007年7月，简帛网（http：//www.bsm.org.cn/show_article.php？id=631）。

李天虹：《上博六〈景公疟〉字词校释》，载张光裕、黄德宽主编《古文字学论稿》，安徽大学出版社2008年版。

李天虹：《〈郑子家丧〉补释》，2009年1月，简帛网（http：//www.bsm.org.cn/show_article.php？id=967#_ftn6#_ftn6）。

李天虹：《〈君人者何必安哉〉补说》，2009年1月，简帛网（http：//www.bsm.org.cn/show_article.php？id=980）。

李天虹：《楚国铜器与竹简文字研究》，湖北教育出版社2012年版。

李孝定：《甲骨文字集释》，台湾历史语言研究所1965年版。

李学勤：《放马滩简中的志怪故事》，《文物》1990年第4期。

李学勤：《释楚度量衡中的"半"》，《中国钱币论文集》2002年第

4 辑。

李学勤：《论包山楚简鲁阳公城郑》，《清华大学学报》（哲学社会科学版）2004 年第 3 期。

李学勤：《论葛陵楚简的年代》，《文物》2004 年第 7 期。

李学勤：《楚简〈子羔〉研究》，载上海大学古代文明研究中心、清华大学思想文化研究所编：《上博馆藏战国楚竹书研究续编》，上海书店出版社 2004 年版。

李学勤：《续释"寻"字》，载《中国古代文明研究》，华东师范大学出版社 2005 年版。

李学勤主编：《清华大学藏战国竹书（壹）》，中西书局 2010 年版。

李学勤主编：《清华大学藏战国竹书（贰）》，中西书局 2011 年版。

李学勤：《再谈甲骨金文中的"戈"》，载《三代文明研究》，商务印书馆 2011 年版。

李学勤主编：《清华大学藏战国竹书（叁）》，中西书局 2012 年版。

李学勤主编：《清华大学藏战国竹书（肆）》，中西书局 2013 年版。

李学勤：《释清华简〈金縢〉通假为"获"之字》，2012 年 1 月，简帛网（http：//www.bsm.org.cn/show_article.php？id=1618）。

李轶：《文字与构字偏旁发展的不一致性与文字理据的丧失——以夕、月、肉偏旁的演变为例》，《中国文字研究》2012 年第 16 辑。

李咏健：《上博七·郑子家丧"毋敢排门而出"考》，2011 年 4 月，简帛网（http：//www.bsm.org.cn/show_article.php？id=1453）。

李运富：《楚国简帛文字丛考（二）》，《古汉语研究》1997 年第 1 期。

李运富：《楚国简帛文字构形系统研究》，岳麓书社 1997 年版。

李运富：《传统语言文字学与现代语言教学》，《陕西师范大学学报》（哲学社会科学版）2002 年第 1 期。

李运富：《包山楚简"潕"义解诂》，《古汉语研究》2003 年第 1 期。

李运富：《楚简"潕"字及相关诸字考辨》，2003 年 1 月，简帛研究网（http：//www.bamboosilk.org）。

李志远：《书三写，鱼成鲁，虚成虎》，《中国教育报》2008 年 1 月 4

日第 4 版。

连劭名:《长沙楚帛书与中国古代的宇宙论》,《文物》1981 年第 2 期。

廖名春:《楚文字考释三则》,载《吉林大学古籍整理研究所建所十五周年纪念文集》,吉林大学出版社 1998 年版。

廖名春:《楚国文字释读三篇》,载《出土简帛丛考》,湖北教育出版社 2004 年版。

廖名春:《楚简〈周易〉校释记(二)》,《周易研究》2004 年第 10 期。

廖名春:《读楚竹书〈曹沫之阵〉札记》,2005 年 2 月,简帛研究网站(http://www.jianbo.org/admin3/2005/liaominchun002.htm)。

林澐:《读包山楚简札记七则》,载《林澐学术文集》,中国大百科出版社 1998 年版。

林澐:《古文字研究简论》,吉林大学出版社 1986 年版。

林澐:《究竟是"翦伐"还是"扑伐"》,《古文字研究》2004 年第 25 辑。

林澐:《说厚》,《简帛》2010 年第 5 辑。

林清源:《楚国文字构形演变研究》,博士学位论文,私立东海大学,1997 年。

林志鹏:《战国楚竹书〈鲍叔牙与隰朋之谏〉"剿民猎乐"试解》,2006 年 12 月,简帛网(http://www.bsm.org.cn/show_article.php?id=481)。

林志强:《字说三则》,《古文字研究》2012 年第 29 辑。

刘波:《出土楚文献语音通转现象整理与研究》,博士学位论文,吉林大学,2013 年。

刘波:《〈楚帛书·甲篇〉集释》,硕士学位论文,吉林大学,2009 年。

龙耀宏:《侗水语关于汉语"官"的称呼来源于楚语"莫敖"考》,《民族语文》1991 年第 4 期。

刘钊:《读〈上海博物馆藏战国竹书(一)〉札记(一)》,2002 年 1

月，简帛研究网（http：//www.bamboosilk.org/wssf/2002/liuzhao01.htm）。

刘钊：《利用郭店楚简字形考释金文一例》，《古文字研究》2002年第24辑。

刘钊：《容成氏释读一则（二）》，2003年4月，简帛研究网（http：//www.bsm.org.cn/show_article.php?id=278）。

刘钊：《郭店楚简校释》，福建人民出版社2003年版。

刘钊：《包山楚简文字考释》，载《出土简帛文字丛考》，台北：台湾古籍出版有限公司2004年版。

刘钊：《释甲骨文糳、义、蟺、敖、栽诸字》，载《古文字考释丛稿》，岳麓出版社2005年版。

刘钊：《古文字考释丛稿》，岳麓书社2005年版。

刘钊：《金文字词考释（三则）》，载《古文字考释丛稿》，岳麓出版社2005年版。

刘钊：《〈上博五·君子为礼〉释字一则》，2007年7月，简帛网（http：//www.bsm.org.cn/show_article.php?id=654）。

刘钊、洪扬、张新俊：《新甲骨文编》，福建人民出版社2009年版。

刘钊：《古文字构形学》，福建人民出版社2011年版。

刘彬徽、刘长武：《楚系金文汇编》，湖北教育出版社2009年版。

刘传宾：《西周青铜器铭文土地转让研究》，硕士学位论文，吉林大学，2007年。

刘国胜：《谈望山简册所记的"龙枓"》，2011年10月，简帛网（http：//www.bsm.org.cn/show_article.php?id=1561）。

刘洪涛：《释上官登铭文的"役"字》，2011年2月，复旦大学出土文献与古文字研究中心网站（http：//www.gwz.fudan.edu.cn/SrcShow.asp?Src_ID=1409）。

刘洪涛：《清华简补释四则》，《考古与文物》2013年第1期。

刘桓：《卜辞勿牛说》，《殷都学刊》1990年第4期。

刘乐贤：《释〈说文〉古文慎字》，《考古与文物》1993年第4期。

刘信芳：《楚国诸敖琐议》，《江汉论坛》1987年第6期。

刘信芳：《郭店简文字考释二则》，《古文字与古文献》1999年试刊号。

刘信芳：《包山楚简地名考释十二则》，《简帛研究汇刊》2003年第1辑。

刘信芳：《包山楚简解诂》，台北：艺文印书馆2003年版。

刘信芳：《上博藏竹书〈恒先〉试解》，2004年5月，简帛研究网（http://www.bamboosilk.org/showarticle.asp?articleid=936）。

刘信芳：《楚简〈容成氏〉官废疾者文字丛考》，《古文字研究》2004年第25辑。

刘信芳：《〈上博藏六〉试解之三》，2007年8月，简帛研究网（http://www.jianbo.org/admin3/2007/liuxinfang0001.htm）。

刘信芳：《楚简"兔"与从"兔"之字试释》，《古文字研究》2008年第27辑。

刘信芳：《竹书〈君人者何必安哉〉试说（之二）》，2009年1月，复旦大学出土文献与古文字研究中心网站（http://www.gwz.fudan.edu.cn/）。

刘信芳：《楚系简帛释例》，安徽大学出版社2011年版。

刘雨：《信阳楚简释文与考释》，载河南省文化研究所：《信阳楚墓》，文物出版社1986年版。

刘云：《说上博简中的从"屯"之字》，2009年1月，复旦大学出土文献与古文字研究中心网站（http://www.gwz.fudan.edu.cn/srcshow.asp?src_id=618）。

龙耀宏：《侗水语关于汉语"官"的称呼来源于楚语"莫敖"考》，《民族语文》1991年第4期。

陆琳：《〈法华传记〉校勘杂记》，《汉语史研究集刊》2009年第12辑。

罗运环：《楚国八百年》，武汉大学出版社1992年版。

罗小华：《〈郑子家丧〉、〈君人者何必安哉〉选释三则》，2008年12月，简帛研究网（http://www.bsm.org.cn/show_article.php?id=924）。

M

马承源主编：《上海博物馆藏战国楚竹书（一）》，上海古籍出版社 2001 年版。

马承源主编：《上海博物馆藏战国楚竹书（二）》，上海古籍出版社 2002 年版。

马承源主编：《上海博物馆藏战国楚竹书（三）》，上海古籍出版社 2003 年版。

马承源主编：《上海博物馆藏战国楚竹书（四）》，上海古籍出版社 2004 年版。

马承源主编：《上海博物馆藏战国楚竹书（五）》，上海古籍出版社 2005 年版。

马承源主编：《上海博物馆藏战国楚竹书（六）》，上海古籍出版社 2007 年版。

马承源主编：《上海博物馆藏战国楚竹书（七）》，上海古籍出版社 2008 年版。

马承源主编：《上海博物馆藏战国楚竹书（八）》，上海古籍出版社 2011 年版。

马承源主编：《上海博物馆藏战国楚竹书（九）》，上海古籍出版社 2013 年版。

马汝军：《楚君称敖新释——兼谈楚国的继承制》，《烟台师范学院学报》（哲学社会科学版）1995 年第 1 期。

孟蓬生：《郭店楚简字词考释（续）》，《简帛语言文字研究》2002 年第 1 辑。

孟蓬生：《上博（四）间诂》，2005 年 2 月，简帛研究网（http://www.jianbo.org/admin3/2005/mengpengsheng001.htm）。

孟蓬生：《上博竹书〈周易〉的两个双声符字》，2005 年 3 月，简帛研究网（http://www.jianbo.org/admin3/2005/mengpengsheng003.htm）。

孟蓬生：《上博竹书（四）间诂序》，2005 年 8 月，简帛研究网（http：//www.jianbo.org/admin3/2005/mengpensheng002.htm）。

孟蓬生：《"迈"读为"应"补证》，2009 年 1 月，复旦大学出土文献与古文字研究中心网站（http：//www.gwz.fudan.edu.cn/SrcShow.asp? Src_ID=628）。

孟蓬生：《清华简〈系年〉初札（二则）》，2011 年 12 月，复旦大学出土文献与古文字研究中心网站（http：//www.gwz.fudan.edu.cn/srcshow.aspsrc_id=1740）。

孟岩：《〈姑成家父〉文本集释及相关问题研究》，硕士学位论文，吉林大学，2009 年。

P

庞朴：《初读郭店楚简》，《历史研究》1998 年第 4 期。

骈宇骞：《银雀山汉简文字编》，文物出版社 2001 年版。

骈宇骞、段书安：《二十世纪出土简帛综述》，文物出版社 2006 年版。

Q

清华大学出土文献研究与保护中心：《清华大学藏战国竹简〈保训〉释文》，《文物》2009 年第 6 期。

邱传亮：《楚玺文字集释》，硕士学位论文，吉林大学，2006 年。

裘锡圭：《古代文史研究初探》，江苏古籍出版社 1992 年版。

裘锡圭：《战国文字中的"市"》，《古文字论集》，中华书局 1992 年版。

裘锡圭：《释"勿"、"发"》，《古文字论集》，中华书局 1992 年版。

裘锡圭：《释殷墟甲骨文里的远（迩）及有关诸字》，载《古文字论集》，中华书局 1992 年版。

裘锡圭：《说字小记》，《古文字论集》，中华书局 1992 年版。

裘锡圭：《谈谈清末学者利用金文校勘〈尚书〉的一个重要发现》，《古代文史研究新探》，江苏古籍出版社1992年版。

裘锡圭：《〈太一生水〉"名字"章解释——兼论〈太一生水〉的分章问题》，《古文字研究》2000年第22辑。

裘锡圭：《读上博简〈容成氏〉札记二则》，《古文字研究》2004年第25辑。

裘锡圭：《释〈子羔〉篇"铦"字并论商得金德之说》，中国简帛学国际论坛2006学术研讨会论文，2006年10月。

裘锡圭：《文字学概要》，商务印书馆2006年版。

裘锡圭：《爨公盨铭文考释》，载《中国出土文献十讲》，复旦大学出版社2008年版。

裘锡圭：《释"无终"》，《裘锡圭学术文集》，复旦大学出版社2012年版。

R

饶宗颐：《长沙出土战国缯书新释》，香港：义友昌记印务公司1958年版。

饶宗颐：《楚帛书新证》，《楚帛书》，香港：中华书局香港分局1985年版。

S

商承祚：《战国楚帛书述略》，《文物》1964年第9期。

商承祚：《战国楚竹简汇编》，齐鲁书社1995年版。

商承祚：《殷契佚存考释》，《甲骨文献集成（第1册）》，四川大学出版社2001年版。

沈培：《卜辞雉众补释》，《语言学论丛》2002年第26期。

沈培：《上博简〈姑成家父〉一个编联组位置的调整》，2006年2月，简帛网（http://www.bsm.org.cn/show_article.php?id=219）。

沈培：《从西周金文"姚"字的写法看楚文字"兆"字的来源》，2007年4月，简帛网（http：//www.bsm.org.cn/show_article.php? id = 552）。

沈培：《〈上博六〉字词浅释（七）则》，2007年7月，简帛网（http：//www.bsm.org.cn/show_artide.php? id = 642）。

沈培：《试释战国时代从"之"从"首（或从页）"之字》，2007年7月，简帛网（http：//www.bsm.org.cn/show_article.php? id = 630）。

沈培：《从战国简看古人占卜的"蔽志"——兼论"移祟"说》，《古文字与古代史》2007年第1辑。

沈培：《说古文字里的"祝"及相关之字》，《简帛》2007年第2辑。

沈培：《清华简字词考释二则》，2011年1月，复旦大学出土文献与古文字研究中心网站（http：//www.gwz.fudan.edu.cn/SrcShow.asp? Src_ID = 1367）。

沈之杰：《〈读上博七·君人者何必安哉〉札记一则》，2009年1月，复旦大学出土文献与古文字研究中心网站（http：//www.gwz.fudan.edu.cn）。

松丸道雄、高岛谦一：《甲骨文字字释综览》，东洋文化研究所丛刊1993年第13辑。

宋华强：《郭店简拾遗（二则）》，2004年6月，简帛研究网（http：//www.jianbo.org/admin3/html/songhuaqiang02.htm）。

宋华强：《由新蔡简"肩背疾"说到平夜君所患为心痛之症》，2005年12月，简帛网（http：//www.bsm.org.cn/show_article.php? id = 127）。

宋华强：《新蔡简延字及从延之字辨析》，2006年5月，简帛网（http：//www.bsm.org.cn/show_article.php? id = 334）。

宋华强：《新蔡简中记有繇词的一组简文的释读》，2006年11月，简帛网（http：//www.bsm.org.cn/show_article.php? id = 461）。

宋华强：《新蔡简中的祝祷简研究（连载二）》，2006年12月，简帛网（http：//www.bsm.org.cn/show_article.php? id = 478）。

宋华强：《释新蔡简中的"述"和"丘"》，2007年1月，简帛网（http：//www.bsm.org.cn/show_article.php?id=501）。

宋华强：《释上博简中读为"曰"的一个字》，2008年6月，简帛网（http：//www.bsm.org.cn/show_article.php?id=839）。

宋华强：《上博（七）·凡物流形札记四则》，2009年1月，简帛网（http：//www.bsm.org.cn/show_article.php?id=938）。

宋华强：《〈郑子家丧〉"灭光"试解》，2009年6月，简帛网（http：//www.bsm.org.cn/show_article.php?id=1079#_ftn1）

宋华强：《葛陵新蔡楚简初探》，武汉大学出版社2010年版。

宋华强：《清华简〈金縢〉读为"获"之字解说》，2011年1月，简帛网（http：//www.bsm.org.cn/show_article.php?id=1388）。

宋华强：《清华简〈皇门〉札记一则》，2011年2月，简帛网（http：//www.bsm.org.cn/show_article.php?id=1397）。

苏建州：《〈上博（五）〉·柬释二》，2006年2月，简帛网（http：//www.bamboosllk.org/Wssf/2003/sujianzhou15.htm）。

苏建洲：《上博（五）柬释（一）》，2006年2月，简帛网（http：//www.bsm.org.cn/show_article.php?id=242）。

苏建洲：《上博楚简（五）考释五则》，《中国文字》2006年新32期。

苏建洲：《〈上博（五）·姑成家父〉简3"㮁"字考释》，2006年3月，简帛网（http：//www.bsm.org.cn/show_article.php?id=305）。

苏建州：《〈上博楚简（五）〉考释二则》，2006年12月，简帛网（http：//www.bsm.org.cn/show_article.php?id=475）。

苏建洲：《〈读上博六·天子建州〉笔记》，2007年7月，简帛网（http：//www.bsm.org.cn/show_article.php?id=652）。

苏建洲：《读〈上博（六）·用曰〉笔记五则》，2007年7月，简帛网（http：//www.bsm.org.cn/show_article.php?id=644）。

苏建洲：《也说〈君人者何必安哉〉"先君霝王干溪云亶（从廾）"》，2009年1月10日，简帛网（http：//www.bsm.org.cn/show_article. php？id = 965#＿ ftn19）。

苏建洲：《战国文字"殷"字补释》，2011 年 6 月，复旦大学出土文献与古文字研究中心网站（http：//www. gwz. fudan. edu. cn/SrcShow. asp？Src＿ ID = 1574）。

苏建洲：《〈郭店・语丛三〉简 15「蔺」字考》，2011 年 7 月，复旦大学出土文献与古文字研究网站（http：//www. gwz. fudan. edu. cn/SrcSho. asp？Src＿ ID = 1589）。

苏建洲：《关于上博八两个寻字的简单说明》，2011 年 7 月，复旦大学出土文献与古文字研究中心网站（http：//www. gwz. fudan. edu. cn/SrcShow. ）。

苏建洲：《〈楚居〉简 9 "皇"及相关诸字考释》，《楚文字论集》，台北：万卷楼图书股份有限公司 2011 年版。

苏建洲：《楚文字论集》，台北：万卷楼图书股份有限公司 2011 年版。

苏杰：《释包山楚简中的"对"字》，《古汉语研究》2000 年第 3 期。

孙飞燕：《也谈〈容成氏〉渫字》，2008 年 5 月，简帛网（http：//www. bsm. org. cn/show＿ article. php？id = 826）。

孙伟龙：《也谈"文字杂糅"现象》，《古文字研究》2012 年第 29 辑。

孙稚雏：《郲并果戈铭释文》，《古文字研究》1982 年第 7 辑。

单育辰：《占毕随录之二》，2007 年 7 月，简帛网（http：//www. bsm. org. cn/show＿ article. php？id = 676#＿ ftn1）。

单育辰：《〈曹沫之陈〉文本集释及相关问题研究》，硕士学位论文，吉林大学，2008 年。

单育辰：《谈战国文字中的"凫"》，《简帛》2008 年第 3 辑。

单育辰：《谈晋系用为"舍"之字》，《简帛》2009 年第 4 辑。

单育辰：《占毕随录之七》，2009 年 1 月，复旦大学出土文献与古文字研究中心网站（http：//www. gwz. fudan. edu. cn/SrcShow. asp？Src＿ ID = 590）。

单育辰：《占毕随录之十一》，2009 年 8 月，复旦大学出土文献与古文字研究中心网站（http://www.gwz.fudan.edu.cn/SrcShow.asp?Src_ID=862）。

单育辰:《楚地战国简帛与传世文献对读之研究》，博士学位论文，吉林大学，2009年。

单育辰:《包山简案例研究两则》，中国古文字研究会第十八次年会论文，北京，2010年10月。

T

禤健聪:《读上博（三）小札》，2004年5月，简帛研究网（http://www.jianbo.org/showarticle.asp?articleid=932）。

禤健聪:《上博楚简（五）零札（一）》，2006年2月，简帛网（http://www.bsm.org.cn/show_article.php?id=226）。

禤健聪:《上博楚简（五）零札（二）》，2006年2月，简帛网（http://www.bsm.org.cn/show_article.php?id=238）。

谭生力:《秦楚同形字对比研究》，硕士学位论文，吉林大学，2011年。

谭生力:《由清华简〈赤鹄之集汤之屋〉看伊尹传说——兼论该篇传说的文化内涵》，《文艺评论》2013年第10期。

汤余惠:《包山楚简读后记》，《考古与文物》1993年第2期。

汤余惠:《战国铭文选》，吉林大学出版社1993年版。

汤余惠、吴良宝:《郭店楚简文字拾零（四篇）》，《简帛研究》2001年。

汤余惠、吴良宝:《战国文字编》，福建人民出版社2001年版。

汤志彪:《三晋文字编》，博士学位论文，吉林大学，2009年。

汤志彪:《释〈彭祖〉中的"缨"字》，2010年12月，复旦大学出土文献与古文字研究中心网站（http://www.gwz.fudan.edu.cn/SrcShow.asp?Src_ID=1333）。

唐洪志:《清华简〈皇门〉"舩舟"试释》，2011年1月，复旦大学出土文献与古文字研究中心网站（http://www.gwz.fudan.edu.cn/

SrcShow. asprc_ ID=1371）。

唐嘉弘：《释"莫敖"》，《江汉论坛》1984年第8期。

唐兰：《古文字学导论》，齐鲁书社1981年版。

唐兰；《殷墟文字记》，中华书局1981年版。

滕壬生：《楚系简帛文字编》，湖北教育出版社1995年版。

滕壬生：《楚系简帛文字编（修订本）》，湖北教育出版社2008年版。

田成方：《东周时期楚国宗族研究》，博士学位论文，武汉大学，2011年。

田河：《出土战国遣册所记名物分类汇释》，博士学位论文，吉林大学，2007年。

田炜：《读上博竹书（四）琐记》，2005年4月，简帛研究网（http://www.jianbo.org/admin3/2005/tianwei001.htm）。

W

王晨曦：《上海博物馆藏战国竹书〈三德〉研究》，硕士学位论文，复旦大学，2008年。

王国维：《最近二三十年中中国新发见之学问》，《王国维遗书》（第三册），上海书店出版社1996年版。

王国维：《观堂集林》，河北教育出版社2003年版。

王辉：《秦文字集证》，艺文印书馆1999年版。

王辉：《楚文字柬释二则》，载《高山鼓乘集——王辉学术文存二》，中华书局2008年版。

王梦鸥：《汉简文字类编》，台北：艺文印书馆1974年版。

王宁：《申论楚简中的"向"字》，2002年8月，简帛研究网（http://www.bamboosilk.org/Xszm/2002/wangning01.htm）。

王廷洽：《楚国诸敖考释》，《江汉论坛》1986年第6期。

王云路：《略论形音义与词语演变的复杂关系》，《汉语史学报》2010年第10辑。

王蕴智：《益、易同源嬗变探析》，《说文解字研究》1991年第1辑。

魏启鹏、胡翔骅：《马王堆医书校释（壹）》，成都出版社1992年版。
巫雪如：《包山楚简姓氏研究》，硕士学位论文，台湾大学，1996年。
吴良宝：《平肩空首布"卬"字考》，《中国钱币》2006年第2期。
吴良宝：《包山楚简"慎"地考》，《中国文字》2007年新三十三期。
吴良宝：《楚地鄝阳新考》，载《古文字学论稿》，安徽大学出版社2008年版。
吴良宝：《战国楚简地名辑证》，武汉大学出版社2010年版。
吴振武：《战国㐭（廩）字考察》，《考古与文物》1984年第4期。
吴振武：《古玺和秦简中的"穆"字》，《文史》1994年第38辑。
吴振武：《燕国铭刻中的泉字》，《华学》1996年第2辑。
吴振武：《假设之上的假设——金文"䢼公"的文字学解释》，第四届国际中国古文字学研讨会论文，香港，2003年10月。
吴振武：《〈燕国铭刻中的"泉"字〉补说》，载《古文字学论稿》，安徽大学出版社2008年版。
吴振武：《谈出土文献与古文字研究》，《光明日报》2013年11月14日第11版。
武汉大学简帛研究中心、河南省文物考古研究所编著：《楚地出土战国简册合集（二）·葛陵楚墓竹简·长台关楚墓竹简》，文物出版社2013年版。

X

夏渌：《读〈包山楚简〉偶识——"受贿"、"国帑"、"茅门有败"等字词新义》，《江汉考古》1993年第2期。
萧圣中：《曾侯乙墓竹简释文补证暨车马制度研究》，科学出版社2011年版。
萧毅：《楚简文字研究》，武汉大学出版社2010年版。
小虫：《说〈上博五·弟子问〉"延陵季子"的"延"字》，2006年2月，简帛网（http://www.bsm.org.cn/show_article.php?id=351）。

肖攀:《〈楚帛书·丙篇〉集释》,硕士学位论文,吉林大学,2009年。

肖攀:《清华简〈系年〉文字研究》,博士学位论文,吉林大学,2013年。

徐宝贵:《金文研究五则》,载《古文字学论稿》,安徽大学出版社2008年版。

徐文武:《楚国思想与学术研究》,湖北教育出版社2012年版。

徐在国:《郭店楚简文字三考》,《简帛研究》2001年。

徐在国:《上博竹书(二)文字杂考》,2003年1月,简帛研究网(http://www.bamboosilk.org/Wssf/2003/xuzaiguo02.htm)。

徐在国:《新蔡葛陵楚简札记(二)》,2003年12月,简帛研究网(http://www.jianbo.org/showarticle.asp?articleid=813)。

徐在国:《上博竹书(三)〈周易〉释文补正》,2004年4月,简帛研究网(http://www.jianbo.org/ADMIN3/HTML/xuzaiguo04)。

徐在国:《新蔡葛陵楚简札记》,《中国文字研究》2004年第5辑。

徐在国、黄德宽:《上海博物馆藏战国楚竹书(一)〈缁衣〉〈性情论〉释文补正》,《新出楚简文字考》,安徽大学出版社2007年版。

徐在国:《〈读楚系简帛文字编〉札记》,载《新出楚简文字考》,安徽大学出版社2007年版。

徐在国:《上博竹书〈子羔〉琐记》,载《新出楚简文字考》,安徽大学出版社2007年版。

徐在国:《说楚简"叚"兼及相关字》,2009年7月,简帛网(http://www.bsm.org.cn/show_article.php?id=1113)。

徐在国:《楚帛书诂林》,安徽大学出版社2010年版。

徐在国:《上博五褉(稷)字补说》,《清华简研究》2013年第1辑。

徐中舒主编:《甲骨文字典》,四川辞书出版社1988年版。

徐中舒:《怎样考释古文字》,载《徐中舒历史论文选辑》,中华书局1998年版。

许慭慧:《战国时期楚国的"莫敖"考》,《理论界》2012年第5期。

许全胜:《包山楚简姓氏谱》,硕士学位论文,北京大学,1997年。

许慎：《说文解字》，中华书局2006年版。

许文献：《上博七字词札记——〈武王践阼〉柩字试释》，2009年3月，简帛网（http：//www.bsm.org.cn/show_article.php？id=1008#_ftn3）。

许学仁：《长沙仰天湖楚简研究文献要目》，2006年8月，简帛网（http：//www.bsm.org.cn/show_article.php？id=397）。

Y

晏昌贵：《新蔡葛陵楚简"上逾取禀"之试解》，新出楚简国际学术研讨会论文，2006年6月。

杨伯峻：《春秋左传注》，中华书局2009年版。

杨树达：《乖伯簋再跋》，载《积微居金文说》，中华书局2004年版。

杨泽生：《〈上博五〉零释十二则》，2006年3月，简帛网（http：//www.bsm.org.cn/show_article.php？id=296）。

杨泽生：《读上博简〈竞建内之〉短札两则》，2006年2月，简帛网（http：//www.bsm.org.cn/show_article.php？id=225）。

杨泽生：《战国竹书研究》，中山大学出版社2009年版。

姚美玲：《唐代墓志录文形近字失辨举证》，《中国文字研究》2005年第6辑。

于省吾：《释庶》，载《甲骨文字释林》，中华书局1981年版。

于省吾主编：《甲骨文字诂林》，中华书局1996年版。

于省吾：《释黑》，载《甲骨文字释林》，中华书局2009年版。

俞樾：《诸子评议》（卷二十一），中华书局1954年版。

吴承志：《横阳札记》（卷十），华东师范大学出版社2012年版。

袁国华：《〈包山楚简〉文字考释》，第二届国际中国古文字学会研讨会论文，1993年10月。

袁国华：《读〈包山楚简·字表〉札记》，全国中国文学研究所在学研究生学术论文研讨会论文，1993年11月。

袁国华：《包山楚简文字诸家考释异同一览表》，《中国文字》1995年新二十期。

袁金平：《读新蔡楚简札记一则》，2005年7月，简帛研究网（http：//www.jianbo.org/admin3/2005/yuanjinping001.htm）。

袁金平：《读〈上博（五）〉札记三则》，2006年2月，简帛网（http：//www.bsm.org.cn/show_article.php？id=240）。

袁金平：《新蔡葛陵楚简字词研究》，博士学位论文，安徽大学，2007年。

Z

曾宪通：《四十年来古文字学的新发现与新学问》，《学术研究》1990年第2期。

曾宪通：《楚帛书文字新订》，《中国古文字研究》1999年第1辑。

张崇礼：《释"㚇"及相关的一些字》，2008年6月，复旦大学出土文献与古文字研究中心网站（http：//www.gwz.fudan.edu.cn/SrcShow.asp？Src_ID=464）。

张崇礼：《释〈吴命〉的"度日"》，2009年1月，复旦大学出土文献与古文字研究中心网站（http：//www.gwz.fudan.edu.cn/SrcShow.asp？Src_ID=654）。

张崇礼：《释〈武王践阼〉的"矩折"》，2009年1月，复旦大学出土文献与古文字研究中心网站（http：//www.gwz.fudan.edu.cn/SrcShow.asp？Src_ID=620）。

张崇礼：《释楚文字中的"冥"》，2012年4月，复旦大学出土文献与古文字研究中心网站（http：//www.gwz.fudan.edu.cn/SrcShow.asp？Src_ID=1848）。

张崇礼：《读上博九〈陈公治兵〉札记》，2013年1月，复旦大学出土文献与古文字研究中心网站（http：//www.gwz.fudan.edu.cn/SrcShow.asp？Src_ID=2009）。

张崇礼：《释楚文字"列"及从"列"得声的字》，2013年6月，复旦大学出土文献与古文字研究中心网站（http：//www.

gwz. fudan. edu. cn/SShow. _ ID = 2080）。

张峰：《楚系简帛文字讹书研究》，博士学位论文，吉林大学，2012年。

张光裕、袁国华：《读包山竹简札记》，《中国文字》1993年新17期。

张光裕：《郭店楚简研究》，艺文印书馆1999年版。

张桂光：《古文字中的形体讹变》，《古文字研究》1986年第15辑。

张桂光：《楚简文字考释二则》，《江汉考古》1994年第2期。

张桂光：《〈郭店楚墓竹简〉释注续商榷》，《简帛研究》2001年。

张家山二四七号汉墓竹简整理小组：《张家山汉墓竹简（二四七号墓）》，文物出版社2001年版。

张静：《郭店楚简文字研究》，博士学位论文，安徽大学，2002年。

张胜波：《新蔡葛陵楚简文字编》，硕士学位论文，吉林大学，2005年。

张世超、孙凌安、金国泰、马如森：《金文形义通解》，中文出版社1996年版。

张世超：《释"溺"及相关诸字》，第三届中国文字发展论坛——"古汉字研究与汉字书写"学术研讨会论文，安阳，2011年10月。

张守中：《包山楚简文字编》，文物出版社1996年版。

张霞：《宋本〈唐先生文集〉校读札记》，《新国学》2012年第9辑。

张新俊：《上博楚简文字研究》，博士学位论文，吉林大学，2005年。

张新俊：《释新蔡楚简中的"奈"（祟）》，2006年5月，简帛网（http://www.bsm.org.cn/show_ article.php? id = 336）。

张新俊：《释上博简周易中的"吕"》，平顶山学院学报2007年第4期。

张新俊、张胜波：《新蔡葛陵楚墓竹简文字编》，巴蜀书社2008年版。

张新俊：《据清华简释字一则》，2011年6月，复旦大学出土文献与古文字研究中心网站（http://www.gwz.fudan.edu.cn/SrcShow. asp? Src_ ID = 1573）。

张秀华：《西周金文六种礼制研究》，博士学位论文，吉林大学，

2010年版。

张玉金：《字词考释四篇》，《中国语文》2006年第3期。

章太炎：《古音娘日二母归泥说》，载《国故论衡》，上海古籍出版社2003年版。

赵平安：《新出简帛与古文字古文献研究》，商务印书馆2009年版。

赵平安：《金文释读与文明探索》，上海古籍出版社2011年版。

钟柏生：《释"䚡""馋"及其相关问题》，《中国文字》1998年新24期。

周波：《读张家山汉简〈二年律令〉札记》，《古籍整理研究学刊》2007年第2期。

周波：《战国时代各系文字间的用字差异现象研究》，博士学位论文，复旦大学，2008年。

周法高主编：《金文诂林》，香港：香港中文大学出版社1974年版。

周凤五：《舍罟〈命案文书〉笺释——包山楚简司法文书研究之一》，《文史哲学报》1994年第41期。

周凤五：《包山楚简〈集箸〉、〈集箸言〉析论》，《中国文字》1996年新21期。

周凤五：《子弹库帛书"热气仓气"说》，《中国文字》1997年新23期。

周凤五：《读郭店楚简〈成之闻之〉札记》，《古文字与古文献》1999年（试刊号）。

周凤五：《读上博楚竹书〈从政（甲篇）〉札记》，2003年1月，简帛研究网（http://www.jianbo.org/Wssf/2003/zhoufengwu01.htm）。

周凤五：《读上博楚竹书〈从政〉篇札记》，2003年1月，简帛研究网（http://www.jianbo.org/）。

周忠兵：《从甲骨金文材料看商周时的墨刑》，《出土文献与古文字研究》2011年第4辑。

朱德熙、裘锡圭、李家浩：《望山一、二号墓竹简释文与考释》，载《江陵望山沙冢楚墓》，文物出版社1996年版。

朱晓雪：《包山楚墓文书简、卜筮祭祷简集释及相关问题研究》，博士学位论文，吉林大学，2011年。
朱艳芳：《〈竞建内之〉与〈鲍叔牙与隰朋之谏〉集释》，硕士论文，吉林大学，2008年版。
子居：《清华简〈楚居〉解析》，2011年3月，简帛网（http://www.jianbo.org/admin3/2011/ziju001.htm）。
邹芙都：《楚系铭文综合研究》，巴蜀书社2007年版。

出处简称表

合——甲骨文合集
补——甲骨文合集补编
英——英国所藏甲骨合集
怀——怀特氏等所藏甲骨文集
屯——小屯南地甲骨
集　成——殷周金文集成
新　收——新收殷周青铜器铭文暨器影汇编
首　阳——首阳吉金
铭文选——商周青铜器铭文选
玺　汇——古玺汇编
说　文——说文解字
四声韵——古文四声韵
侯　马——侯马盟书
青　牍——青川木牍
放日甲——天水放马滩秦简·日书甲种
放　志——天水放马滩秦简·志怪故事
睡　编——睡虎地秦简·编年记
睡　语——睡虎地秦简·语书
睡　律——睡虎地秦简·秦律十八种
睡　效——睡虎地秦简·效律
睡　杂——睡虎地秦简·秦律杂抄
睡　答——睡虎地秦简·法律答问

睡　封——睡虎地秦简·封诊式
睡　为——睡虎地秦简·为吏之道
睡日甲——睡虎地秦简·日书甲种
睡日乙——睡虎地秦简·日书乙种
岳　简——岳麓书院藏秦简
关　简——关沮周家台秦简
关　牍——关沮周家台木牍
龙　简——云梦龙岗秦简
龙　牍——云梦龙岗木牍
里　简——里耶秦简
珍秦展——珍秦斋古印展
度量衡——中国历代度量衡考
学步集——青铜器学步集
吉　大——吉林大学藏古玺印选
吴　越——吴越文字汇编
图　录——陶文图录
包——包山楚简
曾——曾侯乙墓简
砖——江陵砖瓦厂 207 号墓简
仰——仰天湖 25 号墓简
秦九九——江陵秦家嘴 99 号墓简
楚帛书甲——楚帛书·甲篇
楚帛书乙——楚帛书·乙篇
楚帛书丙——楚帛书·丙篇
郭·老甲——郭店楚简·老子甲
郭·老乙——郭店楚简·老子乙
郭·老丙——郭店楚简·老子丙
郭·太——郭店楚简·太一生水
郭·缁——郭店楚简·缁衣
郭·鲁——郭店楚简·鲁穆公问子思

郭·穷——郭店楚简·穷达以时
郭·五——郭店楚简·五行
郭·唐——郭店楚简·唐虞之道
郭·忠——郭店楚简·忠信之道
郭·成——郭店楚简·成之闻之
郭·尊——郭店楚简·尊德义
郭·性——郭店楚简·性自命出
郭·六——郭店楚简·六德
郭·语一——郭店楚简·语丛一
郭·语二——郭店楚简·语丛二
郭·语三——郭店楚简·语丛三
郭·语四——郭店楚简·语丛四
信　阳——信阳长台关一号墓简
望一——望山一号墓简
望二——望山二号墓简
九店 M56——九店 56 号墓简
新　蔡——葛陵一号墓楚简
天　卜——江陵天星观一号墓卜筮简
上博一·孔——上海博物馆藏战国楚竹书（一）·孔子诗论
上博一·缁——上海博物馆藏战国楚竹书（一）·缁衣
上博一·性——上海博物馆藏战国楚竹书（一）·性情论
上博二·民——上海博物馆藏战国楚竹书（二）·民之父母
上博二·子——上海博物馆藏战国楚竹书（二）·子羔
上博二·鲁——上海博物馆藏战国楚竹书（二）·鲁邦大旱
上博二·从甲——上海博物馆藏战国楚竹书（二）·从政甲
上博二·从乙——上海博物馆藏战国楚竹书（二）·从政乙
上博二·昔——上海博物馆藏战国楚竹书（二）·昔者君老
上博二·容——上海博物馆藏战国楚竹书（二）·容成氏
上博三·周——上海博物馆藏战国楚竹书（三）·周易
上博三·中——上海博物馆藏战国楚竹书（三）·中弓

上博三·亘——上海博物馆藏战国楚竹书（三）·亘先

上博三·彭——上海博物馆藏战国楚竹书（三）·彭祖

上博四·采——上海博物馆藏战国楚竹书（四）·采风曲目

上博四·逸——上海博物馆藏战国楚竹书（四）·逸诗

上博四·昭——上海博物馆藏战国楚竹书（四）·昭王毁室·昭王与龚之脾

上博四·柬——上海博物馆藏战国楚竹书（四）·柬大王泊旱

上博四·内——上海博物馆藏战国楚竹书（四）·内礼

上博四·相——上海博物馆藏战国楚竹书（四）·相邦之道

上博四·曹——上海博物馆藏战国楚竹书（四）·曹沫之陈

上博五·竞——上海博物馆藏战国楚竹书（五）·竞建内之

上博五·鲍——上海博物馆藏战国楚竹书（五）·鲍叔牙与隰朋之谏

上博五·季——上海博物馆藏战国楚竹书（五）·季康子问于孔子

上博五·姑——上海博物馆藏战国楚竹书（五）·姑成家父

上博五·君——上海博物馆藏战国楚竹书（五）·君子为礼

上博五·弟——上海博物馆藏战国楚竹书（五）·弟子问

上博五·三——上海博物馆藏战国楚竹书（五）·三德

上博五·鬼——上海博物馆藏战国楚竹书（五）·鬼神之明·融师有成氏

上博六·竞——上海博物馆藏战国楚竹书（六）·竞公虐

上博六·孔——上海博物馆藏战国楚竹书（六）·孔子见季桓子

上博六·庄——上海博物馆藏战国楚竹书（六）·庄王既成·申公臣灵王

上博六·郑——上海博物馆藏战国楚竹书（六）·平王问郑寿

上博六·平——上海博物馆藏战国楚竹书（六）·平王与王子木

上博六·慎——上海博物馆藏战国楚竹书（六）·慎子曰恭俭

上博六·用——上海博物馆藏战国楚竹书（六）·用曰

上博六·天甲——上海博物馆藏战国楚竹书（六）·天子建州甲

上博六·天乙——上海博物馆藏战国楚竹书（六）·天子建州乙

上博七·武——上海博物馆藏战国楚竹书（七）·武王践阼

上博七·郑甲——上海博物馆藏战国楚竹书（七）·郑子家丧甲

上博七·郑乙——上海博物馆藏战国楚竹书（七）·郑子家丧乙

上博七·君甲——上海博物馆藏战国楚竹书（七）·君人者何必安哉甲

上博七·君乙——上海博物馆藏战国楚竹书（七）·君人者何必安哉乙

上博七·凡甲——上海博物馆藏战国楚竹书（七）·凡物流行甲

上博七·凡乙——上海博物馆藏战国楚竹书（七）·凡物流行乙

上博七·吴——上海博物馆藏战国楚竹书（七）·吴命

上博八·子——上海博物馆藏战国楚竹书（八）·子道饿

上博八·颜——上海博物馆藏战国楚竹书（八）·颜渊问于孔子

上博八·成——上海博物馆藏战国楚竹书（八）·成王既邦

上博八·命——上海博物馆藏战国楚竹书（八）·命

上博八·王——上海博物馆藏战国楚竹书（八）·王居

上博八·志——上海博物馆藏战国楚竹书（八）·志书乃言

上博八·有——上海博物馆藏战国楚竹书（八）·有皇将起

上博八·李——上海博物馆藏战国楚竹书（八）·李颂

上博八·兰——上海博物馆藏战国楚竹书（八）·兰赋

上博八·鹠——上海博物馆藏战国楚竹书（八）·鹠鷅

上博九·成甲——上海博物馆藏战国楚竹书（九）·成王为城濮之行甲

上博九·成乙——上海博物馆藏战国楚竹书（九）·成王为城濮之行乙

上博九·灵——上海博物馆藏战国楚竹书（九）·灵王遂申

上博九·陈——上海博物馆藏战国楚竹书（九）·陈公治兵

上博九·举——上海博物馆藏战国楚竹书（九）·举治王天下（五篇）

上博九·邦——上海博物馆藏战国楚竹书（九）·邦人不称

上博九·史——上海博物馆藏战国楚竹书（九）·史蒥问于夫子
上博九·卜——上海博物馆藏战国楚竹书（九）·卜书
清华一·至——清华大学藏战国竹书（壹）·尹至
清华一·诰——清华大学藏战国竹书（壹）·尹诰
清华一·程——清华大学藏战国竹书（壹）·程寤
清华一·保——清华大学藏战国竹书（壹）·保训
清华一·耆——清华大学藏战国竹书（壹）·耆夜
清华一·金——清华大学藏战国竹书（壹）·金縢
清华一·皇——清华大学藏战国竹书（壹）·皇门
清华一·祭——清华大学藏战国竹书（壹）·祭公之顾命
清华一·楚——清华大学藏战国竹书（壹）·楚居
清华二·系——清华大学藏战国竹书（贰）·系年
清华三·说上——清华大学藏战国竹书（三）·说命上
清华三·说中——清华大学藏战国竹书（三）·说命中
清华三·说下——清华大学藏战国竹书（三）·说命下
清华三·周——清华大学藏战国竹书（三）·周公之琴舞
清华三·芮——清华大学藏战国竹书（三）·芮良夫毖
清华三·良——清华大学藏战国竹书（三）·良臣
清华三·祝——清华大学藏战国竹书（三）·祝辞
清华三·赤——清华大学藏战国竹书（三）·赤鹄之集汤之屋
清华四·筮——清华大学藏战国竹书（肆）·筮法
清华四·别——清华大学藏战国竹书（肆）·别卦
清华四·算——清华大学藏战国竹书（肆）·算表